Terapia cognitivo-comportamental para transtornos por uso de substâncias e dependências comportamentais

FBTC
Federação Brasileira de Terapias Cognitivas

artmed 50 anos

A Artmed é a editora oficial da FBTC

B393t Beck, Aaron T.
   Terapia cognitivo-comportamental para transtornos por uso de substâncias e dependências comportamentais / Aaron T. Beck, Bruce S. Liese ; tradução: Daniel Bueno ; revisão técnica: Neide A. Zanelatto. – Porto Alegre : Artmed, 2024.
   xi, 329 p. ; 23 cm.

   ISBN 978-65-5882-155-7

   1. Terapia cognitivo-comportamental. 2. Abuso de substâncias – Tratamento. I. Liese, Bruce S. II. Título.

CDU 616.89

Catalogação na publicação: Karin Lorien Menoncin – CRB 10/2147

Aaron T. **Beck**
Bruce S. **Liese**

Terapia cognitivo--comportamental para transtornos por uso de substâncias e dependências comportamentais

Tradução
Daniel Bueno

Revisão técnica
Neide A. Zanelatto
Psicóloga clínica com formação em Terapia Cognitivo-comportamental. Especialista em Dependência Química pela Universidade Federal de São Paulo (Unifesp). Mestra em Psicologia da Saúde pela Universidade Metodista de São Paulo (UMESP). Coordenadora e docente de cursos da Unidade de Aperfeiçoamento Profissional em Psicologia e Psiquiatria (UPPSI).

artmed

Porto Alegre
2024

Obra originalmente publicada sob o título *Cognitive-Behavioral Therapy of Addictive Disorders*, 1st edition.

ISBN 9781462548842

Copyright © 2022 The Guilford Press.
A Division of Guilford Publications, Inc.

Gerente editorial
Letícia Bispo de Lima

Colaboraram nesta edição:

Coordenadora editorial
Cláudia Bittencourt

Editora
Paola Araújo de Oliveira

Capa
Paola Manica | Brand&Book

Preparação de originais
Caroline Castilhos Melo

Leitura final
Netuno

Editoração
Ledur Serviços Editoriais Ltda.

Reservados todos os direitos de publicação, em língua portuguesa, ao
GRUPO A EDUCAÇÃO S.A.
(Artmed é um selo editorial do GRUPO A EDUCAÇÃO S.A.)
Rua Ernesto Alves, 150 – Bairro Floresta
90220-190 – Porto Alegre – RS
Fone: (51) 3027-7000

SAC 0800 703 3444 – www.grupoa.com.br

É proibida a duplicação ou reprodução deste volume, no todo ou em parte, sob quaisquer formas ou por quaisquer meios (eletrônico, mecânico, gravação, fotocópia, distribuição na Web e outros), sem permissão expressa da Editora.

IMPRESSO NO BRASIL
PRINTED IN BRAZIL

Autores

Aaron T. Beck, MD, até seu falecimento, em 2021, foi professor emérito de Psiquiatria na University of Pennsylvania e presidente emérito do Beck Institute. Reconhecido internacionalmente como o fundador da terapia cognitiva, moldou a psiquiatria estadunidense, tendo sido citado pela *American Psychologist* como "um dos cinco psicoterapeutas mais influentes de todos os tempos". Recebeu diversos prêmios, incluindo o Albert Lasker Clinical Medical Research Award, o Lifetime Achievement Award da APA, o Distinguished Service Award da American Psychiatric Association, o James McKeen Cattell Fellow Award em Psicologia Aplicada da Association for Psychological Science, bem como o Sarnat International Prize em Saúde Mental e o Gustav O. Lienhard Award do Institute of Medicine. Escreveu e organizou inúmeros livros para profissionais e para o público geral.

Bruce S. Liese, PhD, ABPP, é professor de Medicina de Família e Psiquiatria no University of Kansas Medical Center e diretor clínico do Cofrin Logan Center for Addiction Research and Treatment na University of Kansas. É presidente da Division on Addiction Psychology da American Psychological Association (Divisão 50 da APA). Seu trabalho acadêmico tem focado no tratamento de problemas complexos de saúde mental e dependências. Além de publicar com frequência, integra três conselhos editoriais de periódicos da APA. Ministrou cursos sobre dependências, psicoterapia e prática baseada em evidências e supervisionou centenas de estagiários na área. Em 2003, recebeu uma Menção Presidencial por Serviços Distintos para a Divisão 50 da APA. Em 2015, recebeu o prêmio Distinguished Career Contributions to Education and Training da Divisão 50 da APA, além de ter recebido uma Menção Presidencial da APA em 2018 por serviços prestados à comunidade.

Agradecimentos

Dr. Aaron "Tim" Beck tinha 100 anos quando faleceu, em 1º de novembro de 2021. Naquele dia perdi um amigo, e o mundo perdeu um professor e mentor transformador. Aqueles que *conheceram* o Tim – e muitos que só *sabiam do* Tim – lamentam a perda desse ícone, o pai da terapia cognitiva. Foi uma honra e uma alegria escrever este livro com ele. Infelizmente, as provas finais chegaram no dia em que ele morreu. Ao longo do processo de escrita, fiquei impressionado com a energia e o intelecto que testemunhei desse homem que trabalhou brilhantemente até os últimos dias de sua vida. Tim estava profundamente empenhado em terminar este livro, mesmo enquanto se aproximava dos 100 anos e inclusive depois que os ultrapassou. Ambos víamos este projeto como uma oportunidade importante de produzir um recurso para melhorar a vida de pessoas muitas vezes mal atendidas, cujas virtudes costumam ser subestimadas.

Também quero expressar minha gratidão a outras pessoas que tornaram este livro possível. Sinto-me muito grato à minha esposa, Cathy, minha fortaleza e minha inspiração. Por sete anos, Cathy perguntou gentilmente: "Como está indo o livro? Você tem escrito ultimamente?". Agradeço por nossas filhas incríveis, Justine e Jessica. Justine tem sido a fã mais entusiástica e alegre que um pai poderia esperar. E Jess tem sido uma excelente ouvinte e minha Doutora em Psicologia favorita desde que concluiu seu doutorado, há alguns anos.

Este livro foi inspirado em nossa primeira obra, *Cognitive Therapy of Substance Abuse* (Beck, Wright, Newman, & Liese, 1993). Desde que começamos a escrever juntos, tive a sorte de estabelecer uma parceria extraordinária com Tim, Cory Newman e Fred Wright (*in memoriam*). Minha mais sincera gratidão ao Dr. Cory Newman, que é uma das pessoas mais honradas e íntegras que conheço. E a Fred, um dos meus amigos mais queridos: sinto muito sua falta.

Sinto-me particularmente feliz por chamar Jim Nageotte de amigo. Como editor sênior na Guilford Press, Jim tem o desafio de Sísifo de "inspirar" autores como eu a concluir nossos livros com o mesmo entusiasmo com que os iniciamos. Mês após mês, ano após ano, Jim me orientou e motivou graciosamente. Arrastei este projeto por sete anos apenas para continuar trabalhando com Jim. Na verdade, escrever este livro levou sete anos por muitas razões, e Jim foi solidário o tempo todo. Continuei lembrando a ele: "Ainda tenho muito a aprender antes de terminar esta obra".

Sou especialmente grato a Corey Monley por sua ajuda e apoio durante os últimos anos de escrita. Corey, agora um estudante de doutorado em Aconselhamento Psicológico, nunca se cansou de ler meus textos originais. Inevitavelmente, nossas discussões noturnas desviaram-se para incontáveis tópicos muito além do escopo deste livro. Como resultado de nossas longas e profundas conversas, sentimo-nos mais como família do que como amigos.

Também fiz uma nova amiga durante o processo de escrita. Victoria Wyeth era assistente de pesquisa de Tim quando nos conhecemos. Ela e Tim liam meus capítulos juntos e me forneciam *feedback* – primeiro por escrito e posteriormente por meio de breves e edificantes vídeos estrelados por Victoria. A reta final foi certamente mais fácil graças ao seu entusiasmo.

Outras pessoas contribuíram para a conclusão deste livro, e sou grato a todas elas. Agradeço aos fundadores do SMART Recovery, Tom Horvath e Joe Gerstein. Tom é meu amigo há mais de 25 anos. Tom, Joe e sua equipe investiram décadas desenvolvendo e refinando o programa SMART Recovery, que torna grupos de ajuda mútua baseados em terapia cognitivo-comportamental acessíveis a pessoas com transtornos por uso de substâncias (TUS) e outras dependências em todo o mundo, independentemente de seus meios. Três colegas de equipe muito inteligentes do SMART Recovery, Becky, Sergej e Matt, estavam entre os que se dispuseram a ler um rascunho tardio do livro. Sua revisão entusiástica e cuidadosa me ajudou a levar este livro até a linha de chegada.

Não quero perder a oportunidade de expressar minha gratidão a milhares de pacientes em recuperação que, ao longo dos anos, compartilharam suas lutas e confiaram seu tratamento a mim. Só posso esperar que o tratamento tenha sido proveitoso.

Por fim, quero agradecer a *você* por considerar esta obra. Espero que estas páginas o inspirem – assim como tantos pacientes corajosos em recuperação me inspiraram – a continuar incansavelmente esse trabalho vital.

Bruce S. Liese

Prefácio

Imagine envolver-se em uma atividade gratificante durante grande parte de sua vida e gradualmente perceber que essa atividade está destruindo tudo o que você valoriza. Depois, imagine-se tentando abandoná-la e sentindo-se incapaz de fazê-lo, por mais que você tente. Imagine repetir essa atividade várias vezes, sabendo que ela está contribuindo para seu fim. Reconheça que você se sente compelido a praticá-la indefinidamente, em vez de reduzir ou parar. Depois, visualize seus entes queridos dizendo que não irão tolerar seu envolvimento nessa atividade por mais tempo. Agora adicione a tudo isso a imagem de uma sociedade que o estigmatiza por envolver-se nessa atividade.

Essas experiências são familiares para pessoas que lutam contra dependências. Vergonha, culpa, ambivalência, medo, dúvida, desamparo, frustração e desespero são apenas alguns dos sentimentos enfrentados por muitos daqueles que tentam abster-se de comportamentos dependentes. São essas pessoas que inspiraram esta continuação de *Cognitive Therapy of Substance Abuse* (Beck, Wright, Newman, & Liese, 1993). Desde a publicação desse livro, há quase 30 anos, trabalhamos com milhares de pacientes que nos encarregaram de ajudá-los a enfrentar seus comportamentos dependentes.

Muitos de nossos pacientes iniciaram a terapia sentindo desesperança e desespero. Muitos perderam tudo o que lhes importava, incluindo amigos, família, lares, saúde e carreiras. Alguns compartilharam sentimentos desesperados, por exemplo: "Cheguei ao fim da linha" e "Se isso [a terapia] não funcionar, estou acabado". Para sua surpresa, muitos deles aprenderam e aplicaram habilidades da terapia cognitivo-comportamental (TCC) e mudaram sua vida. Tornaram-se mais saudáveis e felizes aumentando o controle sobre seus pensamentos, sentimentos e comportamentos. Muitos desenvolveram novos relacionamentos íntimos e restabeleceram relacionamentos antigos. A maioria encontrou um trabalho estável e significativo. Quase todos ficaram surpresos por terem sido capazes de assumir o controle de sua própria vida.

Aprendemos muito nos últimos 30 anos. Além de aprender com as experiências de nossos pacientes, temos sido continuamente atualizados e inspirados pelo trabalho extraordinário de nossos colegas de pesquisa. Os resultados de seus trabalhos influenciaram profundamente nossa abordagem, conforme refletido neste livro. Por exemplo, hoje entendemos que:

- Pessoas com transtornos por uso de substâncias (TUS) e outras dependências constituem um grupo extraordinariamente diverso.
- As definições de recuperação são idiossincráticas: elas diferem amplamente de pessoa para pessoa.
- Os pacientes precisam determinar seus próprios objetivos, em vez de tê-los determinados por outros.
- Os benefícios da TCC para TUS e outras dependências não se limitam à abstinência, mas incluem uma ampla gama de habilidades intrapessoais e interpessoais potenciais.
- Processos psicológicos e fisiológicos comuns são subjacentes às várias dependências.
- Muitos pacientes precisam de serviços e recursos além daqueles fornecidos em psicoterapia, incluindo grupos de ajuda mútua (p. ex., programas de 12 passos e SMART Recovery)* e terapias assistidas por medicamentos.
- O estigma sobre TUS e dependências comportamentais é generalizado – mesmo entre os profissionais da saúde – e precisa ser reconhecido e eliminado sempre que possível.

Nos últimos 30 anos, ocorreram mudanças sociopolíticas significativas. Aqui, discutimos como elas influenciam nosso trabalho com pessoas com dependências. Por exemplo, abordamos os possíveis desafios associados à legalização da maconha nos Estados Unidos (Cap. 1), bem como o impacto do estigma, da parcialidade e do preconceito em relação às pessoas que lutam contra o TUS e outros tipos de dependências (Cap. 4).

Neste livro, reconhecemos as valiosas contribuições de muitas abordagens diferentes ao tratamento das dependências e destacamos de que forma as incorporamos à TCC para TUS. Enfatizamos a importância de conceitualizar pacientes de forma completa e precisa, e só então intervir com ações terapêuticas mais adequadas.

---

* N. de R.T.: SMART Recovery é uma abordagem para recuperação de comportamentos dependentes, baseada em treinamentos de autogestão, recuperação e mudança de estilo de vida. Para saber mais, acesse: https://www.smartrecovery.org.

Fizemos o possível para refletir 30 anos de tendências e progressos na pesquisa e no tratamento das dependências.

- Revisamos as evidências atuais que apoiam a eficácia da TCC no tratamento de dependências (Cap. 1).
- Aplicamos nosso modelo ao TUS e às dependências comportamentais (Cap. 1).
- Apresentamos o modelo sindrômico das dependências (Caps. 1 e 2).
- Revisamos os fatores genéticos, neurobiológicos, psicossociais e ambientais associados ao desenvolvimento de comportamentos dependentes ou compulsivos (Cap. 2).
- Propomos um método sistemático de conceitualização de caso para entender pessoas em recuperação (Cap. 3).
- Sublinhamos a importância da pesquisa sobre o impacto do estigma no processo terapêutico (Cap. 4).
- Explicamos a inter-relação entre descoberta guiada e entrevista motivacional (Cap. 6).
- Descrevemos 12 técnicas padronizadas de TCC para ajudar pacientes que lutam contra dependências (Cap. 7).
- Aplicamos os conceitos da forma como o pensamento surge, de maneira automática (Sistema 1) e de maneira flexível (Sistema 2), à manutenção dos comportamentos geradores de transtornos (Cap. 10).
- Apresentamos o conceito de modos do Dr. Aaron Beck e o aplicamos ao TUS e às dependências comportamentais (Cap. 11).
- Fornecemos orientação específica sobre a facilitação da TCC em grupo (Cap. 12).

Esperamos que este livro seja útil para trabalhar com aqueles que lutam contra dependências. Ao longo dos capítulos, apresentamos muitos exemplos de casos hipotéticos, a fim de demonstrar uma ampla gama de pacientes com diferentes dependências e problemas associados. Todos os exemplos de casos são compostos (ou seja, são combinações de muitos pacientes reais que conhecemos) e todos os nomes são fictícios. Fazemos referência frequente aos termos *transtornos por uso de substâncias* (TUS), *comportamentos dependentes* e *dependências*, os quais utilizamos aqui de forma intercambiável, como costumamos fazer na prática.

Sumário

1	Visão geral	1
2	Modelo teórico	17
3	Conceitualização de caso	40
4	Vergonha, estigma e a relação terapêutica	62
5	Estrutura da sessão individual	93
6	Descoberta guiada, entrevista motivacional e análise funcional	109
7	Técnicas padronizadas de terapia cognitivo-comportamental	129
8	Estabelecendo objetivos	165
9	Psicoeducação	182
10	Pensamentos e crenças	208
11	Modos e comportamentos dependentes	233
12	Terapia cognitivo-comportamental em grupo para transtornos por uso de substâncias e dependências comportamentais	245
13	Prevenção de recaídas e redução de danos	279
	Referências	307
	Índice onomástico	315
	Índice	319

1
Visão geral

O termo *dependência* é onipresente e o ouvimos aplicado ao uso problemático de álcool e outras substâncias, bem como às dependências que não envolvem substâncias ingeridas — as chamadas dependências comportamentais. Ouvimos o termo sendo usado no cotidiano, pois as pessoas caracterizam certos hábitos como dependências. Se você perguntar a algumas pessoas que estão tentando perder peso por que acabaram de comer uma fôrma de *brownies*, elas podem dizer: "Sou viciado em chocolate" ou "Sou chocólatra". Se você perguntar a alguns corredores de longa distância por que eles correm longas distâncias, eles podem dizer: "Sou viciado em correr". Mas o que exatamente é uma dependência? Quando é apropriado usar esse termo para caracterizar o comportamento humano?

Neste livro, focamos tanto nos transtornos por uso de substâncias (TUS) quanto nas dependências comportamentais. Isso se baseia em nosso entendimento de que certos processos cognitivos, comportamentais, afetivos e fisiológicos são análogos, bem como em um corpo substancial de pesquisas que respaldam a confiabilidade e a validade de certos diagnósticos de dependência comportamental. Revemos várias abordagens para a definição de dependências, iniciando pela 5ª edição do *Manual diagnóstico e estatístico de transtornos mentais* (DSM-5; American Psychiatric Association, 2013). No DSM-5, a expressão *transtornos relacionados a substâncias e outras adições comportamentais* é apresentada como um transtorno mental caracterizado por comportamentos que persistem a despeito de suas graves consequências problemáticas. A noção de que um indivíduo pode ter vários graus de TUS e outras dependências, dependendo do número de sintomas que se manifestam, é relativamente nova no DSM-5 (e em outros padrões diagnósticos). Além disso, são relativamente novas, no DSM-5, a inclusão do transtorno do jogo como um transtorno aditivo e a consideração de que o transtorno do jogo pela internet possa ser um transtorno aditivo.

Para ajudar a definir TUS, vamos considerar o caso de Bob, que declara que bebe "apenas uma ou duas cervejas na maioria das noites da semana". Quando sai para jantar com sua esposa Mary, Bob volta para casa dirigindo, apesar de ter bebido várias cervejas. Ao menos uma vez por semana ele acorda de ressaca, vai trabalhar sentindo-se "zonzo" e sente dificuldade para executar seu trabalho como gerente de projetos. Ele nega outros problemas relacionados ao álcool (p. ex., esforços infrutíferos para reduzir ou parar, fissura, abstinência, tolerância, problemas de saúde). Mary, por outro lado, começa a beber antes do meio-dia todos os dias, embora tenha sido avisada por seu médico que o consumo excessivo de álcool pode estar contribuindo para sua hipertensão. Quando ela começa a arrastar as palavras e fica "desleixada", Bob insiste para que ela pare de beber, o que inevitavelmente gera discussões. Quando Bob tenta falar com Mary sobre o comportamento dela na noite anterior, ela muitas vezes esqueceu de grande parte da noite (ou seja, teve um "apagão"). Embora não tenha admitido para Bob, Mary tentou parar de beber depois de ser demitida de vários empregos de vendas no varejo, mas toda vez que tenta parar ela volta a beber porque se sente inquieta e trêmula após apenas algumas horas de abstinência.

Bob provavelmente tem um problema *leve* com álcool. Ele dirige regularmente depois de consumir bebidas alcoólicas e o ato de beber provoca ressacas que interferem em seu trabalho. A partir das informações que temos sobre Bob, não é certo que ele seja dependente de álcool. Mary provavelmente tem um problema mais *grave* com álcool: ela passa a maior parte do dia embriagada; sofre apagões e foi aconselhada a parar de beber porque essa é a provável causa de sua hipertensão; não consegue parar de beber, e quando tenta parar sofre de abstinência alcoólica; discute com Bob sobre seu hábito de beber; e foi demitida de vários empregos por causa da bebida. Com base nas informações que temos de Mary, pode ser sensato concluir que ela tem transtorno por uso de álcool (TUA).

Bob e Mary não são os únicos a ter problemas com álcool. Na verdade, quando a Substance Abuse and Mental Health Services Administration (SAMHSA) dos Estados Unidos conduziu, em 2019, a National Survey on Drug Use and Health (NSDUH; SAMHSA, 2020), verificou-se que aproximadamente 5,3% dos estadunidenses com mais de 12 anos (14,5 milhões de pessoas) têm TUA. Apesar de no nosso exemplo com Bob (TUA leve) e Mary (TUA grave), os dados de pesquisa mostram que os homens são mais propensos a sofrer de TUA do que as mulheres (7,8% *versus* 4,1%; SAMHSA, 2017).

Quando nosso livro anterior, *Cognitive Therapy of Substance Abuse* (Beck et al., 1993), foi escrito, os Estados Unidos estavam no meio de uma epidemia de *cocaína*. Atualmente, o país está passando por uma epidemia de *opioides*, com quase 5% dos estadunidenses maiores de 12 anos (aproximadamente 12,5 milhões) admitindo o uso indevido de analgésicos controlados (SAMHSA, 2017). É provável que a principal razão para rotular a atual situação como uma *crise* seja o número de mortes associadas ao uso indevido de opioides. Em 2017, o número de estadunidenses com mais de 12 anos que morreram por *overdose* de todas as substâncias foi de 70.237. Aproximadamente 68% dessas mortes (47.600) envolveram opioides, um aumento de 12% em relação a 2016 (Scholl, Seth, Kariisa, Wilson, & Baldwin, 2018). Segundo Scholl e colaboradores (2018), o aumento de todas as mortes foi, em grande parte, devido ao uso indevido de opioides sintéticos (p. ex., hidrocodona, oxicodona, tramadol e fentanila). A pesquisa realizada pela SAMHSA (2017) constatou que a maioria dos 12,5 milhões de pessoas que abusaram de analgésicos controlados o fez para aliviar alguma dor física (62,6%). Outros motivos citados para o uso indevido foram: sentir-se bem ou "sentir um barato" (12,1%), relaxar ou aliviar a tensão (10,8%), ajudar no sono (4,4%), melhorar emoções problemáticas (3,3%), experimentar ou "ver como é" (2,5%), "por dependência" (2,3%), para aumentar ou diminuir o efeito de outras substâncias (0,9%) e por outros motivos (1,2%). Aproximadamente 53,7% dos indivíduos que fizeram uso indevido de opioides os obtiveram por meio de amigos ou parentes, enquanto 36,4% obtiveram seus opioides com receitas fornecidas por um profissional da saúde. Apenas 4,9% compraram seus analgésicos controlados de traficantes de drogas, e outros 4,9% obtiveram suas receitas de "alguma outra maneira".

Outra mudança que ocorreu desde 1993 é que (no momento em que escrevo) a maconha encontra-se legalizada para uso medicinal em 35 estados dos Estados Unidos, e para uso recreativo em mais 15 estados, além do Distrito de Colúmbia (Bromwich, 2020); e esses números estão aumentando. Por muitos anos, acreditou-se que a maconha era uma substância "segura". Contudo, ao longo dos anos, tornou-se evidente que o consumo prolongado de maconha pode causar problemas físicos e mentais significativos, especialmente em adolescentes (National Institute on Drug Abuse, 2018b; Volkow, Baler, Compton, & Weiss, 2014).

Considere o caso de John, um indivíduo com sérios problemas relacionados à maconha. John tem 30 anos e fuma maconha desde o ensino médio, quando aprendeu que vender maconha era uma maneira conveniente de financiar seu uso diário. Ele frequentou a faculdade por um tempo e fez amizade com outros alunos que gostavam de ficar chapados diariamente. Na metade do primeiro semestre da faculdade, ele se viu incapaz de acompanhar os desafios acadêmicos. Ou, mais precisamente, ele se viu fumando maconha em vez de estudar. Conheceu e namorou algumas mulheres, mas nenhuma estava interessada em um relacionamento sério com um homem que estava sempre chapado. Depois de abandonar a faculdade, John encontrou um emprego na área de paisagismo. Ele foi demitido após ser preso por posse de pouco mais de 100 gramas de maconha, descobertos quando ele foi parado pela polícia durante um bloqueio viário policial de rotina – enquanto dirigia a caminhonete da empresa. Com a ajuda do advogado de sua família, John conseguiu evitar a prisão. Seus pais permitiram que se mudasse para a casa deles com a condição de que procurasse um emprego, mas depois de mais de um ano, John desistiu de procurar e com o tempo se reencontrou com velhos amigos que passavam grande parte do tempo chapados em função do uso de maconha.

Obviamente, John tem um sério problema com o uso de *Cannabis*. Em vez de usá-la de maneira recreativa ou apenas habitualmente, John a usa de formas que causam consequências graves. E, no entanto, John não opta por parar de usar maconha – a causa dessas graves consequências. Muitos argumentariam que o uso de maconha de John atingiu um nível que se qualificaria como uma dependência.

Em comparação com John, considere o caso de Jill, uma mulher de 40 anos com uma longa história de TUS antes de sua primeira experiência com jogos de azar. Quando estava no ensino médio, ela fumava cigarros e maconha, usava cocaína e metanfetamina e bebia muito. Então, há 11 anos, foi presa por agressão, conduta desordeira e posse de cocaína, depois que a polícia foi chamada durante uma briga dela com o namorado. Após um breve período na prisão, Jill fez uma escolha consciente de permanecer abstinente de todas as substâncias psicoativas. Encontrou um emprego no turno da noite em uma fábrica local, mudou-se para um apartamento, e com o tempo conseguiu comprar um carro. Ela frequentava regularmente os Alcoólicos Anônimos (AA) e os considerava um grupo útil para sua recuperação. Na verdade, foi lá que ela conheceu Gary, com quem namorou por quase um ano antes de se casarem.

O problema de jogo de Jill começou de maneira inocente: ela foi convidada por um colega de trabalho para ir a um cassino depois do expediente "só para relaxar e se divertir um pouco". Ao chegar lá, Jill diz que "sentiu-se como uma criança em uma loja de doces". Ela não podia acreditar que havia tanta atividade em algum lugar tão tarde da noite: luzes brilhantes, caça-níqueis piscando, sinetas e assobios em todo o cassino. Para onde quer que olhasse, as pessoas estavam fumando e bebendo. Para sua surpresa, ela se sentiu mais atraída pela visão e sons das máquinas caça-níqueis do que pelo álcool e cigarros. Em pouco tempo, começou a ter o que descreveu como "uma experiência estranha". Começou a sentir um barato familiar que já tinha sentido tantas vezes ao usar álcool e outras substâncias. Em suas palavras: "Foi incrível!". Ela foi capaz de sentir um barato conhecido sem ingerir uma substância psicoativa. No final de sua primeira noite de jogo, Jill tinha certeza de que tinha sido fisgada. De fato, dentro de alguns meses Jill estava frequentando os cassinos na maioria das noites da semana. Embora continuasse abstinente de substâncias psicoativas, ela descreveu "ressacas miseráveis após longas noites de jogatina". Em pouco tempo ela estava tendo alguns dos mesmos problemas com jogos de azar que tinha com álcool e outras substâncias: nenhuma quantidade de jogo parecia suficiente; ela passava todo o seu tempo livre em cassinos; quando não estava jogando, fantasiava sobre jogos de azar; fazia saques de sua escassa poupança para gastar nos cassinos; mentia para Gary sobre passar o tempo com amigos; e talvez o mais preocupante, sentia que havia perdido o controle e não conseguia parar de jogar. Por mais que tentasse, parar parecia impossível. Na verdade, ela descreveu os esforços para abster-se de jogos de azar como "mais difícil do que todas as suas outras dependências". Com o tempo, ela começou a ter graves problemas financeiros que a acabaram levando à falência e à dissolução de seu casamento. Conforme ilustrado pelas experiências de Jill, o sofrimento associado ao transtorno do jogo – uma dependência comportamental – pode ser tão punitivo quanto o de dependências em substâncias.

TRANSTORNOS POR USO DE SUBSTÂNCIAS E DEPENDÊNCIAS COMPORTAMENTAIS: MAIS SEMELHANÇAS DO QUE DIFERENÇAS

Howard Shaffer deu uma importante contribuição ao campo das dependências estudando o transtorno do jogo e sendo o pioneiro na *síndrome de dependência* (Shaffer, 2012; Shaffer & Hall, 2002; Shaffer et al., 2004). Shaffer e colaboradores a descrevem como um padrão complexo subjacente a todos os comportamentos dependentes. Em vez de ver TUS e dependências comportamentais individuais (p. ex., álcool, maconha, opioides, jogos de azar, jogos de computador) como singulares e separadas, entende-se que todos esses comportamentos têm antecedentes distais (passados), antecedentes proximais (recentes) e consequências (p. ex., expressões, manifestações e sequelas) semelhantes. Segundo esse modelo, os diversos comportamentos dependentes e substâncias são meros *objetos* que têm a capacidade de "modificar a experiência subjetiva de forma confiável e robusta" (Shaffer, 2012, p. xxxi). Esses *modificadores* químicos e comportamentais ativam centros de recompensa cerebrais semelhantes. A síndrome de dependência fornece uma integração de elementos neurobiológicos, elementos psicossociais compartilhados e experiências compartilhadas: o sistema de recompensa do cérebro é ativado por substâncias e comportamentos dependentes de modo semelhante; indivíduos com TUS e outras dependências tendem a ter problemas psicológicos semelhantes e o curso de tais comportamentos tende a ser semelhante entre as dependências. Assim, o modelo enfatiza pontos em comum entre os vários processos geradores de dependências.

É importante entender que as primeiras consequências dos comportamentos dependentes são positivas, e é por isso que as pessoas inicialmente se envolvem neles. O álcool tem potencial para relaxar, excitar e desinibir; a maconha tem potencial para acalmar; as anfetaminas têm o potencial de energizar; os opioides têm o potencial de aliviar a dor; e o jogo tem a capacidade de gerar excitação diante da perspectiva de grandes ganhos. É importante compreender que esses efeitos em pessoas que são dependentes alteram a percepção das consequências negativas do uso – pelo menos inicialmente. Enquanto os indivíduos acreditarem que as consequências positivas superam as consequências negativas dos comportamentos dependentes, eles se sentirão tentados a envolver-se neles.

Obviamente, existem inúmeras consequências negativas associadas aos comportamentos dependentes. Shaffer e colaboradores (2012, 2004) convenientemente as dividem em duas categorias: aquelas que são exclusivas a cada comportamento dependente e aquelas que são compartilhadas entre eles. Exemplos de consequências *exclusivas* incluem doença hepática (álcool), doença pulmonar e cardiovascular (tabagismo), problemas financeiros (jogos de azar), problemas com a lei (drogas ilícitas) e morte por *overdose* (opioides). Exemplos de consequências negativas *compartilhadas* incluem tolerância, abstinência, recaída, comorbidade psiquiátrica, substituição de objeto, deriva social, comportamento criminoso, estigma, entre outras. Um dos principais objetivos da terapia cognitivo-comportamental (TCC) para dependências é ajudar os indivíduos a reconhecer as consequências negativas de seus comportamentos, ao mesmo tempo entendendo que sua antecipação de consequências positivas serve para manter suas dependências.

Outra forma de conceituar os TUS e as dependências comportamentais foi proposta por Mark Griffiths, que fez uma extensa pesquisa e publicou centenas de artigos científicos sobre comportamentos geradores de dependências. Griffiths (2005) explica que "a maioria das definições oficiais [de dependência] se concentram na ingestão de drogas" (p. 192). Ele recomenda o uso de seis componentes que focam principalmente nos processos ou padrões de dependência e não em uma determinada substância ou atividade:

1. **Saliência:** para que uma substância ou comportamento seja gerador de dependência, ele deve ser saliente ou importante para um indivíduo. A saliência pode se refletir no uso ou envolvimento excessivo, ou pode se refletir em pensamentos frequentes ou intensos sobre a substância ou

comportamento. Um alto grau de saliência também pode ser visto como uma obsessão ou ocupação com o comportamento dependente.
2. **Modificação do humor:** para que uma substância ou comportamento seja gerador de dependência, ele deve ter impacto nas emoções, nos sentimentos ou no humor. Para alguns indivíduos, o humor desejado pode envolver sentir-se mais "para cima" (ou seja, alegre ou energizado), enquanto para outros o estado de espírito procurado pode ser "para baixo" (ou seja, calmo ou relaxado). E para muitos indivíduos, a modificação do humor ocorre como diminuição da dor física, da ansiedade, da depressão, da raiva ou da abstinência.
3. **Tolerância:** os indivíduos que necessitam de maiores quantidades de uma substância ou comportamento para sentir os mesmos efeitos desenvolveram uma tolerância, que é um forte indicador de dependência.
4. **Abstinência:** muitas pessoas que tentam abandonar comportamentos dependentes sofrem consequências físicas ou psicológicas negativas, ou abstinência. A natureza e o grau de abstinência dependem de vários fatores; entre eles está a frequência e a quantidade do comportamento, mas também a substância ou o comportamento específico envolvido. Por exemplo, a abstinência de álcool pode resultar em convulsões e morte, a abstinência de opioides pode assemelhar-se a um terrível surto de gripe, e a abstinência de jogos de azar pode resultar em ansiedade ou depressão.
5. **Conflito:** o termo *conflito* sugere um desentendimento entre dois indivíduos. Contudo, no contexto das dependências, refere-se tanto ao conflito interpessoal (entre pessoas) como ao conflito intrapessoal (dentro de si mesmo). Simplificando, o conflito intrapessoal mais comum envolve o pensamento "Eu realmente não deveria estar fazendo isso".
6. **Recaída:** tentar mudar, reduzir ou abandonar comportamentos dependentes não é fácil, e talvez seja por isso que muitos consideram a recaída a marca registrada dos comportamentos dependentes.

Consideramos o modelo de Griffiths simples e fácil de explicar aos pacientes. Por exemplo, quando John (do exemplo de caso mencionado anteriormente) buscou terapia, ele perguntou ao terapeuta: "Você acha que eu sou um viciado?". Em resposta, seu terapeuta explicou os seis componentes de Griffiths, e John concordou: "Todos eles se parecem um pouco comigo".

As abordagens dos TUS e dos comportamentos dependentes descritos anteriormente são todas úteis, e há substancial sobreposição entre elas. Sugerimos que os terapeutas se familiarizem com cada uma delas, pois todas fornecem uma perspectiva única e útil. Por exemplo, o DSM-5 (American Psychiatric

Association, 2013) fornece critérios diagnósticos específicos; a síndrome de dependência (Shaffer et al., 2004; Shaffer, 2012) fornece uma perspectiva teórica e de desenvolvimento única e baseada em evidências; e o modelo de Griffiths (2005) relaciona-se com TUS e dependências comportamentais de forma direta e facilmente compreendida pela maioria dos pacientes.

Conforme mencionado anteriormente, utilizamos os termos *dependência*, *TUS* e *comportamento dependente* de forma intercambiável. Defendemos o uso de termos que *minimizem o estigma* associado a rótulos negativos. Por exemplo, evitamos termos como *viciado em drogas* e *alcoólatra*, usando em seu lugar expressões como "uma pessoa que tem problemas com [álcool, drogas, jogos de azar, etc.]". Inclusive evitamos expressões como "urina suja" [urina contaminada por substância], por entendermos que elas podem ser pejorativas (Kelly, Wakeman, & Saitz, 2015).

TERAPIA COGNITIVO-COMPORTAMENTAL PARA TRANSTORNOS POR USO DE SUBSTÂNCIAS E DEPENDÊNCIAS COMPORTAMENTAIS

Equívocos sobre a TCC são comuns (Gluhoski, 1994). De fato, durante os *workshops* muitas vezes ouvimos os participantes dizerem: "Esta TCC é diferente do que aprendi sobre TCC". Assim, antes de descrever nossa abordagem da TCC para dependências, consideramos importante ressaltar o que a TCC *não é*. A seguir, são apresentados alguns equívocos sobre a TCC:

- É meramente uma coleção de técnicas padronizadas, como se fossem truques de mágica.
- É mecânica e linear, a ser seguida como uma receita de um livro de culinária.
- Minimiza a importância das primeiras experiências de vida dos pacientes, especialmente as experiências da infância.
- Minimiza a importância das relações interpessoais dos pacientes (p. ex., família e amigos).
- Minimiza a importância da relação terapêutica.
- É necessariamente breve ou de curto prazo.
- Visa exclusivamente a abstinência de comportamentos dependentes sem considerar outros problemas psicológicos.
- É tão eficaz que os médicos devem esperar que todos os pacientes resolvam suas dependências e obtenham benefícios substanciais da terapia.

A maioria das imagens estereotipadas da TCC retrata os terapeutas mais como robôs ou computadores do que como pessoas reais. Tem sido assim desde os primeiros dias da TCC (Beck, Rush, Shaw, & Emery, 1979):

> As técnicas cognitivo-comportamentais muitas vezes parecem enganosamente simples. Consequentemente, o terapeuta neófito pode tornar-se "orientado a artifícios" a ponto de ignorar os aspectos humanos da interação terapeuta-paciente. Quando isso ocorre, [o terapeuta] corre o risco de se relacionar com o paciente como se ele fosse um computador e não uma pessoa. Alguns terapeutas jovens que são mais hábeis na aplicação de técnicas específicas são percebidos por seus pacientes como mecânicos, manipuladores e mais interessados nas técnicas do que no paciente. É importante ter em mente que as técnicas . . . são feitas para serem aplicadas de maneira delicada, terapêutica e humana por uma pessoa falível – o terapeuta. (p. 46)

Na realidade, a TCC emprega um processo complexo, descrito aqui de forma breve, mas detalhado em capítulos posteriores. As dependências tendem a ser problemas crônicos que se autorreforçam, caracterizados por recaídas intermitentes. Portanto, a TCC para TUS e comportamentos dependentes muitas vezes requer envolvimento prolongado do paciente (McLellan, 2002; McLellan, Lewis, O'Brien, & Kleber, 2000). Evidentemente, a duração do envolvimento depende de muitas variáveis individuais e contextuais. Além disso, os comportamentos dependentes tendem a ocorrer em círculos viciosos, iniciados com o propósito de regular emoções, mas que por fim causam uma desregulação emocional que perpetua e exacerba os comportamentos dependentes originais. Como resultado, o tratamento raramente é linear, com início, meio e fim distintos. Em vez disso, muitas vezes há altos e baixos para pacientes que se recuperam de problemas de uso de substâncias. Para ser eficaz, a TCC requer uma compreensão precisa (ou seja, a conceitualização de caso) de cada paciente. Para ser útil, a conceitualização de caso deve incluir informações relevantes sobre as circunstâncias da vida atual (ou seja, o contexto). A menos que tenhamos esse contexto, é difícil (se não impossível) entender os comportamentos que geram dependência de um indivíduo e as barreiras para a mudança. Por exemplo, sem conhecimento do histórico familiar de comportamentos dependentes ou dos relacionamentos íntimos com outros indivíduos dependentes de um paciente, pode ser difícil compreender as dificuldades no tratamento. Além disso, a ausência de uma conceitualização de caso completa e de uma aliança terapêutica colaborativa aumenta a probabilidade de um paciente desistir da terapia (Brorson, Arnevik, Rand-Hendriksen, & Duckert, 2013; Liese & Beck, 1998).

Não existe uma abordagem única e definitiva da TCC. Na verdade, muitos praticantes e pesquisadores experientes referem-se à TCC no plural (ou seja, terapias cognitivo-comportamentais). As seguintes abordagens de TCC foram bem-sucedidas quando aplicadas ao tratamento de comportamentos dependentes: terapia de aceitação e compromisso (ACT, do inglês *acceptance and commitment therapy*; Hayes, Strosahl, & Wilson, 2012), ativação comportamental (AC; Daughters et al., 2018; Daughters, Magidson, Lejuez, & Chen, 2016), manejo de contingências (MC; Petry, 2012), reforço comunitário e treinamento familiar (CRAFT, do inglês *community reinforcement and family therapy*; Meyers & Squires, 2001), terapia comportamental dialética (DBT, do inglês *dialectical behavior therapy*; Linehan, 2015), prevenção de recaída baseada em *mindfulness* (Bowen, Chawla, Grow, & Marlatt, 2021; Witkiewitz, Marlatt, & Walker, 2005) e outras.*

Os cinco componentes principais da terapia cognitivo-comportamental para transtornos por uso de substâncias e dependências comportamentais

Desde a publicação de *Cognitive Therapy of Substance Abuse*, modificamos e refinamos nossa abordagem da TCC individual e em grupo (Liese, 2014; Liese, Beck, & Seaton, 2002; Liese & Tripp, 2018; Wenzel, Liese, Beck, & Friedman-Wheeler, 2012). Consideramos útil ver a TCC como composta por cinco componentes principais: 1) estrutura; 2) colaboração; 3) conceitualização de caso; 4) psicoeducação; 5) técnicas padronizadas. De fato, observamos que todas as TCCs enfatizam esses componentes, ainda que em graus variados. Esses componentes são brevemente descritos a seguir, e então discutidos em detalhes ao longo do livro.

A *estrutura* é mais bem compreendida como o processo necessário para manter o foco ao longo de uma sessão de terapia. A maioria dos terapeutas (e, de fato, muitos pacientes) já teve a experiência de estar no meio de uma sessão pensando: "De que forma essa conversa é relevante para o problema apresentado?" ou "Por que estamos falando sobre todos esses detalhes e não sobre o problema principal?". Quando bem feita, a TCC mantém a discussão sempre focada nos problemas apresentados pelo paciente e nas metas a serem atingidas. De maneira calculada, é uma abordagem estruturada e focada para ajudar pessoas com dependências.

A estrutura também envolve organizar as sessões de modo que os problemas sejam definidos e abordados. Nossa abordagem da TCC pode ser conduzida nas

---

* Agradecemos especialmente a Alan Marlatt por introduzir o modelo de prevenção de recaídas (Marlatt & Gordon, 1985), o qual semeou as sementes da TCC para dependências. O Dr. Marlatt e colaboradores avançaram muito na TCC para dependências e reconhecemos que nosso trabalho foi profundamente influenciado por suas contribuições imprescindíveis.

modalidades individual, familiar ou em grupo. Quando aplicada individualmente, iniciamos cada sessão definindo uma agenda. Esse processo pode ser formal ou descontraído, dependendo do paciente e de outras circunstâncias. Por exemplo, pacientes que são, de modo geral, bem organizados e estão em mínimo sofrimento podem preferir sessões altamente estruturadas, ao passo que pacientes menos organizados ou em sofrimento substancial podem se beneficiar de uma estrutura mais flexível. A definição da agenda é seguida por uma verificação do humor, reflexões da(s) última(s) sessão(ões), priorizando os itens da agenda, e depois a resolução de problemas. Na TCC em grupo, os pacientes compartilham seus nomes, tipo de dependência e em qual fase do desenvolvimento do transtorno estão, em quais contextos suas dependências encontram gatilhos e quais são suas expectativas com o tratamento. Mais uma vez, a estrutura da TCC individual e em grupo será discutida em detalhes em capítulos posteriores.

A *colaboração* é normalmente considerada a chave para o vínculo, a aliança ou o relacionamento terapêutico. A capacidade de formar alianças com uma ampla gama de pacientes é essencial para a eficácia do terapeuta, e certas habilidades interpessoais permitem que essas alianças sejam estabelecidas (Wampold, Baldwin, Holtforth, & Imel, 2017). Defendemos veementemente a atenção dos terapeutas às suas próprias habilidades interpessoais, cujo desenvolvimento e treinamento são necessários, pois são fundamentais ao praticar TCC. Embora isso possa parecer simples e objetivo, muitos terapeutas acham difícil ser caloroso e empático com pacientes que enfrentam dificuldades com lapsos e recaídas.

O mútuo estabelecimento de metas e a realização de metas também são imprescindíveis para a relação terapêutica. O processo de chegar a um acordo sobre metas costuma ser mais complexo do que a maioria dos terapeutas espera. Muitos pacientes se sentem desconfortáveis diante do comprometimento com objetivos que não conseguiram atingir no passado. Dada a natureza reforçadora das dependências, muitos pacientes também acham difícil manter a motivação para mudar. De minuto a minuto, dia a dia, semana a semana, o entusiasmo para atingir uma determinada meta pode aumentar e diminuir, correspondendo a seus humores, circunstâncias, e assim por diante. Para manter alianças colaborativas com os pacientes, é importante que os terapeutas evitem ser emocionalmente reativos aos seus fracassos e sucessos relacionados a metas.

A *conceitualização de caso* envolve a identificação, a organização e a integração de pensamentos, crenças, esquemas, gatilhos, emoções predominantes e comportamentos – com muita atenção a como eles se desenvolveram. Componentes contextuais essenciais da conceitualização de caso podem incluir amigos, família e as comunidades onde os pacientes vivem. Outros componentes podem incluir problemas médicos, psicológicos ou psiquiátricos subjacentes que possam contribuir ou exacerbar comportamentos dependentes. Por exemplo, muitos pacientes se comportam de forma dependente ao se automedicarem para ansiedade, depressão, transtorno bipolar e esquizofrenia – ou opioides para tratar a dor física. Para desenvolver conceitualizações de caso precisas, os terapeutas devem ter habilidades de escuta altamente eficazes e a capacidade de ter empatia com aqueles que, com frequência, se comportam de maneiras autodestrutivas. Além disso, os terapeutas devem ser capazes de formular hipóteses sobre a etiologia e a função de comportamentos dependentes na vida dos pacientes – e então testar essas hipóteses durante os encontros clínicos.

A *psicoeducação* envolve a transmissão de conhecimentos ou habilidades: seja diretamente, por meio da modelagem, ou pelo processo de escuta ativa e *reflexiva*. Em certos casos é apropriado que o terapeuta explique os conceitos ou os processos da TCC, ao passo que em outros casos isso pode ser percebido pelos pacientes como inoportuno ou irrelevante. A determinação de quando é mais apropriado ensinar os conceitos da TCC é uma parte essencial da conceitualização de caso e da relação terapêutica colaborativa.

As *técnicas padronizadas* são atividades formais projetadas para orientar alterações cognitivas, comportamentais ou emocionais. Alguns exemplos de técnicas de TCC são a análise de vantagens e desvantagens, os registros de pensamentos automáticos e a análise funcional. Essas e outras técnicas padronizadas serão descritas detalhadamente no Capítulo 7. Como mencionado anteriormente, um dos equívocos mais difundidos sobre a TCC é que técnicas padronizadas, semelhantes a *livros de receitas*, estão no cerne da terapia. Na verdade, escolher as técnicas padronizadas corretas para os pacientes requer cuidadosa consideração e atenção à conceitualização de caso e à relação terapêutica colaborativa.

Como nossa abordagem da terapia cognitivo-comportamental se compara a outras?

Anos atrás, o Dr. Aaron Beck entrou em um restaurante, olhou ao redor, viu que tudo era bem administrado e disse: "Eles devem estar fazendo terapia cognitiva aqui". Quando questionado sobre o que quis dizer com isso, explicou: "Independentemente do ambiente, um bom trabalho requer bons pensamentos". Sugerimos que todas as terapias eficazes facilitam os "bons pensamentos". Por exemplo, os terapeutas de ACT facilitam a aceitação, os terapeutas de AC facilitam a identificação de valores pessoais e comportamentos associados, os terapeutas de prevenção de recaída baseada em *mindfulness* facilitam uma maior atenção plena, e assim por diante. Quem não conhece os programas de 12 passos pode se surpreender ao saber que muitos *slogans* de 12 passos envolvem bons pensamentos que você esperaria aprender na TCC, como, por exemplo, nos lembretes recorrentes: "Isso também vai passar", "Viva e deixe viver", "Cultive uma atitude de gratidão" e "Seu valor nunca deve depender da opinião de outra pessoa" (12step.org, 2018).

A maioria dos médicos está familiarizada com o processo de entrevista motivacional (Miller & Rollnick, 2012) e com os estágios do modelo de mudança (Norcross, Krebs, & Prochaska, 2011; Prochaska, DiClemente, & Norcross, 1992; Prochaska & Norcross, 2001). Esses termos tornaram-se lugar-comum no universo terapêutico porque são úteis e relevantes para todas as abordagens de tratamento para comportamentos dependentes. Em termos simples, a entrevista motivacional (EM) é uma abordagem de ajuda às pessoas que *as aceita onde estão*, a fim de facilitar a mudança. A EM requer escuta ativa, empatia, flexibilidade, colaboração e comunicação interpessoal eficaz. O modelo de estágios de mudança (também conhecido como modelo transteórico de mudança) fornece um arcabouço para compreender a prontidão de uma pessoa para mudar, variando da pré-contemplação (ainda sem considerar a mudança) à manutenção (vida após a mudança).

Defendemos que todos os terapeutas cognitivo-comportamentais devem ter habilidades de EM (p. ex., escuta eficaz, empatia precisa, colaboração). Também sustentamos que os terapeutas cognitivo-comportamentais devem ter uma consciência aguçada da prontidão dos pacientes para mudar. Na verdade, a prontidão de um indivíduo para mudar deve fazer parte da conceituação de caso e influenciar como os terapeutas decidem estruturar as sessões, envolver-se em psicoeducação e facilitar técnicas padronizadas. Um terapeuta atento à prontidão para a mudança é mais propenso a aplicar estrutura, psicoeducação e escolher técnicas que favoreçam a aliança colaborativa, ao passo que um terapeuta que ignora a prontidão do paciente para mudar pode causar danos irreparáveis à relação terapêutica.

Um dos autores, o Dr. Bruce Liese, estava atuando como facilitador em um *workshop* sobre TCC para TUS e dependências comportamentais há vários anos. Durante um intervalo, um dos participantes se aproximou dele e declarou com ousadia: "Você está ensinando e demonstrando EM". O Dr. Liese respondeu indagando: "O que te faz dizer isso?". O participante explicou que estava avaliando sistematicamente as demonstrações dele de *role-play* com a escala de Integridade do Tratamento com Entrevista Motivacional (MITI, do inglês *Motivational Interviewing Treatment Integrity*; Moyers, Manuel, & Ernst, 2014), e todas as demonstrações receberam altas pontuações de EM. Exemplos de âncoras positivas nessa escala de EM incluem:

- Usa tarefas terapêuticas estruturadas como forma de suscitar e reforçar conversas sobre mudança.
- Não perde oportunidades de explorar mais profundamente quando o paciente oferece conversas sobre mudança.
- Suscita estrategicamente conversas sobre mudança e responde consistentemente a elas quando oferecidas.
- Raramente perde oportunidades de construir o ímpeto de conversas sobre mudança.
- Negocia genuinamente a agenda e os objetivos da sessão.
- Indica curiosidade sobre as ideias do paciente por meio de consultas e escuta.
- Facilita a avaliação do paciente sobre opções e planejamento.

A lição a ser aprendida aqui é simplesmente que a TCC eficaz incorpora habilidades da EM.

As diferenças entre a nossa abordagem e outras abordagens cognitivo-comportamentais são mínimas, porém essenciais. Oferecemos estrutura específica para sessões individuais de TCC (ver Cap. 5) e para sessões de TCC em grupo (ver Cap. 12), o que nos diferencia da maioria das outras abordagens. Ressaltamos também o mantra: "Para fazer uma boa TCC, é necessário *pensar* como um terapeuta cognitivo-comportamental". Terapeutas altamente eficazes sempre fazem perguntas como:

"O que você pensou quando tomou essa decisão?"
"Qual é a evidência para esse pensamento?"
"Qual é a sua crença sobre [preencha o espaço em branco]?"
"Como você desenvolveu essa crença?"
"Quais são as vantagens e desvantagens dessa escolha?"

O objetivo de fazer esses questionamentos não é apenas influenciar a mudança. Essas questões também visam expandir a compreensão dos terapeutas sobre os pacientes, a fim de facilitar a autocompreensão destes. Pacientes que continuamente ouvem os terapeutas perguntarem "O que você estava pensando quando...?" e "Quais são suas crenças sobre...?" passam a entender que essas questões são importantes e com o tempo desenvolvem o hábito de se fazerem essas perguntas enquanto se esforçam para tomar decisões eficazes e resolver os problemas da vida.

QUAIS SÃO OS OBJETIVOS DA TERAPIA COGNITIVO-COMPORTAMENTAL PARA TRANSTORNOS POR USO DE SUBSTÂNCIAS E DEPENDÊNCIAS COMPORTAMENTAIS?

Pessoas com TUS e outras dependências graves estão sujeitas a muitos problemas, incluindo dificuldades sociais, interpessoais, profissionais, de saúde, jurídicas e financeiras. Visto que os comportamentos dependentes causaram, exacerbaram ou mantiveram esses problemas, o objetivo da TCC é ajudar as pessoas a se absterem. Contudo, muitos indivíduos que procuram ajuda não desejam se abster dos comportamentos dependentes. Além disso, a maioria das pessoas que tenta se abster sofre recaídas antes de atingir uma abstinência sustentada. Em uma excelente revisão de literatura de recuperação, Witkiewitz e colaboradores (2020, p. 9) nos lembram que existem "rotas multidimensionais e heterogêneas para a recuperação". Então, ainda que a abstinência possa ser um objetivo pelo qual lutar, os terapeutas devem ter cuidado para evitar julgar ou se frustrar com pacientes que não se abstêm.

Desencorajamos veementemente debater com os pacientes sobre abstinência *versus* controle de comportamentos dependentes. Em vez disso, sugerimos que os terapeutas incentivem os pacientes a definir seus próprios objetivos de maneira deliberada e intencional e depois os revisem ao longo da terapia. Também enfatizamos que *não atingir metas* (p. ex., sofrer recaídas) oferece oportunidades para que os pacientes aprendam sobre si mesmos. Para complicar as coisas, a abstinência completa de alguns comportamentos potencialmente geradores de dependência não é possível ou realista (p. ex., uma pessoa que come compulsivamente não pode se abster completamente de se alimentar).

Compreender os princípios da redução de danos é especialmente útil para terapeutas cujos pacientes rejeitam a abstinência como objetivo. No espírito da redução de danos (Marlatt, Larimer, & Witkiewitz, 2012), encorajamos o estabelecimento colaborativo de objetivos que vão além de comportamentos dependentes e incluam todas as mudanças que melhoram a qualidade de vida. Oferecemos uma discussão detalhada sobre redução de danos no Capítulo 13.

Também é importante observar que o *tratamento assistido por medicamentos* está entre as modalidades de terapia baseadas em evidências para o tratamento de TUS e dependências comportamentais. Por exemplo, metadona, buprenorfina e naltrexona são usadas como medicações para transtorno por uso de opioides (TUO). É sensato ver esses medicamentos como abordagens de redução de danos. Mesmo assim, muitos programas de tratamento não aceitam o uso desses medicamentos como parte da terapia, e muitos terapeutas ainda acreditam que qualquer uso de drogas é errado e ruim.

Dada a eficácia demonstrada de certos medicamentos para certas dependências, é importante que os terapeutas cognitivo-comportamentais entendam seus mecanismos de ação (ou seja, por que eles são eficazes) e apoiem os pacientes cujos objetivos incluem o tratamento assistido por medicamentos. Apoiar esse objetivo é outra maneira de os terapeutas expressarem apoio aos pacientes. Em muitos casos, o tratamento assistido por medicamentos proporciona um nível de alívio que permite aos pacientes abordar outros objetivos, talvez mais importantes (p. ex., a aquisição de habilidades). Os terapeutas podem encontrar informações extensas e detalhadas sobre tratamento assistido por medicamentos e TUO no *site* do National Institute on Drug Abuse (NIDA; https://www.drugabuse.gov).

RESUMO

Muitas vezes detectamos frustração em clínicos que tratam pessoas com TUS e outras dependências. Essa frustração pode resultar de crenças irrealistas e às vezes críticas sobre pacientes que se envolvem nesse tipo de comportamento (ver Cap. 4). A frustração resulta também de expectativas irrealistas em relação ao curso clínico dos comportamentos dependentes. Os terapeutas que mantêm crenças negativas e críticas sobre pessoas com dependências inevitavelmente sentirão frustração, irritação e decepção enquanto tentam fornecer tratamento. E os terapeutas que esperam que o curso clínico seja breve provavelmente também ficarão desapontados.

Contudo, ajudar pessoas com esse tipo de demanda pode ser profundamente gratificante. Quando a TCC orientada para a solução desse tipo de problema transcorre como planejado, os pacientes têm uma vida melhor do que imaginavam ser possível. Eles percebem que a vida sem comportamentos que favoreçam a dependência é repleta de possibilidades. E quando *nem* tudo sai como planejado, mas a relação terapêutica permanece forte, os pacientes muitas vezes são eternamente gratos pela ajuda e pelo apoio que recebem de terapeutas que desempenharam um papel extraordinariamente importante em sua vida.

Esperamos que este livro seja útil para conduzir a TCC com pessoas que têm TUS e dependências comportamentais. E esperamos que você considere este trabalho tão gratificante quanto nós consideramos.

2
Modelo teórico

No cerne da terapia cognitivo-comportamental (TCC) está um modelo teórico que permite aos terapeutas entender os comportamentos dependentes – a fim de ajudar os pacientes que lutam com eles. Esse modelo é essencial para conceituar os indivíduos que se envolvem em comportamentos geradores de dependência potencialmente fatais a despeito dos riscos que enfrentam. Nosso modelo abrange alguns processos cognitivos fundamentais. Iniciamos este capítulo focando nesses processos, que são essenciais para entender o desenvolvimento e a manutenção de transtornos por uso de substâncias (TUS) e outras dependências.

OS PROCESSOS COGNITIVOS SUBJACENTES AOS COMPORTAMENTOS DEPENDENTES

Processos cognitivos são atividades mentais que assumem muitas formas. Eles podem ser rígidos ou flexíveis, breves ou duradouros, profundos ou incidentais, autorreforçadores ou contraproducentes. Os processos cognitivos discutidos nesta seção incluem três grandes categorias: crenças básicas, pensamentos e crenças relacionados a substâncias e a outras dependências e pensamentos automáticos (PAs). Também descrevemos vários processos cognitivos específicos pertinentes aos comportamentos dependentes: autoeficácia, expectativas de resultado, crenças permissivas e pensamentos instrumentais.

Categorias amplas de processos cognitivos

Usamos os dois termos *pensamentos* e *crenças* ao longo deste livro. De modo geral, definimos um *pensamento* como uma ideia ou imagem que pode se manifestar como uma impressão, previsão, julgamento, memória, plano, etc. Exemplos de pensamentos incluem: "Vou beber muito no sábado à noite", "Mal posso esperar para comer aquele salmão grelhado" ou "Hoje vou comprar um par de tênis de corrida de 150 reais". Os *pensamentos automáticos* são especialmente breves, espontâneos e "não são fruto de deliberação ou raciocínio" (J. S. Beck, 2021, p. 29). Exemplos de PAs incluem: "Hora da festa!" ou "Eu preciso de algo para relaxar".

As *crenças*, por sua vez, são processos cognitivos mais duradouros que se desenvolvem ao longo do tempo e *dão origem a pensamentos*. Por exemplo, o pensamento anterior sobre ficar bêbado pode resultar da crença de que "A melhor maneira de passar uma noite de sábado é ficar muito bêbado". O pensamento sobre o salmão grelhado pode surgir da crença de que "O salmão é um alimento saudável e saboroso". Na verdade, um único pensamento pode ser o resultado de múltiplas crenças. Por exemplo, o pensamento anterior sobre os tênis pode refletir duas crenças: "Correr é uma parte essencial da minha vida" e "É necessário comprar tênis caros para alcançar meu melhor desempenho". (O Cap. 10 apresenta uma discussão detalhada de pensamentos e crenças associados a comportamentos dependentes.)

Crenças básicas (também conhecidas como *crenças nucleares*) são princípios, ideias ou valores que são fundamentais para a identidade de uma pessoa. Elas incluem pelo menos os seguintes domínios de conteúdo: *self*, mundo, futuro, outras pessoas e relacionamentos. Exemplos de cada domínio são apresentados no Quadro 2.1. As crenças básicas são, em grande parte, responsáveis pelas emoções e pelos comportamentos recorrentes, incluindo comportamentos dependentes. Por exemplo, indivíduos que acreditam que têm valor e são dignos de serem amados provavelmente sentirão mais alegria e realização do que aqueles que acreditam que não têm valor e não são dignos de serem amados. Indivíduos

QUADRO 2.1 Crenças básicas positivas e negativas sobre o *self*, o mundo interno, o futuro, as outras pessoas e os relacionamentos

Domínio	Crença básica positiva	Crença básica negativa
Self	"Sou uma pessoa de valor e digna de ser amada."	"Sou uma pessoa sem valor e não sou digna de ser amada."
Mundo	"O mundo é seguro e previsível."	"O mundo é inseguro e imprevisível."
Futuro	"Estou esperançoso."	"Estou sem esperança."
Outras pessoas	"As pessoas são confiáveis."	"As pessoas não são confiáveis."
Relacionamentos	"Eu serei fortalecido nos relacionamentos."	"Eu serei ferido nos relacionamentos."

que acreditam que o mundo é seguro e previsível são mais propensos a sentirem-se livres e correr riscos saudáveis no *mundo real* do que aqueles que acreditam que o mundo é inseguro e imprevisível. Em contrapartida, indivíduos com crenças negativas generalizadas sobre si mesmos, seus mundos internos, o futuro, outras pessoas e relacionamentos são mais propensos a desenvolver depressão e ansiedade (Clark & Beck, 2010; Beck et al., 1979).

Crenças negativas colocam as pessoas em risco de comportamentos dependentes de várias formas. Por exemplo, aqueles que têm crenças negativas generalizadas e o sofrimento emocional correspondente podem buscar alívio de sua angústia usando substâncias e tendo comportamentos dependentes. Esse processo costuma ser rotulado de "automedicação". Além disso, crenças básicas negativas provavelmente incluirão desamparo ou desesperança (p. ex., "Não consigo fazer nada direito" e "Nada importa"), compatível com a incapacidade de controlar comportamentos e recaídas.

Sabe-se que pessoas com TUS e dependências comportamentais estão em risco de coocorrência de problemas de saúde mental. De fato, de acordo com o National Institute on Drug Abuse (NIDA), "cerca de metade das pessoas que sofrem de uma doença mental também sofrerão de um TUS em algum momento de sua vida e vice-versa" (NIDA, 2018a). Essas pessoas se encontram em círculos viciosos que envolvem crenças básicas negativas, acarretando estados emocionais negativos, incluindo depressão e ansiedade (ver Fig. 2.1). Como já observado, muitas pessoas usam substâncias e têm transtornos dependentes, pelo menos em parte, para buscar alívio desses estados emocionais negativos. Mas em vez de encontrar conforto duradouro, encontram apenas alívio momentâneo, com complicações mais graves em longo prazo relacionadas à dependência que exacerbam seus problemas de saúde mental preexistentes.

Pensamentos e crenças relacionados a TUS e outras dependências são simplesmente pensamentos e crenças associados a comportamentos dependentes (ver Quadro 2.2). O Formulário 2.1 no fim do capítulo pode ser reproduzido e utilizado com pacientes. Por exemplo, indivíduos que consomem álcool, tabaco, outras substâncias ou alimentos especificamente para regular as emoções, normalmente mantêm pensamentos e crenças relacionados que correspondem aos seus comportamentos dependentes escolhidos. Por exemplo, um fumante de cigarro pode acreditar que "Fumar é gratificante" ou "Preciso de pausas para fumar para desacelerar e relaxar". Uma pessoa com um problema com a bebida pode acreditar que "Beber torna mais fácil ser eu mesmo" ou "A vida é mais divertida quando as pessoas estão bêbadas". Uma pessoa que come demais ou come compulsivamente pode acreditar que "É impossível me concentrar em qualquer coisa quando estou com fome" ou "Fazer uma grande refeição é a melhor maneira

```
                    ┌─────────────────────┐
                    │ Crenças negativas   │
                    │ sobre si mesmo,     │
                    │ o mundo, o futuro,  │
                    │ as outras pessoas,  │
                    │ os relacionamentos, │
                    │ etc.                │
                    └─────────────────────┘
┌──────────────┐                            ┌──────────────┐
│Desenvolvimento│                           │Desenvolvimento│
│ e manutenção │                            │ e manutenção │
│ de TUS e     │   ┌─────────────────┐      │ de depressão │
│ dependências │   │ Substâncias e   │      │ e ansiedade  │
│comportamentais│  │ dependências    │      │              │
└──────────────┘   │ comportamentais │      └──────────────┘
                   │ usadas para     │
                   │ aliviar         │
                   │ depressão e     │
                   │ ansiedade       │
                   └─────────────────┘
```

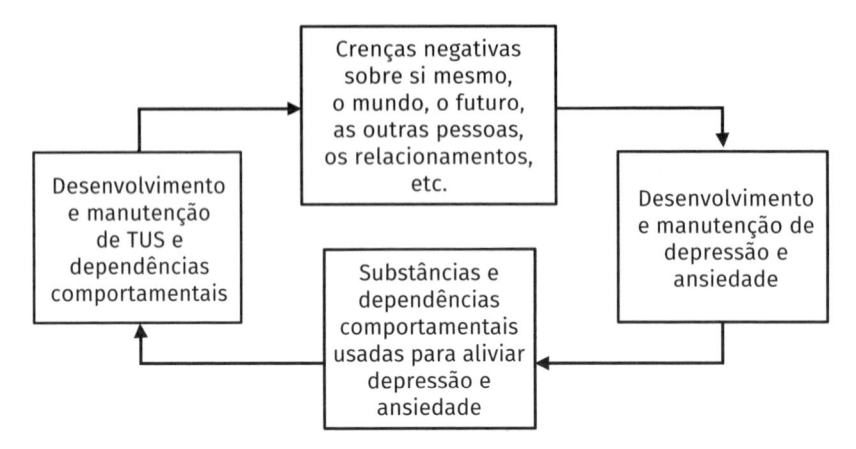

FIGURA 2.1 Círculo vicioso envolvendo dependência e coocorrência de depressão e ansiedade.

de comemorar". Uma pessoa com transtorno do jogo pode acreditar que "Se eu continuar jogando, acabarei recuperando todas as minhas perdas" ou "Adoro as imagens e os sons de um cassino".

Em contrapartida aos pensamentos e às crenças relacionados às substâncias e outras dependências, existem os pensamentos e as crenças de autocontrole, que são fundamentais para o processo de recuperação. Exemplos incluem "Ser saudável é mais gratificante do que fumar", "Quando bebo, não sou realmente eu mesmo; sou apenas uma versão embriagada de mim mesmo" e "Estou aprendendo que posso me divertir sem ficar bêbado" (ver Quadro 2.2). As pessoas (e seus terapeutas) que enfrentam esse tipo de problema muitas vezes subestimam o tempo e o esforço necessários para desenvolver novos pensamentos e crenças de autocontrole. Às vezes, elas esquecem que pensamentos e crenças relacionados às dependências de modo geral podem levar décadas de repetição para se desenvolverem e se preservarem. Como resultado, podem se sentir frustradas com o progresso lento associado à formulação de pensamentos e crenças de autocontrole que sejam mais salientes do que pensamentos e crenças geradores de dependência. Tanto os pacientes quanto os terapeutas são incentivados a serem pacientes e perseverantes enquanto trabalham juntos nessa transição desafiadora.

Os PAs, mencionados anteriormente, são palavras, frases ou imagens fugazes que entram e saem rapidamente da consciência. Os PAs são profundamente influentes e, no entanto, a maioria das pessoas não reconhece quando eles ocorrem. Exemplos de PAs que levam a comportamentos dependentes podem

QUADRO 2.2 Pensamentos e crenças relacionados às substâncias e outras dependências e ao autocontrole

Pensamentos e crenças relacionados às substâncias e outras dependências	Pensamentos e crenças de autocontrole
"Fumar é gratificante."	"Ser saudável é mais gratificante do que fumar."
"Preciso de pausas para fumar para desacelerar e relaxar."	"Eu posso desacelerar e relaxar sem fumar."
"Beber torna mais fácil ser eu mesmo."	"Quando bebo, não sou realmente eu mesmo; sou apenas uma versão embriagada de mim mesmo."
"A vida é mais divertida quando as pessoas estão bêbadas."	"Estou aprendendo que posso me divertir sem estar bêbado."
"É impossível me concentrar em qualquer coisa quando estou com fome."	"Comer compulsivamente e comer demais não me ajudam a me concentrar, mas sim a ganhar peso."
"Se eu continuar apostando, acabarei recuperando todas as minhas perdas."	"Jamais recuperarei minhas perdas; todo mundo sabe que a casa sempre ganha."
"Adoro as imagens e os sons de um cassino."	"Adoro ver dinheiro na minha conta bancária."

incluir "Pausa para fumar!" (antes de fumar um cigarro), "Estou morrendo de fome!" (antes de comer) ou "Festa!" (antes de usar uma substância para comemorar). Os PAs são particularmente insidiosos por pelo menos quatro razões: 1) parecem surgir espontaneamente; 2) desaparecem tão rapidamente quanto aparecem; 3) podem surgir como imagens, em vez de palavras; e 4) têm potencial para desencadear impulsos poderosos, fissuras (*craving*), lapsos e recaídas. Por exemplo, a imagem de acender um cigarro e dar uma tragada provavelmente desencadearia o desejo em um fumante inveterado. A imagem do gelo tilintando em um copo pode desencadear o desejo de um bebedor pesado. Imaginar uma tragada de um baseado, cachimbo ou narguilé pode desencadear o desejo em um dependente de maconha. A imagem de dar uma mordida em uma comida favorita pode desencadear o desejo por aquele alimento, mesmo na ausência de fome fisiológica real. Imaginar sons e imagens de um cassino (p. ex., máquinas caça-níqueis, mesas de jogo, roletas) pode desencadear impulsos intensos, fissuras, lapsos ou recaídas em um jogador.

Dado o poder dos pensamentos e crenças relacionados aos comportamentos dependentes, um papel importante do terapeuta cognitivo-comportamental é ajudar os pacientes a identificar e abordar esses pensamentos e crenças antes que eles levem a lapsos e recaídas. Entre as muitas maneiras de identificá-los e abordá-los temos a análise funcional, também conhecida como análise de cadeia. Ela é realizada por terapeutas retrospectivamente e envolve pedir uma contabilidade cronológica de gatilhos, pensamentos, crenças, sentimentos e ações que levam ao uso de substâncias ou às dependências comportamentais. A análise funcional é uma técnica fundamental de TCC e será descrita em detalhes no Capítulo 6.

Processos cognitivos específicos pertinentes aos comportamentos dependentes

Quando *Cognitive Therapy of Substance Abuse* foi lançado, havia pouca pesquisa sobre o papel de pensamentos ou crenças específicas em comportamentos dependentes. No entanto, ao longo dos últimos 30 anos, centenas de publicações se concentraram em pelo menos três processos cognitivos: autoeficácia, expectativas de resultados positivos e expectativas de resultados negativos.

A *autoeficácia* é mais bem compreendida como avaliações dos indivíduos a respeito de suas habilidades para realizar tarefas específicas ou alcançar objetivos específicos. Autoeficácia não é o mesmo que autoestima ou autoconfiança. Estes dois últimos conceitos envolvem um sentido mais global de si mesmo, enquanto a autoeficácia diz respeito à autoconfiança em relação a uma habilidade específica ou resultado. No contexto do tratamento do TUs e de outras dependências, a autoeficácia pode envolver as crenças dos indivíduos sobre sua capacidade de alcançar a abstinência ou de buscar atividades livres de comportamentos dependentes, por exemplo. O conceito de autoeficácia foi inicialmente aplicado a comportamentos dependentes por Marlatt e Gordon (1985) no clássico *Relapse Prevention*. De acordo com Marlatt, os indivíduos que percebem que têm habilidades de enfrentamento e autoeficácia têm maior probabilidade de controlar efetivamente seu uso de substância; aqueles que não se consideram possuidores de habilidades de enfrentamento eficazes estão em maior risco de recaída. A autoeficácia (ou a falta dela) pode se manifestar como uma crença profundamente enraizada (p. ex., "Posso facilmente parar de comer quando começo a me sentir satisfeito" *versus* "Quando colocam boa comida na minha frente, eu simplesmente não consigo parar de comer"). A autoeficácia também pode se manifestar como um PA (p. ex., "Eu posso" ou "Eu não posso").

As *expectativas de resultados* foram extensamente estudadas, e instrumentos psicométricos foram desenvolvidos para avaliá-las para uso de álcool (p. ex.,

Nicolai, Demmel, & Moshagen, 2010), uso de maconha (p. ex., Buckner, Ecker & Welch, 2013), uso de analgésicos controlados (p. ex., Ilgen et al., 2011), jogos de azar (p. ex., Wickwire, Whelan, & Meyers, 2010) e atividade na internet (p. ex., Brand, Laier, & Young, 2014). Estudos de expectativas de resultados fornecem suporte empírico para alguns dos princípios mais essenciais da TCC relativos a pensamentos, crenças, emoções e comportamentos dependentes. Como o termo indica, *expectativas de resultados* são pensamentos e crenças sobre as consequências associadas a comportamentos geradores de dependência específicos. No livro *Cognitive Therapy of Substance Abuse*, referimo-nos às expectativas de resultados como *pensamentos e crenças antecipadas*. Continuamos achando essa terminologia útil e empregamos esses termos de forma intercambiável aqui.

Expectativas de resultados positivos incluem crenças básicas e PAs que envolvem resultados bons ou desejados decorrentes do envolvimento com TUS e outros comportamentos dependentes. Obviamente, essas expectativas aumentam a probabilidade de se envolver nesse tipo de comportamento. Alguns exemplos são:

"Beber facilita minha capacidade de expressar meus sentimentos."
"Fumar um cigarro vai acalmar meus nervos."
"Eu realizo mais tarefas quando cheiro uma carreira de cocaína."
"Sempre me sinto melhor depois de uma boa refeição."

Deveria ser óbvio que um dos principais objetivos da TCC é reconhecer e desafiar expectativas de resultados positivos que acarretam lapsos e recaídas (Li & Dingle, 2012). Estratégias e técnicas padronizadas para fazer isso serão apresentadas nos Capítulos 6 e 7.

Expectativas de resultados negativos incluem pensamentos e crenças sobre resultados problemáticos ou indesejados decorrentes de comportamentos dependentes. Essas expectativas reduzem a probabilidade de se envolver nesses comportamentos. A seguir, estão alguns exemplos:

"Se eu beber demais, farei coisas estúpidas."
"Fumar cigarros vai me deixar com cheiro de tabaco."
"Comer demais acarretará problemas de saúde."
"Comprar drogas na rua vai me levar à prisão."

Considere o caso de Rick, que é obeso mórbido e recentemente descobriu que tem diabetes. Rick sempre teve expectativas de resultados positivos em relação a alimentos favoritos, acreditando fortemente que certos alimentos proporcionam grande sensação de conforto. Na verdade, como muitas pessoas, Rick rotulou esses alimentos de "comida afetiva". As opiniões negativas de Rick sobre comidas afetivas, recentemente desencadeadas por seu diagnóstico de diabetes, entraram em total conflito com suas opiniões positivas: "Comer esses alimentos vai arruinar minha saúde". Rick também teve expectativas de resultados negativos desencadeadas ao pensar em olhar-se no espelho todas os dias pela manhã: "Comer do jeito que eu como me deixará cada vez menos atraente". Além disso, cada vez que ele notava que roupas antes folgadas estavam ficando mais justas, pensava: "Se eu continuar comendo assim, nenhuma das minhas roupas vai servir em mim". Com o tempo, as expectativas de resultados negativos de Rick alcançaram suas expectativas de resultados positivos, o que levou a uma profunda ambivalência.

Na realidade, a maioria das pessoas com TUS ou outras dependências sente ambivalência em relação a seus comportamentos. Assim como Rick, elas têm expectativas de resultados positivos e negativos concorrentes. Quando isso ocorre, os indivíduos tomam decisões com base em seus pensamentos e crenças mais salientes no momento. Diversas técnicas de TCC (p. ex., balança decisória e análise de vantagens e desvantagens) concentram-se na dissonância cognitiva entre expectativas de resultados negativos e positivos. Essas técnicas, destinadas a diminuir a saliência das expectativas de resultados positivos, são apresentadas no Capítulo 7.

Talvez um dos conceitos mais proeminentes da TCC seja que as pessoas geralmente preferem a gratificação *imediata* ou *instantânea* à gratificação *adiada*. Em outras palavras, suas expectativas de resultados positivos são maiores quando as recompensas são imediatas do que quando são tardias. Dependendo do indivíduo, o uso de substâncias e outras dependências comportamentais fornecem gratificação instantânea na forma de mais conforto ou menos *des*conforto. Por exemplo, uma grande bola de sorvete *agora* na mente de Rick é mais reconfortante do que esperar semanas, meses ou anos para sentir os benefícios associados à aptidão física. Esse processo (uma preferência por gratificação instantânea *versus* gratificação adiada) tem sido o foco de pesquisa em *descontar o atraso*, definido como o processo de descontar ou reduzir o valor percebido de eventos que ocorrem em um futuro distante. Anos de pesquisas no campo da economia comportamental apoiam esse conceito (veja as revisões de Bickel, Johnson, Koffarnus, MacKillop, & Murphy, 2014; Reynolds, 2006).

Antes de encerrarmos essa discussão sobre as crenças, vamos revisar mais dois processos cognitivos centrais para a compreensão de comportamentos dependentes: *crenças permissivas* e *pensamentos instrumentais*.

As *crenças permissivas* são importantes porque ocorrem em momentos vulneráveis em que as pessoas tendem a ser ambivalentes em relação a seus comportamentos geradores de dependências. Essas crenças podem ser a "última gota" antes de um lapso ou recaída. Lembre-se do caso de Rick – dada a oportunidade de comer alimentos não saudáveis, as expectativas de resultados negativos podem incluir: "Comer esta *pizza* vai piorar meu diabetes" ou "Comer esta *pizza* vai deixar minhas roupas mais justas". Do lado oposto, estão os pensamentos permissivos e crenças como: "Uma fatia de *pizza* não vai me matar" ou "Vou começar minha dieta amanhã". Alguns se referem às crenças permissivas como racionalizações, justificativas ou desculpas. Preferimos a expressão *crenças permissivas* porque ela reduz o estigma associado aos outros termos e transmite mais rigorosamente a dinâmica cognitiva de *dar permissão a si mesmo*.

Os *pensamentos instrumentais* também são importantes, pois orientam a logística ou mecânica dos comportamentos geradores de dependências. Pensamentos e crenças instrumentais envolvem o "como". Por exemplo, se Rick decidir comer *pizza* esta noite, essa decisão será seguida por pensamentos instrumentais sobre como ele vai pedir e consumir a *pizza* para que não tenha vergonha de comer em público. Por exemplo, ele pode pensar: "Vou comprar uma *pizza* grande e comer em casa, no sofá, assistindo aos meus programas de TV favoritos". Então, pode adicionar uma crença permissiva: "Vou comer apenas duas ou três fatias e guardar o resto para os outros dias da semana". É útil identificar pensamentos instrumentais porque, se capturados a tempo, eles podem ser substituídos por pensamentos sobre comportamentos alternativos que desviam os indivíduos de seus comportamentos dependentes.

O MODELO DE TERAPIA COGNITIVO--COMPORTAMENTAL EM AÇÃO

Desde o princípio da TCC, prevaleceu o modelo básico "ABC" da Figura 2.2. De acordo com esse modelo mais básico, gatilhos internos e externos antecedentes (p. ex., sinais, situações, circunstâncias, estímulos) ativam crenças e pensamentos, que afetam diretamente as emoções, os comportamentos e as respostas fisiológicas.

Antecedentes ou *gatilhos* são estímulos que ativam pensamentos e crenças como os descritos nos parágrafos anteriores. Marlatt e Gordon (1985) rotularam os gatilhos de "situações de alto risco". Os gatilhos podem ser internos ou externos. Gatilhos internos podem envolver sensações físicas ou emocionais, como ansiedade, depressão, impulsos, fissura e dor. Gatilhos externos incluem

```
┌─────────────────┐     ┌─────────────────┐     ┌─────────────────┐
│  Antecedentes   │     │ Crenças (Beliefs)│     │  Consequências  │
│ Gatilhos, sinais,│ ──▶│  e pensamentos  │ ──▶│    Emoções,     │
│    situações,   │     │    Ativados,    │     │ comportamentos e│
│  circunstâncias ou│    │  estimulados ou │     │respostas fisiológicas│
│ estímulos internos│    │ desencadeados por│    │para pensamentos e│
│   ou externos   │     │   antecedentes  │     │     crenças     │
└─────────────────┘     └─────────────────┘     └─────────────────┘
```

FIGURA 2.2 O modelo ABC.

pessoas, lugares e coisas que estão associados a comportamentos dependentes. O mais importante sobre os gatilhos é o fato de que ativam pensamentos e crenças que potencialmente levam a lapsos e recaídas. Por exemplo, a exposição a um gatilho externo, como um maço de cigarros inacabado encontrado no banco de um carro, certamente pode ativar pensamentos sobre fumar em um ex-fumante. Um gatilho interno – por exemplo, sofrimento emocional – pode ativar pensamentos sobre tomar analgésicos controlados em uma pessoa que era dependente de analgésicos no passado.

Comportamentos são ações ou atividades destinadas a atingir uma meta ou obter um resultado. Comprar um maço de cigarros, abrir o maço, tirar um cigarro, acendê-lo, inalar a fumaça e, por fim, apagar a bituca são comportamentos associados ao tabagismo. Cada comportamento é iniciado a fim de realizar algum objetivo exclusivo relacionado ao fumo. Para alguns fumantes, o objetivo final de fumar é aliviar o estresse, enquanto para outros o objetivo é interromper os sintomas incômodos da abstinência de nicotina. Como observado anteriormente, os comportamentos dependentes visam aumentar o conforto e diminuir o desconforto.

Com o tempo, os comportamentos diários, em sua maioria, tornam-se repetitivos. Por exemplo, sair da cama, preparar-se para as atividades do dia, fazer refeições, enviar mensagens de texto para amigos, deslocar-se de um lugar para outro, voltar para casa e preparar-se para dormir – tudo tende a ser repetitivo. À medida que repetimos esses comportamentos, eles tornam-se habituais, mediados por PAs. Não pensamos muito neles; eles parecem simplesmente acontecer. De particular interesse é que as pessoas experimentam PAs específicos em resposta a gatilhos específicos. Por exemplo, quando acordamos pela manhã, especialmente se está claro lá fora (tanto o despertar quanto a luz são gatilhos), percebemos que "É hora de se levantar" (o PA) e saímos da cama (o comportamento). A natureza automática dos comportamentos é particularmente pungente em comportamentos de dependência; eles também se tornam automáticos e habituais. O fumante não pensa muito para comprar ou acender um cigarro. A pessoa com um transtorno por uso de opioides não pensa muito em abrir o armário de remédios e engolir um analgésico ou dois com um gole d'água. Os comportamentos devem tornar-se automáticos para que possamos funcionar ao longo do dia e não precisemos pensar de forma cuidadosa e deliberada sobre atividades como tomar banho ou dar partida no carro.

Uma característica importante do modelo ABC é sua lógica e simplicidade, particularmente como um sistema para explicar os processos psicológicos aos pacientes. Muitos pacientes atribuem erroneamente suas emoções, comportamentos e sensações físicas a fenômenos externos (ou seja, situações e circunstâncias). Ao conversar com eles sobre esses fenômenos, explicamos: "São seus pensamentos e crenças que mais impactam seus sentimentos e comportamentos; não as circunstâncias ao seu redor. Você tem liberdade para interpretar seu mundo e, portanto, comportar-se como quiser". Enfatizamos que as pessoas, em geral, não têm muito controle sobre o mundo externo, mas podem desenvolver um controle saudável sobre seus pensamentos e crenças, que por sua vez impactam seus comportamentos e emoções.

Embora se entenda que os comportamentos são ativados por pensamentos e crenças, é importante perceber que eles também funcionam como gatilhos que ativam pensamentos e crenças. Por exemplo, uma pessoa com transtorno por uso de álcool (TUA) fazendo compras em um supermercado e parada em frente a uma gôndola de cerveja, pensa: "Não tenho cerveja em casa. Preciso pegar algumas". Esse pensamento a leva a pegar um fardo de seis cervejas e colocá-lo em um carrinho de supermercado (ou seja, o comportamento decorrente do pensamento precedente). O ato de colocar a cerveja no carrinho de supermercado (um comportamento) desencadeia o pensamento: "Eu adoraria abrir e beber uma agora mesmo!". Esse tipo de pensamento pode (infelizmente) levá-la a pagar as compras, caminhar até o carro, abrir a cerveja, beber no carro e voltar para casa. A análise funcional (ou de cadeia) que ilustra esse processo é apresentada na Figura 2.3.

As *emoções*, às vezes referidas como sentimentos ou humores, são experiências subjetivas intrinsecamente ligadas a comportamentos dependentes. É universalmente reconhecido que as pessoas se esforçam para maximizar as emoções positivas e minimizar as emoções negativas. Aqueles que têm dificuldade em regular suas emoções são provavelmente mais vulneráveis a comportamentos dependentes do que aqueles que efetivamente regulam suas emoções. Evidência para essa premissa é o fato de que as pessoas com problemas de saúde mental estão em maior risco de desenvolver TUS e dependências comportamentais. Como mencionamos anteriormente, muitas pessoas que se

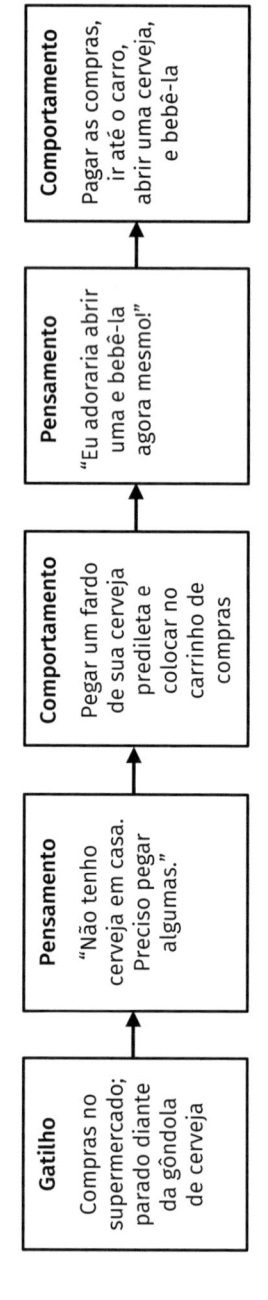

Gatilho	→	Pensamento	→	Comportamento	→	Pensamento	→	Comportamento
Compras no supermercado; parado diante da gôndola de cerveja		"Não tenho cerveja em casa. Preciso pegar algumas."		Pegar um fardo de sua cerveja predileta e colocar no carrinho de compras		"Eu adoraria abrir uma e bebê-la agora mesmo!"		Pagar as compras, ir até o carro, abrir uma cerveja, e bebê-la

FIGURA 2.3 Análise funcional ilustrando como os comportamentos tornam-se gatilhos.

envolvem nesses comportamentos o fazem para aumentar as emoções positivas ou diminuir as emoções negativas. Em outras palavras, muitos indivíduos recorrem ao uso de substâncias e a comportamentos dependentes como uma forma de se automedicarem.

O modelo da TCC para TUS e dependências comportamentais é apresentado na Figura 2.4, e não difere muito do modelo que apresentamos em *Cognitive Therapy of Aubstance Abuse*. Na verdade, a experiência de ajudar indivíduos dependentes durante mais de um quarto de século apenas reforçou nossa visão original desse tipo de comportamento. De acordo com esse modelo, lapsos e recaídas fazem parte de um círculo vicioso que começa com gatilhos internos e/ou externos, ativando pensamentos que levam ao TUS e a outras dependências. Esses pensamentos inevitavelmente levam a impulsos e fissura de se envolver nesse tipo de comportamento. Após esses impulsos e fissura, os indivíduos têm oportunidade de se abster de seus comportamentos mantenedores da dependência. Contudo, caso concedam-se permissão para se envolverem, provavelmente voltarão aos seus comportamentos dependentes.

É importante entender que um único lapso tem o potencial de funcionar como o novo evento antecedente, desencadeando uma enxurrada de pensamentos e crenças relacionados à dependência que perpetuam os comportamentos dependentes. Marlatt e Gordon (1985) introduziram a expressão *efeito de violação de abstinência* (EVA) para denotar um conjunto de pensamentos e comportamentos que perpetuam uma recaída completa. O EVA se inicia com o pensamento:

Evento antecedente	Pensamentos relacionados ao TUS e comportamentos dependentes	Impulsos e desejos
Gatilhos internos: p. ex., emoções negativas, dor física, desconforto, fome **Gatilhos externos:** p. ex., pessoas, lugares, coisas, circunstâncias	Pensamentos antecipatórios associados aos comportamentos dependentes, p. ex., antecipação de maior conforto – ou alívio do desconforto	Sentidos como pulsão, fome, desejo, anseio, compulsão, pressão ou impulso para envolver-se em comportamento dependente

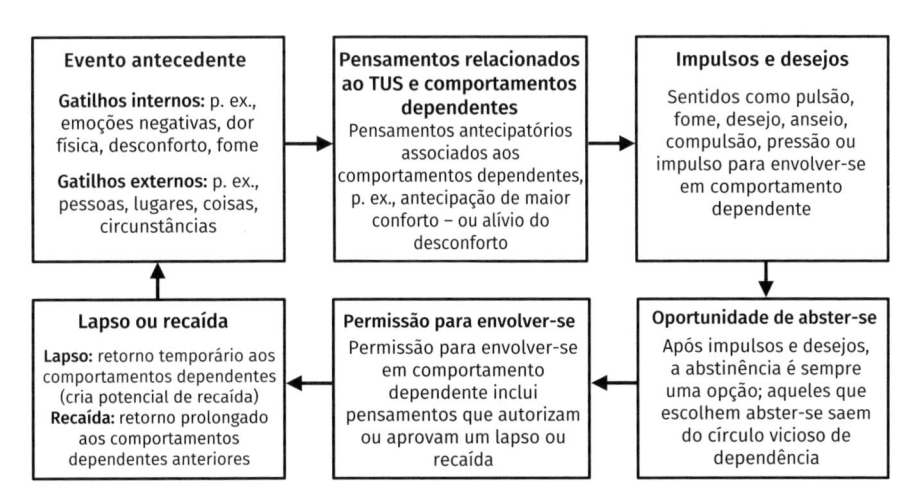

Lapso ou recaída	Permissão para envolver-se	Oportunidade de abster-se
Lapso: retorno temporário aos comportamentos dependentes (cria potencial de recaída) **Recaída:** retorno prolongado aos comportamentos dependentes anteriores	Permissão para envolver-se em comportamento dependente inclui pensamentos que autorizam ou aprovam um lapso ou recaída	Após impulsos e desejos, a abstinência é sempre uma opção; aqueles que escolhem abster-se saem do círculo vicioso de dependência

FIGURA 2.4 O modelo cognitivo-comportamental dos comportamentos dependentes e transtornos por uso de substâncias.

"Eu violei meu compromisso com a abstinência, então é melhor continuar usando". Ou, enquadrado como um PA, pode ser apenas: "A abstinência que se dane!".

O DESENVOLVIMENTO DE COMPORTAMENTOS DEPENDENTES

É essencial que os terapeutas cognitivo-comportamentais entendam como os pacientes desenvolvem seus comportamentos dependentes. Ao fazerem isso, é provável que adquiram informações vitais sobre o tratamento. Por exemplo, se o consumo excessivo de álcool de um paciente for precipitado por um histórico de ansiedade social, entendemos a importância de abordar essa ansiedade ao tratar o problema da bebida. Se um paciente com transtorno por uso de opioides tem uma história de trauma na infância, entendemos a importância de determinar se os opioides estão sendo tomados para lidar com as consequências dolorosas desse trauma. Se um paciente está lutando contra qualquer comportamento dependente, pode ser útil identificar uma história familiar de dependências, a fim de ajudar esse paciente a entender o importante papel que a genética ou as experiências do início da vida podem desempenhar em sua dependência.

Nunca é demais enfatizar a importância de entender como os comportamentos dependentes se desenvolvem. Ao formular conceitualizações de casos individuais, primeiro coletamos informações sobre atuais gatilhos, pensamentos relacionados à dependência, crenças, emoções e comportamentos. Mas, depois desse processo inicial, avaliamos como os comportamentos dependentes se desenvolveram *para cada paciente individualmente*. Nesta seção, focamos em alguns dos muitos fatores de risco, incluindo experiências no início da vida, que podem contribuir ou até causar os comportamentos dependentes dos pacientes. Influenciados pelo trabalho de Shaffer e colaboradores (2012; 2004), também rotulamos esses fatores de risco como antecedentes distais. Antecedentes distais incluem fatores genéticos, neurobiológicos, psicossociais e ambientais (ver Fig. 2.5).

A importância dos fatores *genéticos* (ou seja, hereditariedade) não deve ser subestimada ao avaliar e tratar esse tipo de comportamento. Na verdade, as dependências têm sido descritas como estando "entre os mais hereditários dos transtornos psiquiátricos" (Goldman, Oroszi, & Ducci, 2005, p. 522). Pesquisadores estimam que entre 39% e 72% dos comportamentos que atendem aos critérios para TUS são atribuíveis à hereditariedade, dependendo da substância (Bevilacqua & Goldman, 2009; Goldman et al., 2005). Além da alta probabilidade de a genética desempenhar um papel direto nas dependências, ela tam-

```
┌─────────────────────────────────────────────────────────┐
│              Experiências no início da vida             │
│   Antecedentes distais (fatores de risco): genéticos,   │
│       neurobiológicos, psicossociais, ambientais        │
└─────────────────────────────────────────────────────────┘
                            │
                            ▼
┌─────────────────────────────────────────────────────────┐
│             Desenvolvimento de vulnerabilidade          │
│         Cognitiva: esquemas, crenças, pensamentos       │
│ Comportamental: estratégias de enfrentamento e compensatórias │
│          Emocional: depressão, ansiedade, raiva, etc.   │
└─────────────────────────────────────────────────────────┘
                            │
                            ▼
┌─────────────────────────────────────────────────────────┐
│         Exposição, experimentação e envolvimento        │
│           contínuo em comportamentos dependentes        │
└─────────────────────────────────────────────────────────┘
                            │
                            ▼
┌─────────────────────────────────────────────────────────┐
│      Contínuo desenvolvimento e reforço de pensamentos, │
│       crenças, comportamentos e emoções que perpetuam   │
│                  comportamentos dependentes             │
└─────────────────────────────────────────────────────────┘
```

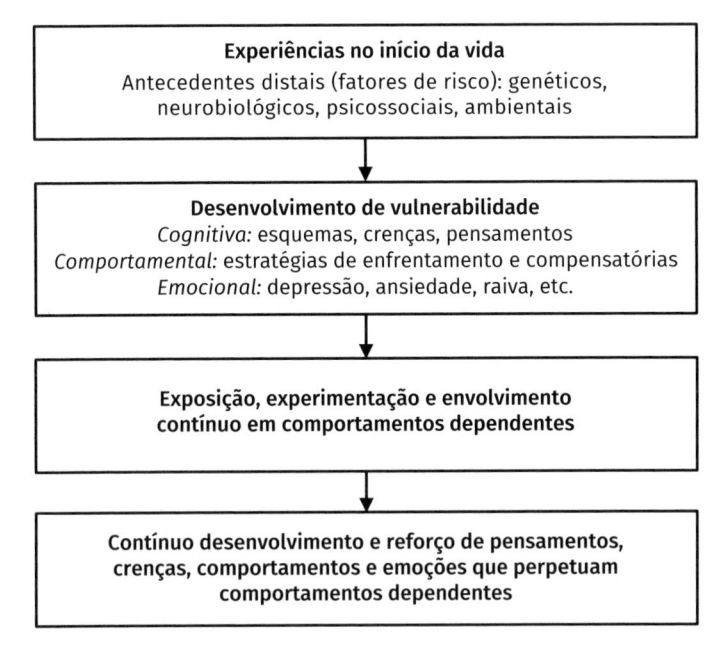

FIGURA 2.5 Desenvolvimento de comportamentos dependentes.

bém pode desempenhar um papel direto em outros problemas de saúde mental que podem precipitar ou perpetuar comportamentos dependentes. Por exemplo, pessoas com histórico familiar de depressão e outros problemas de saúde mental potencialmente hereditários correm maior risco de desenvolver TUS e outras dependências do que aquelas que não têm histórico familiar de problemas de saúde mental. É importante que os terapeutas compreendam esses processos para que possam ajudar os pacientes a obter uma compreensão de suas dependências.

O desenvolvimento de dependências também é diretamente atribuível a fatores *psicossociais* e *ambientais* no início da vida (novamente, veja a Fig. 2.5). Uma revisão minuciosa por Enoch (2011) descobriu que os problemas com álcool e drogas podem estar ligados a estressores no início da vida, incluindo maus-tratos (p. ex., abuso físico e emocional, negligência, abuso sexual) e eventos de vida estressantes (p. ex., divórcio dos pais, violência doméstica, adversidade econômica, morte dos pais e doença mental). Muitas pessoas com dependências e os profissionais que as tratam identificam comportamentos dependentes com a *automedicação* (Bolton, Robinson, & Sareen, 2009; NIDA, 2010). Por exemplo, crescer em um ambiente abusivo, negligente e caótico, ou em uma família, comunidade ou ambiente social onde o uso de drogas é rotineiro, coloca os indivíduos em risco de desenvolverem dependências. Usamos o termo "vulnerabilidade" para explicar esse fenômeno. Entende-se que os antecedentes distais adversos listados anteriormente levam a vulnerabilidades cognitivas, comportamentais e afetivas. Então, a exposição, a experimentação e o envolvimento contínuo em comportamentos dependentes reforçam os pensamentos e as crenças que os perpetuam.

Agora considere o caso de Bill, um homem de 36 anos. Sua esposa, Brenda, ficou preocupada quando ele ficou mal-humorado e retraído logo após o nascimento de sua primeira filha, Samantha. Posteriormente, Brenda marcou uma consulta para uma sessão conjunta com um terapeuta cognitivo-comportamental recomendado pelo médico da família. Por meio de um histórico completo, o terapeuta de Bill reconheceu o padrão que se desenvolveu após o nascimento de Samantha. Bill chegava em casa e encontrava Brenda ocupada com Samantha. Sentindo-se sozinho, ele preparava um martíni e sentava-se diante da televisão. Durante o jantar e depois, Bill bebia um martíni atrás do outro, até apagar na frente da televisão. Às vezes, Brenda tinha dificuldade para acordá-lo e acompanhá-lo até o quarto. O terapeuta de Bill ajudou-o a entender que ele havia desenvolvido um círculo vicioso no qual ele se sentia solitário, bebia, passava um tempo sozinho, ficava mais solitário, bebia mais e depois desmaiava. De manhã, Bill regularmente acordava sentindo-se de ressaca, culpado e com raiva de si mesmo. Por fim, esse padrão levou Bill a sofrer um episódio depressivo maior do qual ele "simplesmente não conseguia se livrar".

Quando começou a tratar a depressão e o uso de álcool de Bill, o terapeuta lhe perguntou sobre seu passado. Suas respostas assemelhavam-se às de muitos pacientes antes dele. Ele afirmou: "Tive uma ótima infância"; "Saíamos muitas vezes de férias"; "Meus pais iam a todos os meus jogos"; "Minha mãe era muito meiga". Felizmente, o terapeuta, habilidoso em obter um histórico completo, perguntou sobre alguma história familiar de problemas de saúde mental, inclusive comportamentos dependentes. Bill respondeu explicando que sua mãe passou por alguns momentos sombrios, mas seu pai nunca bebeu. Ele então acrescentou, um tanto na defensiva: "Certamente eu não bebo muito: talvez um ou dois drinques por noite". Rapidamente ficou claro que a esposa de Bill, Brenda, seria útil na primeira e nas próximas sessões, pois ela ofereceu informações adicionais. Ela declarou: "Bill, acho que sua mãe estava deprimida e acho que seu pai parou de beber porque bebia demais, e sua mãe acabou dando-lhe um ultimato". E então Brenda deu um passo adiante: "Bill, não fique com raiva de mim por dizer isso, mas você bebe mais do que um ou dois drinques por noite. Está mais para dois, três ou até quatro drinques por noite. Você liquida pelo menos uma dessas garrafas grandes toda semana".

O terapeuta de Bill fez muitas outras perguntas sobre o seu passado e soube que ele tinha um histórico familiar substancial de transtornos do humor e comportamentos de dependência. Vários homens da família paterna morreram em decorrência de problemas de saúde provavelmente relacionados ao álcool. Por parte da família materna, vários homens e mulheres sofriam de graves transtornos do humor. Com base nessas informações, o terapeuta de Bill sabia que ele se beneficiaria com psicoeducação sobre as influências genéticas dos transtornos do humor e dependências.

Os relatos dos pacientes sobre trauma ou abuso no início da vida podem não ser confiáveis, e em vez de superestimar esse abuso, eles tendem a subestimá-lo (Fergusson, Horwood, & Woodward, 2000). Os terapeutas precisam fazer perguntas precisas e direcionadas (p. ex., "O que você quer dizer quando fala que sua mãe passou por um período sombrio?" e "Quais fatores levaram à decisão de seu pai de abster-se de beber?"). De outra forma, terão informações vagas e generalizadas sobre os pacientes, em vez de detalhes precisos e relevantes.

Como discutiremos posteriormente, talvez o componente mais importante da TCC seja a conceitualização de caso. A conceitualização de comportamentos dependentes necessariamente inclui os sintomas agudos, abrangendo pensamentos, sentimentos e comportamentos associados, bem como o desenvolvimento destes. E aprender sobre o desenvolvimento desse tipo de comportamento de cada paciente é uma parte essencial do processo de conceitualização de caso.

A MANUTENÇÃO DOS COMPORTAMENTOS RELACIONADOS AOS TRANSTORNOS POR USO DE SUBSTÂNCIAS E ÀS DEPENDÊNCIAS COMPORTAMENTAIS

Apresentamos nosso modelo básico de TCC na Figura 2.4. Para reiterar, os comportamentos dependentes inevitavelmente funcionam como círculos viciosos autossustentados. A decisão de se envolver ou não inicia quando os indivíduos são expostos a gatilhos. Essa exposição ativa pensamentos e crenças aprendidos relacionados ao TUS e a outras dependências que levam naturalmente aos impulsos e à fissura. Antes de se envolver em comportamentos dependentes, os indivíduos têm uma oportunidade de abster-se de fazê-lo. No entanto, abster-se quase inevitavelmente leva a um desconforto substancial. Quando um indivíduo se abstém, provavelmente é porque ele produz pensamentos e crenças relacionados ao controle (p. ex., "Se eu não participar disso, me sentirei muito melhor amanhã" e "Não quero quebrar a promessa que fiz a mim mesmo"). Aqueles que deixam de produzir pensamentos relacionados ao controle provavelmente dão a si mesmos permissão para se envolver em comportamentos dependentes, o que leva a um envolvimento contínuo. Esse envolvimento é altamente reforçador e se torna um gatilho para uso contínuo, resultando no círculo vicioso de comportamentos. Simplificando, as pessoas escolhem se comportar dessa forma porque *antecipam* algum benefício decorrente de seu ato. Pensamentos, sentimentos e comportamentos relacionados à dependência tornam-se tão automáticos que são quase imperceptíveis pela pessoa, que desenvolve a crença: "Estou fora de controle e nunca serei capaz de parar esse comportamento". A TCC ajuda esses indivíduos fornecendo-lhes uma compreensão mais profunda desse círculo vicioso e orientando-os para decidir como querem romper esse ciclo.

Um fator importante na manutenção desses comportamentos é a crença comum de que interrompê-los produzirá efeitos colaterais intoleráveis. Na realidade, esses efeitos variam muito de pessoa para pessoa e de substância para substância, e o impacto é consideravelmente reforçado pelo significado psicológico associado aos sintomas de abstinência. Esses significados são muitas vezes mais salientes do que as reais sensações fisiológicas adversas na determinação da intensidade dos sintomas de abstinência. Portanto, um objetivo comum da TCC é ajudar os pacientes a mudarem o significado da abstinência, substituindo "Esse desconforto é meu castigo por ser tão burro!" por "Esse desconforto significa que estou fazendo um esforço importante para melhorar a minha vida".

No exemplo anterior, o potencial de Bill para ter um lapso ou recaída começou quando ele chegou em casa do trabalho (ver Fig. 2.6).

Um exame cuidadoso dos pensamentos, sentimentos e comportamentos de Bill nos ajuda a entender como ele mantinha seu padrão de consumo, apesar das consequências negativas potencialmente graves. Seu TUA envolvia um círculo vicioso que era autossustentado. Após o uso repetido, ele desenvolveu pensamentos e crenças sobre a necessidade de beber continuamente, além de dependência fisiológica do álcool. As tentativas de parar de beber resultaram em sintomas de abstinência, que desencadearam pensamentos e crenças sobre a necessidade de beber continuamente.

O terapeuta de Bill o ajudou a aceitar e superar o desconforto que sentia de reduzir seu consumo de álcool, para que ele pudesse focar em sua solidão e em seu casamento conturbado. Esse processo de aceitação do desconforto é vital para a recuperação de comportamentos dependentes. Marlatt e Gordon (1985) cunharam o termo *urge surfing* (surfar na fissura) para refletir esse processo de aceitação do desconforto. Discutiremos isso em mais detalhes posteriormente.

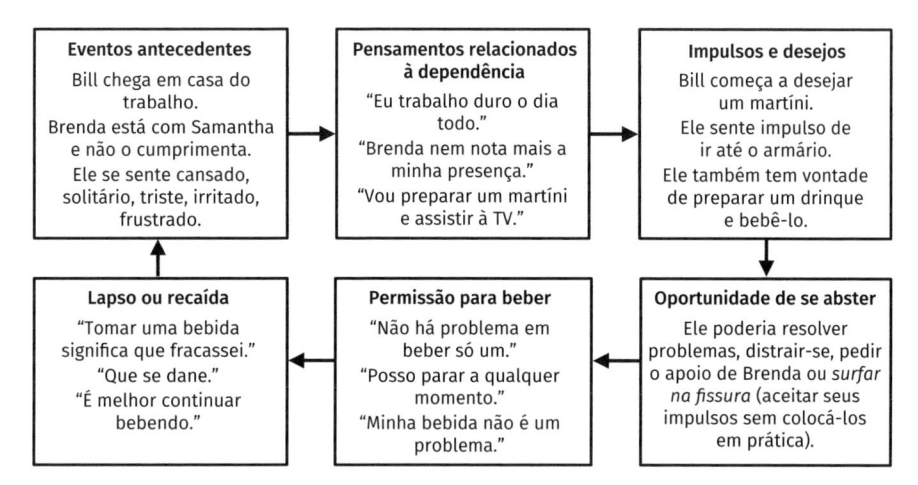

Eventos antecedentes	Pensamentos relacionados à dependência	Impulsos e desejos
Bill chega em casa do trabalho. Brenda está com Samantha e não o cumprimenta. Ele se sente cansado, solitário, triste, irritado, frustrado.	"Eu trabalho duro o dia todo." "Brenda nem nota mais a minha presença." "Vou preparar um martíni e assistir à TV."	Bill começa a desejar um martíni. Ele sente impulso de ir até o armário. Ele também tem vontade de preparar um drinque e bebê-lo.
Lapso ou recaída "Tomar uma bebida significa que fracassei." "Que se dane." "É melhor continuar bebendo."	**Permissão para beber** "Não há problema em beber só um." "Posso parar a qualquer momento." "Minha bebida não é um problema."	**Oportunidade de se abster** Ele poderia resolver problemas, distrair-se, pedir o apoio de Brenda ou *surfar na fissura* (aceitar seus impulsos sem colocá-los em prática).

FIGURA 2.6 Modelo da terapia cognitivo-comportamental aplicado a Bill.

Graças ao apoio e à insistência de sua esposa, Bill finalmente decidiu abster--se de beber. O terapeuta também o ajudou a articular que ele se sentiu abandonado por Brenda quando a filha deles nasceu. Ao ouvir isso, Brenda de fato chorou e tranquilizou Bill a respeito de seu amor. No final da terapia, Bill revisou o progresso que havia feito: "Foi muito difícil admitir que beber era um problema. Eu simplesmente não estava pronto para abrir mão da bebida. O amor de Brenda e Samantha com certeza é melhor do que qualquer garrafa de bebida que consumi, e o amor delas não me dá ressaca".

O CURSO DOS COMPORTAMENTOS DEPENDENTES

Quando falamos sobre o curso dos comportamentos dependentes, é especialmente útil focar nos altos e baixos que acometem as pessoas com esse tipo de transtorno. Esses altos e baixos têm o potencial de impactar profundamente o fluxo e refluxo do tratamento. É aqui que o modelo transteórico (estágios de mudança) pode ser especialmente útil (Norcross et al., 2011; Prochaska et al., 1992; Prochaska & Norcross, 2001). Os estágios de mudança são complexos, dinâmicos e, até certo ponto, imprevisíveis – em vez de simples, estáticos ou previsíveis. Além disso, o termo *estágios* pode ser enganoso. É raro que pessoas com TUS ou outras dependências comportamentais experimentem a recuperação como algo que ocorre de forma linear e gradual. Em vez disso, lapsos e recaídas são comuns. Em geral, as pessoas alcançam um estágio, apenas para retornar a um estágio anterior, com frequência várias vezes, antes de resolver seu problema relacionado às dependências. Ao apresentar esses conceitos aqui, focamos nos pensamentos e nos comportamentos associados a cada estágio de manutenção da dependência e recuperação.

Prochaska, DiClemente, Norcross e colaboradores descrevem cinco etapas de mudança experimentada ao longo do curso dos comportamentos dependentes. Essas etapas incluem pré-contemplação, contemplação, preparação, ação e manutenção. Uma compreensão dessas etapas permite que tanto clínicos quanto pacientes antecipem os desafios e os sucessos relacionados ao tratamento. O modelo transteórico aborda questões relacionadas à motivação e se presta facilmente a abordagens de mudança. Além disso, o modelo transteórico enfoca a interação entre pensamentos, sentimentos e comportamentos que são centrais para o modelo de TCC para dependências. Vamos começar definindo cada estágio.

O *estágio de pré-contemplação*, como o nome indica, envolve o tempo que precede o início da contemplação. Pode ou não incluir a consciência de um comportamento dependente, mas certamente não inclui um desejo ou plano de mudança. É razoável presumir que as crenças mantidas por uma pessoa em pré-contemplação podem ser:

"Eu não tenho nenhum problema."
"Tenho um problema, mas não estou nem um pouco interessado em fazer mudanças agora."
"Meu comportamento está totalmente sob meu controle."
"Não estou preocupado com meu comportamento."
"Eu não me importo se meu comportamento é um problema, eu gosto das coisas como estão."

O *estágio de contemplação* ocorre quando os indivíduos começam a considerar se é hora de mudar seus comportamentos. No início deste capítulo, discutimos a ambivalência. Em geral, a ambivalência é mais saliente no estágio de contemplação. Com isso, queremos dizer que é provável que as pessoas em contemplação oscilem em relação a ser ou não ser o momento certo para parar, se precisam parar, como poderiam parar e por que talvez ainda não devam parar. Para muitas delas, a contemplação é um momento difícil, repleto de dúvidas e autocríticas. Exemplos de pensamentos de alguém em contemplação podem ser:

"Eu sei que deveria parar, mas não tenho certeza se estou pronto."
"Não gosto do que minha dependência está fazendo comigo, mas provavelmente eu poderia continuar por mais algum tempo sem causar muito dano."

"Quero parar, mas não sei como."
"Não quero parar, mas deveria."
"Talvez eu possa parar esta semana, ou talvez não."

O *estágio de preparação* acontece entre a contemplação e a ação. É o momento em que os indivíduos começam a agir. No início deste capítulo, descrevemos os pensamentos instrumentais como a *maneira* de processar. A fase de preparação para a mudança é o momento em que os indivíduos estão pensando em *como* parar de se envolver em seus comportamentos dependentes, em vez de pensar em como podem continuar. Os pensamentos de uma pessoa no estágio de preparação podem ser:

"Vou jogar fora todos os meus cigarros hoje."
"Vou fazer compras para poder encher minha geladeira apenas com alimentos saudáveis."
"Vou excluir e bloquear o número de telefone do meu fornecedor."
"Vou ao meu médico para saber mais sobre o tratamento assistido por medicamentos – assim posso parar de tomar todos esses analgésicos controlados."
"Vou dizer a todos os meus amigos que não vou mais beber com eles."

O *estágio de ação* é o momento em que um indivíduo fez as mudanças desejadas, mas apenas em relação ao período mais recente. A pesquisa sugere que o estágio de ação continua por seis meses depois que a mudança foi iniciada. Alguns argumentaram (e tendemos a concordar) que é na fase de ação que os indivíduos são mais vulneráveis a sofrer um lapso ou recaída. Alguns dos pensamentos de uma pessoa no estágio de ação são:

"Não acredito que estou há 30 dias sem usar."
"Eu me pergunto por que não estou sentindo aquela fissura."
"Espero poder continuar assim."
"Eu acordo com mais energia."
"Eu me pergunto se algum dia voltarei a [comportamento dependente]."

No *estágio de manutenção*, os indivíduos integraram as mudanças em sua vida e seu novo estilo de vida parece "normal". Algumas pessoas na fase de manutenção dizem que sentem falta de seu antigo comportamento, mas a maioria não. O principal risco durante esta fase e a fase de ação é que alguns indivíduos começam a pensar que podem voltar ao seu comportamento de dependência passado agora que têm um bom controle sobre ele. Isso é ilustrado em alguns dos pensamentos a seguir:

"Não acredito que eu era um [bebedor, fumante, etc.]."
"Nem penso mais em usar."
"Eu me sinto muito bem sem [a dependência] na minha vida."
"Talvez um dia eu consiga [comer/beber/fumar] como uma pessoa normal."
"Vou ter que esperar para ver."

Há implicações importantes desses estágios de mudança; ou seja, indivíduos nas diversas fases da mudança pensam e agem de forma diferente, por isso suas necessidades são diferentes. Por exemplo, uma pessoa que está pensando em mudar pode se beneficiar de uma análise das vantagens e desvantagens de seus comportamentos de uso ou dependência. Em contrapartida, uma pessoa no estágio de ação da mudança pode se beneficiar mais de uma discussão sobre gatilhos que podem apresentar desafios para as mudanças. Talvez mais importante, os pensamentos que correspondem à sua prontidão para mudar determinarão sua receptividade às intervenções. Por exemplo, uma pessoa no estágio de pré-contemplação que pensa "Não tenho nenhum problema que precise ser corrigido" provavelmente não responderá bem a um convite para fazer uma análise das vantagens e desvantagens de seu comportamento dependente.

RESUMO

Um modelo teórico é vital para a compreensão de comportamentos dependentes. Ele permite que os terapeutas cognitivo-comportamentais identifiquem mecanismos e alvos de mudança. Nossas experiências com indivíduos com TUS ou dependências comportamentais têm sido que eles iniciam a TCC com pouco conhecimento sobre a interação entre seus pensamentos, sentimentos e comportamentos, atribuindo muitos de seus problemas a circunstâncias fora de seu controle. Por exemplo, eles acreditam que outras pessoas os deixam com raiva, em vez de compreender que seus próprios pensamentos e crenças desempenham um papel mais importante em seus sentimentos.

Segundo a nossa experiência, esses pacientes acham que o nosso modelo é útil. Embora tenha sido inicialmente desenvolvido para a compreensão dos terapeutas, descobrimos que os pacientes apreciam muito um modelo para entender seus próprios comportamentos problemáticos. Nos capítulos que se seguem, discutimos estratégias e técnicas para ajudar as pessoas com esses comportamentos. Todas as nossas estratégias e técnicas são baseadas no modelo da TCC.

Compreender que eventos antecedentes desencadeiam crenças relacionadas à dependência é um lembrete de que é importante encorajar os pacientes a estarem cientes desses gatilhos e tomarem medidas para evitar situações de alto risco. Perceber o poder de pensamentos e crenças relacionados à dependência nos ajuda a enfatizar que os pacientes precisarão mudar muitos desses pensamentos e crenças. Lembrar aos pacientes que existe um momento em que a abstinência é possível, desde que não se dê permissão para usar, é potencialmente útil para pacientes que, de outra forma, poderiam recidivar.

FORMULÁRIO 2.1 Pensamentos e crenças relacionados à dependência e ao autocontrole

Instruções: na coluna à esquerda, escreva pensamentos e crenças que podem levar aos seus comportamentos dependentes. Na coluna à direita, escreva pensamentos e crenças que argumentam contra os pensamentos e crenças relacionados à dependência na coluna da esquerda. Certifique-se de torná-los realistas e compatíveis com os pensamentos que você deseja ter como seus.

Pensamentos e crenças relacionados à dependência	Pensamentos e crenças de autocontrole
Exemplos: "Preciso tomar uma bebida para me divertir." "Preciso fumar para me acalmar." "Preciso apostar para recuperar meu dinheiro."	*Exemplos:* "Posso me divertir sem beber." "Posso me acalmar sem fumar." "Preciso economizar meu dinheiro em vez de entregá-lo ao cassino."

De *Terapia cognitivo-comportamental para transtornos por uso de substâncias e dependências comportamentais*, de Aaron T. Beck e Bruce S. Liese. Copyright © 2024 Artmed. A permissão para fotocopiar este formulário é concedida àqueles que adquiriram este livro para uso pessoal ou uso com pacientes. Uma versão para *download* está disponível no material complementar do livro em loja.grupoa.com.br.

3

Conceitualização de caso

Não há duas pessoas com dependências exatamente iguais. Pessoas com problemas relacionados a dependências de modo geral variam na gravidade de seus problemas, sua prontidão para mudar, saúde mental, condições socioeconômicas, recursos pessoais, suporte social, práticas culturais e, talvez mais importante, em seus pensamentos, crenças, comportamentos e emoções. Uma vez que as pessoas diferem, suas necessidades e planos de tratamento devem diferir. A conceitualização de caso de cada indivíduo serve como base para seu plano de tratamento individualizado. Conceitualizações de caso precisas permitem que os terapeutas entendam a complexidade dos problemas de cada paciente para que possam ajudá-los a resolver esses problemas com sucesso. Ao entrelaçar os pensamentos, crenças, esquemas, sentimentos, comportamentos, forças, fraquezas, estratégias de enfrentamento, situações de alto risco e outros processos, os terapeutas podem efetivamente entender o desenvolvimento e a manutenção de comportamentos dependentes e, enfim, ajudar os pacientes a desenvolverem estratégias para superá-los. Neste capítulo, explicamos como nosso modelo teórico está entrelaçado com a conceitualização de caso de indivíduos que enfrentam esse tipo de problema. A conceitualização de caso ajuda a responder a muitas perguntas, por exemplo:

- Como e por que *esta* pessoa em particular desenvolveu comportamentos dependentes?
- Como os comportamentos dependentes desta pessoa chegaram ao nível atual?
- Com que eficácia esta pessoa funcionava antes de se tornar dependente?
- Quais gatilhos precipitam os comportamentos dependentes (ou recaídas) desta pessoa?

- Quais esquemas, pensamentos ou crenças próprias mantêm os comportamentos dependentes desta pessoa?
- Qual papel o ambiente desempenha nos comportamentos dependentes desta pessoa?
- Quais barreiras impediram esta pessoa de cessar comportamentos dependentes?
- Algum outro problema de saúde mental contribui para os comportamentos dependentes desta pessoa?

Pautado por questões como essas, o terapeuta cognitivo-comportamental é capaz de estruturar sessões e formular estratégias e técnicas. Sem uma conceitualização de caso atual precisa, o terapeuta é como um navio sem leme, à deriva durante a sessão.

10 ELEMENTOS ESSENCIAIS DA CONCEITUALIZAÇÃO DE CASO

Nesta seção, apresentamos 10 elementos que consideramos essenciais para a conceitualização de caso. Eles fornecem uma estrutura para organizar e integrar vastas quantidades de informações básicas coletadas dos pacientes. Enquanto algumas informações são coletadas deliberadamente no início da terapia, muitas são recolhidas ao longo do tempo, à medida que o terapeuta aprende cada vez mais sobre o paciente. Assim, a conceitualização de caso é um processo colaborativo e contínuo entre terapeuta e paciente. Seus 10 elementos essenciais são:

1. **Problemas básicos:** transtorno por uso de substâncias (TUS) e dependências comportamentais; condições de saúde mental e física relacionadas.
2. **Contexto socioambiental:** situação de vida atual, relacionamentos próximos, fatores socioculturais, pertencer a grupos minorizados, circunstâncias econômicas, preocupações legais ou de segurança.
3. **Antecedentes distais:** neurobiológicos, genéticos, psicossociais, influências ambientais.
4. **Antecedentes proximais:** sinais internos e externos atuais, gatilhos, situações, circunstâncias, relacionamentos de alto risco.
5. **Processos cognitivos:** esquemas, crenças, pensamentos pertinentes; distorções cognitivas, pensamentos do Sistema 1 e do Sistema 2 (descritos no Cap. 10).

6. **Processos afetivos:** emoções, sentimentos, disposições de ânimo, sensações fisiológicas predominantes.
7. **Padrões de comportamento:** comportamentos adaptativos *versus* comportamentos desadaptativos; habilidades de enfrentamento *versus* estratégias compensatórias.
8. **Prontidão para mudar e objetivos associados:** estágios, desde a pré-contemplação à manutenção para todas as áreas problemáticas; metas de curto e longo prazos para todos os problemas.
9. **Integração dos dados:** processos salientes*; padrões significativos; relações causais entre contexto, pensamentos, crenças, esquemas, emoções e comportamentos.
10. **Implicações para o tratamento:** identificação das estratégias e técnicas cognitivas e comportamentais mais adequadas, com base nos dados coletados.

Problemas básicos incluem TUS e dependências comportamentais passados e presentes, diagnósticos psiquiátricos e preocupações físicas ou médicas associadas. Como descrito em capítulos anteriores, é comum que os indivíduos tenham múltiplas dependências, consecutiva ou simultaneamente, e certamente é comum que tenham problemas de saúde mental e física que coexistem com seus TUS e dependências comportamentais. Por exemplo, é particularmente comum encontrar pacientes com transtorno por uso de opioides (TUO) que lutam contra dor e depressão. De fato, muitos pacientes com TUO são primeiramente iniciados no uso de opioides por médicos que os prescreveram para dores físicas, e muitos que se tornam dependentes descobriram que esses medicamentos também proporcionam alívio do sofrimento psíquico. Como outro exemplo, é comum em contextos clínicos encontrar pacientes obesos e deprimidos que lutam contra compulsão alimentar. Esses indivíduos também podem ser dependentes de tabaco e ter inúmeros problemas de saúde associados (p. ex., diabetes, hipertensão, doenças cardíacas, doenças pulmonares, e assim por diante). De fato, muitos fumantes dizem que fumam, em parte, para reduzir os excessos na alimentação e evitar mais ganho de peso.

Ao indagar sobre problemas básicos, é importante obter dados precisos e informações detalhadas. Por exemplo, ao coletar informações sobre uso de álcool e outras substâncias, é importante aprender sobre quantidade, frequência, tempo e via de administração. Obter informações sobre a quantidade pode ajudar a de-

---

* N. de R.T.: Conceitos e estratégias centrais que facilitam a compreensão do caso, fazem parte do ciclo de manutenção do sintoma, do comportamento.

terminar a gravidade da dependência. Obviamente, quem fuma 2 ou 3 cigarros por dia tem um TUS menos grave do que alguém que fuma 2 ou 3 maços de cigarros por dia. A quantidade também é importante porque está associada à tolerância. Por exemplo, uma pessoa que diz que "pode facilmente beber 500 a 750 mililitros de vodca em um dia" certamente desenvolveu uma tolerância ao álcool que provavelmente reflete um problema grave de alcoolismo. Independentemente da substância de escolha, pode ser benéfico perguntar sobre a via de administração (ou seja, se ela é fumada, cheirada, injetada, inalada ou mastigada). Essa informação tem o potencial de influenciar os planos de tratamento porque muitos indivíduos descrevem sentir-se dependentes da via de administração (p. ex., injetar ou inalar) tanto quanto na própria substância. É igualmente importante coletar informações precisas e detalhadas sobre dependências comportamentais. Por exemplo, hora do dia, local, atmosfera circundante, ambiente social, quantia ganha ou perdida, e o impacto das perdas são informações essenciais quando se trabalha com alguém com transtorno do jogo.

O *contexto socioambiental* inclui a situação de vida atual de um indivíduo, seus relacionamentos próximos, fatores socioculturais, circunstâncias econômicas, preocupações legais ou de segurança, amigos ou familiares que também podem ter problemas de dependências, e assim por diante. O Office of Disease Prevention and Health Promotion (ODPHP) dos Estados Unidos define determinantes sociais da saúde (DSSs) como condições nas quais as pessoas "vivem, aprendem, trabalham, brincam, cultuam e envelhecem". São listadas especificamente cinco áreas principais dos DSSs: 1) estabilidade econômica; 2) educação; 3) contexto social e comunitário; 4) saúde e assistência médica; e 5) vizinhança e ambiente urbano. Os DSSs têm o potencial de influenciar profundamente os pensamentos, sentimentos e comportamentos dos indivíduos, bem como seus recursos para efetuar mudanças pessoais. Simplificando, uma pessoa que vive em um ambiente seguro e protegido com uma estrutura social de apoio tem acesso a recursos que não estão disponíveis para uma pessoa em situação de rua que se muda de abrigo para abrigo e está em contato regular com pessoas que também sofrem de problemas de saúde mental e física, problemas sociais e vários tipos de dependências.

Ao coletar informações sobre o contexto socioambiental de um indivíduo, as seguintes perguntas podem ser pertinentes:

"Onde e com quem você mora?"
"Você se sente seguro e protegido em sua situação de vida atual?"
"Você tem os recursos materiais necessários para atender às suas necessidades básicas?"

"Como você descreveria seu sistema de apoio social?"
"Você se vê como membro de um grupo minorizado (p. ex., racial, étnico, de gênero)? Em caso afirmativo, como isso afeta sua vida?"
"Você tem relacionamentos próximos com pessoas que enfrentam problemas com dependências ou problemas de saúde mental? Em caso afirmativo, qual é o impacto desses relacionamentos?"

Sabe-se que as situações de vida das pessoas podem influenciar profundamente sua saúde e seus comportamentos dependentes. Por exemplo, quem mora com pessoas que bebem ou fumam bastante é mais propenso a beber ou fumar. Considere o caso de Mary e Rita, que são casadas e moram juntas. Ambas enfrentam problemas de jogo e tabagismo. Preocupada com sua saúde e finanças, Mary decide parar simultaneamente de fumar e jogar. Pensando que deveria fazer o mesmo, Rita empenha-se em fazer essas mudanças, porém sem entusiasmo. Semanas depois, Rita recebe uma *Oferta especial – somente para convidados*, exclusivamente para titulares do cartão do cassino, que promete "muito entretenimento, cômodos com desconto e um *buffet* livre incluído no sábado à noite". Rita compartilha animadamente essa oportunidade com Mary, que relutantemente concorda em passar o fim de semana no cassino. Previsivelmente, ambas voltam a jogar e fumar, e anos se passam antes que elas voltem a cogitar a abstinência.

Fatores socioculturais também desempenham um papel importante no desenvolvimento e na manutenção de TUS e de comportamentos dependentes. Pessoas socioeconomicamente desfavorecidas ou pertencentes a certos grupos minorizados (p. ex., raciais, sexuais e de gênero) são mais propensas a lutar contra dependência do que aquelas que não são (Keyes, Hatzenbuehler, Grant, & Hasin, 2012). Uma explicação empiricamente embasada para essa associação é que essas pessoas sofrem maior estresse como consequência de serem marginalizadas e estigmatizadas por pertencerem a esses grupos. É importante avaliar cuidadosamente o impacto dos fatores culturais (p. ex., pertencer a um grupo minorizado), em especial porque eles afetam os indivíduos de diferentes graus e maneiras.

Os *antecedentes distais* incluem fatores genéticos, neurobiológicos, psicossociais, ambientais e culturais que podem contribuir para o desenvolvimento e a manutenção de comportamentos dependentes. Conforme explicado no Capítulo 2, uma pessoa com história familiar de dependência corre risco significativo de desenvolver esse tipo de transtorno. Esse risco aumentado pode ser resultado de fatores genéticos, psicossociais ou ambientais, ou de todos estes. À medida que desenvolvem suas conceitualizações de caso, os terapeutas podem fazer qualquer uma das seguintes perguntas:

"Como e quando você começou a [fumar, beber, jogar, usar drogas, etc.]?"
"Como e quando você começou a perceber que tinha um problema com [fumar, beber, jogar, usar drogas, etc.]?"
"Quem mais em sua família imediata ou extensa [fumava, bebia, jogava, usava drogas, etc.]?"
"Como suas primeiras experiências de vida afetaram seus comportamentos dependentes atuais?"
"Como suas primeiras experiências de vida influenciaram a pessoa que você é hoje, além de seus comportamentos dependentes?"
"Por exemplo, quais crenças você desenvolveu sobre si mesmo, o mundo ao seu redor, as outras pessoas, os relacionamentos e o seu futuro?"

Ao desenvolver uma conceitualização de caso, pode-se dizer a um terapeuta: "Eu era a única pessoa com *problemas com a bebida* na minha família". Ao ouvir isso, o terapeuta pode explicar que tanto o TUS quanto as dependências comportamentais assumem muitas formas e então perguntar sobre qualquer história familiar de *outros comportamentos dependentes*, incluindo uso de tabaco, jogos de azar, substâncias, medicamentos controlados, e assim por diante. Procurar fatores distais relevantes e a história da família nem sempre é tão simples quanto pode parecer. Por exemplo, o seguinte diálogo entre um terapeuta e um paciente de 23 anos demonstra que a recuperação de informações relevantes às vezes requer perguntas com foco e determinação:

Terapeuta: Então, você está preocupado com seu hábito de beber?
Paciente: Sim, acho que bebo demais. Pelo menos é o que meus pais pensam.
Terapeuta: Conte-me sobre seu hábito de beber, mas também sobre sua situação de vida.
Paciente: Moro com meus pais há alguns meses, desde que terminei a faculdade. Mas é só até eu encontrar um emprego decente em tempo integral e poder me sustentar.
Terapeuta: Você tem uma história familiar de uso problemático de substâncias ou álcool?
Paciente: Não, eu sou o único da casa que bebe.
Terapeuta: E os outros membros da família?
Paciente: Meus pais não são alcoólatras, se é isso que você quer dizer.
Terapeuta: Não, é que às vezes as pessoas não percebem que os membros da família podem abster-se devido a problemas anteriores com álcool ou mesmo outras dependências.

Paciente: Não consigo pensar em nenhum membro da família com problemas com a bebida.
Terapeuta: Alguma ideia de por que seus pais não bebem?
Paciente: Meu pai uma vez mencionou algo sobre como isso quase matou seu pai.
Terapeuta: Do que você acha que se trata?
Paciente: Bem, acho que significa que meu avô tinha problemas com a bebida. Talvez meu pai tenha ficado assustado e por isso não bebe.
Terapeuta: Tem certeza de que seu pai nunca bebeu?
Paciente: Acho que uma vez ele disse alguma coisa sobre beber quando tinha a minha idade.
Terapeuta: E a sua mãe?
Paciente: Bem, agora que estou pensando sobre isso, tanto minha mãe quanto meu pai foram fumantes.
Terapeuta: Parece que você pode ter algumas dependências em sua família.
Paciente: Talvez.

Uma vez que muitas pessoas com TUS e outras dependências vêm de famílias com esse tipo de transtorno, é importante considerar as várias maneiras como elas afetam os indivíduos. Os terapeutas podem explorar se os familiares modelaram comportamentos dependentes. Eles também podem perguntar sobre o trauma causado ou perpetuado pelos comportamentos dependentes de um membro da família. Em muitas famílias com TUS, as pessoas desenvolvem crenças como "O álcool serve para relaxar" ou "Ficar bêbado é a única maneira confiável de fugir". Alguns pacientes dependentes vêm de lares instáveis onde foram tratados de maneira severa, ou onde seu valor depende de um comportamento perfeito. Esses pacientes estão em risco de desenvolver crenças nucleares como "Nunca serei suficientemente bom", "Não sei fazer nada direito" ou "O melhor a fazer é parar de tentar". Pensamentos como esses têm o potencial de acarretar sentimentos de depressão, ansiedade e comportamentos potencialmente dependentes visando automedicação.

Os *antecedentes proximais* (ou gatilhos) incluem circunstâncias atuais e o espectro completo de obstáculos enfrentados por pessoas com dependências, incluindo problemas de relacionamento, desemprego, problemas de saúde, problemas jurídicos, condições de vida instáveis, entre outros. À medida que os terapeutas conceituam essas diversas dificuldades da vida, é útil determinar quais delas *contribuem* para o desenvolvimento das dependências, quais as *consequências* desses comportamentos e quais são *tanto* contributivos *como* problemas consequentes. A terapia cognitivo-comportamental (TCC) para TUS e dependências comportamentais é incompleta sem um plano de tratamento para resolver esses problemas, especialmente porque muitos deles desencadeiam comportamentos dependentes.

Os antecedentes proximais incluem circunstâncias *externas* imediatas em que são ativadas crenças relacionadas à dependência. Por exemplo, considere o caso de Joe, que tem uma história de grave transtorno por uso de álcool (TUA). Joe estava abstinente há vários meses – até ser convidado para um evento onde estavam sendo servidas bebidas alcoólicas, as pessoas estavam bebendo muito e todos pareciam estar se divertindo. Observando essas pessoas, ele começou a pensar: "Isso não é justo. Quero me divertir tanto quanto eles". Esses pensamentos ativaram fortes crenças relacionadas ao álcool, como "Apenas algumas cervejas já me dariam um barato ótimo". Esse pensamento ativou fortes impulsos e fissura. Ao experimentar esses sentimentos, Joe teve o seguinte pensamento permissivo: "Só algumas cervejas não vão me fazer mal". Não surpreendentemente, isso levou a uma cerveja, e depois a uma segunda cerveja e uma terceira, até que finalmente Joe bebeu tanto que não conseguia enxergar direito.

Antecedentes proximais também incluem gatilhos *internos*, incluindo emoções e sensações físicas. Pessoas com TUS descrevem inúmeras sensações internas que desencadeiam crenças relacionadas à dependência e, por fim, impulsos e fissura. Estas incluem (mas não se limitam a) tédio, inquietação, tristeza, frustração, raiva, irritação, desapontamento, preocupação, medo, solidão, alegria, excitação, surpresa, euforia, tensão, dor, dormência e fadiga. A partir dessa lista, fica claro que tanto sensações negativas quanto positivas podem levar a processos cognitivos relacionados tanto ao TUS quanto a outras dependências.

Os *processos cognitivos* são fundamentais para o nosso modelo de comportamentos dependentes e, portanto, a conceitualização de caso deve se concentrar intensa e incansavelmente nesses processos. Conforme discutido no Capítulo 2, os processos cognitivos incluem crenças básicas, pensamentos, autoeficácia, expectativas de resultados, crenças permissivas e pensamentos instrumentais. A maioria das pessoas desconhece, não está consciente ou não está atenta a seus pensamentos ou crenças. Em outras palavras, *as pessoas geralmente não pensam sobre como pensam*. Consequentemente, muitas vezes é necessário investigar os processos cognitivos. A seguir, há uma lista de possíveis perguntas que podem ser feitas em um esforço para extrair processos cognitivos:

"Como você se descreveria? Como você se vê?"
"Quais são seus valores, crenças, princípios ou ideais mais profundos?"
"Você poderia me dizer alguns pensamentos ou crenças que você tem sobre as pessoas, especialmente aquelas próximas a você?"

"Quais são suas previsões sobre seu futuro próximo e distante?"
"Como você entende (ou explica) sua dependência?"
"Como você vê (ou entende) o processo de mudança?"
"Como você entende suas recaídas?"
"Quando você sofre uma recaída, quais são os pensamentos que a precipitam?"
"Qual é a probabilidade de você alcançar seus objetivos de mudança a partir de *hoje*?"

Essas perguntas visam descobrir os esquemas, as crenças básicas, os pensamentos automáticos, a autoeficácia, as expectativas de resultados e os pensamentos permissivos dos pacientes. É provável que esse processo de descoberta seja útil para o paciente. Como mencionado anteriormente, *as pessoas geralmente não pensam sobre como pensam*, então esse processo permite que elas identifiquem e rotulem seus pensamentos (ou seja, pensem sobre como pensam). O fato de os pacientes não conseguirem fácil ou prontamente descrever seus pensamentos não deveria surpreender os terapeutas. Na verdade, às vezes é necessário oferecer respostas de múltipla escolha para essas perguntas. Por exemplo, considere o seguinte diálogo entre um paciente e um terapeuta:

Terapeuta: Como você se descreveria, ou como você se vê?
Paciente: O que você quer dizer?
Terapeuta: Quero dizer, se alguém pedisse para você se descrever, o que você diria?
Paciente: Não sei. Ninguém nunca me fez essa pergunta.
Terapeuta: Acho que estou perguntando se você se acha uma pessoa simpática, responsável, boa, inteligente... É isso que quero dizer.
Paciente: Ah, então eu diria que estou bem. [*Faz uma longa pausa*] Na verdade, eu penso em mim como *uma pessoa com dependência*. Não acredito que alguém pensaria em mim como responsável.
Terapeuta: E quanto a ser uma boa pessoa ou uma pessoa inteligente?
Paciente: Não, não me acho bom ou inteligente. Houve uma época em que eu achava que era um cara legal e talvez até inteligente. Mas agora não.

Quando os pacientes compartilham pensamentos e crenças como essas, recomenda-se que os terapeutas façam reflexões daquilo que foi dito (ou seja, parafraseiem ou reafirmem-nos), a fim de assegurar que os pacientes foram ouvidos com precisão. Também é recomendado que os terapeutas mantenham uma lista escrita dos pensamentos e das crenças em evolução dos pacientes, para que as conceitualizações de caso sejam compostas por processos cognitivos atuais e precisos. Em vários momentos durante as sessões, essas listas devem ser compartilhadas com os pacientes, explicando: "Estou anotando seus pensamentos e crenças à medida que você os revela, a fim de entender melhor como eles o *aproximam* ou *distanciam* de seus comportamentos dependentes".

Os pensamentos automáticos decorrem da ativação de crenças básicas ou nucleares, crenças condicionais e crenças relacionadas às dependências. Alguns pensamentos automáticos típicos de pessoas dependentes são: "Não suporto essas fissuras", "Só um pouquinho não vai fazer mal", "Vá em frente", "Você merece" e "Já faz muito tempo". Esses pensamentos automáticos muitas vezes potencializam impulsos, fissura e, por fim, planos de se envolver em comportamentos dependentes.

Crenças e esquemas básicos podem ser mais bem compreendidos como processos cognitivos profundos e arraigados que se desenvolvem no início da vida e tornam-se mais resistentes ao longo do tempo; talvez seja por isso que as crenças básicas costumam ser chamadas de crenças nucleares. Enquanto crenças básicas assumem a forma de palavras e frases reais (p. ex., "Eu sou uma pessoa boa/má" ou "Eu sou uma pessoa de valor/sem valor), os esquemas são mais bem definidos como estruturas para "codificar, filtrar e avaliar" a si mesmo e seu mundo pessoal (Beck, 1967, p. 283). Crenças e esquemas básicos geralmente se enquadram em duas categorias: amabilidade e adequação. É importante observar que crenças e esquemas básicos podem não ser necessariamente descritos pelos pacientes com essas palavras exatas, mas são muitas vezes derivados ou correlatos de amabilidade e adequação. Por exemplo, a crença "Não sou digno de ser amado" pode ser expressa como "Sou gordo", "Sou feio", "Ninguém me quer" ou "Desisti do amor". Crenças associadas à inadequação podem ser expressas como "Não consigo fazer nada direito", "Nada do que faço dá certo", "Sou um caso perdido", "Eu nem deveria tentar" ou "É melhor eu desistir". Crenças básicas e esquemas como esses têm o potencial de causar sofrimento psicológico substancial, o que pode levar a um desejo de alívio na forma de um comportamento relacionado às dependências (p. ex., automedicação). E alguns esquemas negativos e crenças básicas envolvem desamparo ou desesperança, o que pode levar a desistir de objetivos saudáveis. Por exemplo, um indivíduo que esteja abstinente por vários meses pode ter uma recaída depois de pensar: "Nada mudou desde que parei de ficar chapado e nada vai mudar, então é melhor eu voltar aos meus velhos hábitos". O terapeuta deve estar ciente dos pensamentos dos pacientes relacionados à desesperança, especialmente se eles se tornarem mais intensos ou frequentes. Tanta desesperança pode precipitar o envolvimento em comportamentos nocivos, como uso de substâncias, automutilação e suicídio.

Crenças condicionais são processos de pensamento que assumem a forma de "se... então..." (com ou sem as palavras reais *se* e *então*); por exemplo, "Se eu largar a bebida, então a vida será chata" ou "Se eu continuar fumando, vou ter câncer". Crenças condicionais podem envolver previsões feitas sobre o resultado de certas escolhas ou regras a serem seguidas. Uma pessoa que cresce em uma casa que enfatiza a competição, por exemplo, pode ter a crença condicional "Se eu não for o melhor, não sou nada". Uma pessoa que tem uma personalidade dependente pode ter a crença condicional "Se eu não me conformar com as exigências e expectativas dos outros, vou estar sempre sozinho e solitário". Crenças condicionais não são intrinsecamente boas ou más. Algumas crenças condicionais levam diretamente ao *envolvimento em* comportamentos geradores de dependência (p. ex., "Se eu ficar chapado hoje, vou me divertir") e outras crenças condicionais levam à abstenção desse tipo de comportamento (p. ex., "Se eu ficar chapado hoje, vou me arrepender amanhã").

Mais uma vez, uma conceitualização de caso precisa e atual é vital para um planejamento de tratamento eficaz, e (do nosso ponto de vista) o elemento mais importante é uma contabilidade de pensamentos, crenças e esquemas que levam a uma *aproximação* ou a um *distanciamento* de comportamentos dependentes. Contudo, além de focar no conteúdo cognitivo (ou seja, pensamentos, crenças e esquemas reais), é importante focar em padrões cognitivos (ou seja, a maneira como pensamentos, crenças e esquemas surgem e são mantidos). Os termos *pensamento do Sistema 1* e *pensamento do Sistema 2* foram criados por Daniel Kahneman (2011), cientista e escritor que recebeu um Prêmio Nobel. Constatamos que esses conceitos são extremamente úteis para entender a manutenção de pensamentos, sentimentos e comportamentos problemáticos. O pensamento do Sistema 1 é automático, rápido e não exige esforço. Em contrapartida, o pensamento do Sistema 2 é lento, deliberado e exige esforço. Na verdade, a maior parte do funcionamento humano diário envolve o pensamento do Sistema 1. Por exemplo, a maioria das pessoas sai da cama, veste-se e escova os dentes pela manhã sem muito pensamento deliberado. Da mesma forma, as pessoas vão para o trabalho ou para a escola sem muito esforço – tudo com o pensamento do Sistema 1. Somente quando o Sistema 1 não está alcançando os objetivos desejados é que recorremos ao Sistema 2 para obter ajuda. O pensamento do Sistema 2 é lento, deliberado e necessário para resolver problemas complexos, especialmente para fazer mudanças pessoais significativas. Pode ser útil compreender o pensamento do Sistema 2 como um processo *atento* – em contrapartida ao Sistema 1, que é relativamente *desatento*.

As implicações dos pensamentos dos Sistemas 1 e 2 para entender os comportamentos dependentes são profundas. Tal como ocorre com outros comportamentos repetitivos, esse tipo de comportamento, com o tempo, se torna automático e fácil. Somente quando ele se torna problemático é que o pensamento do Sistema 2 é necessário para efetuar mudanças. Como parte da conceitualização de caso, é útil entender que os comportamentos dependentes são perpetuados pelo pensamento do Sistema 1, enquanto o pensamento do Sistema 2 é vital para aprender a abster-se deles. Por exemplo, Ed é um fumante que quer parar de fumar. Ele explica que muitas vezes pega um cigarro, acende e começa a fumar sem estar ciente desses comportamentos. Isso ocorre porque cada ação é facilitada pelo pensamento do Sistema 1. Quando Ed parar de fumar, ele precisará implementar estratégias de enfrentamento deliberadas e conscientes com o pensamento do Sistema 2 para superar as tentações de fumar.

Felizmente, a repetição de novos pensamentos e comportamentos (ou seja, mudanças impulsionadas pelo pensamento do Sistema 2) resulta em sua evolução para o pensamento do Sistema 1. Em outras palavras, os pensamentos e comportamentos novos e saudáveis acabarão por se tornar automáticos por meio da repetição. Quando Ed começou a fumar, cada passo (comprar, carregar, acender e fumar) era novo e, portanto, exigia pensamento deliberado (Sistema 2). Contudo, à medida que fumar tornou-se um hábito, todos esses passos tornaram-se automáticos e não exigiam esforço (Sistema 1). Agora que ele quer parar de fumar, terá que suportar um esforço sustentado e deliberado inicialmente, mas por meio da repetição, seus pensamentos como não fumante serão instintivos, controlados pelo pensamento do Sistema 1. Em vez de ver pessoas fumando e pensar automaticamente "Preciso de um cigarro", Ed pensará "Eu era assim".

Os *processos afetivos* envolvem emoções, sentimentos, humores e sensações fisiológicas que geralmente vêm depois de pensamentos ou crenças automáticas. Como mencionado anteriormente, a maioria das pessoas desconhece os processos cognitivos que precedem as emoções, como raiva, ansiedade ou tristeza. Da mesma forma, em geral desconhecem (ou, pelo menos, são incapazes de rotular) as emoções que sentem ou os humores que experimentam. Além do reconhecimento de seus processos cognitivos, um objetivo essencial da conceitualização de caso é ajudar os pacientes a se tornarem mais conscientes das emoções associadas a comportamentos dependentes e serem capazes de rotulá-las.

A fim de suscitar emoções e ajudar os pacientes a nomeá-las, o terapeuta pode considerar as seguintes perguntas:

"Como você define ou entende o termo *emoções*? Ou *sentimentos*?"
"Durante um dia normal, como você descreveria suas emoções ou sentimentos típicos?"

"Ao longo de um único dia, com que frequência suas emoções ou sentimentos mudam?"
"Como outras pessoas descreveriam suas emoções típicas?"
"A que funções servem suas emoções? Ou que impacto elas têm?"
"Quando você se sente bem, como descreveria as emoções reais?"
"Quando você se sente mal, como descreveria as emoções reais?"
"O que o deixa feliz? E triste?"
"Quão eficaz você é em mudar suas emoções?"
"Quais estratégias você usa para mudar suas emoções?"
"Quais emoções você está sentindo agora, enquanto conversamos?"

Muitas pessoas identificam comportamentos dependentes como automedicação, o que significa que eles são utilizados para reduzir o desconforto ou aumentar o conforto. É importante ter isso em mente ao considerarmos o papel das emoções nesses comportamentos. Muitas vezes, uma pessoa se envolve em um comportamento que gera dependência para modificar suas emoções. Se, durante o processo de conceitualização de caso, determina-se que este é o caso para um paciente, é essencial que a terapia considere outros tipos de estratégias para aumentar o prazer ou reduzir o desconforto (físico ou emocional).

Os *padrões de comportamento* incluem ações repetitivas que podem ser mais ou menos adaptativas *versus* desadaptativas. Padrões comportamentais adaptativos são aqueles que levam a resultados compatíveis com metas, valores e aspirações. Por exemplo, a maioria das pessoas valoriza a independência e, portanto, ações que a impedem (como o encarceramento) podem ser entendidas como desadaptativas, enquanto aquelas que levam à independência seriam adaptativas.

Também é útil identificar estratégias de enfrentamento *versus* estratégias compensatórias. As estratégias de enfrentamento envolvem comportamentos que resolvem problemas com poucas ou nenhuma consequência negativa. As estratégias compensatórias, por sua vez, resolvem problemas momentaneamente, mas muitas vezes com consequências negativas em longo prazo. Por exemplo, ficar totalmente bêbado com amigos pode reduzir temporariamente a ansiedade dolorosa, mas também pode resultar em consequências negativas que duram a vida inteira (p. ex., dirigir embriagado e ferir pessoas inocentes). As estratégias compensatórias parecem funcionar, mas muitas vezes elas são limitadas por serem compulsivas e inflexíveis. Além disso, não resolvem efetivamente as dúvidas, as inseguranças, o medo e as inadequações. Estratégias compensatórias típicas para pessoas com dependências envolvem o uso de álcool e outras substâncias, porém existem muitos outros comportamentos compensatórios

(p. ex., agressão emocional e física, compulsão alimentar, compras compulsivas e outros).

Em última análise, todos os comportamentos e emoções podem ser entendidos como elos em uma cadeia de antecedentes proximais, crenças ativadas, pensamentos automáticos e consequências – em que os gatilhos levam a pensamentos relacionados à dependência, os pensamentos desencadeiam comportamentos dependentes, que, por sua vez, levam a outros pensamentos relacionados a esse contexto, e assim por diante – à medida que os problemas aumentam. Por exemplo, um homem pode entrar em uma discussão com sua esposa. Essa discussão pode gerar pensamentos como "Não suporto quando ela me importuna", que podem despertar sentimentos de raiva, que podem provocar o pensamento "Ela não pode me dizer o que fazer", que pode suscitar o pensamento "Ela vai ver só". Isso pode levar ao ato de beber, que pode gerar o pensamento "Vou dar-lhe uma bronca", que pode incitar comportamentos hostis em relação a ela, o que pode muito bem desencadear raiva exacerbada, consumo excessivo de álcool e problemas cada vez mais sérios que exigem intervenção policial. Essas cadeias também foram vistas como ciclos em que os elos na cadeia continuam ativando uns aos outros de maneira continuamente reforçada.

A *prontidão para mudar e objetivos associados* estão intimamente relacionados. Originalmente formulada por Prochaska, DiClemente e Norcross (1992), a prontidão se manifesta em estágios em um *continuum*, desde *nada pronto* (ou seja, pré-contemplação) até *mudança sustentada* (isto é, manutenção). Conforme discutido no Capítulo 2, Prochaska e colaboradores rotularam os estágios de pré-contemplação, contemplação, preparação, ação e manutenção. Os terapeutas muitas vezes cometem o erro de supor que esses estágios são estáticos ou lineares em vez de dinâmicos e fluidos. Na verdade, a prontidão para a mudança pode variar a todo momento. Cada estágio é composto por pensamentos, crenças, emoções e comportamentos correspondentes. Por exemplo, o estágio de contemplação é frequentemente caracterizado por preocupação, ambivalência e dúvida, enquanto a pessoa ainda está envolvida em um comportamento dependente. O estágio de ação é muitas vezes caracterizado por esperança, confiança, orgulho e (para alguns) insegurança e desconforto substancial, tudo isso enquanto o indivíduo se abstém do comportamento problemático.

Na realidade, uma pessoa pode variar quanto à prontidão para a mudança de minuto a minuto, de hora em hora, a cada dia, a cada semana, e assim por diante. Não é incomum um paciente oscilar para a frente e para trás em uma única sessão de terapia enquanto ele e o terapeuta discutem as vantagens e as desvantagens do uso. A prontidão para mudar normalmente corresponde aos objetivos dos indivíduos. Por exemplo, indivíduos em pré-contemplação tendem a ter poucos ou nenhum objetivo em relação à mudança de comportamento, enquanto os indivíduos nas etapas de ação e manutenção pretendem fazer ou manter mudanças.

Ao formular a conceitualização de caso, é importante perguntar sobre o histórico de motivação do paciente ao longo do tempo, em vez de focar exclusivamente na atual motivação para mudar. A seguir, há algumas questões que podem suscitar o processo de mudança ao longo do tempo:

"Em uma escala de 0 a 100%, quanto você está pronto para mudar agora?"
"Quais são seus pensamentos atuais sobre os prós e os contras de mudar?"
"Com que frequência você tentou fazer mudanças semelhantes no passado?"
"Durante os esforços anteriores para mudar, como sua motivação oscilou ao longo do tempo?"
"Em outras palavras, quando você teve uma recaída no passado, como sua motivação subiu e desceu, como uma montanha-russa?

Nunca é demais enfatizar o fato de que a prontidão pode mudar a cada momento. Na verdade, como observamos no Capítulo 2, Marlatt e Gordon (1985) falaram sobre o efeito de violação de abstinência (EVA), que ocorre quando uma pessoa no estágio de ação ou manutenção tem um único lapso que ativa pensamentos de impotência e desesperança mais representativos do estágio de contemplação da mudança. Por exemplo, depois de ouvir sobre uma morte por *overdose* de opioides no noticiário na segunda-feira, Annie decide parar de tomar oxicodona. Contudo, na terça-feira ela acorda ansiosa e deprimida, e decide tomar um comprimido de um frasco que sobrou em seu armário de remédios. Assim que o engole ela se arrepende, então não toma mais comprimidos naquele dia. No entanto, ela decide tomar mais alguns comprimidos na quarta-feira, acreditando que teve uma recaída no dia anterior e não é mais capaz de atingir seu objetivo de abstinência. Este é um caso clássico do EVA. A motivação de Annie oscilou de um lado para o outro em apenas alguns dias: de pronta, para não pronta, para pronta, para não pronta para mudar.

A *integração dos dados* é a etapa mais desafiadora e mais importante no processo contínuo de conceitualizar a vida e os problemas do paciente. Aqui, os terapeutas sintetizam todas as informações básicas em uma narrativa coesa baseada em dados que explica as dificuldades do paciente e leva a recomendações de tratamento que fazem sentido. Por exemplo, o terapeuta pode postular o seguinte:

Jeff é um homem casado de 40 anos que sofre de transtorno por uso de estimulantes (metanfetaminas). Sua esposa recentemente exigiu que ele saísse de casa. O casal tem dois filhos, e ela insistiu em se separar porque Jeff estava ficando instável e às vezes ameaçador. Jeff revela que teve longos períodos de depressão no passado, e explica que começou a usar metanfetamina regularmente depois de descobrir que isso o fazia se sentir menos deprimido e mais capaz de funcionar no trabalho. Ele agora mora com seu irmão, que é solteiro e bebe muito. Como encanador, ganha apenas o suficiente para pagar suas despesas domésticas, e por isso mora com seu irmão em vez de ter seu próprio apartamento. Jeff explica que ele e seu irmão cresceram em uma casa barulhenta e instável, onde seus pais bebiam muito. Ele conheceu a metanfetamina no trabalho, e vários de seus colegas são usuários regulares. Seu fornecedor é um de seus colegas de trabalho, que sempre lembra Jeff que ele tem "algumas coisas realmente boas". Jeff é estimulado por vários sinais internos e externos (p. ex., depressão, fadiga, colegas de trabalho que usam e fácil acesso). Ele sempre se viu como "praticamente um perdedor" e "nunca surpreendido quando as coisas dão errado", o que leva a pensamentos que desencadeiam seu uso de metanfetamina: "Que diabos", "Preciso de algo que me deixe ligado", "Minha família nunca vai saber" e "Preciso entrar em contato com meu fornecedor". Quando não está usando metanfetaminas, Jeff se sente deprimido e há poucas coisas em sua vida que o fazem se sentir melhor. Antes de se separar de sua esposa, ele pelo menos encontrava satisfação em ganhar dinheiro para sustentar sua família. Ele diz que está "disposto a mudar" agora (abster-se totalmente de usar metanfetamina), mas acrescenta: "É principalmente para trazer minha família de volta".

Quando falamos em *implicações para o tratamento*, chegamos no momento em que as estratégias e as técnicas de TCC são planejadas. A conceitualização de caso fornece informações essenciais e bem-integradas sobre os problemas, o histórico, os gatilhos, os pensamentos, as crenças, as lutas emocionais do paciente, entre outros aspectos. Ela também fornece informações sobre a gravidade, a motivação para a mudança, os objetivos e as barreiras à mudança. As estratégias e as técnicas de tratamento devem ser escolhidas de acordo com sua importância e com as habilidades dos pacientes para resolver problemas identificados. Por exemplo, se for verificado que um paciente está usando maconha para reduzir a ansiedade social, a TCC deve focar em estratégias cognitivas e comportamentais para reduzir a ansiedade. Se for constatado que a cocaína está sendo usada como antidepressivo, a TCC deve focar na redução dos sintomas depressivos. Se o álcool está sendo usado para induzir o sono em uma pessoa com insônia, estratégias de TCC para higiene do sono devem ser introduzidas. Nos casos em que um indivíduo está utilizando comportamentos que favorecem a dependência para refrear impulsos e fissura, técnicas para lidar com os impulsos podem ser ensinadas.

Voltando ao caso de Jeff, o terapeuta entende que o plano de tratamento precisa incluir múltiplas facetas. Em primeiro lugar, ele focará na motivação de Jeff para mudar. O terapeuta fará isso ajudando-o a examinar as vantagens e as desvantagens de continuar ou interromper o uso de metanfetamina. Em segundo lugar, o terapeuta o ajudará a entender e controlar seus impulsos e fissura. Em terceiro lugar, o terapeuta o ajudará a entender e dominar seus pensamentos, sentimentos e comportamentos – ajudando-o a entender que ele desenvolveu esquemas e crenças extremamente autodestrutivos na infância e orientando-o a descobrir suas virtudes e capacidades como adulto. O terapeuta também ajudará Jeff a esclarecer seus valores e identificar como ele efetuará mudanças comportamentais que lhe permitirão viver de acordo com seus valores mais profundos.

EXEMPLO DE CASO: CAROL

Ao longo deste capítulo, fornecemos breves exemplos de indivíduos que lutam contra comportamentos dependentes para ilustrar cada elemento da conceitualização de caso. Nesta seção final, apresentamos um novo paciente e focamos em todos os 10 elementos para conceitualizá-lo. Recomendamos que os terapeutas usem todos eles para conceitualizar pacientes, como demonstramos aqui.

Carol é uma mulher de 45 anos que iniciou a terapia por insistência do marido, Jim. O casamento já tinha 20 anos e Jim ameaçou pedir o divórcio se Carol não "fizesse grandes mudanças". Jim acompanhou Carol em sua primeira sessão para oferecer sua perspectiva sobre os problemas dela, e insistiu que "o jogo dela é a razão de termos um casamento terrível". Durante a primeira visita, a tensão entre eles era palpável quando brigavam em resposta à maioria das perguntas do terapeuta. Por exemplo, quando Carol descreveu Jim como "sempre zangado", ele argumentou que era Carol que estava sempre com raiva. Quando Carol acusou Jim de deixar seus dois filhos adolescentes "fazerem o que quisessem", ele respondeu dizendo que Carol regularmente os menosprezava e os rebaixava. Quando Jim acusou Carol de perder todas as suas economias em jogos de azar, ela respondeu dizendo "Meu jogo não é diferente de você desperdiçar nosso dinheiro naquela sua maldita motocicleta". Durante as visitas subsequentes, Carol voltou sozinha, e o terapeuta fez muitas outras perguntas para conceitualizar o caso, explicando que esse processo de reunir e integrar informações básicas seria um tempo bem gasto e lhes permitiria escolher as metas e estratégias mais adequadas para o futuro.

- **Problema(s) básicos(s):** em suas duas primeiras visitas, Carol relutou em admitir quaisquer problemas pessoais sérios, além de ter um "casamento terrível". No entanto, em sua terceira visita, ela estava mais aberta e começou a descrever seu problema com jogos de azar. Carol foi apresentada ao jogo por colegas de trabalho em seu emprego atual, aproximadamente 10 anos atrás. Ela jogava principalmente nos fins de semana depois do expediente, mas disse que jogaria todos os dias se tivesse condições financeiras para isso. Carol jogava apenas em máquinas caça-níqueis e encontrou-se fixada nos sons e nas imagens de tudo em torno de uma determinada máquina. Ela estimou que perdia, em média, 500 dólares durante cada ida ao cassino, mesmo depois de calcular as ocasiões em que às vezes vencia. Ela disse que aquilo era como uma "obsessão gigantesca", pois agora pensava em jogos de azar o tempo todo. As perdas de Carol no jogo aumentaram desde que começou a apostar, e ela estimou que tenha perdido 50 mil dólares em 10 anos. O dinheiro gasto em jogos de azar vinha das economias da família, do fundo universitário de seus filhos e de saques em dinheiro de cartões de crédito. Carol algumas vezes tentou parar de jogar, mas a angústia resultante foi tão insuportável que ela voltou imediatamente a jogar. Ela negou sentir-se deprimida, mas disse que às vezes sentia-se desesperada antes, durante e depois de jogar. Quando questionada sobre outras possíveis dependências, negou ter bebido mais do que alguns drinques em qualquer ocasião e disse que nunca tinha usado regularmente tabaco ou outras substâncias psicoativas.
- **Contexto socioambiental:** Carol continua morando com Jim e seus filhos, Caleb (12 anos) e Sara (14 anos). Ela trabalha como gerente noturna de um restaurante e Jim trabalha como eletricista, e parece envergonhada ao explicar que nunca pensou em fazer uma faculdade depois de se formar no ensino médio. Ela passa a maior parte de seu tempo livre com colegas de trabalho do restaurante e afirma: "Jim é tão chato. Nós não temos mais nada em comum". A maior parte da socialização de Carol ocorre em um cassino onde ela e seus colegas de trabalho jogam em caça-níqueis desde o momento em que saem do trabalho até as primeiras horas da manhã. Até pouco tempo atrás, o casal era financeiramente estável, tendo a hipoteca como sua única dívida. Contudo, sem o conhecimento de Jim, Carol gastou tudo o que tinha em sua poupança (incluindo o fundo universitário de seus filhos) e atingiu os limites de gastos em todos os seus cartões de crédito.
- **Antecedentes distais:** Carol cresceu em uma casa com pais que discutiam com frequência. Ela explica que raramente via seus pais discutin-

do algo importante, e ela tem certeza de que a palavra *amor* nunca foi usada em sua casa. Ela teve apenas um irmão, mais jovem, que morreu aos 23 anos em um acidente de carro. Não havia nenhum outro veículo envolvido, então Carol acredita que ele tenha bebido antes de dirigir. Ela se recorda de seu pai bebendo e fumando cigarros todas as noites, mas ninguém nunca questionou sobre se ele tinha um problema de álcool diagnosticável. A mãe dela ainda está viva, mas seu pai morreu de câncer de pulmão aos 57 anos. Carol duvida que qualquer outra pessoa em sua família já tenha pisado em um cassino. Ela não lembra de qualquer transtorno mental em sua família, mas diz: "Com certeza não era um lugar feliz para se estar".

- **Antecedentes proximais:** Carol afirma que pensa em jogar o tempo todo, e só para de pensar em jogos de azar quando está "muito ocupada no trabalho". Em certo ponto da terapia ela brincou: "Meu maior gatilho é estar viva". Ela reconhece que os impulsos e fissura mais fortes começam no início da noite, especialmente na sexta-feira ou no sábado, quando sabe que vai jogar mais tarde. Quando questionada sobre sentimentos internos que desencadeiam a fissura, ela prontamente identifica tédio, inquietação, irritação, raiva, frustração e tensão – especialmente quando pensa em ir para casa e ficar com sua família.
- **Processos cognitivos:** Carol tem alguns esquemas e crenças básicas que provavelmente estão relacionados a seu jogo. Por exemplo, ela não se considera particularmente amável ou adequada. Ela ganhou 18 kg desde o dia em que se casou e às vezes diz: "Eu era bastante atraente, embora não dê para saber olhando para mim agora". Ela se arrepende de não ter cursado uma faculdade: "Eu provavelmente deveria ter feito uma faculdade. Poderia ter sido uma passagem para sair do buraco infernal onde vivo agora". Ela não acredita que relacionamentos familiares próximos possam ser gratificantes e, obviamente, acha que seu relacionamento com Jim é tóxico. Durante grande parte de seu casamento, ela tem visto Jim mais como um adversário do que como um amigo. Ela diz que gosta de seus colegas de trabalho, embora acrescente: "Eu nunca diria a eles o tipo de coisa que estou dizendo a você".

Antes de ir ao cassino, e enquanto está lá, Carol tem muitos pensamentos e crenças comuns a pessoas com transtorno do jogo, por exemplo:

"Se eu continuar jogando, acabarei ganhando da casa."
"Já perdi tantas vezes; devo estar prestes a vencer em breve." [A infame "Falácia do apostador"]

"Desta vez, terei mais sorte."
"Não estou gastando tanto dinheiro."
"Este será meu dia de sorte."
"Acabarei ficando boa nisso."
"Não posso me dar ao luxo de parar agora."
"Estou fazendo isso para recuperar o dinheiro que perdi."

- **Processos afetivos:** Carol diz que nunca sente alegria ou felicidade, mas também nega sentimentos prolongados de depressão ou ansiedade. Como mencionado, às vezes ela sente desespero associado ao jogo. Ela admite que suas emoções mais marcantes incluem raiva, irritação, tensão e frustração, desencadeadas por seu relacionamento conjugal.
- **Padrões de comportamento:** Carol nunca desenvolveu interesses ou habilidades associados à manutenção de relacionamentos íntimos saudáveis. Ela é uma funcionária confiável e esforçada e seus colegas de trabalho dizem que ela é uma boa gerente. Em casa, porém, interage apenas minimamente com o marido e os filhos, exceto por razões funcionais ou para discutir com Jim. Ela normalmente se senta em seu computador e navega na internet por horas a fio. Ela admite que joga *on-line*, mas Jim bloqueou todos os *sites* de jogos de azar. Ela não tem outros *hobbies*, passatempos ou tarefas, exceto ocasionalmente preparar refeições, tarefas domésticas leves e lavar roupa.
- **Prontidão para mudar e objetivos associados:** Carol sente-se resignada a abandonar a jogatina. Ela prevê que em breve não poderá jogar, pois Jim bloqueou o acesso dela ao dinheiro deles, e seus cartões de crédito estão no limite. Ela honestamente admite: "Eu não *quero* parar de jogar, estou sendo forçada a isso", e também comentou: "Se eu conseguisse sair desse casamento ruim, poderia jogar o quanto quisesse".
- **Integração dos dados:** Carol tem um grave transtorno do jogo (satisfazendo pelo menos seis critérios diagnósticos do *Manual diagnóstico e estatístico de transtornos mentais* [DSM-5]). Ela tem uma história familiar de TUS, incluindo alguns membros da família que bebiam e fumavam muito. Ela tem problemas conjugais graves, mas não tem conhecimento ou habilidade para resolvê-los. Jogar é claramente a única atividade que a alivia de sua existência infeliz. Seus gatilhos envolvem principalmente emoções negativas, e essas emoções desencadeiam toda uma série de pensamentos relacionados ao jogo. Ela está disposta a contemplar uma mudança, mas certamente não está preparada ou comprometida em fazer mudanças substanciais em sua vida.

- **Implicações para o tratamento:** para ajudar Carol, primeiro será essencial estabelecer de forma colaborativa que: 1) ela tem um problema; 2) ela se beneficiaria efetuando mudanças; e 3) ela será capaz de adquirir as habilidades necessárias para fazer isso. Em outras palavras, será vital que ela acredite que "É melhor eu parar de jogar" e "Eu sou capaz de parar". O modelo completo de desenvolvimento da TCC lhe será ensinado, ajudando-a a entender como se aplica a ela e que sua história familiar sugere que ela sempre pode estar em risco de comportamentos dependentes. Ela será ajudada a identificar gatilhos internos e externos, e como pode responder a esses gatilhos. Ela será auxiliada na identificação de seus próprios objetivos, por exemplo: 1) parar de ter pensamentos obsessivos sobre jogos de azar; 2) encontrar novos *hobbies*; e 3) parar de brigar com Jim. Ela também será encorajada a identificar possíveis barreiras para atingir esses objetivos e métodos para superá-las. Enquanto se concentra na cessação do jogo, Carol também aprenderá habilidades cognitivo-comportamentais para regular seu humor e será encorajada a adquirir comportamentos mais gratificantes.

Como observado, a conceitualização de caso evolui ao longo do curso da TCC. Alguns pacientes expõem problemas anteriormente não revelados, muitas vezes questões profundamente pessoais, à medida que adquirem confiança no processo e no relacionamento terapêutico. Além disso, conforme obtêm *insights* e mudanças de comportamento, tendem a descobrir problemas subjacentes relacionados às suas dependências. Por exemplo, um indivíduo que fuma maconha várias vezes ao dia pode descobrir, ao se abster, que o uso foi motivado por ansiedade severa. Evidentemente, à medida que a conceitualização de caso evolui, o plano de tratamento também deve evoluir. Conforme pacientes e terapeutas descobrem problemas não reconhecidos anteriormente, eles trabalham juntos para formular novas estratégias de TCC para lidar com essas questões.

É útil antecipar que muitos indivíduos com qualquer tipo de dependência podem ter suas próprias autoconcepções, influenciadas por experiências de vida e modalidades de tratamento para problemas anteriores (p. ex., instalações de tratamento com orientação médica, programas de 12 passos, etc.). Esses indivíduos podem se preocupar com o fato de que suas ideias sobre dependências entrarão em conflito com os conceitos de TCC recém-introduzidos. Por exemplo, como muitos profissionais e leigos consideram tanto o TUS quanto outras dependências comportamentais uma doença, alguns indivíduos podem se preocupar com o fato de que a TCC rejeita o modelo de doença das dependências. Nossa resposta a esse dilema é simples: o modelo de doença tem sido útil para muitas pessoas, há muitos anos, e por muitas razões. Na verdade, alguns praticantes de TCC altamente eficazes veem os vários tipos de dependência como uma doença. Encorajamos os terapeutas a aprender sobre as autoconcepções dos pacientes à medida que formulam sua própria conceitualização de cada um deles. Com experiência e prática, a maioria dos terapeutas cognitivo-comportamentais aprende que há mais semelhanças do que diferenças entre os vários modelos explicativos para as dependências.

RESUMO

Neste capítulo, focamos nos 10 elementos essenciais da conceitualização de caso, e usamos vários exemplos de casos para ilustrar a importância de cada um desses elementos. Esperamos que os leitores adotem essa abordagem para conceitualizar os vários tipos de dependência, já que descobrimos que ela é muito útil.

Como observamos anteriormente, a conceitualização de caso é apenas um dos cinco componentes da TCC eficaz. Os outros quatro componentes são estrutura, colaboração, psicoeducação e técnicas estruturadas. Eles têm maior probabilidade de serem eficazes quando se baseiam em uma conceitualização de caso completa e precisa. Ou seja, é provável que as sessões sejam adequadamente estruturadas, os objetivos do terapeuta e do paciente estejam alinhados, a psicoeducação seja oportuna e técnicas estruturadas tenham maior impacto positivo quando a conceitualização de caso for minuciosa e exata.

4

Vergonha, estigma e a relação terapêutica

Vergonha, culpa, medo, desamparo, frustração e desespero são apenas algumas das emoções sentidas por pessoas com transtornos por uso de substâncias (TUS) e dependências comportamentais. Para piorar as coisas, os indivíduos dependentes sofrem o desprezo de uma sociedade que os estigmatiza, até que por fim eles estigmatizem a si próprios e tornem-se seus piores críticos (Kelly et al., 2015; Schomerus et al., 2011; van Boekel, Brouwers, van Weeghel, & Garretsen, 2013). Naturalmente, esses processos de estigma social e autoestigma complicam ainda mais relações terapêuticas já complexas. Neste capítulo, discutimos as relações entre terapeutas e pacientes com algum tipo de dependência, com ênfase na manutenção de fortes alianças terapêuticas e na superação do impacto negativo da vergonha e do estigma.

Terapeutas empáticos que entendem o impacto do estigma e do autoestigma estão bem posicionados para ajudar pacientes com dependências, reconhecendo que eles lutam o tempo todo contra o julgamento e o desdém internos e externos. Esses terapeutas se esforçam para criar uma atmosfera positiva de apoio e colaboração quando atendem pacientes que enfrentam esse tipo de problema. Na verdade, essas relações psicoterapêuticas positivas, solidárias e colaborativas são vitais para a eficácia do tratamento (p. ex., Miller & Rollnick, 2013; Norcross & Lambert, 2018; Wampold, 2015). O impacto do estigma social e do autoestigma nas relações psicoterapêuticas é muitas vezes subestimado. Como resultado do estigma, os pacientes podem optar por esconder suas preocupações e tentar fazer parecer que *está tudo bem*. Eles podem não ter base para confiar em estranhos para compartilhar seus problemas e podem presumir que *todos os terapeutas irão julgá-los*, como outros já fizeram. Eles também podem *ter vergonha* de falar abertamente sobre comportamentos dependentes. Quando de fato procuram ajuda, espera-se que encontrem terapeutas receptivos a esses possíveis pensamentos e sentimentos sobre fazer terapia.

DINÂMICAS QUE AFETAM AS RELAÇÕES TERAPÊUTICAS DE MANEIRA ADVERSA

Vamos iniciar este capítulo discutindo o impacto das dinâmicas psicossociais que influenciam a relação terapêutica de maneira adversa. Em particular, as escolhemos porque muitas vezes as observamos em pacientes que têm dificuldade em se envolver na terapia:

- Pressão para iniciar o tratamento.
- Sentimentos de vergonha.
- Tendência para minimizar seu problema relacionado às dependências ou falta de motivação para mudar.
- Ter sido estigmatizado por profissionais no passado.
- Visões estereotipadas da terapia e dos terapeutas.
- Medo de que revelações pessoais resultem em consequências punitivas.

Considere os três exemplos de casos a seguir: *Arnold*, cuja esposa está ameaçando divorciar-se dele se ele continuar bebendo; *Becky*, que será demitida de seu emprego caso tenha outro teste positivo para substâncias; e *Charlie*, que está em liberdade condicional e com mandado de tratamento por porte de maconha. Essas três pessoas têm pensamentos e sentimentos que possivelmente afetarão qualquer relação terapêutica em que entrarem. É provável que elas se sintam ressentidas, envergonhadas, amedrontadas, irritadas, frustradas ou piores por serem coagidas ou obrigadas a fazer terapia – e esses sentimentos podem facilmente atrapalhar sua aceitação de ajuda. Esses exemplos de casos servirão para ilustrar as dinâmicas listadas anteriormente. Ao discuti-las, oferecemos habilidades e atitudes terapêuticas que facilitam relacionamentos terapêuticos engajados, como escuta reflexiva, empatia precisa, obtenção de *feedback*, descoberta guiada, atenção genuína, imediatismo, autenticidade e muito mais.

Os pacientes podem se sentir pressionados a iniciar o tratamento

Conforme observado, a esposa de Arnold ameaçou terminar o casamento se ele não parasse de beber. Ela também exigiu que ele procurasse tratamento. Assim, ele sente uma pressão substancial para fazer terapia. O diálogo entre Arnold e seu terapeuta é apresentado como um exemplo de empatia precisa e habilidade de obter um *feedback*.

Terapeuta: Olá, Arnold. Estou feliz por você estar aqui. O que você gostaria de trabalhar comigo?
Arnold: Não tenho certeza. Estou aqui porque não quero perder minha esposa.
Terapeuta: Por favor, conte-me mais.
Arnold: Estamos casados há 30 anos. Temos dois filhos adultos e quatro lindos netos. Eu não entendo como ela pode querer jogar isso tudo fora.
Terapeuta: Você se preocupa com sua esposa e sua família.
Arnold: Não quero perder aquilo pelo qual trabalhei tanto.
Terapeuta: Você realmente quer salvar seu casamento e sua família. O que faz você pensar que sua esposa pode "jogar tudo fora"?
Arnold: Ela diz que quer o divórcio se eu não parar de beber.
Terapeuta: O que a levou a se preocupar com sua bebida?
Arnold: Não sei. Ela está sempre reclamando que seu pai era um bêbado e diz que não quer ser casada com um.
Terapeuta: Ela considera você um bêbado?
Arnold: Sim, e ela está errada. Eu não sou nada parecido com o pai dela. Estou sempre em casa à noite. Nunca faço as coisas estúpidas que o pai dela fazia. Ele era um bêbado mau. Eu gosto de alguns drinques de vez em quando, e isso a tira do sério.
Terapeuta: Arnold, parece que você está sob muita pressão para estar aqui, em terapia. Pelo que posso ver, você está aqui porque se preocupa com sua esposa e sua família e não quer perdê-los.
Arnold: Sim, está certo.
Terapeuta: Você já procurou alguém como está fazendo agora, vindo aqui?
Arnold: Não, nunca pensei que tivesse um problema.
Terapeuta: Qual é a sensação de estar aqui?
Arnold: Não sei. Nada bom. Não gosto de pedir ajuda para nada. E, para ser franco, acho que minha esposa e eu podemos resolver nossos próprios problemas.
Terapeuta: Deixe-me ter certeza de que entendi. Você quer resolver seus problemas conjugais e fará qualquer coisa para manter sua família unida. E não parece certo estar aqui, porque simplesmente não é sua índole pedir ajuda. E você não está preocupado com a bebida como ela.
Arnold: Isso mesmo.
Terapeuta: Bem, eu entendo tudo isso e aprecio sua franqueza, até sobre não querer estar aqui.
Arnold: O problema não é você. É que sou uma pessoa reservada. Sempre fui. Na minha família... nós simplesmente não conversávamos sobre nossos problemas.

Terapeuta: Obrigado por me dizer isso. Garanto-lhe que farei o meu melhor para ser útil.

Nesse diálogo, fica claro que Arnold não achava que tinha problemas com a bebida e não se sentia à vontade para conversar com estranhos sobre assuntos pessoais. Ele procurou a terapia para salvar seu casamento e não para mudar seus hábitos de beber. Ele pode ocasionalmente considerar que sua bebida é um problema, ou até mesmo tentar diminuir ou parar de beber, mas certamente não foi receptivo a esse respeito. Portanto, é provável que demore para que ele confie em seu terapeuta e reflita sobre a extensão e a gravidade de seus problemas pessoais. Seu terapeuta percebeu isso e o convidou a compartilhar eventuais preocupações sobre estar em terapia. Depois de ouvir atentamente as preocupações de Arnold, seu terapeuta as refletiu com precisão de forma solidária e empática. Ele entende que, com o tempo, Arnold precisará focar em seus próprios problemas pessoais – mas apenas quando estiver pronto para isso.

Os pacientes podem sentir vergonha de seus comportamentos dependentes

A vergonha é um motivador poderoso. Quando as pessoas reconhecem que têm algum tipo de dependência, muitas, senão a maioria, sentem vergonha. E a maioria das que sentem vergonha prefere manter esse tipo de comportamento em segredo. Entretanto, quando os pacientes escondem algo dos terapeutas, é provável que não obtenham benefícios da terapia, e também correm o risco de abandonar a terapia antes que ela possa ser útil. Terapeutas eficazes entendem o impacto potencial da vergonha e se envolvem na descoberta guiada com muita sensibilidade, reconhecendo que perguntas sobre hábitos relacionados às dependências podem ser difíceis de responder, e que a precisão das respostas do paciente a essas perguntas é muito apreciada e respeitada.

Becky começou a tomar analgésicos, prescritos por seu médico, depois de um acidente de bicicleta. Ela quebrou três costelas, e a medicação reduziu significativamente sua dor física. Mas Becky também notou que tomar esse medicamento melhorava o seu humor. Quando terminou a receita, ela ligou para o médico, que disse que ela precisava fazer a transição para analgésicos não narcóticos. Becky entrou em pânico e ligou para um amigo, que forneceu uma fonte "alternativa" de narcóticos. O trabalho de Becky exigia triagem aleatória para substâncias e, quando chegou a vez dela, constatou-se que tinha opioides na urina. Quando confrontada por seu supervisor, ela argumentou que tomava narcóticos para dor. Contudo, ela não conseguiu apresentar uma receita atual confirmando isso e foi colocada em liberdade condicional no trabalho e aconselhada a procurar ajuda profissional. O seguinte diálogo ocorreu em sua primeira sessão com um terapeuta cognitivo-comportamental:

>**Terapeuta:** Prazer em conhecê-la, Becky. Como posso ajudá-la?
>**Becky:** Precisei vir aqui para poder trabalhar.
>**Terapeuta:** O que aconteceu no trabalho que resultou em você ter que me consultar?
>**Becky:** É uma longa história. Eu sofri um acidente de bicicleta, quebrei algumas costelas e estava com muita dor. Por um tempo, doía só de respirar. Os médicos me deram analgésicos e depois retiraram antes que eu estivesse pronta para parar. Um amigo me emprestou um pouco de sua medicação e eu fui pega pelo RH depois de fazer xixi em um frasco no trabalho. Então tive que vir aqui.
>**Terapeuta:** Lamento saber sobre o seu acidente de bicicleta e seus problemas no trabalho. Espero poder ser útil. No que você acha que podemos trabalhar juntos?
>**Becky:** Não faço ideia. Nem acredito que estou sentada aqui. Parece que me chamaram à sala da direção.
>**Terapeuta:** Você sente que está sendo punida?
>**Becky:** Tudo o que sei é que você é um psiquiatra que trata de pessoas com dependência, e no meu trabalho eles pensam que sou dependente. [*Faz uma longa pausa e depois fica chorosa.*] Então talvez eu seja. Toda essa situação é muito constrangedora. Sim, eu sinto como se estivesse sendo punida por tomar analgésicos. É humilhante.
>**Terapeuta:** Becky, entendo que é constrangedor para você estar aqui. Você disse que parece um castigo, mas também sugeriu que poderia ter um problema com drogas. O que faz você pensar isso?
>**Becky:** Você quer a verdade? Meu trabalho é difícil. Eu não gosto dele, mas preciso de uma renda. Alguém tem que sustentar meus filhos e a mim. Essa medicação tornou a ida ao trabalho todos os dias um pouco mais suportável.
>**Terapeuta:** Você se importa se começarmos este processo apenas nos conhecendo? Eu gostaria de saber mais sobre você sem tirar nenhuma conclusão precipitada. Também estou aberto a qualquer pergunta que você possa ter para mim.
>**Becky:** O que você quer saber?
>**Terapeuta:** Vamos começar com alguns princípios básicos. Talvez você possa me dizer algumas coisas sobre você ou sua vida em relação às quais você se sente bem.

Becky: Tipo o quê?
Terapeuta: Qualquer coisa positiva sobre você, seus interesses, seus filhos, ou outras coisas. Quero começar nosso trabalho juntos pensando em você como um ser humano, em vez de começar com o rótulo de "dependente".

O terapeuta de Becky reconheceu imediatamente que ela sentia vergonha de ter sido encaminhada para a terapia, em especial devido à sua referência de estar se sentindo como se tivesse sido chamada para a sala da direção. Em resposta, ele expressou maior interesse em outros aspectos da vida dela. Mais tarde, durante a terapia, Becky admitiu diretamente que estava "tomada de culpa e vergonha" ao perceber que havia se tornado dependente de analgésicos. Ela declarou que estar sendo tratada como uma "pessoa completa" e não como "uma dependente" foi um importante ponto de virada em sua recuperação.

Os pacientes podem minimizar os comportamentos dependentes ou carecer de motivação para mudar

Algumas pessoas acreditam que estão sendo criticadas injustamente quando outras, inclusive terapeutas, perguntam sobre comportamentos como beber, fumar, comer demais, jogar jogos de azar ou jogos *on-line* ou usar substâncias. É importante que os terapeutas estejam cientes dessa dinâmica e entendam que a prontidão dos indivíduos para mudar provavelmente ocorrerá em estágios ao longo do tempo (Connors, DiClemente, Velasquez, & Donovan, 2013). Tentativas prematuras de coagir os pacientes a reconhecer suas dependências certamente serão contraproducentes. Além disso, o uso de rótulos como "viciado" ou "alcoólatra" pode ser considerado ofensivo. Ao abordar o tema, pode ser melhor os terapeutas falarem primeiro sobre os pensamentos e crenças gerais dos pacientes sobre seus comportamentos e então, mais tarde, indagarem sobre as vantagens e desvantagens relacionadas. Em alguns casos, esse processo pode ser enquadrado como "causas e efeitos" dos comportamentos; por exemplo, "Quando você faz *x* (p. ex., beber), o resultado parece ser *y* (p. ex., faltar ao trabalho), e eu me pergunto se você se preocupa com isso". Como discutiremos neste capítulo, *as palavras importam*, e criticar ou pré-julgar os pacientes pode resultar na dissolução precoce da relação terapêutica.

Charlie, apresentado anteriormente, é um excelente exemplo de um indivíduo que minimiza o uso de maconha. A seguir, no diálogo durante a segunda visita de Charlie, seu terapeuta trabalha duro para discutir os problemas dele associados ao uso de maconha.

Terapeuta: Bem-vindo de volta, Charlie.
Charlie: Sim, obrigado.
Terapeuta: O que você quer colocar na pauta hoje?
Charlie: O que é isso, algum tipo de reunião de negócios?
Terapeuta: [*O terapeuta ri.*] Não, desculpe. É assim que começo as sessões de terapia. É a minha forma de convidá-lo a falar sobre o que está pensando.
Charlie: O que estou pensando é em acabar logo com isso.
Terapeuta: Eu sei que você preferia não estar aqui. Você foi claro sobre isso desde o momento em que nos conhecemos. Mas eu gostaria de ajudar de alguma forma, enquanto estivermos juntos.
Charlie: Olha, como eu disse a você da última vez, eu fumo maconha como as outras pessoas bebem um coquetel. Acontece que estamos em um estado onde isso é ilícito. Em muitos outros estados, é lícito.* Nossos políticos são apenas um bando de hipócritas conservadores. Eles ficam sentados lá tomando bebidas caras, e eu estou sentado aqui no seu consultório em liberdade condicional por posse de maconha no valor de 20 dólares.
Terapeuta: Concordo que todo esse processo de legalização da maconha é difícil de entender. Existem muitas incógnitas e motivos para confusão.
Charlie: Essa é uma maneira estranha de dizer que a coisa toda é um saco. Eu simplesmente não entendo. Eu fumo maconha como a maioria das pessoas bebe álcool. O único problema que tenho é que fui preso e não sou uma dessas pessoas ricas que podem pagar para se livrar de problemas com a lei. Fumar maconha é uma das poucas coisas que eu faço que me relaxa, e não estou prestes a voltar a beber. Aquilo foi meu verdadeiro pesadelo.
Terapeuta: Charlie, você acabou de me falar sobre várias coisas. Você se importa se eu perguntar sobre sua história com maconha e álcool? Eu sei que você parou de beber, mas não sei exatamente o que o levou a essa decisão ou por que você chama isso de pesadelo. E sei que você fuma maconha, mas não sei quanto, ou quando, ou o que quer dizer quando conta que é uma das poucas coisas que lhe relaxam.
Charlie: Vá em frente e faça suas perguntas. É melhor fazer algo com o tempo que temos. Caso contrário, o tempo só vai se arrastar.

---

* N. de R.T.: Esta fala reflete a realidade dos Estados Unidos, onde a maconha tem uso recreativo legalizado em muitos estados.

Charlie estava obviamente insatisfeito por estar em terapia e compartilhou sua frustração com o terapeuta. Se ele tinha alguma preocupação íntima sobre seu uso de maconha, certamente não estava pronto para compartilhá-la. Entretanto, seu terapeuta era paciente e disposto a dedicar todo o tempo necessário para saber mais sobre o uso de álcool e de maconha de Charlie. Se o terapeuta agisse com urgência ou seguisse essa linha de questionamento agressivamente, Charlie certamente se fecharia ou até retribuiria desafiando-o de maneira violenta.

Os pacientes podem ter sido estigmatizados por profissionais no passado

Retratos depreciativos de pessoas com dependência são abundantes na sociedade e, assim, o estigma é generalizado. De modo ideal, os profissionais que atendem essas pessoas deveriam ser imunes à possibilidade de estigmatizá-las, mas infelizmente esse nem sempre é o caso. Apesar do treinamento extensivo, muitos conselheiros, psicólogos, médicos, enfermeiros, assistentes sociais e outros profissionais veem as pessoas com dependências de forma negativa. Eles insistem em usar termos como "viciado" e "alcoólatra". Alguns usam até termos mais depreciativos, como "drogado" e "bêbado", para descrever pessoas com problemas com álcool e outras substâncias.

Na terceira sessão, Arnold (apresentado anteriormente como alguém que está tendo problemas conjugais) parece disposto a falar sobre seu consumo de álcool, e seu terapeuta descobre que ele bebe até seis cervejas por noite, todas as noites da semana. Seu terapeuta quer saber mais sobre o consumo de bebida de Arnold, mas espera primeiro entender os possíveis obstáculos para isso. Em outras palavras, ele deseja determinar se Arnold se sente suficientemente confortável no relacionamento para conversar sobre as consequências negativas de seu hábito de beber:

> **Terapeuta:** Arnold, agradeço sua disposição em falar mais sobre seu hábito de beber.
> **Arnold:** Eu acho que, já que tenho que continuar vindo aqui, é melhor eu dizer o que você quer saber.
> **Terapeuta:** Você ainda parece um pouco relutante em se abrir, então quero respeitar seus limites.
> **Arnold:** O que você quer dizer?
> **Terapeuta:** Quero dizer que não quero ser insistente e fazer perguntas que lhe sejam ofensivas.

Arnold: Não estou ofendido com suas perguntas. Eu só não quero que você fique com uma impressão errada de mim. Você sabe o que quero dizer?

Terapeuta: Não, não tenho certeza. Explique.

Arnold: No início de nosso casamento, minha esposa insistiu que fizéssemos aconselhamento. Eu concordei, mas, depois da primeira visita, nunca mais voltamos.

Terapeuta: O que os impediu de voltar?

Arnold: Bem, minha esposa contou o lado dela da nossa história e eu contei o meu. Então o conselheiro olhou para mim e perguntou se eu entendia que minha esposa não queria viver com um bêbado como seu pai. Foi como se ele olhasse bem na minha cara e me chamasse de bêbado. Daí, você sabe o que ele fez depois? Ele disse que se eu a amasse de verdade, pararia de beber naquele dia.

Terapeuta: Puxa, parece ter sido uma experiência difícil. Pelo que você acabou de me contar, você se sentiu acusado de ser um bêbado e então lhe mandaram parar de beber... *se não*...

Arnold: Eu não apenas me *senti* acusado. Eu *fui* acusado!

Terapeuta: Mais uma vez, parece ter sido muito difícil. Você pode ter certeza de que jamais vou chamá-lo de bêbado e nunca vou mandar você parar de beber.

Arnold: Então para que estou aqui?

Terapeuta: Meu trabalho é ajudá-lo a definir seus problemas com precisão e decidir quais soluções funcionarão melhor para você.

Embora não tenha ficado muito surpreso, o terapeuta de Arnold achou perturbador saber que um profissional havia rotulado seu paciente de bêbado. Tampouco ficou surpreso pelo fato de um profissional ter mandado seu paciente parar de beber. Agora entendia melhor por que Arnold relutou em buscar terapia, e lembrou-se mais uma vez de que estigmatizar as pessoas tende mais a aliená-las do que a promover uma mudança.

Os pacientes podem ter visões estereotipadas da terapia ou dos terapeutas

Existem muitas representações públicas da psicoterapia e dos psicoterapeutas que são desfavoráveis, imprecisas e nada lisonjeiras. Como resultado, alguns pacientes em potencial podem imaginar que os terapeutas são críticos, distantes, privilegiados, excêntricos ou mesmo profundamente perturbados. Mesmo quando não é esse o caso, alguns acreditam que falar sobre seus problemas não os resolve. Outros acreditam que ninguém, nem mesmo os terapeutas, poderia entender seus sentimentos, ou até mesmo se importar com eles. Muitos pacientes que admitem comportamentos dependentes são céticos sobre terapeutas que não estejam eles mesmos em recuperação, acreditando que apenas alguém que sofreu como eles pode ajudá-los.

Depois de saber mais sobre Becky em sua primeira sessão (descrita anteriormente), o terapeuta retorna a uma declaração feita por ela no início de sua sessão:

> **Terapeuta:** Becky, antes você me descreveu como "um psiquiatra que trata dependentes". Estou curioso a respeito de suas ideias sobre terapeutas e terapia.
>
> **Becky:** Ah, eu realmente sinto muito por ter dito isso. Eu não quis ofendê-lo.
>
> **Terapeuta:** Não se sinta mal. Garanto a você que não me ofendi. Essa declaração me deu a oportunidade de aprender mais sobre seus pontos de vista sobre terapia e terapeutas.
>
> **Becky:** Bem, você é diferente do que eu esperava quando me disseram que eu tinha que vir aqui.
>
> **Terapeuta:** O que você esperava?
>
> **Becky:** Em primeiro lugar, pensei que teria que deitar em um sofá. Em segundo lugar, pensei que toda a conversa seria por minha conta. E terceiro, achei que você seria meio enfadonho. Sabe, como se fosse de um mundo muito diferente do meu... [*De repente faz uma pausa e parece envergonhada.*] Desculpe, não acredito que estou dizendo todas essas coisas. Provavelmente formei essas ideias vendo terapeutas na televisão ou no cinema.
>
> **Terapeuta:** Não, por favor, não se sinta mal. Isso é muito útil. Na verdade, sua honestidade me deixa otimista quanto a trabalharmos juntos.
>
> **Becky:** Eu só não imaginava que você entenderia o que eu tinha a dizer sobre mim mesma. Mas você... parece entender, é isso.

Esse momento revelou-se um ponto de virada na sessão, pois contrariou muitas das expectativas negativas de Becky em relação à terapia. Ela não esperava que seria tão honesta com seu terapeuta, em especial em sua primeira sessão, nem que seu terapeuta fosse *autêntico* com ela. E ela certamente não pensava que seus encontros envolveriam trocas mútuas, mas esperava que seriam muito mais formais, estruturados e *clínicos*.

Os pacientes podem acreditar que revelações pessoais resultarão em consequências punitivas

Além de serem estigmatizados, alguns comportamentos dependentes podem envolver comportamentos socialmente mal vistos. Até certo ponto, isso deve ser abordado antes de iniciar a terapia – ou seja, os pacientes precisam ser informados sobre relatórios obrigatórios e os limites do sigilo. Somente com essas informações eles podem efetivamente decidir o que estão dispostos (ou não) a revelar.

Os terapeutas devem enfatizar que sua maior prioridade é ajudar os pacientes, ainda que aqueles tranquilizados por essas declarações possam, de fato, revelar pensamentos ou comportamentos que criem dilemas para os profissionais. Por exemplo, os pacientes podem admitir roubo, prostituição, dirigir alcoolizado, venda de substâncias ilícitas, desvio de dinheiro ou outros comportamentos ilegais relacionados às suas dependências. Ou, mais comumente, podem revelar o uso ou posse de substâncias ilícitas. Dependendo das políticas e estatutos de seu ambiente específico, um terapeuta pode ser obrigado ou não a notificar esses comportamentos às autoridades. Portanto, devem estar plenamente informados sobre as legislações institucional, local, estadual e federal sobre notificações obrigatórias. Além disso, os terapeutas que sabem que encontrarão comportamentos ilícitos ou socialmente sancionáveis devem comprometer-se a trabalhar de maneira imparcial e não ameaçadora.

De tempos em tempos, é provável que os terapeutas descubram que os pacientes não foram totalmente honestos ou transparentes na terapia por temerem que as consequências seriam punitivas. Isso pode acontecer a partir de declarações contraditórias dos pacientes, em que pelo menos uma das declarações deve ser falsa. Ou, ainda, podem descobrir por meio de veículos de comunicação ou mídias sociais que os pacientes estiveram envolvidos em comportamentos nunca revelados na terapia – por exemplo, quando um paciente aparece no noticiário por cometer um crime. Ocasionalmente, são contatados por amigos, familiares ou outros profissionais que relatam que um paciente está envolvido em comportamentos nunca revelados ao terapeuta. A seguinte interação entre Charlie e seu terapeuta demonstra como a preocupação com consequências punitivas pode se tornar relevante em uma sessão:

> **Terapeuta:** Entendo sua relutância em conversar sobre seu uso de maconha, especialmente dadas as consequências que você sofreu no passado.
> **Charlie:** Então você não me culpa por me calar com você.

Terapeuta: Eu não culpo você de forma alguma. Só que é difícil saber o que é certo perguntar e o que está além dos limites.
Charlie: Você pode me perguntar o que quiser. Só não espere que eu responda a todas as suas perguntas... [*risos*] pelo menos honestamente.
Terapeuta: Você quer dizer que nem sempre dirá a verdade?
Charlie: Você entendeu.
Terapeuta: Você estaria disposto a dizer que não quer responder a uma pergunta, em vez de não dizer a verdade?
Charlie: Acho que tudo bem, mas não posso prometer.
Terapeuta: Qual é a sua maior preocupação em me dizer a verdade?
Charlie: Que você vai contar ao meu oficial de condicional. Isso não faz parte do seu trabalho? Tipo, ser um delator?
Terapeuta: Na verdade, não. Como expliquei quando nos conhecemos, não sei se terei qualquer motivo para falar com seu oficial de condicional. Tudo que ele espera de mim é a minha assinatura naquele papel que você me faz assinar no final de cada consulta. Neste momento, não tenho o seu consentimento para falar com ninguém além de você.
Charlie: Certo. Bem, talvez isso faça diferença. Vamos ver.

Nessa conversa ficou evidente que Charlie preferiu não revelar certos comportamentos naquele momento por medo de consequências punitivas. O notável é que ele foi mais honesto do que a maioria dos pacientes sobre sua relutância em compartilhar certos assuntos com seu terapeuta. Felizmente, seu terapeuta não precisava saber todos os segredos dele para ser útil na terapia. Nesse meio tempo, era importante que Charlie e seu terapeuta discutissem tópicos pertinentes à sua terapia, e que ele se sentisse seguro de que o terapeuta manteria a confidencialidade.

A IMPORTÂNCIA DAS PALAVRAS

Ao conduzir a terapia, a linguagem é importante. Algumas palavras podem ser úteis, e algumas podem ser ofensivas. Para complicar, há palavras que alguns pacientes consideram úteis, enquanto outros consideram dolorosas. Por exemplo, alguns indivíduos em recuperação acham útil rotular a si próprios de "bêbados", "alcoólatras" e "dependentes", enquanto outros sentem-se profundamente perturbados por esses rótulos. De modo geral, os terapeutas cognitivo-comportamentais são encorajados a usar termos que não arrisquem alienar os pacientes. Em vez disso, são estimulados a usar expressões clínicas como "uma pessoa com TUS" ou "uma pessoa com TUA", em vez de um "dependente" ou um "alcoólatra".

Quando um terapeuta diz a um paciente para evitar certos termos e expressões associados a comportamentos relacionados a dependências, ele pode esperar reações mistas. Considere, por exemplo, esta conversa entre Charlie e seu terapeuta:

> **Charlie:** Você deveria ter visto quando eu era um bêbado. Não era bonito.
> **Terapeuta:** Percebo que você costuma se referir a si mesmo como bêbado quando fala sobre seu histórico de bebida.
> **Charlie:** Sim, eu era um bebum caindo aos pedaços. Não há o que discutir.
> **Terapeuta:** Como você se sente ao usar esse linguajar ao falar sobre si mesmo?
> **Charlie:** Nunca pensei sobre isso. É apenas o meu jeito de falar.
> **Terapeuta:** Muitas vezes penso que rótulos como "bebum" e "bêbado" podem ser ofensivos em vez de úteis.
> **Charlie:** Na verdade, acho que me ajuda a pensar sobre beber daquele jeito. Isso me ajuda a pensar que beber me transforma em um bebum caindo aos pedaços.
> **Terapeuta:** Qual seria a desvantagem de simplesmente pensar que a bebida lhe fazia muito mal, em vez de pensar que você era um bêbado ruim?
> **Charlie:** Acho que poderia pensar assim, mas não sei por que pensaria.
> **Terapeuta:** Você não gostou quando foi acusado de ser um "drogado" porque fumava maconha, e sentiu como se estivesse sendo julgado. Eu pensei que você poderia considerar acabar com qualquer tipo de rotulação sobre si ao falar sobre seus comportamentos e, em vez disso, poderia rotular apenas os comportamentos.
> **Charlie:** Você está me confundindo. Não tenho certeza se entendi.
> **Terapeuta:** Seus comportamentos de consumo de bebida lhe causaram problemas, então você parou de beber. Era o comportamento que lhe fazia mal, mas você não pensava em si mesmo como ruim.
> **Charlie:** Estou começando a entender. Não tenho certeza se isso ajudará a mudar meu vocabulário, mas vou pensar um pouco mais.

John Kelly e colaboradores fizeram alguns dos trabalhos mais importantes nessa área. Kelly e colaboradores (2015) apontam que mesmo termos como *limpo versus sujo* podem prejudicar as relações entre profissionais bem-intencionados e seus pacientes. Eles advertem os profissionais para que parem de usar "linguagem dura e punitiva" que implica "má-conduta intencional" (p. 8). Em outras palavras, os terapeutas devem rotular os *comportamentos* como problemáticos, em vez de rotular as *pessoas* que enfrentam comportamentos dependentes.

SESSÕES INICIAIS DE TERAPIA

As interações iniciais com os pacientes que estão começando a fazer terapia são extremamente importantes (Spencer, Goode, Penix, Trusty, & Swift, 2019). Mesmo aqueles de demanda espontânea podem se sentir ambivalentes em relação a buscar tratamento para um problema de TUS ou outras dependências. Desde o princípio, a maioria dos pacientes tenta determinar se os terapeutas são competentes, confiáveis, sinceros, atenciosos e até simpáticos. Experiências negativas iniciais muitas vezes resultam no encerramento prematuro (se não imediato) da terapia.

As sessões introdutórias de terapia cognitivo-comportamental (TCC) devem ser pautadas pelo duplo objetivo de estabelecer uma aliança colaborativa positiva e expectativas mútuas de processo e resultado (Curreri, Farchione, & Wang, 2019; King & Boswell, 2019). As tarefas terapêuticas básicas de ouvir, refletir e projetar interesse genuíno e consideração positiva são essenciais para atingir esses objetivos. Os terapeutas são instados a compreender as perspectivas dos pacientes. Quando compreendem e são capazes de transmitir essa compreensão, os pacientes acreditam: "Você realmente me entende". Embora seja útil descrever o modelo de TCC durante as sessões iniciais, na primeira ou na segunda sessão é importante minimizar o uso de jargão psicológico e linguagem formal e manter-se o mais próximo possível da linguagem comum. Isso ajudará pacientes apreensivos a relaxarem e a verem o terapeuta como uma pessoa *autêntica*.

Considere a seguinte introdução do terapeuta à TCC: "Vamos examinar suas distorções cognitivas e comportamentos desadaptativos para que possamos modificar seus comportamentos dependentes disfuncionais". Em vez disso, uma introdução preferível pode ser: "Gostaria de saber o que você espera que aconteça quando nos encontrarmos para sessões de TCC. Eu também quero responder a qualquer pergunta". Dependendo da resposta do paciente a declarações como essas, o terapeuta pode continuar: "Em nossas sessões, eu vou tentar entender como você pensa sobre si mesmo e sua vida neste exato momento. Estarei interessado no que está funcionando bem e no que não está funcionando tão bem para você – para que nós dois possamos entender o que você está passando. Eu particularmente quero saber o que você espera de nosso tempo juntos e o que gostaria de mudar em sua vida. O que você pensa sobre tudo isso?".

Na segunda declaração, o terapeuta não se aprofunda sobre o modelo de TCC, mas, em vez disso, estabelece algumas bases fazendo afirmações como: "Vamos tentar entender como você pensa sobre si mesmo". Além disso, não enfatiza as dependências em si, mas fala mais amplamente sobre os objetivos e sobre o que funciona e o que não funciona. Quando os pacientes sentem que os terapeutas são competentes, confiáveis e simpáticos, eles tendem a se abrir na primeira sessão e retornar. E quando retornam para sessões adicionais, existem muitas oportunidades para ensinar sobre o modelo da TCC.

Os pacientes que enfrentam TUS ou dependências comportamentais podem se sentir especialmente envergonhados ou com medo de serem julgados durante as sessões iniciais. De fato, às vezes é um desafio para os terapeutas serem empáticos com os pacientes à medida que aprendem sobre comportamentos que podem ter causado danos a familiares ou à sociedade. Portanto, precisam monitorar seus próprios pensamentos e comportamentos verbais, para que não projetem desaprovação ou condenação. Em especial durante as sessões iniciais, é fortemente recomendado que os terapeutas tratem os comportamentos dependentes como problemas a serem resolvidos, e não como falhas morais, legais, sociais ou de caráter.

Os terapeutas podem começar a desenvolver relações colaborativas positivas durante as visitas iniciais de TCC, estabelecendo que estão interessados na qualidade de vida dos pacientes, e não apenas em motivá-los a abster-se de comportamentos dependentes. Uma vez que muitos pacientes com dependências estão em tratamento em decorrência de crises pessoais (Kosten, Rounsaville, & Kleber, 1986; Ramsay & Newman, 2000; Sobell, Sobell, & Neirenberg, 1988), muitos provavelmente terão problemas de saúde mental comórbidos (Casteneda, Galanter, & Franco, 1989; Evans & Sullivan, 2001; Nace, Davis & Gasperi, 1991; Newman, 2008). Portanto, é apropriado abordar questões como depressão, ansiedade, raiva, estresse financeiro, estresse pelo fato de pertencer a grupos minorizados, relações familiares, amizades, problemas vocacionais, e assim por diante. Dessa forma, os terapeutas mostram que estão interessados em conhecer o paciente como pessoa, e não apenas como um "dependente". Eles também melhoram suas chances de chamar a atenção dos pacientes para as suas dependências como principais fatores causais de seu sofrimento emocional, interpessoal e físico geral. Em resumo, é provável que uma abordagem positiva influencie positivamente a receptividade dos pacientes à terapia e sua motivação para mudar.

Conforme observado, uma importante estratégia de construção de relacionamento é *perguntar aos pacientes o que eles pensam sobre começar a fazer terapia*. Isso pode incluir questões sobre suas dúvidas e preocupações, bem como suas esperanças, expectativas e objetivos. Essas perguntas comunicam a vontade de ouvir as opiniões dos pacientes e demonstram que eles contribuirão em toda a TCC. Além disso, permitem que os terapeutas comuniquem que certos pensamentos (p. ex., ceticismo ou dúvida sobre a terapia) podem levar a emoções (p. ex., tensão, medo, frustração) e comportamentos (p. ex., faltar às consultas ou abandonar a terapia) correspondentes que afetam profundamente a relação terapêutica. Depois de conversar sobre o ceticismo ou as dúvidas dos pacientes, os terapeutas podem compartilhar formas alternativas de encarar a terapia que sejam mais otimistas ou edificantes, por exemplo: "Começar a fazer terapia, apesar de suas dúvidas, reflete coragem e vontade de enfrentar desafios difíceis e incertos". O diálogo a seguir entre Charlie e seu terapeuta ilustra esse processo.

Charlie: Quantas vezes eu tenho que vir aqui, nestas sessões?

Terapeuta: Bem, pelo que sei, enquanto nós dois acreditarmos que a terapia está ajudando você. Podemos nos encontrar até o final de sua liberdade condicional ou até acharmos que você não precisa mais de sessões agendadas regularmente. Quais são os *seus* pensamentos sobre esse assunto?

Charlie: Eu não tenho nenhum pensamento. Eu não tenho escolha.

Terapeuta: Na verdade, isso já é um pensamento... que você não tem escolha. Seu pensamento é que essa terapia está sendo imposta a você.

Charlie: Sim. Sem ofensa, mas estou cansado disso tudo. [*Longa pausa.*]

Terapeuta: Estou ouvindo. Diga-me do que você está cansado.

Charlie: Estou em liberdade condicional. Eu deveria estar livre, mas isso não é liberdade. Eu tenho que me apresentar ao meu agente de condicional constantemente, tenho que fazer xixi em um frasco, não consigo dirigir sem passar pelo bafômetro e tenho que vir consultar um psiquiatra. Estou sempre sendo vigiado. Estou cansado disso.

Terapeuta: É assim que a terapia é para você? Mais uma ameaça à sua liberdade? Outra forma de ser vigiado e controlado? Como se você estivesse sendo observado o tempo todo?

Charlie: É *isso* mesmo. Você tem que fazer relatórios sobre mim ao meu agente de condicional.

Terapeuta: Posso entender que seria essa a sensação para você. Ter que vir aqui e obter minha assinatura em sua papelada toda semana provavelmente parece degradante e humilhante. Sinceramente, estou impressionado com o quanto você tem-se aberto comigo até agora. Acho que você é honesto sobre seus sentimentos e eu aprecio isso. Espero ajudá-lo a adquirir habilidades que lhe proporcionem mais liberdade em longo prazo. Não penso no meu trabalho como o de monitorar você, porque não é para isso que estou aqui.

Charlie: Eu tenho que vir aqui, mas não tenho que gostar.

Terapeuta: Você é quem vai julgar se essa terapia é útil, mas eu gostaria de pensar que estamos trabalhando juntos para beneficiá-lo. Em vez de pensar que essa é uma obrigação chata, espero que em algum momento você pense que nosso tempo juntos tem valor e que isso pode ajudá-lo a alcançar pelo menos alguns objetivos pessoais. Existe *alguma coisa* que você gostaria de abordar em nossas sessões que pode tornar a terapia mais do que apenas parte de uma penalidade obrigatória?

Nesse ponto, Charlie e seu terapeuta podem ter abertura para falar sobre os objetivos de Charlie, que podem levar a alguns pontos iniciais de concordância e um maior senso de colaboração. Na verdade, Charlie acabou propondo o objetivo de "Não ser preso de novo", e seu terapeuta concordou que isso era excelente. Próximo do fim da sessão, o terapeuta ofereceu um resumo de sua consulta e enfatizou que os pensamentos negativos de Charlie sobre a terapia contribuem para seu ressentimento por estar lá. Em contrapartida, quando Charlie considera os possíveis benefícios da terapia, incluindo "Não ser preso de novo", ele começa a se sentir um pouco engajado, o que posteriormente abriu um caminho para educá-lo sobre o modelo da TCC.

Como fica evidente no diálogo apresentado anteriormente, os terapeutas precisam ouvir as preocupações e as queixas dos pacientes em relação à terapia, especialmente durante as sessões iniciais, sem se sentirem pessoalmente atacados, defensivos ou esquivos. Uma evocação sensível dos pensamentos dos pacientes, seguida de envolvimento autêntico por meio de questionamentos descontraídos e *feedback* direto e honesto, aumenta a probabilidade de construir uma boa relação. Além disso, os terapeutas podem dar um *feedback* positivo aos novos pacientes simplesmente por comparecerem e participarem. Esses comentários positivos podem ajudar os pacientes a terem expectativas mais favoráveis da terapia, mas todos eles devem ser feitos apenas se forem sinceros – senão os pacientes verão os novos terapeutas como falsos, dissimulados ou até paternalistas.

CONSTRUINDO, MANTENDO E REPARANDO A CONFIANÇA

Ao longo deste capítulo, afirmamos que correlatos comuns às dependências são o estigma social e o autoestigma, em que as pessoas com TUS e dependências comportamentais se sentem duramente julgadas por outros e, com o tempo, julgam a si mesmas. Quando o estigma desempenha um papel na terapia, os pacientes podem se sentir envergonhados e inadequados ao compartilharem seus pensamentos, sentimentos e comportamentos mais íntimos, ou podem optar por nem os compartilhar. Em geral, o estigma leva à desconfiança, e a desconfiança tem o potencial de promover apatia (Miller & Rollnick, 2013). E naturalmente, o sigilo tende a dificultar a relação terapêutica e impedir o progresso na terapia. Considere os seguintes exemplos de pacientes que não são sinceros porque não confiam nos terapeutas ou no processo de terapia:

- Um estudante universitário diz: "Minha forma de beber está dentro do normal. Eu só bebo umas cervejas com meus amigos nas noites de sexta e sábado". Na realidade, ele bebe até cair de quinta a domingo à noite, e depois acha impossível funcionar quando ocasionalmente comparece às aulas às sextas e às segundas-feiras.
- Uma paciente não comparece à sua consulta de terapia na manhã de segunda-feira e depois diz ao terapeuta que não sabia que eles tinham uma consulta naquele dia. Na verdade, ela dormiu demais na manhã seguinte a um fim de semana com uso pesado de cocaína.
- Uma paciente conta ao seu terapeuta que seus dois exames de urina mais recentes retornaram positivos para opioides, mas ela jura que não tem usado opioides e insiste que o resultado positivo "deve ser por ter comido um bolinho com sementes de papoula".
- Na terapia familiar, uma mãe diz que seu filho desempregado está roubando dinheiro dela. O filho nega ter feito isso, expressando grande indignação por conta da acusação. A mãe chora, dizendo que tem provas, e ouvir seu filho mentir parte seu coração.
- Uma mulher com depressão descreve idas regulares ao cassino. Embora tenha um emprego bem-remunerado, ela sempre fica preocupada com o pagamento de suas contas. Na tentativa de resolver esse problema, o terapeuta pergunta quanto dinheiro a paciente tem perdido por causa do jogo e ela responde: "Eu sempre recupero minhas perdas".

De modo geral, os terapeutas querem acreditar em seus pacientes e não questionar sua honestidade. Entretanto, muitos pacientes não confiam nos terapeutas e, assim, não compartilham detalhes importantes sobre seus problemas ou sua vida. Os terapeutas precisam desenvolver estratégias para estabelecer confiança com todos os pacientes, especialmente em situações como as retratadas. Essas estratégias devem envolver honestidade, apoio e comunicação compassiva, mas também direta. Ao se envolver dessa maneira, eles são mais propensos a estabelecer e manter confiança.

Claramente, não adianta muito que os terapeutas digam aos pacientes: "Não se preocupe, você pode confiar em mim". Somente por meio de empatia, cuidado, autenticidade e confiabilidade consistentes os pacientes podem começar a perceber que os terapeutas desejam ajudá-los. Dizemos *começar a perceber* porque a confiança muitas vezes é um processo difícil de estabelecer, porém fácil de danificar ou perder.

Os terapeutas devem ter em mente que as experiências iniciais da vida (ou seja, os antecedentes distais) contribuem para a falta de confiança. Por exemplo, algumas pessoas podem ter sido criadas em lares emocionalmente instáveis e voláteis, onde eventos traumáticos ocorriam regularmente. Outros podem ter crescido em famílias em que um ou ambos os pais tinham TUS ou outras dependências e talvez mentissem sobre qualquer coisa associada a esses comportamentos. Outros pacientes podem ter vivido em ambientes ou comunidades onde a falta de compromisso com a verdade era a norma. Outros, ainda, podem ter tido problemas legais e foram tratados injustamente no sistema judiciário, resultando em desconfiança em relação ao sistema. É fácil entender como pessoas com esses antecedentes podem acreditar que não se pode confiar nos outros, principalmente naqueles em posições de autoridade.

O papel potencial dos esquemas na relação terapêutica

A compreensão dos *esquemas* é especialmente importante ao ajudar pessoas com TUS ou dependências comportamentais. Um esquema é um padrão, estrutura ou arcabouço para organizar suposições profundamente arraigadas sobre si próprio, os outros, os relacionamentos, o mundo pessoal e o futuro. Os esquemas são desenvolvidos principalmente durante a infância, como resultado das experiências iniciais da vida, podendo ser positivos ou negativos. Na verdade, a maioria dos indivíduos tem alguns esquemas positivos e negativos. Por exemplo, alguns podem ter esquemas positivos relacionados às suas habilidades para ter sucesso no trabalho, embora tenham esquemas negativos relacionados a sentir-se indigno de ser amado como cônjuge, pai ou outro membro da família. Deve-se observar que os esquemas são diferentes das crenças básicas, ou crenças nucleares. Os esquemas começam a se formar tão cedo na infância que não requerem necessariamente palavras. Novamente, eles são mais bem descritos como padrões, estruturas ou arcabouços (p. ex., um padrão que envolve adequação pessoal ou amabilidade). Crenças básicas (ou nucleares), por sua vez, podem ser expressas com palavras e frases (p. ex., "Sou terrivelmente inadequado ou indigno de ser amado"). Pode ser útil pensar nos esquemas como sendo o jardim onde uma variedade de plantas (isto é, crenças básicas) crescem.

Um exemplo de esquema negativo é o *esquema de desconfiança* (ver Beck, Davis, & Freeman, 2015; Young, Klosko, & Weishaar, 2003). Esse esquema manifesta-se como desconfiança generalizada dos outros e retenção de pensamentos e sentimentos associados à vulnerabilidade. O esquema de desconfiança é comum a certos transtornos da personalidade (p. ex., *borderline*, narcisista ou paranoide), sendo provável que tenha se desenvolvido como resultado das primeiras experiências de vida descritas anteriormente. Terapeutas eficazes estão cientes da influência desse esquema e como ele se desenvolve e, portanto, não se ofendem quando os pacientes desconfiam deles. Em vez disso, conceituam os problemas dos pacientes com precisão e baseiam as decisões clínicas na conceitualização de caso. Eles também fazem o possível para oferecer um ambiente seguro e neutro aos seus pacientes, a fim de evitar a ativação de esquemas de desconfiança.

Estratégias específicas para construir e manter a confiança – e reparar rupturas na terapia

Certos comportamentos do terapeuta contribuem para construir e manter a confiança ao demonstrarem consistentemente seu envolvimento autêntico e seu compromisso com o processo terapêutico. Exemplos incluem: 1) estar disponível para sessões de terapia regularmente; 2) ser pontual nas sessões (mesmo que o paciente geralmente não seja); 3) retornar as ligações dos pacientes; 4) estar disponível para emergências (ou ter um sistema de cobertura acessível); 5) mostrar preocupação e disposição para entrar em contato com os pacientes quando eles faltam às consultas; e 6) permanecer em contato com os pacientes (e disponível para a retomada das sessões) caso ocorra internação hospitalar, tratamento de desintoxicação, reabilitação em casa de recuperação ou reencarceramento no decorrer da terapia.

Apesar dos esforços mais rigorosos e sinceros para desenvolver e manter a confiança, as relações terapêuticas inevitavelmente desenvolvem rupturas e os terapeutas precisam ser hábeis em reconhecê-las e repará-las (Eubanks, Burkell, & Goldfried, 2018; Eubanks, Muran, & Safran, 2018; Safran, Crocker, McMain, & Murray, 1990). Define-se ruptura terapêutica como uma interrupção ou tensão na aliança terapêutica (Eubanks, Muran, & Safran, 2018), mas ela também pode ser compreendida como um processo em que a confiança é danificada. As rupturas podem ocorrer por vários motivos e sob numerosas circunstâncias, relacionadas a eventos iniciados por terapeutas ou pacientes. A seguir, são apresentados exemplos hipotéticos de rupturas terapêuticas.

- Um paciente chega atrasado para uma consulta e seu terapeuta faz piadas sobre isso. O paciente fica retraído pelo restante da sessão, pensando que seu terapeuta zombou da grave situação que causou seu atraso.

- Uma paciente diz que não consome álcool há uma semana, mas o terapeuta sente cheiro de álcool no hálito dela. O terapeuta sente-se claramente irritado e a paciente percebe.
- Durante uma sessão, um paciente compromete-se a abster-se de cocaína, mas sofre uma recaída antes de sua próxima visita agendada. Ele decide não voltar à terapia até que esteja abstinente por várias semanas. Quando retorna, tem receio de que o terapeuta esteja decepcionado com ele e fala apenas sobre assuntos triviais para evitar discutir seu uso de cocaína.
- Após uma longa pausa na terapia, uma paciente diz que voltou a fumar. Seu terapeuta pergunta: "Depois de estar bem por tanto tempo, por que você voltaria a fumar?". A paciente sente isso como uma crítica, e não como uma pergunta sincera, e fica magoada.

Esses são apenas alguns exemplos das inúmeras rupturas potenciais que podem ocorrer em uma relação terapêutica. É importante que os terapeutas detectem e conversem sobre elas quando acontecem pela primeira vez, em vez de evitá-las. De maneira ideal, os terapeutas declaram suas observações objetivas (p. ex., "Você fez uma careta quando fiz esse comentário") e expressam um desejo sincero de resolver a ruptura (p. ex., "Quero ter certeza de que você não se ofendeu com o meu comentário"). Quando isso é feito abertamente, com empatia e de forma não defensiva, a confiança rompida em um relacionamento pode ser restaurada. Rupturas não resolvidas nas relações terapêuticas provavelmente serão corrosivas para a confiança do paciente e podem levar à desconexão ou ao encerramento prematuro da terapia. A seguir, é relatada uma conversa entre Charlie e seu terapeuta, conversando sobre uma ruptura atual em sua relação terapêutica.

> **Terapeuta:** Olá, Charlie. No que você quer trabalhar hoje?
> **Charlie:** Estou indo muito bem. Não consigo pensar em nada. Talvez seja a hora de encerrarmos as coisas.
> **Terapeuta:** Fico feliz que você esteja indo muito bem. O que você quer dizer com "encerrarmos as coisas"?
> **Charlie:** Quero dizer que talvez seja hora de nos separarmos.
> **Terapeuta:** Como você decidiu que talvez fosse a hora de nos separarmos?
> **Charlie:** Em nossa última sessão você disse que não achava que eu tivesse problemas *realmente sérios*.
> **Terapeuta:** Puxa, com certeza eu não quis dizer que você não tem problemas *reais* ou *sérios*. Você se lembra das minhas palavras exatas?

Charlie: Sim, eu me lembro claramente. Eu estava dizendo a você que estava chateado por causa dos latidos do cachorro do meu vizinho e você perguntou se isso era um problema *realmente sério*.

Terapeuta: Ah, agora me lembrei. Foi no início da sessão. Você se importa se eu explicar o que quis dizer com aquela pergunta?

Charlie: Faça o que você precisa fazer.

Terapeuta: Isso significa que posso explicar?

Charlie: Claro, vá em frente.

Terapeuta: Estávamos definindo nossa agenda de sessões e você estava falando sobre os latidos do cachorro do seu vizinho e como isso te causou raiva, e eu estava tentando descobrir se esse era um problema que você queria discutir na terapia ou se estava apenas mencionando isso. Me desculpe, eu falei de uma forma que deu a entender que não estava levando você a sério.

Charlie: Não sei o que dizer sobre isso. Eu ouvi o que ouvi.

Terapeuta: Espero que você me dê outra oportunidade de mostrar que levo você a sério.

Charlie: [*Depois de uma longa pausa.*] Bem, eu estou aqui, então é melhor usarmos o tempo para alguma coisa.

Terapeuta: Obrigado. Espero que você saiba que aprecio o seu *feedback* e sua honestidade comigo.

Charlie estava obviamente relutante em falar sobre a ruptura quando ela ocorreu. Em geral, os pacientes evitam confrontar diretamente os terapeutas. Alguns só ficam chateados um tempo depois da ruptura, à medida que refletem sobre a sessão. Alguns percebem que têm sentimentos negativos no momento da ruptura, mas têm fortes reservas quanto a compartilhá-los imediatamente, por medo das consequências. Seja como for, é responsabilidade do terapeuta identificar as rupturas à medida que ocorrem e solicitar a ajuda dos pacientes para resolvê-las e seguir em frente. Felizmente, muitos pacientes retornam à terapia após uma ruptura terapêutica, esperando que ela seja resolvida.

RESISTINDO AO TERMO *RESISTÊNCIA*

Os clínicos costumam usar a palavra *resistência* quando seus melhores esforços para ajudar os pacientes são malsucedidos. Esse termo é problemático por várias razões. Em primeiro lugar, *resistência* implica que os pacientes sabem *o que* e *como* mudar, mas evitam fazê-lo *intencionalmente*. Em segundo lugar, os terapeutas que acreditam que os pacientes são *resistentes* correm o risco de culpá-los por seus problemas e estigmatizá-los como outros o fazem. Em terceiro lugar, o termo *resistência* é impreciso. Por exemplo, *resistência* significa que os pacientes sabotaram intencionalmente a terapia? Significa que querem permanecer dependentes? Que são teimosos? Que não querem fazer terapia? O termo *resistência* não se presta à resolução de problemas. Em vez disso, ver os pacientes como resistentes pode levar a respostas contraproducentes do terapeuta, como frustração, irritação, apatia e, por fim, rejeição.

Conforme observado, alguns pacientes relutarão em compartilhar toda a extensão de suas dificuldades com comportamentos dependentes. Em vez de ver essa relutância como *resistência*, os terapeutas devem ser sensíveis ao sofrimento e como ele pode tornar toda a experiência terapêutica difícil para os pacientes. Como discutido anteriormente, os pacientes podem temer que a honestidade acarrete julgamento, abandono ou mesmo punição. Os terapeutas devem evitar pensar que os pacientes resistem intencionalmente à mudança, pois é provável que esses pensamentos críticos causem tensão tanto nos terapeutas quanto nos pacientes. Em vez disso, devem entender reiteradamente que a mudança (incluindo a terapia) é difícil, e que a empatia (e não a crítica) facilita esse processo (Miller & Rollnick, 2013).

Embora enfatizemos a importância da empatia ao longo deste capítulo, é importante reconhecer que ela, por si só, pode não ser suficiente para motivar a adesão plena à terapia ou mudança real. Entretanto, reforçamos que uma aliança forte, possibilitada pela empatia do terapeuta, maximiza a probabilidade de que os pacientes acabem sendo mais receptivos à mudança.

As seguintes situações são comuns na terapia com pacientes com TUS ou dependências comportamentais. Cada uma delas tem o potencial de ativar as crenças do terapeuta sobre a *resistência* do paciente.

- Pacientes que dizem estar comprometidos com a mudança, mas sofrem recaídas regularmente.
- Pacientes que dizem que não conseguem pensar em nada que possam trabalhar na terapia.
- Pacientes que repetidamente descrevem barreiras à mudança (p. ex., "Não consigo... porque...").
- Pacientes que faltam às sessões ou chegam atrasados com frequência.
- Pacientes que parecem desinteressados ou distantes durante as sessões.

Esses são apenas alguns dos inúmeros cenários que podem desencadear pensamentos negativos e críticos dos terapeutas e, principalmente, aqueles associados ao conceito de *resistência*. Esses pensamentos acarretam sentimentos negativos que provavelmente prejudicarão a terapia e limitarão o resultado. Além de serem empáticos, os terapeutas devem usar habilidades de conceitualização de caso para entender as razões dos pacientes para se envolverem nos cenários mencionados.

ESTABELECENDO FRONTEIRAS E DEFININDO LIMITES

Os terapeutas precisam estabelecer fronteiras e definir limites, mas é óbvio que é mais fácil falar do que fazer isso. Primeiro, precisam se perguntar: "Quais são as minhas fronteiras e limites como profissional?" ou "Quais comportamentos do paciente posso tolerar e quais considero intoleráveis?". Na verdade, fronteiras e limites variam de uma pessoa para outra. Por exemplo, alguns terapeutas acolhem pacientes que usaram álcool ou outras substâncias antes das sessões, enquanto outros não. Alguns insistem em encerrar as sessões caso sintam cheiro de álcool no hálito do paciente, enquanto outros esperam para determinar a capacidade do paciente de se envolver no processo terapêutico. Além disso, alguns comportamentos são *objetivamente* mais toleráveis do que outros. Por exemplo, a maioria das pessoas concordaria que ameaças de violência contra terapeutas são intoleráveis, enquanto atrasos ocasionais às consultas são toleráveis. Considere a seguinte lista de comportamentos do paciente:

- Recaídas recorrentes.
- Não revelar recaídas.
- Faltar às consultas regularmente.
- Não apresentar nenhuma evidência de melhora.
- Não realizar as tarefas de casa.
- Telefonemas de emergência frequentes.
- Envolver-se em crimes não violentos para sustentar o TUS ou outras dependências comportamentais.
- Envolver-se em crimes violentos para sustentar suas dependências.

Os terapeutas variam em suas reações a cada um desses comportamentos. Alguns podem sentir repulsa por pacientes que admitem comportamento criminoso, enquanto outros podem ficar impressionados com a disposição deles em serem honestos sobre isso. Assim, devem refletir cuidadosamente sobre os valores e as crenças que determinam suas fronteiras e limites e ser capazes de comunicá-los claramente aos pacientes, para que estes possam tomar decisões informadas sobre o que querem compartilhar na terapia – e até mesmo se querem ver um determinado terapeuta.

Terapeutas atenciosos querem genuinamente ajudar seus pacientes, mas também precisam reconhecer que alguns pedidos de ajuda podem, na verdade, ser convites para ultrapassar fronteiras. Por exemplo, algumas pessoas indagarão sobre comunicação contínua fora da terapia (como poderiam esperar de um padrinho do Alcoólicos Anônimos [AA]). Embora possa ser desconfortável dizer "não" a alguém que solicita atenção entre as sessões, o relacionamento se torna ainda mais desconfortável quando se desenvolvem padrões que ultrapassam os limites de um terapeuta. Às vezes é necessário dizer *não*, mas isso pode ser dito de forma carinhosa e solidária, por exemplo: "Entendo sua necessidade de apoio, mas longos telefonemas entre as sessões podem facilmente torná-lo dependente de mim. É importante que você desenvolva fontes de apoio fora de nossas sessões, para que tenha o suporte de que necessita sempre que precisar".

Como outro exemplo de estabelecimento de limites, apresentamos o seguinte diálogo com Charlene, que liga para seu terapeuta pedindo ajuda com um problema doméstico:

> **Charlene:** Estou feliz por ter conseguido ligar antes de você sair do consultório. Eu preciso de sua ajuda com uma coisa. Estou no caminho de volta para casa depois de uma reunião do AA, mas meu marido vai me acusar de ter feito algo errado e vai me expulsar. Você poderia ligar para ele e avisá-lo que eu estive em uma reunião e que está tudo bem? Eu lhe dou minha permissão.

Antes de dizer qualquer coisa, muitos pensamentos passam pela mente do terapeuta. Primeiro, ele sabe que não pode confirmar a presença de Charlene em uma reunião à qual ele não compareceu. Segundo, Charlene está pedindo que ele intervenha em uma situação fora de sua relação terapêutica. E terceiro, ela está lhe pedindo para fazê-lo imediatamente e com urgência, não lhe dando tempo para sua consideração cuidadosa. O terapeuta de Charlene continua a conversa da seguinte forma:

> **Terapeuta:** Charlene, estou empenhado em ajudá-la na terapia, mas receio que este seja um problema com o qual não posso ajudá-la.
>
> **Charlene:** O que você quer dizer? [*Parecendo irritada.*]
>
> **Terapeuta:** Você está me pedindo para fazer algo que eu não posso fazer. Talvez se você estivesse em meu consultório para uma sessão e me desse

um consentimento formal para falar com seu marido, eu pediria que você ligasse para ele e concordaria em pegar o telefone para confirmar que estávamos juntos. Mas essa situação é completamente diferente.

Charlene: Então, o que você está dizendo é que não vai me ajudar? Então é assim que vai ser? Está bem, obrigado por ser um terapeuta tão útil.

Terapeuta: Charlene, estou mais do que feliz em ajudá-la a lidar com esse problema, mas eu não posso fazê-lo desaparecer. Em vez disso, eu preferiria que trabalhássemos juntos na resolução de problemas.

Charlene: É isso que estou pedindo para você fazer. Ajude-me a resolver este problema!

Terapeuta: Farei tudo o que puder nessas circunstâncias. Você quer agendar um encontro para amanhã para que possamos discutir esse assunto com calma?

Charlene: Não sei. [*Ainda parecendo indignada, embora menos do que antes.*]

Terapeuta: Se você quiser me ver, é só me avisar. Vou olhar minha agenda e ligo de volta para você.

Charlene: Não sei. Tudo bem, acho que sim.

Nesse breve diálogo, o terapeuta de Charlene fez o possível para ser cordial, atencioso e colaborativo – ao mesmo tempo em que mantém fronteiras e define limites. Outra maneira de estabelecer limites é adiar as decisões até que as solicitações possam receber consideração mais cuidadosa. Fazer isso estabelece limites em relação ao tempo das decisões clínicas. Além disso, lembra aos pacientes que eles estão interagindo com um profissional que deve aderir a um conjunto de normas.

MANTENDO A CREDIBILIDADE

Muitos pacientes que enfrentam problemas com TUS e dependências comportamentais acreditam que os terapeutas não podem entender seus problemas ou ser confiáveis. Então, como um terapeuta pode passar credibilidade? A credibilidade está relacionada à confiança, mas há diferenças sutis entre as duas. Vemos a credibilidade como o grau em que os pacientes veem os terapeutas como *hábeis* e *instruídos*, ao passo que a confiança envolve as percepções dos pacientes sobre sua *confiabilidade* e *integridade*. Para estabelecer credibilidade, os terapeutas precisam entender o comportamento humano em geral e o comportamento dependente em específico. Eles também precisam implementar estratégias de tratamento adequadas e eficazes que sejam úteis para pessoas com dependências de modo geral. Mais importante, a credibilidade requer uma compreensão precisa de cada paciente – e só se consegue isso por meio da empatia e de conceitualizações de caso completas e precisas.

Um fator importante que contribui para a credibilidade é a disposição dos terapeutas para admitir suas limitações. Por exemplo, quando os pacientes dizem que estão usando novas substâncias sintéticas não familiares aos terapeutas, é importante que eles admitam sua falta de entendimento dessas substâncias em particular. Além disso, eles podem explicar que estão ansiosos para aprender com seus pacientes, por isso é aconselhável que manifestem humildade e espírito de colaboração. Por exemplo, um terapeuta pode afirmar: "Você sabe muito sobre sua vida e sua dependência, e eu sei muito sobre TCC. Espero que trabalhemos em equipe e aprendamos um com o outro, a fim de traçar metas e planos que o ajudem bastante".

Como observado, alguns pacientes acreditam que apenas outros indivíduos em recuperação são confiáveis. Consequentemente, eles podem presumir que só podem ser compreendidos ou ajudados por terapeutas que já enfrentaram problemas com TUS ou outras dependências. De fato, alguns terapeutas sabem mais sobre esse assunto como resultado de suas próprias experiências pessoais. Entretanto, alguns terapeutas em recuperação correm o risco de serem menos compreensivos, ou até menos prestativos, por crerem que trilharam "o caminho certo" para se recuperar, e podem se sentir desconfortáveis quando os pacientes seguem um caminho diferente. Por exemplo, um terapeuta que foi bem-sucedido com o AA ou com o SMART Recovery pode sentir-se tentado a insistir que os pacientes frequentem esses grupos. Da mesma forma, os terapeutas em recuperação que optaram pela abstinência, sem nunca tentar moderar seu próprio uso de substâncias, podem hesitar diante de um paciente que diz que seu plano de recuperação envolve redução no uso de substâncias. Para evitar esses problemas, recomenda-se que os terapeutas em recuperação estejam cientes desses pensamentos tendenciosos e tomem especial cuidado para não os impor aos pacientes.

Relacionada a isso está a pergunta inevitável, feita por muitos pacientes: "Você está em recuperação?" ou "Você já foi ou esteve dependente?". Os modelos de tratamento variam em relação às respostas recomendadas para situações em que essa pergunta é feita. Alguns modelos recomendam desviar, com respostas como "Por que isso é importante para você?" ou "Ficarei feliz em compartilhar isso com você em algum momento no futuro". Nós recomendamos que os terapeutas cognitivo-comportamentais simplesmente deem uma resposta direta e honesta, como "Sim, estou em recuperação há vários anos e sinto-me privilegiado por ajudar outras pessoas em recuperação" ou "Não, nunca tive uma dependência, mas aprendi muito ajudando pessoas como você, que enfrentam esse tipo de problema". Evidentemente, estas são apenas sugestões. Além de recomendar que os terapeutas sejam honestos e diretos, nós os aconselhamos a escolher as respostas que lhes pareçam mais autênticas.

GERENCIANDO DISPUTAS DE PODER

As disputas de poder são mais bem compreendidas como esforços contrários de pacientes e terapeutas para manter o controle sobre o conteúdo ou o processo da terapia. A seguir, estão alguns exemplos das disputas de poder.

- Jim ingressa na terapia para obter ajuda com um problema com álcool e seu terapeuta pergunta sobre sua infância, a fim de determinar fatores de risco para transtorno por uso de álcool. Jim diz que não vê razão para falar sobre seu passado ou "jogar o jogo da culpa". O terapeuta insiste que precisa dessa informação para ajudá-lo, mas Jim mantém sua posição.
- Sherry tem consultado um terapeuta por transtorno do jogo. Ela está com sérios problemas financeiros como resultado de suas visitas frequentes a um cassino. Ela diz que a terapia é útil e seu objetivo é limitar seus gastos no cassino a 20 dólares por visita, no máximo três vezes por semana. O terapeuta de Sherry insiste que ela pare totalmente de ir ao cassino, mas ela diz que é a única coisa divertida que ela faz. Após cada visita, o terapeuta insiste que Sherry fique longe do cassino, mas ela mantém sua posição.
- Phil trabalhou em estreita colaboração com seu terapeuta para reduzir a quantidade de analgésicos controlados que ele toma. Ele diz a seu terapeuta que atingiu um platô e quer iniciar o tratamento medicamentoso assistido. Seu terapeuta responde dizendo-lhe que ele se saiu bem na terapia e que voltar para esse tipo de tratamento agora reforçaria seus pensamentos de desamparo. Phil discorda e mantém sua posição.

Em geral, as pessoas querem controlar sua própria vida, mas a maioria das que iniciam terapia para TUS e dependências comportamentais tem tido dificuldade em fazê-lo. Como consequência, é provável que comecem a terapia sentindo-se ambivalentes. Na verdade, a maioria das pessoas com dependências vacila entre querer mudar e querer manter seus comportamentos dependentes. Portanto, mesmo quando pacientes e terapeutas concordam com os objetivos da terapia, é possível que entrem em disputas de poder, em que os pacientes entram e saem da prontidão para mudar, enquanto os terapeutas permanecem firmes em seu desejo de ver os pacientes mudarem.

Os terapeutas cognitivo-comportamentais podem involuntariamente entrar em disputas de poder com os pacientes como resultado da natureza orientada para objetivos da TCC. Por isso, devem permanecer cientes desse risco e lembrar-se constantemente de que *a colaboração na TCC é mais importante do que a realização de objetivos*. Como lembrete, define-se colaboração como envolver-se de maneira cooperativa, *como uma parceria*, para estabelecer e atingir objetivos. Disputas de poder ocorrem quando terapeutas e pacientes não concordam mais com os objetivos. Dos exemplos citados, o objetivo de Jim é mudar seu modo de beber sem levar em consideração a história familiar, o objetivo de Sherry é gastar até 20 dólares por dia no cassino, e o objetivo de Phil é saber mais sobre o tratamento medicamentoso assistido. Enquanto seus terapeutas não compartilharem esses objetivos, eles correm o risco de entrar em disputas de poder. Em cada caso, esses terapeutas devem ser claros sobre a afirmação: *a colaboração na TCC é mais importante do que a realização de objetivos*.

Oferecemos aos terapeutas as seguintes recomendações para evitar disputas de poder:

- Reconheça as circunstâncias que podem evoluir para disputas de poder antes que elas se desenvolvam de fato (p. ex., quando um paciente diz: "Eu não fiz a tarefa de casa sobre a qual conversamos").
- Peça regularmente aos pacientes um *feedback* sobre o processo de terapia (como discutiremos no próximo capítulo); por exemplo, "Quais são seus pensamentos sobre nossa sessão de hoje? Até que ponto esta sessão está atendendo às suas necessidades?".
- Identifique e resolva rupturas terapêuticas assim que elas ocorrerem, para que não se transformem em disputas de poder.
- Preste atenção aos seus próprios pensamentos e emoções e, especialmente, sentimentos de pressão, tensão, frustração e irritação. Resolva esses sentimentos minimizando os pensamentos negativos e maximizando a empatia pelo paciente.
- Lembre-se de ser paciente e compassivo. A maioria dos pacientes chega à terapia sentindo frustração e inadequação, e as disputas de poder podem aumentar seu desconforto e contribuir para o insucesso do tratamento.

Outra forma de evitar disputas de poder é manter o foco nos pontos fortes dos pacientes. As disputas de poder na terapia às vezes são ativadas pelos vieses negativos dos terapeutas. Por exemplo, eles podem sentir tensão em relação aos pacientes como resultado do foco excessivo nos pensamentos e comportamentos problemáticos deles, negligenciando pensar sobre suas virtudes. Nesses casos, os terapeutas precisam identificar seus próprios pensamentos problemáticos, como:

"Este paciente *nunca* faz o que diz."
"Estou pronto para desistir desse paciente."
"Eu realmente não posso acreditar em *nada* que esse paciente diz."
"Ela está tentando me manipular como faz com todo mundo."
"Esse paciente não tem capacidade de mudar."

É evidente que esses pensamentos automáticos são contraproducentes. Em resposta direta a eles, os terapeutas podem gerar os seguintes pensamentos alternativos:

"Esse paciente cumpre um importante compromisso ao comparecer, sem atrasos, a todas as nossas sessões de terapia marcadas."
"É preciso coragem para vir à terapia, então é claro que não vou desistir desse paciente."
"Esse paciente me contou coisas que nunca contou a ninguém, o que exige coragem."
"Em vez de rotular essa paciente como manipuladora, reconheço que ela teve que se esforçar muito para ter tudo o que tem."
"Essa paciente fez melhorias significativas em várias áreas de sua vida. Estou permitindo que meus padrões inflexíveis atrapalhem o reconhecimento de suas conquistas."

Monitorando e modificando seus próprios pensamentos, sentimentos e comportamentos, os terapeutas são capazes de evitar disputas de poder. Os pensamentos negativos listados anteriormente são semelhantes aos mantidos por uma sociedade que estigmatiza as pessoas com TUS e dependências comportamentais. Ativando pensamentos novos e mais positivos sobre essas pessoas e esforçando-se para reduzir e resolver seus vieses cognitivos, os terapeutas facilitam seu próprio crescimento pessoal.

RESUMO

Este capítulo enfatizou os desafios vitais de estabelecer uma relação terapêutica positiva com pacientes que enfrentam TUS e dependências comportamentais. Ilustramos maneiras pelas quais os terapeutas podem gerar um senso de harmonia, confiança e colaboração com esses pacientes, ao mesmo tempo em que minimizam o risco de propagar inadvertidamente suas crenças e seus comportamentos desadaptativos. Também descrevemos maneiras de reduzir o risco de tornar-se antagônico no tratamento e, assim, manter o espírito colaborativo que é fundamental para a TCC.

5

Estrutura da sessão individual

A estrutura de uma sessão individual de terapia cognitivo-comportamental (TCC) está entre as suas características mais evidentes e essenciais. Sessões bem-estruturadas aproveitam ao máximo o tempo disponível, em vez de vagar sem rumo de um tópico para outro e de um problema para outro. Isso é de vital importância, uma vez que os pacientes com transtornos por uso de substâncias (TUS) e dependências comportamentais provavelmente sofrerão uma ampla gama de problemas crônicos e agudos que precisam ser resolvidos. Além disso, uma sessão bem-estruturada contribui para a colaboração entre paciente e terapeuta, pois eles trabalham juntos para identificar e resolver problemas. A estrutura permite que os terapeutas e seus pacientes priorizem e foquem os problemas mais essenciais, bem como define o tom para uma atmosfera de trabalho, necessária para adquirir novas habilidades e resolver problemas. Além disso, as sessões estruturadas diminuem a probabilidade de deriva (ou seja, vagar de um tópico para outro), evitando a perda de continuidade. Conhecer os elementos de uma sessão de TCC estruturada facilita a adesão ao modelo cognitivo-comportamental e minimiza as chances de ocorrência de deriva.

As diversas abordagens de TCC (p. ex., ativação comportamental, terapia de aceitação e compromisso, terapia racional-emotiva comportamental e terapia comportamental dialética, entre outras) diferem na forma como estruturam as sessões. Este capítulo se concentra em oito elementos que consideramos importantes durante sessões individuais de terapia:

1. Definir a agenda (incluindo impulsos para se envolver em comportamentos dependentes, comportamentos dependentes propriamente ditos, ou situações de alto risco).

2. Verificar o humor (p. ex., tristeza, ansiedade, inquietação, tédio, raiva, frustração).
3. Conectar com sessões anteriores (incluindo tarefas de casa programadas, problemas encontrados, comportamentos dependentes, grandes mudanças na vida, humores problemáticos, etc.).
4. Priorizar e abordar itens da agenda (por meio de descoberta guiada e da aplicação de técnicas estruturadas).
5. Fornecer resumos concisos ao longo da sessão.
6. Programar tarefas de casa conforme necessário.
7. Trocar *feedback*.
8. Encerrar e planejar o acompanhamento.

Nas seções a seguir, descrevemos esses elementos em detalhes e fornecemos exemplos instrutivos.

DEFININDO A AGENDA

O tempo é precioso. Definir a agenda facilita o uso eficiente do tempo e fornece um foco para a sessão de terapia. Também ensina os pacientes a estabelecer prioridades – uma habilidade que às vezes falta em pessoas com TUS e dependências comportamentais. Uma vez que essas pessoas passam um tempo considerável buscando, usando ou se recuperando de seus comportamentos dependentes, elas correm o risco de dedicar tempo insuficiente aos desafios importantes da vida.

A definição eficaz da agenda pode aprofundar a relação terapêutica e reforçar o espírito de colaboração, pois tanto o paciente quanto o terapeuta têm oportunidade de contribuir para cada encontro. Definir a agenda permite que o paciente e o terapeuta atinjam objetivos específicos e discutam a adequação de focar tópicos específicos. Também prepara o terreno para a possível resolução de conflitos quando a preocupação do paciente parece incompatível com a preocupação do terapeuta em relação a ele. Considere circunstâncias em que o paciente diz: "Preciso lhe contar toda a história para desabafar. Falar sobre isso me faz bem". Por uma questão de colaboração, o terapeuta pode concordar que uma determinada parte da sessão pode ser usada para contar toda a história, mas também pode sugerir que é necessário tempo para abordar outros problemas potenciais, como ambivalência sobre a abstinência, comportamentos dependentes frequentes, gatilhos, impulsos, e assim por diante.

Muitos pacientes não querem se sentir vulneráveis, então evitam colocar temas delicados na agenda. Como resultado, os terapeutas muitas vezes descobrem que precisam recomendar temas para a agenda. Por exemplo, quando um paciente que continuamente sofre recaídas não coloca a recaída na agenda, o terapeuta pode dizer: "Além dos itens você já colocou em nossa agenda, gostaria de sugerir que adicionássemos a prevenção de recaídas". Ao fazê-lo, é útil adicionar uma justificativa, por exemplo: "Quer você tenha tido uma recaída recente ou não, será um tópico sobre o qual vale a pena refletir por algum tempo". Os terapeutas também fazem um bom uso colaborativo da agenda, demonstrando empatia pela relutância de seus pacientes em discutir tópicos delicados, como a recaída.

Os esforços dos terapeutas para definir a agenda não devem ser frustrados quando os pacientes dizem: "Não sei o que colocar na pauta". Na verdade, acreditamos que bons terapeutas cognitivo-comportamentais quase nunca aceitam "não sei" como resposta. Eles persistem gentilmente, encontram maneiras alternativas de fazer a pergunta, ou pedem ao paciente que reflita sobre possíveis itens da agenda enquanto esperam silenciosa e pacientemente. Ao encontrar indivíduos que dizem "Não consigo pensar em nada para trabalhar", o terapeuta pode explicar que uma das responsabilidades do paciente na terapia é chegar às sessões preparado para trabalhar nos assuntos que lhe dizem respeito. Inicialmente, o terapeuta pode auxiliar o paciente sugerindo alguns itens da agenda, perguntando: "Qual deles é mais importante para você?". O terapeuta também pode perguntar: "O que você tem pensado desde nossa última visita? O que está em sua mente agora?". Mais tarde, se o paciente continuar a parecer incapaz ou sem vontade de gerar tópicos para discussão, esse problema pode se tornar um item da agenda. Por exemplo, o terapeuta pode dizer: "Vamos discutir sua dificuldade em pensar em coisas para conversar na sessão" ou "Vamos tentar entender sua dificuldade em definir uma agenda e como posso ajudá-lo a superá-la". Ao fazer isso, o terapeuta evita aceitar o desamparo ou a hesitação do paciente como um fato intratável. Além disso, o paciente aprende que a conduta de dizer "não sei" não será reforçada e falhará como meio de fugir do trabalho da terapia.

Os terapeutas geralmente precisam ser flexíveis ao definir a agenda. O paciente pode vir a uma sessão em crise, por exemplo, após ser demitido de um emprego, ser preso ou ser despejado de onde mora. Esses tipos de problemas podem exigir atenção, substituindo questões em andamento. Da mesma forma, um lapso deve ser tratado imediatamente, porque os pacientes que sofrem um deslize ou lapso muitas vezes se sentem desencorajados sobre sua capacidade de manter a meta estabelecida e, portanto, correm maior risco de uma recaída total – o que muitas vezes leva a um sentimento de desesperança em relação à terapia e pode precipitar o abandono.

Os terapeutas devem evitar ser rígidos ou autoritários ao estabelecer e seguir agendas. Por exemplo, quando fica claro que um item de agenda de alta prioridade irá requerer a maior parte da sessão, devem estar dispostos a atrasar tópicos menos importantes até uma próxima sessão. Além disso, os terapeutas podem decidir alterar uma agenda no meio de uma sessão para acomodar a quantidade de tempo restante na sessão. Se não houver tempo suficiente, paciente e terapeuta podem decidir juntos quais itens podem ser abordados e quais podem ser adiados.

O que se segue é uma transcrição do início de uma sessão de terapia. Ao lê-la, tenha em mente que o terapeuta está trabalhando com o paciente para definir uma agenda apropriada com um problema-alvo específico, manter a agenda adequada ao tempo disponível na sessão de terapia e priorizar os tópicos.

Terapeuta: No que você gostaria de trabalhar hoje?
Paciente: Algumas coisas, mas sabe... meu grande problema agora... é que... [*pausa*]... Eu realmente preciso de um emprego.
Terapeuta: Um emprego. Isso faz muito sentido. Vamos colocar na agenda. Existem outras coisas sobre as quais precisamos conversar, como algum deslize ou lapso recente?
Paciente: Não, estou indo bem no que diz respeito à minha dependência.
Terapeuta: Você ficou embriagado desde a última vez que o vi?
Paciente: De jeito nenhum.
Terapeuta: Nem uma vez?
Paciente: Nem uma vez. Eu vou às minhas reuniões agora.
Terapeuta: Sem beber? Sem álcool?
Paciente: Nada.
Terapeuta: Impulsos ou fissura?
Paciente: Não, nada.
Terapeuta: Como você se sente em relação a isso?
Paciente: Muito bem.
Terapeuta: Fico feliz em ouvir isso. Parabéns por mais uma semana de sucesso. Existe alguma coisa acontecendo que possa colocá-lo em risco de recaída?
Paciente: Não, parece que não desejo mais. Agora meu desafio é encontrar energia para sair da cama de manhã. Eu preciso me levantar, sair e encontrar um emprego. Esse é o verdadeiro problema: me falta motivação.
Terapeuta: Certo, estou fazendo uma lista de coisas que precisamos abordar, como sempre faço. Mas entendo que conseguir um emprego é sua maior preocupação. Como você sabe, pode ser que não haja tempo para discu-

tir tudo hoje. Portanto, encontrar um emprego está em primeiro lugar na agenda. Parece que a dificuldade em levantar de manhã é outro possível item. A próxima coisa que posso colocar na agenda é seu sucesso em não ficar embriagado essa semana para que possamos descobrir o que você precisa continuar pensando e fazendo como prevenção de recaída. Ah, e podemos repassar a tarefa de casa da semana passada.
Paciente: Encontrar um emprego é o mais importante.
Terapeuta: Certo, vamos começar com isso.

Como essa breve transcrição ilustra, a agenda prepara o terreno para focar em múltiplos tópicos potenciais: encontrar um emprego, dificuldade em se motivar, uma possível depressão e prevenção de recaídas. No trecho, o terapeuta também fez três perguntas que são importantes em todas as sessões: 1) "Você usou [álcool, drogas, etc.] desde a última sessão?"; 2) "Você teve algum impulso ou desejo de usar [álcool, drogas, etc.]?"; e 3) "Existe alguma situação prevista antes de nossa próxima sessão em que você possa estar em risco de usar [álcool, drogas, etc.]?"

VERIFICANDO O HUMOR

Uma vez que emoções negativas (p. ex., tédio, inquietação, desespero, ansiedade, raiva) são gatilhos internos que podem ativar o uso continuado ou recaída, é importante monitorar estados emocionais (ou seja, humores) em cada consulta. Além de seu possível impacto na recaída, emoções negativas intensas têm o potencial de colocar os pacientes em risco de suicídio. Os terapeutas devem prestar especial atenção aos sentimentos de desespero associados à desesperança, pois demonstrou-se que uma visão negativa crônica e acentuada do futuro é um preditor confiável de suicídio (Beck, Steer, Kovacs, & Garrison, 1985).

É útil que o paciente preencha breves instrumentos de triagem regularmente, ou até mesmo em todas as sessões. Esses instrumentos podem incluir o Inventário de Depressão de Beck (BDI, do inglês Beck Depression Inventory; Beck, Steer, & Brown, 1996), o Inventário de Ansiedade de Beck (BAI, do inglês Beck Anxiety Inventory; Beck & Steer, 1993), o Patient Health Questionnaire (PHQ-9; Kroenke, Spitzer, &Williams, 2001), a Generalized Anxiety Disorder (GAD-7; Spitzer, Kroenke, Williams, & Lowe, 2006) e a Columbia Suicide Severity Rating Scale (C-SSRS; Posner et al., 2011). As pontuações e seus significados devem ser discutidos com o paciente, principalmente se houver mudanças substanciais nas pontuações de uma sessão para outra. Às vezes, há mudanças de humor que não são percebidas pelo paciente mas tornam-se aparentes ao refletir sobre esses instrumentos. O terapeuta pode dizer: "Sua pontuação no BDI/PHQ-9 está mais alta esta semana, o que pode indicar que você tem se sentido mais deprimido. Você concorda com isso?".

Como os terapeutas conversam sobre emoções regularmente, eles podem superestimar o conhecimento dos pacientes sobre elas. Muitas pessoas crescem em famílias que nunca falam sobre sentimentos, e algumas são diretamente ensinadas a abster-se de ter sentimentos de vulnerabilidade (p. ex., "Gente grande não chora" ou "Se você não parar de chorar, eu vou lhe dar um motivo para chorar"). Outras tiveram fortes sentimentos dolorosos no passado, mas aprenderam a entorpecê-los com comportamentos dependentes. Nesses casos, o terapeuta precisa estar atento e pronto para ajudar os pacientes a identificarem e rotularem seus sentimentos, os gatilhos que os ativam e as estratégias mais eficazes disponíveis para dominá-los.

CONECTANDO COM SESSÕES ANTERIORES

Muitas pessoas com TUS ou dependências comportamentais têm uma vida caótica e, por isso, os terapeutas podem notar que algumas pulam de um tópico para outro de maneira desconexa – tanto dentro de uma sessão quanto entre sessões. Portanto, os terapeutas devem estar determinados a manter o foco e a continuidade nas sessões de terapia, perguntando-se: "Como os itens da agenda de hoje se relacionam com o que conversamos nas sessões anteriores, e como esses itens se relacionam com os objetivos gerais da terapia?".

Como extensão da manutenção de continuidade, os terapeutas devem refletir sobre qualquer *feedback* do paciente das sessões anteriores. Por exemplo, o terapeuta pode perguntar sobre assuntos inacabados da sessão mais recente, incluindo eventuais pensamentos ou sentimentos negativos ou positivos. Além disso, pode refletir sobre as anotações de sessões anteriores. Em geral, esse é um processo breve; contudo, algumas respostas podem exigir consideravelmente mais atenção e tempo para resolver. Por exemplo, considere o paciente que diz que não esperava fazer nenhum progresso na última sessão, que de fato não fez nenhum progresso, e que não espera fazer progressos em sessões futuras. O terapeuta deve reconhecer que esse *feedback* reflete visões negativas e talvez até mesmo desesperançosas sobre a terapia que precisam ser discutidas na sessão atual.

A manutenção regular da continuidade fornece um pano de fundo conveniente para verificar a tarefa de casa (ver Cap. 7), bem como o *status* da dependência de um indivíduo. Por exemplo, um terapeuta pode dizer algo como: "Quando conversamos sobre a tarefa de casa na semana passada, você gostou especialmente da ideia de *surfar a fissura*, fazendo uma caminhada curta toda vez que a fissura e o desejo parecessem insuportáveis. Como isso funcionou? Você fez alguma caminhada nesta semana ou sentiu desejos que poderiam precipitar uma caminhada com esse intuito?".

E, finalmente, para ter uma noção do mundo do paciente, às vezes é útil focar na qualidade geral da vida dele de uma sessão para outra. Os terapeutas podem cogitar o uso de estratégias estruturadas de automonitoramento (p. ex., cronogramas de atividades) para facilitar esse processo, focando os eventos e circunstâncias mais relevantes (ver Formulário 7.2 no Cap. 7). Uma abordagem menos estruturada pode ser simplesmente recomendar a manutenção de um diário. Essas atividades às vezes ajudam alguns pacientes a retomar assuntos de sessões anteriores e gerar novos itens de agenda.

PRIORIZANDO E ABORDANDO ITENS DA AGENDA

Na realidade, alguns pacientes chegam à terapia sem nenhum item na agenda, alguns chegam com alguns itens e alguns chegam com itens demais para cobrir em uma sessão de 50 minutos. Quando os pacientes chegam sem itens, os terapeutas podem dizer: "Vamos apenas conversar sobre o que mais lhe preocupou essa semana". Independentemente de como os itens da agenda são gerados, priorizá-los é vital. Esse processo pode ser simples, exigindo apenas a pergunta "Por onde você quer começar?", ou pode requerer uma sondagem mais cuidadosa e pedir ao paciente que escolha cada item com cuidado. Quando muitos itens são introduzidos no início de uma sessão, pode ser necessário atrasar alguns até uma sessão futura. Ao priorizar deliberadamente os itens da agenda, os terapeutas podem evitar problemas como ficar sabendo de uma crise quando faltam apenas alguns minutos para o encerramento da sessão.

Os terapeutas devem estar atentos às tendências dos pacientes de se desviarem dos itens da agenda e saírem pela tangente. Uma declaração educada, mas imediata, geralmente é suficiente, como "Prefiro não interrompê-lo, mas acho que devemos voltar a focar o assunto sobre o qual começamos a falar". Às vezes, quando os pacientes parecem se desviar para questões ainda mais importantes (p. ex., uma discussão sobre o divórcio pendente do paciente leva a indícios de que ele está pensando em suicídio), é aconselhável repriorizar a agenda para abordar esses tópicos. Em geral, temas como uso ativo de substâncias, tendências suicidas ou problemas do paciente com a terapia substituirão a maioria dos outros itens da agenda.

Os terapeutas precisam estar conscientes do tempo para que os tópicos apresentados sejam abordados com amplitude e profundidade suficientes e as transições possam ser feitas de forma oportuna. Às vezes, podem fazer uma pergunta para facilitar esse processo, por exemplo: "Estamos na metade da sessão. Devemos continuar falando sobre este assunto ou faria sentido encerrar isso e passar para o próximo item da pauta?". Essa é uma maneira colaborativa e flexível de manter o foco em um material terapêutico significativo e de ser o mais eficiente possível para fazer o melhor uso do valioso tempo de terapia.

Descoberta guiada

Os itens da agenda são abordados por meio de um processo sistemático conhecido como *descoberta guiada*, que envolve fazer perguntas aos pacientes para facilitar sua própria contemplação, avaliação e síntese de diversas informações. A descoberta guiada deve ser contínua ao longo de sessões inteiras e perguntas típicas podem incluir:

"Como você fez essa escolha?"
"O que estava sentindo quando fez essa escolha?"
"O que estava pensando quando fez essa escolha?"
"O que mais você poderia ter feito nessa situação?"
"Em que medida esses pensamentos/crenças são precisos ou úteis?"
"Qual é a consequência de pensar dessa maneira?"
"De que outra forma você poderia ter reagido a essa questão/problema?"
"Quais são as vantagens e desvantagens de pensar e agir dessa forma?"
"Quais são seus valores mais profundos?"
"Quais comportamentos futuros serão mais coerentes com seus valores?"

Em contrapartida às perguntas destinadas a coletar informações sobre a frequência, a intensidade e a duração dos problemas, a descoberta guiada é usada para trazer informações e soluções à consciência do paciente e visa promover o *insight* e a tomada de decisão eficaz. As perguntas devem ser formuladas para estimular o pensamento e aumentar a consciência, não para exigir uma resposta correta. A escolha, a formulação e a ordenação apropriadas das questões têm um forte impacto nos padrões e no conteúdo dos pensamentos dos pacientes. Ao longo dos anos, aprendemos que a maioria dos pacientes responde mais favoravelmente ao questionamento exploratório e à escuta do que ao sermão. Na verdade, a descoberta guiada, como a entrevista motivacional, é baseada nos princípios e nas técnicas de escuta ativa.

A descoberta guiada é uma técnica poderosa para abordar itens da agenda. Por meio desse processo, os pacientes são ajudados a examinar sua forma de pensar, refletir sobre comportamentos autodestrutivos e gerar abordagens mais eficazes para viver. Isso muitas vezes os leva a questionarem seus próprios pensamentos, motivos e comportamentos, *mesmo depois de terem deixado as sessões de terapia*. Além disso, a descoberta guiada estabelece um ambiente isento de crítica e, portanto, facilita a colaboração entre pacientes e terapeutas. Esse tipo de ambiente pode ajudar os pacientes a chegarem às suas próprias conclusões sobre a gravidade de seus comportamentos dependentes.

Os terapeutas devem começar a utilizar a descoberta guiada desde o início da terapia para que os pacientes sejam orientados a um modo ativo e reflexivo de resolução de problemas. Ocasionalmente, descobrirão que os pacientes têm dificuldades com esse processo. Quando isso ocorre, podem optar por serem mais diretos, identificando francamente inconsistências e discrepâncias, e em seguida perguntando se o paciente concorda. Por exemplo, em vez de perguntar "O que você estava pensando quando fez isso?", o terapeuta pode afirmar "Você deve ter tido *alguns* pensamentos raivosos quando decidiu bater naquele cara", e então perguntar "Você concorda?".

Embora seja importante usar o questionamento para explorar problemas e ajudar os pacientes a tirarem suas próprias conclusões, deve haver um equilíbrio entre questionar e outros modos de intervenção mais diretos, como reflexão, esclarecimento, dar *feedback* e educar o paciente. O diálogo a seguir ilustra esse equilíbrio, em que o terapeuta começa com algumas perguntas básicas de avaliação:

> **Terapeuta:** Sarah, o que aconteceu com seu braço?
> **Paciente:** Ah, nada, são apenas hematomas antigos.
> **Terapeuta:** Por que você acha que fiz essa pergunta?
> **Paciente:** Porque você acha que estou injetando de novo.
> **Terapeuta:** Como você se sente sobre eu fazer essa pergunta?
> **Paciente:** Eu não gosto.
> **Terapeuta:** O que a incomoda na minha pergunta?
> **Paciente:** Ninguém confia em mim. Todo mundo acha que ainda sou uma drogada.
> **Terapeuta:** Esse pensamento deve doer muito.
> **Paciente:** Sim, dói, especialmente porque estou limpa e sóbria há seis meses.
> **Terapeuta:** Seis meses. Isso é um grande sucesso.
> **Paciente:** Não para as pessoas do *meu* mundo.
> **Terapeuta:** Sarah, quanto tempo você acha que deve levar para as pessoas confiarem em você?
> **Paciente:** Não sei. Talvez ainda seja muito cedo.

Terapeuta: Talvez. Mais importante, você está começando a confiar em si mesma para manter-se limpa e sóbria?
Paciente: Bom, fica mais fácil a cada dia.
Terapeuta: Talvez fique mais fácil para os outros confiarem em você com o tempo.
Paciente: É, acho que sim.

Observe que o terapeuta age como um exemplo que demonstra curiosidade, em parte para ajudar o paciente a tornar-se mais *curioso a seu próprio respeito*. Em outras palavras, *o terapeuta orienta a descoberta para que o paciente aprenda a orientar sua própria autodescoberta*. O fato de o paciente às vezes ficar chateado durante a descoberta guiada não deve dissuadir o terapeuta. Em vez disso, ele deve identificar estratégias prudentes e colaborativas para encorajar cada paciente a exercer mais esforço cognitivo, facilitado pela descoberta guiada.

Psicoeducação e técnicas estruturadas

No Capítulo 1, apresentamos os cinco componentes da TCC: estrutura, colaboração, conceitualização de caso, psicoeducação e técnicas estruturadas. É durante a priorização e a abordagem de itens da agenda que o terapeuta fornece a maior parte de psicoeducação e técnicas estruturadas – além de se envolver em descoberta guiada. A psicoeducação pode envolver muitos tópicos, incluindo:

- Uma visão geral do modelo da TCC para o TUS e para as dependências comportamentais (o modelo "ABC").
- Estratégias para lidar com impulsos e fissura.
- Prevenção de recaídas.
- Estratégias de ativação comportamental.
- Estratégias de regulação emocional.
- Habilidades interpessoais.
- Habilidades de resolução de problemas.
- Técnicas de *mindfulness* e meditação.
- O papel da aceitação e do compromisso na recuperação.
- Fatos e princípios básicos sobre TUS e dependências comportamentais (causas e consequências das dependências, eficácia do tratamento, etc.).

O momento oportuno para psicoeducação durante uma sessão de TCC é vital. Terapeutas iniciantes correm o risco de ensinar os pacientes sem conceitualizá-los adequadamente ou estabelecer uma relação terapêutica colaborativa.

Por exemplo, alguns terapeutas (devido ao seu grande entusiasmo pela TCC) começarão imediatamente a descrever o modelo, a estrutura e as técnicas da TCC logo no início da terapia. O problema de fazer isso é que os pacientes podem não estar prontos para se concentrar nessas informações e para fazer mudanças, o terapeuta pode não ter compreendido totalmente o problema a ser tratado e a relação terapêutica pode não estar bem estabelecida. De maneira alternativa, o terapeuta deve primeiro coletar informações sobre o histórico do paciente, ocasionalmente fazendo perguntas como "Você gostaria de obter mais informações sobre como funciona a TCC?" ou "Você gostaria de saber mais sobre a provável causa ou consequência do comportamento que está descrevendo?".

Numerosas técnicas estruturadas de TCC foram desenvolvidas para abordar comportamentos dependentes e, conforme descrito anteriormente, elas não devem ser aplicadas até que o terapeuta tenha coletado informações suficientes para entender as necessidades do paciente. A seguir estão algumas das técnicas de TCC disponíveis para ajudar pacientes com TUS e dependências comportamentais.

- Identificar crenças problemáticas.
- Respostas racionais.
- Controle de estímulos.
- Registro diário dos pensamentos.
- Monitoramento e agendamento de atividades.
- Adiar gratificação e distrair.
- Surfar na fissura.
- *Role-play*.
- Análises de vantagens e desvantagens.
- Exposição prolongada.
- Técnicas de *mindfulness* e meditação.

A maioria dessas técnicas é descrita no Capítulo 7. Para que sejam efetivas, elas precisam ser explicadas de maneira eficaz, aprendidas durante a sessão e praticadas como tarefas de casa.

FORNECENDO RESUMOS CONCISOS AO LONGO DA SESSÃO

É essencial para o processo de aprendizagem que terapeutas e pacientes resumam suas discussões em vários momentos ao longo de cada sessão. Resumos concisos fornecem oportunidades para ajustar agendas e manter o foco das sessões de terapia. Os terapeutas cognitivo-comportamentais devem se esforçar para fornecer pelo menos três resumos de cada sessão. Por exemplo, um resumo inicial pode ocorrer logo após a agenda ter sido definida, outros podem ocorrer durante a sessão de terapia, e outros ainda podem ocorrer no fim da sessão.

Um resumo sucinto fornecido no início de uma sessão pode vincular a agenda atual aos objetivos de longo prazo do paciente. O seguinte diálogo reflete um resumo desse tipo:

> **Terapeuta:** Tudo bem, vamos resumir a agenda de hoje. O primeiro item da agenda foi seu forte desejo de comprar um maço de cigarros hoje de manhã. O segundo item tem a ver com uma crise no trabalho, e o terceiro envolve sua contínua ansiedade sobre seu casamento. Esqueci alguma coisa?
>
> **Paciente:** Não, é isso.
>
> **Terapeuta:** Parece-me que todos os três itens da agenda se encaixam bem com seus valores de longo prazo. Você disse repetidamente que quer melhorar sua saúde física, e disse muitas vezes que valoriza sua família e deseja sustentá-la.
>
> **Paciente:** Sim, é verdade.

Um resumo conciso fornecido posteriormente na sessão pode ajudar o terapeuta a refletir, decidir o que fazer a seguir (como avançar para o próximo item da agenda), transmitir compreensão, corrigir algum mal-entendido e tornar a terapia mais compreensível para o paciente.

Toda sessão de TCC deve ser concluída com resumos finais feitos tanto pelo terapeuta como pelo paciente. Quando encorajados a resumir, os pacientes são lembrados de que têm a responsabilidade de processar a sessão. Seus resumos permitem que os terapeutas verifiquem sua compreensão sobre o que ocorreu na sessão. Além disso, os pacientes melhoram sua retenção do conteúdo quando revisam ativamente o que foi discutido.

PROGRAMANDO TAREFAS DE CASA CONFORME NECESSÁRIO

A programação de tarefas de casa é um empreendimento colaborativo gerado e acordado pelo terapeuta e paciente em equipe. Suas duas principais funções são servir como uma ponte entre as sessões, garantindo que os pacientes continuem trabalhando em seus problemas, e fornecer uma oportunidade para que coletem informações para testar crenças pessoais e experimentar novos comportamentos. Os pacientes são encorajados a ver as tarefas de casa como um componente integral e vital da TCC. Como a sessão de terapia tem limite de tempo, elas se tornam extremamente importantes como oportunidades para praticar novas habilidades entre as sessões.

É melhor programar tarefas de casa que se baseiem na sessão de terapia, como um prolongamento lógico da sessão. Isso pode ser feito revisando os *insights* da sessão e como estes podem ser continuados e reforçados fora do tratamento. Idealmente, essas tarefas levam ao uso contínuo de novas habilidades, mesmo após o término do tratamento formal.

Em geral, é aconselhável revisar a tarefa de casa da semana anterior como um dos primeiros itens da agenda em cada sessão (ou seja, depois de fazer a ponte com sessões anteriores). Desse modo, os terapeutas transmitem aos pacientes que a tarefa de casa é uma parte importante do processo. Além disso, revisando a tarefa de casa das sessões anteriores, os terapeutas podem corrigir os erros dos pacientes no início do tratamento – por exemplo, ao completar registros de pensamentos automáticos (ver Cap. 7). Ao assegurarem que a tarefa de casa seja revisada, os terapeutas podem ter certeza de que os pacientes estão efetivamente praticando novas habilidades cognitivas e comportamentais.

Os terapeutas que não revisam a tarefa de casa podem inadvertidamente contribuir para três problemas. Primeiro, os pacientes podem concluir que as tarefas de casa de fato não são importantes. Em segundo lugar, os pacientes podem perder oportunidades de identificar e corrigir equívocos sobre tarefas ou novas habilidades. E terceiro, os pacientes podem perder oportunidades de tirar lições úteis da tarefa de casa e reforçá-las.

Os terapeutas podem minimizar o insucesso nas tarefas de casa explicando o fundamento lógico delas e discutindo dificuldades possíveis ou esperadas. Por exemplo, o terapeuta pode perguntar "Como você pode se beneficiar fazendo esta tarefa de casa?", "Quais são as chances de você completar esta tarefa?" ou "O que poderia atrapalhar o cumprimento desta tarefa de casa?". Além disso, quando os terapeutas duvidam da compreensão dos pacientes sobre a tarefa de casa, eles devem ensaiar a tarefa antes que o paciente saia da sessão.

Quando as tarefas de casa não forem concluídas, os terapeutas devem perguntar sobre os obstáculos que podem ter interferido em sua conclusão. Em nossa experiência, alguns dos obstáculos mais comuns citados pelos pacientes são:

"Eu estava muito ocupado. Não tive tempo suficiente."
"Esqueci-me da tarefa de casa."
"Eu até fiz a tarefa de casa... Só não fiz do jeito que combinamos."
"Tentei fazer o que conversamos, mas não ajudou."

"Foi uma semana boa, então não precisei fazer a tarefa de casa."
"Eu estava muito deprimido para fazer qualquer coisa esta semana."
"Não achei que isso realmente me ajudaria."
"Nada pode me ajudar, então não adianta tentar."

Cada um desses pensamentos tem o potencial de se transformar em um item da agenda. Por exemplo, a resposta "Eu estava muito ocupado" pode levar a uma discussão sobre gerenciamento de tempo. A resposta "Esqueci-me da tarefa de casa" pode levar a uma discussão sobre o trabalho árduo necessário para fazer mudanças pessoais complexas. A resposta "Não achei que isso realmente me ajudaria" pode acarretar uma discussão sobre desamparo, ou até mesmo sobre o valor da terapia.

Em resumo, a tarefa de casa funciona como uma ponte entre as sessões de terapia e oferece uma oportunidade para testar crenças e praticar as habilidades aprendidas na sessão. As tarefas reais devem servir como extensões lógicas das sessões e ser relevantes para os objetivos da terapia. Os terapeutas podem reduzir o não cumprimento de tarefas dando uma justificativa para cada tarefa e abordando possíveis dificuldades que possam surgir. Para facilitar a compreensão dos pacientes, as tarefas de casa devem ser ensaiadas na sessão. Os terapeutas devem explicar a importância das tarefas e revisá-las em cada sessão. Tarefas incompletas devem ser discutidas como itens da agenda na sessão. As razões para não fazer a tarefa de casa devem ser verificadas e abordadas.

TROCANDO *FEEDBACK*

Terapeutas e pacientes devem trocar *feedback* regularmente durante as sessões de terapia. Durante todas as sessões, os terapeutas devem determinar se os pacientes entendem o conteúdo e o processo da sessão. Por exemplo, o terapeuta pode perguntar: "Você sabe me dizer onde estou tentando chegar com essas perguntas?". Às vezes, os pacientes não entendem o que os terapeutas estão tentando realizar. Fazer perguntas fornece oportunidades para descobrir qualquer falha de comunicação. No fim de cada sessão, os terapeutas devem obter *feedback* dos pacientes sobre: 1) o que foi aprendido na sessão, 2) como o paciente se sentiu durante a sessão e 3) como o paciente se sente sobre a terapia em geral.

Por exemplo, o terapeuta pode perguntar: "O que você tirou da sessão de hoje?", "Algo que eu disse ou fiz foi particularmente preocupante?" ou "O que você acha que conseguimos?".

Outras formas de obter *feedback* incluem responder ao comportamento não verbal na sessão de terapia. Por exemplo, se o terapeuta perceber que o paciente está franzindo a testa, ele pode dizer: "Percebi que você estava com a testa franzida. Quais pensamentos estavam passando por sua mente naquele momento?". Isso geralmente resulta na obtenção de um *feedback* valioso.

Os pontos-chave a serem lembrados são que os terapeutas devem ser hábeis em pedir e responder ao *feedback* verbal e não verbal ao longo da sessão de terapia, devem verificar regularmente a compreensão dos pacientes e devem fornecer resumos periodicamente durante a sessão. Essas ações, por sua vez, ajudam a construir um forte relacionamento colaborativo.

ENCERRANDO E PLANEJANDO O ACOMPANHAMENTO

Em filmes que retratam a psicoterapia, não é incomum que as sessões tenham um encerramento repentino e que seja mais ou menos assim: "Muito bem, o tempo acabou. Vejo você novamente daqui uma semana". Na vida real, os seres humanos raramente se levantam de repente e se afastam de encontros sociais. No curso do discurso interpessoal convencional, o tempo juntos termina com pelo menos uma conclusão semiformal. Isso também deve ocorrer na psicoterapia.

Sugerimos que os terapeutas dediquem pelo menos alguns minutos ao fim de cada sessão para fazer o encerramento. Por exemplo, se uma sessão dura 50 minutos, o terapeuta pode (aos 45 minutos) dizer algo como: "Só nos restam cerca de cinco minutos. Vamos conversar sobre o que você aprendeu com esta sessão, e se você concorda com a tarefa de casa. Também podemos agendar outra consulta, se você quiser". Declarações como essas preparam o paciente e o terapeuta para a saída do paciente. Dessa forma, a atmosfera colaborativa que se iniciou durante a definição da agenda é mantida até o fim da sessão.

RESUMO

Neste capítulo, discutimos a importância da estrutura da sessão e seus oito componentes. Definir uma agenda ajuda a otimizar o uso do tempo, mantém o foco da sessão, define o tom para uma atmosfera de trabalho e evita a perda das metas da sessão. Verificações repetidas do humor identificam mudanças de humor que podem prejudicar a sessão ou levar à recaída. Conectar as sessões garante a continuidade entre elas e mantém a terapia focada nos objetivos do tratamento. Ao abordarem a lista de itens da agenda, os terapeutas ajudam os pacientes a priorizar, manter o foco no material importante, fazer uso mais eficiente do tempo e contribuir ativamente para a discussão. A descoberta guiada ajuda os pacientes a tirarem suas próprias conclusões e tomar suas próprias decisões. Resumos sucintos ajudam a reforçar o aprendizado. A tarefa de casa deve ser compreendida pelos pacientes, e medidas apropriadas para minimizar obstáculos devem ser tomadas. Os terapeutas devem continuamente fornecer e obter *feedback* para esclarecer possíveis mal-entendidos ou má-interpretação do que está ocorrendo em cada sessão.

6

Descoberta guiada, entrevista motivacional e análise funcional

A descoberta guiada é um processo essencial da terapia cognitivo-comportamental (TCC) que envolve uma deliberada e cuidadosa exploração sistemática dos pensamentos, sentimentos e comportamentos dos pacientes, enfatizando-se como todos eles afetam uns aos outros. Quando praticada de forma eficaz, ajuda os pacientes a reconhecerem padrões cognitivos, comportamentais e afetivos e aprender que alguns padrões são mais adaptativos do que outros. À medida que aprendem a reconhecer padrões, os pacientes estão mais bem equipados para gerenciá-los. Consideramos a descoberta guiada essencial: os terapeutas cognitivo-comportamentais, ao longo de cada sessão, procuram *orientar* seus pacientes a *descobrirem* estratégias adaptativas para lidar com os desafios da vida de maneira eficaz. Como um processo exploratório, a descoberta guiada visa responder a perguntas como:

- O que você pensa sobre... [preocupações passadas, presentes ou futuras]?
- Quais são suas crenças sobre... [preocupações passadas, presentes ou futuras]?
- Como você se sente sobre... [preocupações passadas, presentes ou futuras]?
- Como você se comporta quando confrontado com... [preocupações passadas, presentes ou futuras]?
- Quais pensamentos ou crenças normalmente precedem o seu... [sentimento particular ou comportamento]?
- Quais são as prováveis consequências de... [comportamentos passados, presentes ou futuros]?

- Em que medida o seu... [comportamento passado, presente ou futuro] ... se alinha com seus valores?
- No futuro, quais comportamentos você pode escolher em resposta a... [desafios passados, presentes ou futuros]?

É um erro supor que as respostas a essas perguntas são fáceis para os pacientes. Se essas respostas fossem fáceis, muito mais pessoas provavelmente resolveriam seus próprios problemas. Muitos pacientes nunca ouviram perguntas como essas e, portanto, as próprias questões têm o potencial de facilitar o aprendizado. É importante lembrar que existem dois objetivos principais da descoberta guiada: 1) ajudar o *terapeuta* a compreender o mundo pessoal do *paciente* e 2) ajudar o *paciente* a compreender *o seu próprio* mundo pessoal.

Técnicas padronizadas, como as descritas no próximo capítulo, tendem a ser altamente *estruturadas* e *focadas*. A estrutura envolve etapas distintas, enquanto o foco envolve atenção contínua e capacidade de resposta ao conteúdo terapêutico – a fim de evitar meandros ou desvios de um tópico para outro. A descoberta guiada é necessariamente focada (evitando perda de direção), mas não precisa ser altamente estruturada, uma vez que cada pergunta e resposta da descoberta guiada é influenciada pelo conteúdo muitas vezes imprevisível do paciente.

DESCOBERTA GUIADA E ENTREVISTA MOTIVACIONAL

Os clínicos muitas vezes ficam surpresos ao aprender sobre a semelhança entre descoberta guiada e entrevista motivacional (EM; Miller & Rollnick, 2013). Ambas são abordagens sofisticadas destinadas a ajudar os pacientes a refletirem sobre seus próprios pensamentos, crenças, sentimentos e comportamentos, a fim de avaliá-los intencionalmente. Tanto a descoberta guiada como a EM baseiam-se no pressuposto de que as pessoas agirão em seu próprio benefício quando são ajudadas a reconhecer, compreender e realizar aquilo que mais as beneficia.

Algumas semelhanças específicas entre descoberta guiada e EM incluem:

- Perguntar aos pacientes como eles tomaram certas decisões e depois ajudá-los a considerar decisões adicionais ou alternativas.
- Invocar os melhores interesses dos pacientes ao considerar mudanças, em vez de focar no que é certo ou errado por padrões normativos.
- Utilizar e validar as próprias palavras dos pacientes como alavanca para apresentar uma ideia terapêutica relacionada. Isso aumenta as chances

de que os pacientes concordem com os comentários dos terapeutas e diminui suas chances de verem os comentários dos terapeutas como contrários, críticos ou antagônicos.
- Resumir os comentários dos pacientes de maneira positiva (embora estratégica), com o objetivo de capacitá-los a ouvirem suas próprias palavras. Isso às vezes leva à reconsideração do que disseram e pode abrir a porta para mudar sua forma de pensar, sentir ou agir.
- Fazer comentários aparentemente casuais que na verdade são mensagens terapêuticas importantes. Isso permite que os pacientes ouçam uma mensagem terapêutica que normalmente poderia ir contra suas crenças, sem necessariamente vê-la como uma contestação. O resultado é que os pacientes podem considerar ou adotar a mensagem terapêutica sem que se sintam humilhados.
- Não esperar que os pacientes aceitem as mensagens dos terapeutas apresentadas durante a sessão, mas contentar-se em *plantar a semente* para adicional consideração posteriormente.

O diálogo a seguir ilustra um terapeuta envolvendo sua paciente, Jennifer, na descoberta guiada. Essa interação foi escolhida para destacar as semelhanças entre a descoberta guiada e a EM:

Jennifer: Não sou uma dessas pessoas que bebe para ficar bêbada. Posso beber só uma ou duas taças de vinho para relaxar ao longo de uma noite e nos fins de semana. Nunca tenho pressa quando estou bebendo. Acredite em mim, já vi outras pessoas beberem muito mais do que eu, e elas não são alcoólatras... então eu sei que estou bem. Não importa o que meu marido acha ou diz.

Terapeuta: Então, Jennifer, você se vê como alguém que bebe sem pressa, e não alguém que bebe para ficar bêbada. Você se sente tranquila sabendo que outras pessoas bebem muito mais, então se sente bastante segura em comparação.

Jennifer: Certo. Eu não sou um daqueles bêbados que caem ou desmaiam. Eu só quero desfrutar de um pouco de vinho... ou alguns coquetéis.

Terapeuta: Com base no que você acabou de dizer, seria justo dizer que o problema real é que seu marido está preocupado com você?

Jennifer: Você poderia dizer isso... além da despesa. [*Ri nervosamente.*]

Terapeuta: A despesa? Então você está preocupada com o quanto você gasta com álcool.

Jennifer: É mais do que quero admitir, mas já passei muito mal por beber coisas baratas.

Terapeuta: Então você está preocupada com os dois custos da bebida: um para o seu casamento e o outro para sua conta bancária.
Jennifer: [*Breve silêncio.*] Eu só quero relaxar. Isso é tudo. Eu tenho um trabalho estressante. É crime relaxar?
Terapeuta: Claro que não. Você mencionou várias vezes que tem um trabalho estressante. Parece que algumas pessoas estão dizendo que sua bebida é um *crime*? Parece haver esse tipo de acusação?
Jennifer: Com certeza, parece isso mesmo. Estou cansada de me defender. [*Fica prestes a chorar.*]
Terapeuta: Espero não parecer acusador. Essa não é minha intenção. Eu estava apenas tentando descobrir se você tinha ideias sobre por que seu marido poderia estar preocupado com você, mesmo que você não esteja preocupada consigo mesma.
Jennifer: Às vezes eu também me preocupo. Não sou alienada. Não estou em total negação. Eu só quero que as pessoas confiem no meu julgamento e não tirem conclusões precipitadas erradas sobre mim. [*Longa pausa.*] Não tenho intenção de ficar como a minha mãe. [*Começa a chorar.*]
Terapeuta: [*Desliza gentilmente uma caixa de lenços de papel na mesa em direção à paciente.*] Você se importa de me dizer o que está pensando neste exato momento?
Jennifer: Não quero me tornar a minha mãe, não quero que meu marido perca o respeito por mim, e não quero que você pense que não estou interessada em cogitar algumas mudanças. Mas preciso de uma maneira de relaxar. O que eu deveria fazer? Eu tomo precauções quando bebo: nunca bebo e dirijo, nunca misturo álcool com outras drogas e nunca bebo pela manhã.
Terapeuta: Você acabou de dizer tantas coisas importantes. Tudo bem se eu resumir? [*Jennifer acena "sim".*]. Por um lado, você está fazendo tudo que pode para manter sua bebida no que acredita ser uma zona segura. Por outro lado, a bebida tornou-se muito importante como sua principal maneira de relaxar, a ponto de ser difícil para você imaginar aliviar o estresse sem ela. Você se sente frustrada com a preocupação de seu marido com sua bebida, mas também percebe que a tensão conjugal é um dos custos de sua bebida, juntamente com a despesa financeira. E depois tem isso que você acabou de dizer sobre não ser alienada e não estar em negação, porque você está muito ciente de sua história familiar. Eu não tinha mencionado sua mãe, mas de repente você a mencionou porque você mesma ligou os pontos – sem nenhuma ajuda minha. Jennifer, você pode me contar mais sobre suas preocupações?

Jennifer: Isso é difícil. [*Pausa.*] Eu *sei* que tenho que ter cuidado com a bebida. Eu *sei* disso, ok? Eu não sou idiota.

Nessa conversa, em nenhum momento o terapeuta de Jennifer disse que os pensamentos dela estavam errados ou eram disfuncionais, não a instruiu sobre o que ela *deveria* fazer ou pensar e não entrou em uma disputa de poder. Em vez disso, ele usou a descoberta guiada, como a EM, para destacar certos padrões cognitivos, comportamentais e afetivos. Note que, ao final do diálogo, Jennifer começou a parar de minimizar a bebida para dizer que também se preocupava com isso e que sabia que precisava ser cuidadosa. Essa revelação permitiu que o terapeuta usasse as próprias palavras de Jennifer em sessões futuras para discutir seu consumo de álcool. Ao prestar atenção aos comentários de Jennifer sobre a história de bebida de sua mãe, seu terapeuta desenvolve ainda mais sua conceitualização de caso estabelecendo antecedentes históricos e de desenvolvimento do padrão de consumo de álcool dela. Esse breve diálogo ilustra a interação entre descoberta guiada, conceitualização de caso e colaboração. Nas seções a seguir, apresentamos e descrevemos a análise funcional e demonstramos como ela é facilitada pela descoberta guiada.

DESCOBERTA GUIADA PARA VINCULAR PENSAMENTOS, SENTIMENTOS E COMPORTAMENTOS

Os pacientes novatos na TCC geralmente subestimam o papel que os pensamentos e as crenças desempenham no desenvolvimento e na manutenção de seus comportamentos dependentes. Muitos veem esses comportamentos como diretamente causados por eventos externos (p. ex., situações e circunstâncias) ou por sentimentos internos (p. ex., desejo, inquietação, ansiedade, depressão, dor física) e, assim, os veem como estando fora de seu controle. Eles podem não perceber o impacto de seus próprios pensamentos ou crenças e podem não acreditar que mudá-los os ajudará a alterar comportamentos problemáticos.

Os terapeutas ajudam os pacientes focando o papel dos pensamentos e das crenças no desenvolvimento e na manutenção de comportamentos dependentes. Eles ajudam os pacientes extraindo continuamente pensamentos e crenças relacionados à dependência e auxiliando os pacientes a vinculá-los a comportamentos dependentes. O verdadeiro trabalho na TCC começa quando os pacientes são ensinados, por meio da descoberta guiada, a entender o vínculo entre esses comportamentos e pensamentos e crenças como:

"Não suporto o que sinto."
"Só quero um pouco de alívio."
"Preciso me sentir melhor."
"Vou beber apenas algumas."
"Só quero ficar bêbado."
"A vida é chata sem ficar chapado."
"Sempre bebi e fumei. Eu sou assim."
"Sempre me divirto quando estou festejando com amigos."
"Jogar é a única coisa divertida que eu faço."

Pensamentos e crenças como esses têm o potencial de desencadear comportamentos dependentes. Ao extraírem esses pensamentos e os vincularem a comportamentos relacionados às dependências, os terapeutas fornecem um recurso valioso a seus pacientes. Esse processo requer considerável paciência. É tentador para os terapeutas contestarem prematuramente pensamentos e crenças que ativam comportamentos dependentes. Contudo, ao fazê-lo, correm o risco de alienar os pacientes e colocá-los na defensiva. Em contrapartida, os terapeutas que pacientemente extraem pensamentos e crenças sem prejulgá-los ajudam os pacientes a aprender sobre o vínculo entre pensamentos, crenças e comportamentos dependentes. O diálogo a seguir entre Jill e seu terapeuta demonstra esse processo de descoberta guiada:

Jill: Fiz uma besteira.
Terapeuta: O que você quer dizer com "besteira"?
Jill: Fumei um cigarro nesse fim de semana.
Terapeuta: Conte-me o que aconteceu.
Jill: Jantei com alguns amigos em um restaurante e depois fumei um cigarro.
Terapeuta: Conte-me mais.
Jill: Meus amigos acenderam cigarros depois que saímos do restaurante. Estávamos parados no estacionamento, conversando.
Terapeuta: O que passou pela sua cabeça quando você os viu acender?
Jill: O que você quer dizer?
Terapeuta: Tente se lembrar do que você estava pensando.
Jill: Lembro-me de pensar: "Droga, eu gostaria de fumar apenas um".
Terapeuta: E então o que aconteceu?
Jill: Meus amigos me viram parada ali, parecendo uma idiota, e um deles me ofereceu um cigarro. É claro que eu peguei.
Terapeuta: Jill, você consegue se lembrar do que estava pensando antes de pegar o cigarro?

Jill: Sim, eu estava pensando em muitas coisas. Eu estava pensando que eu realmente queria fumar. Eu estava pensando que não poderia dizer não ao meu amigo. Eu lembro... [*pausa por um instante*] ... foi como se uma voz baixa na minha cabeça dissesse: "Não faça isso". Mas então outra voz mais alta disse: "Só este".

Terapeuta: Então, havia vários pensamentos que estavam diretamente ligados a você fumar. Um pensamento foi: "Droga, eu gostaria de fumar apenas um". Outro pensamento foi: "Eu parecia uma idiota parada ali". Outro foi: "Claro que vou aceitar um cigarro se um amigo me oferecer. Não posso dizer não a um amigo". Outros pensamentos foram: "Eu realmente quero fumar. Só este".

Jill: Sim, isso resume tudo.

Terapeuta: Jill, é importante reconhecer que seus pensamentos e crenças estão diretamente ligados à sua decisão de fumar. Acabamos de identificar vários pensamentos que ocorreram rapidamente, um atrás do outro. Eu gostaria de ajudá-la a adquirir o hábito de reconhecer os pensamentos que muitas vezes estão relacionados ao seu hábito de fumar.

Jill: Como isso vai ajudar?

Terapeuta: Com o tempo, você será capaz de identificar esses pensamentos e contestá-los. Isso se tornará uma de suas novas habilidades como não fumante.

Jill: Agora que você explicou eu percebo que venho fazendo exatamente isso há meses para ficar longe do cigarro. Quando penso que seria ótimo fumar, lembro-me de como me sinto bem a respeito de parar.

Como Jill explicou, ela conseguiu parar de fumar lembrando a si mesma que é bom não fumar. Ela entende *implicitamente* que os atos de fumar e parar de fumar estão vinculados a vários pensamentos. Assim, um papel importante do terapeuta cognitivo-comportamental é *explicitar* esse vínculo por meio da descoberta guiada, para que os pacientes possam ser mais ponderados e intencionais em seus próprios esforços para controlar esses pensamentos e abster-se de comportamentos dependentes.

A maioria das pessoas (incluindo terapeutas e pacientes) não reconhece as sutis diferenças entre pensamentos e crenças. Os terapeutas que ensinam os pacientes a distinguir entre seus pensamentos e suas crenças desempenham um papel útil em sua recuperação. Isso ajuda os pacientes a tornar cada pensamento e crença um alvo para mudança. Uma maneira de diferenciar entre os dois é entender que os pensamentos geralmente são *repentinos*, *espontâneos* e *fugazes* – e se originam de crenças *mais profundas*. Com base nessas diferenças, tendemos a considerar que os pensamentos são *automáticos* e as crenças são processos *básicos* ou *subjacentes*.

Por exemplo, durante a infância, Jay desenvolveu a crença básica: "Sou intrinsecamente tímido e reservado". No ensino médio, ele descobriu os efeitos desinibidores do álcool. Ao longo de vários anos de consumo contínuo de álcool, Jay desenvolveu naturalmente a nova crença: "Fico menos tímido e mais sociável quando bebo". Ao mesmo tempo, ele desenvolveu os pensamentos automáticos "Beber é divertido!" e "Quanto mais bebida, mais diversão!". Esses pensamentos automáticos e muitos outros semelhantes tendiam a permear as ocasiões em que Jay bebia muito. É útil, especialmente no início da terapia, ensinar a pacientes como Jay que eles serão mais capazes de controlar emoções e comportamentos quando entenderem as ligações diretas entre suas crenças, pensamentos e comportamentos dependentes. Jay gostou de saber que seu ato de beber era precipitado por pensamentos proximais como "Beber é divertido", mas também por crenças mais profundas como "Não quero mais ser reservado ou tímido".

A maioria dos terapeutas experientes já ouviu os pacientes dizerem: "Mudar meus pensamentos não vai por si só me fazer parar de usar drogas" (ou de ter outros comportamentos dependentes). Eles têm razão. Pessoas que enfrentam TUS e dependências comportamentais geralmente precisam adquirir várias habilidades, e isso exige tempo e prática. A capacidade de identificar e rotular pensamentos e crenças fornece a base para vinculá-los a comportamentos dependentes complexos. Com o tempo, a identificação e a rotulação de pensamentos e crenças possibilitam mudá-los, bem como os comportamentos complexos que eles induzem.

Consideramos útil iniciar a terapia avaliando em que medida os pacientes são capazes de identificar pensamentos, crenças e sentimentos. A maioria dos pacientes não diferencia claramente entre esses três processos. De fato, muitas pessoas, se indagadas sobre como se sentem em relação a alguma coisa, responderão com uma declaração como: "Eu sinto *que*...". Com isso, elas expressam o que *pensam* ou no que *acreditam*, e não o que *sentem*. Um paciente que diz "Eu *sinto* que sempre serei dependente" na verdade está dizendo "Eu *acredito* que sempre serei dependente". Um paciente que diz "Eu *sinto* que ele está errado" na verdade está pensando "Eu *acho* que ele está errado".

Categorias de pensamentos e crenças

É provável que existam tantos pensamentos e crenças relacionados ao TUS e às dependências comportamentais quanto existem impressões digitais humanas.

Consideramos útil colocar pensamentos e crenças relacionados a esses transtornos em várias categorias:

- Pensamentos e crenças sobre a *natureza* de substâncias e comportamentos dependentes específicos.
- Pensamentos e crenças sobre os *benefícios* de substâncias ou comportamentos dependentes.
- Pensamentos e crenças sobre impulsos e fissura.
- Pensamentos e crenças permissivos.

Pensamentos e crenças sobre a natureza de substâncias e comportamentos dependentes específicos

O TUS e as dependências comportamentais são complexos e incompreendidos pela maioria das pessoas. Por exemplo, grande parte das pessoas acredita que o uso do tabaco é mais seguro do que o uso de outras substâncias, mas, na verdade, mais mortes são causadas pelo tabaco do que por qualquer outra substância. Muitas pessoas acreditam que o álcool as ajuda a ter uma boa noite de sono, mas, na verdade, o álcool interfere na qualidade do sono. A maioria das pessoas com transtorno do jogo acredita que acabará recuperando suas perdas continuando a jogar, mas, na verdade, quanto mais jogarem, provavelmente mais dinheiro perderão. A seguir, vemos alguns exemplos de outros equívocos sobre TUS e dependências comportamentais:

"Não vou ter problemas com bebida se beber apenas cerveja."
"Medicamentos controlados devem ser seguros, pois são prescritos por médicos."
"A maconha é inofensiva, ou não seria permitida em tantos estados [dos Estados Unidos]."
"Gastar dinheiro em jogos de azar não é diferente de gastar em qualquer outra forma de entretenimento."
"Jogos *on-line* não podem ser um problema; eles são apenas jogos."

Quando os pacientes mantêm pensamentos e crenças como esses, os terapeutas podem identificá-los, convidar os pacientes a examiná-los cuidadosamente e, no devido tempo, ajudá-los a entender melhor como essas crenças podem acarretar lapsos e recaídas, apesar dos fortes desejos de mudança do paciente. Deve ficar claro que o objetivo final de longo prazo dessas intervenções é ajudar os indivíduos a tomar decisões saudáveis, resolvendo seus equívocos sobre TUS e dependências comportamentais. Para aprender sobre pensamentos e crenças errôneas dos pacientes sobre esses transtornos, um terapeuta pode perguntar:

"Qual é a sua compreensão dos limites de consumo seguro de bebidas?"
"Como o tabagismo afeta a saúde física de uma pessoa?"
"O que significa tornar-se tolerante a um analgésico?"
"Até que ponto a maconha pode causar dependência?"
"Qual é a probabilidade de uma pessoa recuperar suas perdas em jogos de azar?"
"Quais são os riscos potenciais associados aos jogos *on-line*?"

É importante que os terapeutas aprendam o máximo possível, por meio de descoberta guiada, sobre as crenças dos pacientes antes de contestá-las. Como mencionado anteriormente, contestações prematuras tendem a colocar os pacientes na defensiva. Deve ficar claro que as perguntas supracitadas são feitas de maneira geral, e não pessoal. Isso visa minimizar a probabilidade de um paciente se sentir acusado de fazer algo errado pela natureza pessoal do questionamento. Felizmente, muitos pacientes respondem a perguntas como essas reexaminando suas próprias crenças. Como resultado, eles podem pedir informações factuais sobre TUS e dependências comportamentais. Quando isso ocorre, certamente é aceitável prover recursos baseados em evidências que fornecem respostas às suas perguntas (p. ex., www.niaaa.nih.gov, www.drugabuse.gov, www.samhsa.gov).

Pensamentos e crenças sobre benefícios do uso de substâncias e das dependências comportamentais

É bem compreendido que as pessoas se envolvem em comportamentos dependentes por suas propriedades reforçativas. Mas o que isso significa? Isso significa coisas diferentes para pessoas diferentes, e, portanto, é essencial conceitualizar os benefícios que cada paciente associa a seu próprio comportamento dependente. Por exemplo, algumas pessoas acreditam que só podem parar de se sentirem ansiosas bebendo álcool. Outras acreditam que só podem ter diversão em festas nas quais todos estão ficando chapados. Há aquelas que acreditam que a única maneira de se motivarem a fazer qualquer coisa é tomando analgésicos narcóticos. Outras acreditam que sua única recompensa na vida é a comida, o que as leva à compulsão alimentar. Algumas pessoas solitárias acreditam que só podem encontrar alívio para a solidão visitando um cassino. Em outras palavras, para alguns indivíduos, os benefícios do uso de substâncias e das dependências comportamentais consistem em proporcionar alívio do sofrimento. Para outras, substâncias e dependências comportamentais são necessários para tornar um humor bom ou neutro ainda melhor.

Muitos pacientes usam substâncias ou apresentam dependências comportamentais como automedicação para condições concomitantes como depressão, ansiedade, transtornos da personalidade e outros problemas psiquiátricos. Quando esse é o caso, a TCC é usada como um *tratamento duplo* para pacientes com *diagnósticos duplos*. O objetivo é ajudar os pacientes com seus comportamentos dependentes, mas também com os problemas de saúde mental que eles procuram medicar com esse tipo de comportamento. Esse trabalho é mais bem realizado de forma integrada, e não separadamente (SAMHSA, 2009). A mensagem enviada aos pacientes é que sua depressão, ansiedade, personalidade e outros problemas de saúde mental estão associados a pensamentos e crenças problemáticos, assim como seus comportamentos dependentes.

Para pacientes que usam substâncias psicoativas para comemorar (ou seja, tornar um bom humor melhor ainda) ou manter o *status quo* emocional, é igualmente importante identificar pensamentos e crenças sobre benefícios percebidos de comportamentos dependentes continuados. Mais à frente, esses pensamentos e crenças podem ser contestados pelos terapeutas, mas, no início da terapia, é importante simplesmente encorajar os pacientes a reconhecerem pensamentos e crenças associadas a comportamentos dependentes.

Pensamentos e crenças sobre impulsos e fissura

Impulsos e fissura são sensações psicológicas e fisiológicas que criam uma sensação desconfortável e inquietante de "vontade" ou "impulso" para alterar o próprio estado por meio do uso de substâncias químicas psicoativas ou dependências comportamentais. A seguir, estão alguns exemplos de crenças comumente encontradas sobre impulsos e fissura:

"Impulsos e fissura são intoleráveis."
"A única maneira de parar a fissura é ceder a ela. Caso contrário, ela só piora."
"Impulsos ou fissura não satisfeitos me deixarão louco."
"Não consigo pensar ou fazer qualquer outra coisa quando estou tendo impulsos ou fissuras."

Como se pode inferir do exposto, muitos pacientes têm uma visão linear de impulsos ou fissura, antecipando que esses sentimentos seguirão um curso sempre ascendente, inalterável e não mitigado, a menos que sejam satisfeitos por meio de um comportamento dependente. De certa forma, essa noção errônea é análoga à visão que um paciente evitativo tem da ansiedade, na qual se acredita que a ansiedade vai aumentar até fazer a pessoa enlouquecer ou morrer, e a única maneira de parar de se sentir ansioso é evitar a situação geradora de ansiedade. Em ambos os casos – com pacientes dependentes e indivíduos evitativos –, há uma falha em entender que o desconforto é por tempo limitado e acabará diminuindo.

Como veremos em uma seção posterior sobre como contestar pensamentos e crenças relacionados às dependências, os terapeutas podem ajudar os pacientes a examinar evidências concretas de experiências anteriores em que eles tiveram desejos ou impulsos que diminuíram por conta própria. Para a maioria dos pacientes, na maioria das situações, os impulsos e desejos diminuem com o tempo quando não são acomodados. Muitos pacientes ficam incrédulos quando lhes dizem que eles podem *suportar a onda* de desconforto associado a necessidades e desejos, mas suas próprias histórias pessoais geralmente fornecem evidências de que eles já o fizeram antes e podem fazê-lo novamente. Quando aliam esse conhecimento a outras estratégias e apoio social (p. ex., grupos de ajuda mútua, terapeutas, conselheiros, amigos, entes queridos), os pacientes podem, com o tempo, permitir que suas impulsos e desejos atinjam o auge e diminuam. O sucesso nesta empreitada é uma vitória tanto de autorrealização quanto de autoajuda. No próximo capítulo, descrevemos a técnica de *adiar a gratificação e distração*, na qual os pacientes prolongam o tempo de necessidades e desejos que estão dispostos a suportar.

Pensamentos e crenças permissivos

Os pensamentos permissivos às vezes são referidos como racionalizações, desculpas ou justificativas para se envolver em comportamentos dependentes. Os terapeutas são alertados para esses tipos de pensamentos quando os pacientes insinuam que tiveram *bons motivos* para se envolver nesse tipo de comportamento ou que *dessa vez não tem problema*. Exemplos de pensamentos permissivos incluem:

> "Só dessa vez."
> "Só um pouquinho."
> "Esta é uma ocasião especial."
> "Ninguém vai saber."
> "Não estou causando mal a ninguém a não ser a mim mesmo."
> "Minha vida não pode ficar pior."

"Já estou sóbrio há bastante tempo."
"Não é justo que só eu não possa."

Observamos que os pensamentos permissivos tendem a ser ativados em momentos-chave nos quais os pacientes se sentem ambivalentes a respeito de ceder à tentação, enquanto lutam com a pergunta: "*Será que devo?*".

Durante a descoberta guiada, os terapeutas ouvem os pensamentos permissivos, os identificam como tal e convidam os pacientes a considerá-los cuidadosamente. Com a finalidade de manter uma forte relação terapêutica, os terapeutas devem expressar a preocupação com o fato de que esses pensamentos colocam os pacientes em risco, sem parecer críticos. Dado que os pacientes muitas vezes sentem ambivalência ao cogitar o uso, é imperativo que eles aprendam a identificar suas crenças permissivas e entendam seus efeitos potenciais na tomada de decisão (Newman, 2008).

Os pacientes precisam desenvolver respostas adaptativas bem-ensaiadas para neutralizar pensamentos permissivos. Eles devem ser encorajados a gerar algumas respostas adaptativas com seus terapeutas em sessão e então gerar mais respostas adaptativas como tarefa de casa. Como discutiremos no próximo capítulo, os terapeutas podem envolver os pacientes na representação de papéis para praticar respostas adaptativas aos pensamentos permissivos. Exemplos incluem: "Não existe esse negócio de *apenas* uma dose; uma dose geralmente leva a muitas doses", "A melhor maneira de passar no teste é nem chegar a me testar" e "Estou determinado a manter vivo o meu período de sobriedade". Além disso, os pacientes são ensinados a perceber quando usam palavras como *apenas*, *só* e *um pouco* em suas afirmações pessoais, pois estas são pistas de que podem estar sendo permissivos. Os pacientes são instruídos a repetir seus comentários *sem* essas palavras e ouvir a diferença qualitativa. Por exemplo, "Eu quero *só* uma bebida" torna-se "Eu quero uma bebida", e "Eu *só* quero usar *um pouco*" torna-se "Eu quero usar". Esse exercício revela a dura realidade do que os pacientes estão se propondo a fazer quando são permissivos.

ANÁLISE FUNCIONAL

Talvez o processo mais simples e importante para identificar e vincular pensamentos, crenças e sentimentos seja a *análise funcional* (também referida como *análise da cadeia*). A análise funcional, como o nome indica, ajuda os pacientes a analisarem a cadeia de gatilhos, pensamentos, sentimentos e comportamentos associados ao funcionamento de comportamentos dependentes (Budney & Higgins, 1998; Magidson, Young, & Lejuez, 2014). Liese e Esterline (2015) explicam como a análise funcional pode ser facilitada empregando mapas conceituais (ou seja, diagramas que representam relações causais entre gatilhos, pensamentos, sentimentos e comportamentos). O exemplo mais simples de uma análise funcional é apresentado na Figura 6.1. Muitos terapeutas cognitivo-comportamentais reconhecem o modelo ABC simples, em que A representa os **a**ntecedentes, B representa as crenças (*beliefs*) ou pensamentos e C representa as **c**onsequências emocionais e comportamentais associadas a pensamentos e crenças.

Às vezes nos referimos aos antecedentes como "gatilhos" ou "eventos ativadores" porque eles ativam pensamentos e crenças, os quais, por sua vez, ativam comportamentos dependentes. Os gatilhos podem ser internos e experimentados emocional ou fisicamente, ou podem ser externos e encontrados no ambiente. Exemplos de gatilhos internos incluem emoções como tristeza, solidão, inquietação, tédio, ansiedade, raiva e frustração. Gatilhos internos também podem ser sentidos como dor, desejo, tensão ou pressão. Exemplos de gatilhos externos podem incluir outras pessoas que estão se envolvendo em comportamentos dependentes, a disponibilidade de substâncias ou atividades relacionadas às dependências, ou situações em que comportamentos dependentes ocorreram no passado. É importante lembrar que os gatilhos podem envolver circunstâncias negativas, neutras ou positivas. Eles podem desencadear pensamentos sobre celebração de circunstâncias felizes ou automedicação por circunstâncias infelizes, e podem envolver conflitos de relacionamento ou celebrações, fracasso ou sucesso em alcançar objetivos desejados.

Enquanto conduzia uma análise funcional, o terapeuta de Ben descobriu que ele "achava impossível passar por um mendigo na esquina de uma rua movimentada sem ter um gatilho". Quando solicitado a dar mais detalhes, Ben explicou: "Ver alguém implorando por dinheiro em uma esquina me faz pensar nas vezes em que implorei por dinheiro nas esquinas para sustentar meu transtorno por uso de heroína". Ele explicou ainda que esse gatilho visual o levava a

| **A**ntecedentes
Gatilhos, sinais, situações, circunstâncias ou estímulos internos ou externos | → | Crenças (**B**eliefs) e pensamentos
Ativados, estimulados ou desencadeados por antecedentes | → | **C**onsequências
Emoções, comportamentos e respostas fisiológicas para pensamentos e crenças |

FIGURA 6.1 O modelo ABC.

ter pensamentos sobre usar heroína, o que gerava fortes necessidades de usar, o que levava a pensamentos permissivos, que levavam à mendicância, que levava à compra de heroína, que inevitavelmente levava ao uso de heroína. Em apenas algumas frases, Ben forneceu ao seu terapeuta uma análise funcional relativamente detalhada.

Recomendamos um processo de duas etapas na formulação de uma análise funcional completa. Na primeira etapa, os terapeutas ajudam seus pacientes a identificar os processos mais salientes (p. ex., gatilhos, circunstâncias, pensamentos, crenças, sentimentos e comportamentos) associados aos seus comportamentos dependentes, que então são organizados em uma lista. Na segunda etapa, os terapeutas ajudam os pacientes a desenhar um fluxograma que reflita as relações causais entre esses processos. Por exemplo, Margaret chega a uma sessão de terapia e explica que se sente culpada e envergonhada por uma recente recaída de uso de cocaína. O terapeuta de Margaret pede que ela explique, por meio da descoberta guiada, o que aconteceu. Ocorre o seguinte diálogo:

Terapeuta: Margaret, você parece muito chateada consigo mesma.
Margaret: Bem, e não deveria estar? Estou limpa há meio ano, e então vou lá e estrago tudo.
Terapeuta: Margaret, é normal sentir-se decepcionada com seu lapso, mas não adianta se punir. Em vez disso, vamos descobrir exatamente o que aconteceu. Conte-me a história.
Margaret: Não tenho certeza de como aconteceu. Em um minuto eu estou bem e no minuto seguinte estou aspirando essa merda pelo nariz.
Terapeuta: Vamos ser ponderados aqui. A que horas aconteceu? O que você estava fazendo antes, durante e depois de usar? O que você estava sentindo?
Margaret: Era sábado à tarde e não tinha nada acontecendo. Eu estava apenas vagando pelo apartamento, assistindo à televisão. É isso que você quer dizer com "O que eu estava fazendo?".
Terapeuta: Exatamente. Fale mais. E não se esqueça de me dizer como você se sentiu ao longo da história.
Margaret: Bem, posso dizer que estava cansada de assistir à televisão. Eu provavelmente estava entediada e inquieta. Esses sentimentos sempre foram grandes gatilhos para mim.
Terapeuta: Continue.
Margaret: O telefone tocou e era minha amiga Fran. Eu não falava com a Fran há uns seis meses, desde que parei de usar. Ela é uma daquelas pessoas que eu precisava evitar se quisesse continuar seguindo o meu pro-

grama. Ela estava sempre pronta para fazer festas, mas disse que ligou porque sentia saudades. Ela perguntou se eu queria ir almoçar. Eu não tinha comido e o convite parecia suficientemente inocente.

Terapeuta: E então o que aconteceu?

Margaret: Desliguei e me arrumei para encontrá-la. Foi quando os velhos sentimentos começaram a voltar.

Terapeuta: Que velhos sentimentos?

Margaret: Comecei a me sentir animada, como se algo muito bom fosse acontecer.

Terapeuta: E por muito bom você quer dizer...

Margaret: Como se eu quase sentisse o barato de novo. Só de pensar em me encontrar com a Fran já me dava adrenalina. Comecei a imaginar aqueles sentimentos outra vez.

Terapeuta: A adrenalina de ficar chapada?

Margaret: Sim, e minha mente ficou indo para a frente e para trás. Primeiro foi tipo, "Não, eu não posso fazer isso!". E então, quase como se ouvisse outra voz, eu pensei: "Sim, posso... posso usar com ela só essa vez". E então eu pensei: "Você está limpa há seis meses. Ligue para ela e diga que você não pode fazer isso". Mas eu não liguei.

Terapeuta: Então o pensamento permissivo venceu a batalha? Você decidiu que poderia vê-la e talvez usar novamente?

Margaret: Sim, isso mesmo.

Terapeuta: E daí você almoçou com ela?

Margaret: Não, claro que não. Estacionei meu carro no restaurante e comecei a andar pelo estacionamento, quando ouvi Fran me chamar de seu carro estacionado. Ela me disse para entrar por apenas um minuto antes do almoço e, com certeza, havia arrumado algumas carreiras para nós. O que eu ia fazer? Eu não podia dizer não. Mais uma vez pensei comigo mesma: "Só essa vez".

Terapeuta: Eu listei todas as circunstâncias, pensamentos e sentimentos que você descreveu. Diga-me se está certo: você estava em casa em uma tarde de sábado sem nada para fazer e se sentindo entediada. Fran ligou e você soube que estava em risco. Você disse a si mesma: "Não vá com ela". Ela sempre foi um gatilho para você. Você pensou sobre isso, mas então mudou de ideia e disse a si mesma que seria um almoço bom e agradável, só isso. Mas então surgiu outro pensamento. Você pensou que era capaz de usar só um pouco. E como resultado desse pensamento, se sentiu animada. E então você teve um pensamento concorrente: "Eu não deveria fazer isso". Daí você entrou em seu carro e dirigiu até o restaurante, pensando que poderia apenas almoçar... ou alguma outra coisa. E no carro dela, diante de algumas carreiras de cocaína, você pensou "Só essa vez" ou algo assim.

Margaret: Exatamente.

Terapeuta: Vamos esquematizar isso. [*Põe-se a fazer isso.*]

O diálogo apresentado permitiu que o terapeuta de Margaret esboçasse sua análise funcional (ver Fig. 6.2). Como costuma acontecer quando os pacientes visualizam seus pensamentos, sentimentos e comportamentos organizados como uma análise funcional, Margaret respondeu com surpresa e exclamou: "Isso faz sentido. Esquematizar isso assim ajuda. Acho que eu poderia ter feito algo diferente em cada um desses pontos".

Ao conduzir uma análise funcional, é importante ressaltar que a maioria dos círculos representam *pontos de decisão* ou *de escolha*, em que os pacientes podem decidir entre pensamentos ou comportamentos mais ou menos benéficos. Dessas opções, algumas são mais e algumas são menos propensas a resultar em comportamentos dependentes. O principal objetivo da análise funcional é encorajar a tomada de decisão consciente e deliberada, a fim de diminuir o risco de lapsos e recaídas.

Independentemente da técnica escolhida por um terapeuta, é vital que o processo de descoberta guiada seja colaborativo. O processo de mudança é difícil, e a maioria das pessoas com TUS ou dependências comportamentais é, no mínimo, ambivalente em relação à mudança. Por isso, as técnicas devem ser apresentadas de forma que os pacientes entendam que é sua escolha submeter-se às diversas técnicas. A maioria das pessoas se envolve em um processo *extremamente tenso* no enfrentamento de seus impulsos e fissura. Com isso referimo-nos a um processo enérgico, muitas vezes doloroso, de evitar comportamentos dependentes. De maneira alternativa, encorajamos os pacientes a assumirem um papel ativo na redução de seus impulsos e fissura, contestando seus pensamentos e crenças relacionados às dependências. Quando esse processo é bem-sucedido, capacitamos as pessoas a responderem de uma forma mais adaptativa.

Resposta adaptativa é o termo dado ao processo de estabelecer maneiras novas e eficazes de pensar que servem para neutralizar os pensamentos e crenças relacionados às dependências. Um exemplo desse processo foi apresentado no fim da última seção, na qual descrevemos como os terapeutas podem identificar *pontos de decisão* ou *de escolha*. O termo *adaptativo* foi escolhido deliberadamente,

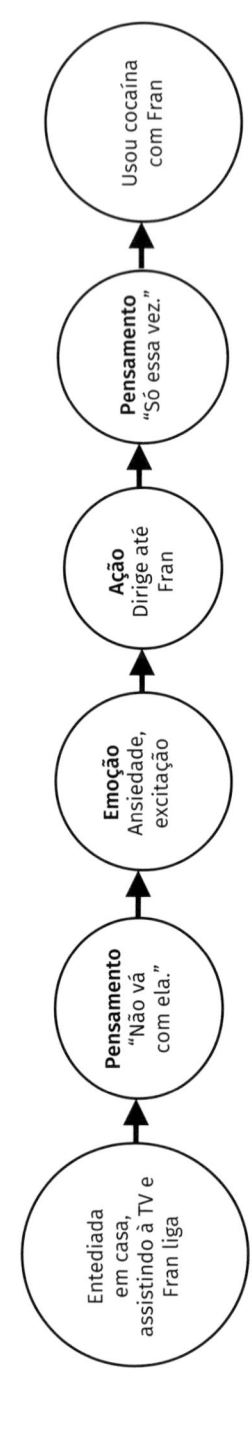

Entediada em casa, assistindo à TV e Fran liga → **Pensamento** "Não vá com ela." → **Emoção** Ansiedade, excitação → **Ação** Dirige até Fran → **Pensamento** "Só essa vez." → Usou cocaína com Fran

FIGURA 6.2 Análise funcional do lapso de Margaret no uso de cocaína.

para enfatizar que a TCC visa ajudar os pacientes a reconhecerem e escolherem pensamentos e crenças que tornem a vida melhor, em vez de pior ou mais difícil. Pacientes que aprendem a produzir respostas adaptativas geralmente têm uma sensação de melhor autoeficácia, satisfação e esperança.

Quando os pacientes sentem emoções e gatilhos fisiológicos associados a comportamentos dependentes (raiva, ansiedade, inquietação, solidão, tédio, tensão, impulso, fissura, dor, etc.), eles são encorajados a se perguntar: "O que está acontecendo em minha mente agora que pode estar contribuindo para esses sentimentos?". O objetivo é ensinar aos pacientes, por meio da descoberta guiada, as habilidades de identificar seus *pensamentos automáticos* em circunstâncias específicas, avaliar esses pensamentos, testar sua validade e modificá-los para que sejam mais adaptativos. Reconhecer seus padrões de pensamento é certamente um pré-requisito para abordá-los ou mudá-los. Com a prática, os pacientes podem aprender a reconhecer e contestar pensamentos que de outra forma manteriam ou exacerbariam seus comportamentos dependentes. Os pacientes são encorajados a usar perguntas que os ajudem a reconsiderar a validade ou a utilidade de seus pensamentos. Essas perguntas podem incluir:

"De que outra forma posso considerar esta situação?"
"Quais evidências concretas respaldam ou refutam meus pensamentos ou crenças?"
"Qual ação construtiva posso tomar para lidar com esta situação?"
"Qual conselho eu daria a um bom amigo na mesma situação?"
"Qual é a pior hipótese nesta situação? Qual é a melhor hipótese?"
"Considerando todas as opções, qual é a escolha mais adaptativa que posso fazer?"
"Quais são os prós e contras de continuar acreditando em meus pensamentos atuais?"
"Quais são os prós e contras de mudar meus pensamentos?"

Embora essas perguntas possam ser usadas para testar e modificar modos problemáticos de pensar, não é necessário fazer todas elas, para todos os pensamentos, em todos os casos. Essas perguntas servem como alertas e, quando os pacientes se tornam hábeis em seu uso, eles melhoram sua capacidade de refletir sobre seus pensamentos, sentimentos (incluindo desejos) e ações, em vez de agir automaticamente. Algumas respostas adaptativas boas para todos os fins são: "Seja reflexivo, não reflexo", "Seja responsivo, não reativo" e "Meu primeiro pensamento pode não ser meu melhor pensamento".

RESUMO

Neste capítulo, focamos na descoberta guiada, o processo subjacente à maioria das técnicas cognitivas e comportamentais padronizadas. Nas primeiras sessões, os terapeutas usam a descoberta guiada para facilitar a consciência e as mudanças nos pensamentos, sentimentos e comportamentos. E então, com o tempo, os pacientes descobrem-se fazendo perguntas sobre seus próprios pensamentos, sentimentos e comportamentos. Em outras palavras, eles começam a fazer sua própria descoberta autoguiada – até que respostas mais adaptativas se tornem naturais e automáticas.

Técnicas cognitivas e comportamentais são métodos, procedimentos e atividades que visam ajudar os pacientes a fazer mudanças cognitivas, comportamentais e emocionais desejadas. Portanto, pensamentos, sentimentos e comportamentos problemáticos são *o que* precisa ser mudado. As técnicas constituem o *modo* de facilitar a mudança. No próximo capítulo, apresentamos técnicas cognitivo-comportamentais padronizadas específicas dirigidas tanto ao TUS quanto às dependências comportamentais.

7
Técnicas padronizadas de terapia cognitivo--comportamental

Uma ampla gama de técnicas padronizadas de terapia cognitivo-comportamental (TCC) está disponível para ajudar pessoas com dependências. Essas técnicas visam alcançar resultados clínicos voltados para metas específicas. Por exemplo, técnicas de adiar gratificação e distração ajudam os pacientes a tolerar impulsos e desejos, reduzindo a probabilidade de recaída. O monitoramento e o agendamento de atividades ajudam os pacientes a organizarem efetivamente seu tempo para realizar objetivos de vida importantes e saudáveis. Temos aplicado essas técnicas para o manejo de comportamentos dependentes desde a publicação de *Cognitive Therapy of Substance Abuse*, e muitos terapeutas cognitivo-comportamentais também descobriram que elas são úteis para lidar com outros problemas de saúde mental (p. ex., depressão, ansiedade, transtornos da personalidade). Aqui apresentamos 12 técnicas padronizadas, reconhecendo que existem muitas outras (talvez centenas) que não puderam ser incluídas devido a limitações de espaço. As técnicas neste capítulo incluem:

1. Controle de estímulos
2. Adiar gratificação e distração
3. Análise de vantagens e desvantagens
4. Hierarquia de valores
5. Monitoramento e agendamento de atividades
6. Ativação comportamental
7. Registros de pensamentos automáticos
8. Aceitação e compromisso
9. Treinamento de relaxamento

10. Treinamento de *mindfulness* e meditação
11. Manejo de contingências
12. *Role-play*

Antes de descrever essas 12 técnicas padronizadas, queremos enfatizar novamente a importância de formular uma conceitualização de caso precisa antes de escolher qualquer técnica em detrimento de outra. Explicamos anteriormente que os comportamentos dependentes muitas vezes são usados para compensar déficits de habilidades (isto é, como estratégias compensatórias). Em outras palavras, esses comportamentos geralmente são iniciados quando os indivíduos não têm habilidades para lidar com problemas persistentes. Cada uma das técnicas direcionadas descritas a seguir visa facilitar o desenvolvimento das habilidades do paciente e, assim, reduzir sua necessidade de estratégias compensatórias.

CONTROLE DE ESTÍMULOS

Um objetivo importante da TCC para dependências é o controle de estímulos que ativam impulsos, desejos e oportunidades de se envolver em comportamentos dependentes. Diferentes termos têm sido usados para identificar esses estímulos, por exemplo: *gatilhos, sinais, situações de alto risco, antecedentes proximais*, entre outros. Referimo-nos a eles principalmente como *gatilhos*, uma vez que os pacientes se identificam facilmente com esse termo.

Consideramos útil organizar o *controle de estímulos* em quatro etapas. A primeira etapa envolve pedir aos pacientes que listem e descrevam os gatilhos que têm sido problemáticos ao longo de suas dependências. Na segunda etapa, terapeutas e pacientes discutem estratégias anteriores bem-sucedidas e malsucedidas para gerenciar esses gatilhos. Na terceira etapa, os pacientes são solicitados a identificar os gatilhos de maior preocupação no momento (ou seja, aqueles com maior probabilidade de desencadear uma recaída). E, na quarta etapa, terapeutas e pacientes debatem como esses gatilhos podem ser mais bem gerenciados, dados os atuais desafios, habilidades e contextos internos e externos dos pacientes. Entende-se desde o início que alguns estímulos devem ser evitados, enquanto outros gatilhos (muitas vezes, inevitáveis) requerem outras estratégias de autogerenciamento.

Embora seja impossível evitar todos os gatilhos, os pacientes podem aprender a *planejar* suas atividades de forma a reduzir a *probabilidade* de serem expostos a eles. Isso requer motivação e um alto grau de vigilância. A maioria das pessoas com alguma dependência é rodeada de gatilhos, e sua vida é geralmente um complexo emaranhado de pessoas, lugares e coisas associadas a comportamentos dependentes. Considere, por exemplo, que as pessoas com dependências em geral têm amigos e familiares dependentes e costumam frequentar lugares onde suas dependências são perpetuadas (p. ex., bares, cassinos, casas de pessoas que usam). Em vez de fazer a suposição ingênua de que todos os gatilhos podem ser evitados, os pacientes são encorajados a listar os gatilhos que podem e não podem ser evitados – e, então, evitar os mais óbvios. Por exemplo, pessoas com transtorno por uso de *Cannabis* certamente podem e *provavelmente devem* remover de suas casas todos os narguilés, cachimbos e outros utensílios para consumo de substâncias. Os indivíduos que estão tentando parar de beber certamente podem e provavelmente devem remover as bebidas alcoólicas prediletas de suas casas e evitar visitar seus estabelecimentos de consumo de bebidas favoritos – ao menos no início da recuperação. Eles não podem mudar o fato de que bares, lojas de bebidas e anúncios de bebidas existem ao seu redor, mas podem se distanciar desses gatilhos.

A identificação de gatilhos deve ser uma característica-padrão do processo de conceitualização de caso. Como discutimos no Capítulo 3, lapsos e recaídas são muitas vezes precedidos por antecedentes proximais (ou seja, gatilhos), que podem ser internos ou externos. Durante a conceitualização de caso, é importante caracterizar os gatilhos como mais ou menos evitáveis, para que seja possível afastar-se dos gatilhos evitáveis e gerenciar os gatilhos inevitáveis com habilidades de enfrentamento. Por exemplo, bons e maus humores são inevitáveis, e ambos têm potencial para desencadear comportamentos dependentes. Pacientes com alto risco de recaída, quando estão de bom *ou* mau humor, certamente devem aprender e praticar habilidades de prevenção de recaídas em terapia que envolvam regulação emocional. Pacientes com transtorno por uso de álcool que jantam em restaurantes que servem bebidas alcoólicas devem praticar dizer "Não, obrigado" quando lhes perguntam se gostariam de experimentar uma bebida. Da mesma forma, pacientes com transtorno de compulsão alimentar devem praticar dizer "Não, obrigado" ao jantar na casa de amigos, onde provavelmente lhes oferecerão uma segunda e uma terceira porção de comida. Além de aprender e praticar essas habilidades comportamentais de recusa, é essencial que os pacientes aprendam e pratiquem habilidades cognitivas e comportamentais para reduzir os impulsos internos e o desejo que corresponde a esses gatilhos. Na seção a seguir, descrevendo técnicas de adiar gratificação e distração, discutimos estratégias específicas para atingir esse objetivo.

ADIAR GRATIFICAÇÃO E DISTRAÇÃO

Pessoas com dependência muitas vezes agem sem pensar quando sentem um impulso ou forte desejo. Elas se acostumam a reagir automaticamente quando as tentações aparecem, sucumbindo a elas sem deliberada consideração. Agindo assim, reforçam sua crença de que não há outra maneira de lidar com isso e não adianta tentar. Para contrariar essa crença, os terapeutas explicam que criar tempo e distância entre um impulso e o comportamento real é uma habilidade vital para a recuperação e o controle de impulsos.

As técnicas de *adiar gratificação e distração* (A&D) ajudam no controle de impulsos, ensinando os pacientes a reorientar sua atenção para longe, e não para perto, dos comportamentos dependentes. Os pacientes são encorajados a fazer uma pausa e escolher conscientemente ações alternativas construtivas, com o objetivo de melhorar sua resistência para lidar com impulsos e desejos. Ao adiarem comportamentos dependentes, eles aprendem que os impulsos por fim diminuem por conta própria. Aqueles que se esforçam pela abstinência podem aprender a tolerar um período distinto de fortes desejos enquanto procuram atividades mais significativas (p. ex., tempo com amigos ou entes queridos, exercícios, leituras, passatempos saudáveis). Esse método também deve ser útil para pacientes que ainda não se comprometeram totalmente com a abstinência, mas que estão abertos à ideia de adquirir melhor autocontrole.

Como um componente importante da técnica de A&D, os pacientes são encorajados a gerar uma lista de quantas atividades positivas puderem pensar – tanto cognitivas quanto comportamentais. Terapeutas e pacientes trabalham juntos para elaborar essa lista, e os pacientes são encorajados a adicionar atividades à lista como uma tarefa de casa permanente. Muitos pacientes optam por escrever essa lista em seus *smartphones* para facilitar a consulta. Uma amostra não exaustiva dessas atividades de A&D, extraída de casos reais, é apresentada a seguir, precedida de instruções:

> *Antes de reagir ao meu impulso, farei algumas das seguintes coisas o máximo que puder. Se esses métodos de distração me ajudarem a não agir movido por minha dependência, isso é uma vitória. Mesmo que eu acabe praticando o comportamento que estou tentando evitar, ainda será uma vitória parcial se eu construir resistência e aprender a não agir por impulso. Minhas opções de A&D incluem:*
>
> 1. Retornar chamadas telefônicas, mensagens de WhatsApp ou *e-mails*.
> 2. Ler algo interessante, como jornais, revistas, livros ou meus próprios escritos de tarefas de casa anteriores da TCC.

3. Imaginar mentalmente os rostos das pessoas que contam comigo para fazer mudanças positivas e torcem por mim.
4. Assistir algo divertido na televisão ou no computador.
5. Fazer abdominais ou flexões.
6. Comer alimentos ou lanches saudáveis e nutritivos.
7. Escovar os dentes, tomar banho ou fazer uma boa higiene.
8. Pedalar na bicicleta ergométrica.
9. Sair para passear.
10. Fazer compras no supermercado.
11. Ler um livro de orações.
12. Fazer um jogo de palavras cruzadas.
13. Jogar Paciência.
14. Tocar um instrumento musical.
15. Escrever em meu diário, explicando como me sinto e o que estou pensando.
16. Ouvir música enquanto descanso.
17. Participar de uma reunião de grupo de apoio (p. ex., grupos de 12 passos ou de SMART Recovery).
18. Imaginar os benefícios de abster-me de comportamentos relacionados às minhas dependências.
19. Praticar o controle da respiração, ioga ou outras atividades de *mindfulness*.
20. Fazer a limpeza ou manutenção de meu carro ou de minha casa.

Essa lista pode continuar aumentando e é limitada apenas pela energia e imaginação dos pacientes; quanto mais opções, melhor. Quando conseguem praticar A&D regularmente, os pacientes obtêm duplos benefícios: sentem satisfação quando resistem totalmente aos impulsos e experimentam uma sensação de realização quando concluem tarefas importantes utilizando a distração como instrumento para não ceder aos desejos.

A técnica A&D é usada para evitar, cancelar, interromper ou neutralizar a progressão dos rituais da dependência. Quando uma dependência envolve uma substância, uma estratégia comum é tornar sua aquisição e uso o mais inconveniente possível, o que facilita o processo de adiar a ação segundo uma tentação subjetiva (Newman, 2008). Isso pode envolver a remoção de álcool, outras substâncias e parafernália do ambiente, bem como estruturar as atividades diárias para que a convivência seja com pessoas que não usem substâncias. Por exemplo, pacientes que têm o hábito de passar em um bar local no caminho do trabalho para casa podem, em vez disso, participar de um encontro de um grupo de apoio ou ir a uma academia. Quando quebram suas rotinas de dependência, os pacientes ganham tempo para implementar habilidades de autoajuda e buscar apoio social adequado. Qualquer atraso causado pela interrupção dos rituais de dependência aumenta suas chances de encontrar maneiras de enfrentar e permanecer abstinentes em situações que, de outra forma, poderiam levar a recaídas.

Os pacientes também têm oportunidades de usar técnicas de A&D durante as sessões de TCC, à medida que sentem impulsos ou desejos enquanto conversam sobre seus comportamentos dependentes. Como impulsos e desejos durante as sessões são comuns, é importante que os terapeutas determinem se as conversas sobre comportamentos dependentes estão desencadeando tais impulsos ou desejos. Quando os pacientes de fato se sentem assim durante a sessão, os terapeutas podem enquadrar essa situação como uma oportunidade *in vivo* para praticar habilidades de enfrentamento, incluindo A&D.

É importante reconhecer o trabalho inovador de Alan Marlatt aqui. Marlatt e colaboradores (Marlatt & Gordon, 1985; Marlatt & Witkiewitz, 2005) originalmente cunharam a expressão *urge surfing* (surfar a fissura). Eles descreveram surfar a fissura como o processo de A&D de *surfar nas ondas de impulsos e desejos*, em vez de permitir que elas prevaleçam (Marlatt & Kristeller, 1999), e relataram que essa metáfora foi concebida em uma sessão com um surfista que descreveu como aprendeu a manter o equilíbrio sobre as ondas até que elas "gradualmente atingissem o auge e baixassem" (p. 78).

As estratégias de A&D são apropriadas para pacientes que tentam controlar ou abster-se de comportamentos dependentes e quaisquer outros comportamentos indesejados, especialmente aqueles que estão no estágio de ação da mudança. Esses indivíduos querem fazer mudanças e estão dispostos a considerar maneiras de evitar esses comportamentos. Como afirmado anteriormente, a decisão de usar essa e outras técnicas deve resultar de uma conceitualização de caso bem-formulada. Aqueles que já descrevem um bom controle de impulso podem ter menos probabilidade de se beneficiar das estratégias de A&D. Portanto, os esforços para impor essas estratégias a esses pacientes tendem a ser vistos como inúteis ou mesmo invalidantes.

ANÁLISE DE VANTAGENS E DESVANTAGENS

Pessoas dependentes geralmente ampliam as vantagens e minimizam as desvantagens de seus comportamentos que geram dependências. Por exemplo, pessoas que jogam regularmente acreditam que jogar jogos de azar é divertido, estimulante e uma fonte potencial de ganho financeiro. Da mesma forma, pessoas que fazem uso pesado de *Cannabis* geralmente acreditam que ela é segura, natural e uma ótima maneira de relaxar. Assim como aqueles com outras dependências, esses indivíduos tendem a ignorar ou desconsiderar as desvantagens de se envolver nesses comportamentos.

Uma *análise de vantagens e desvantagens* (AVD) destaca as vantagens e desvantagens de se envolver *versus* não se envolver em comportamentos dependentes. Para conduzir uma AVD, os terapeutas podem usar uma matriz de análise de vantagens e desvantagens de quatro quadrantes (Fig. 7.1; uma versão em branco dessa figura está disponível no Formulário 7.1, no final deste capítulo, para uso com pacientes). Nessa matriz, um eixo é representado por "vantagens" e "desvantagens", e o outro eixo é representado por "usar" e "não usar" substâncias ou se envolver em um comportamento dependente. Terapeutas e pacientes trabalham juntos para elencar itens para cada um dos quatro quadrantes, até que cada um deles esteja bem representado.

O terapeuta pode apresentar a AVD afirmando: "Eu gostaria de entender seus pensamentos sobre jogos de azar. Parece que você tem pensamentos a favor e contra jogos de azar. Se você não se importa, eu gostaria de usar este formulário (Formulário 7.1), onde podemos inserir suas considerações sobre as vantagens e desvantagens de continuar jogando e de parar. À medida que você for me contando seus pensamentos, eu vou preenchendo cada uma dessas quatro quadrantes".

Em geral, é uma boa ideia começar gerando itens no quadrante "vantagens de usar", uma vez que os pacientes geralmente estão mais focados nas vantagens de seu comportamento dependente, e isso fornece aos terapeutas dados úteis sobre as razões dos pacientes para se envolver neles. Além disso, focar nesse quadrante demonstra disposição dos terapeutas para entender as razões dos pacientes para usar, o que pode, em última análise, conquistar a confiança dos pacientes, especialmente quando eles discutem pensamentos e crenças pertinentes aos outros quadrantes da AVD. As respostas dos pacientes nesse quadrante também costumam fornecer ao terapeuta exemplos de suas crenças problemáticas. Por exemplo, um paciente propôs que uma vantagem de usar cocaína era "Ela me dá autoconfiança".

Não há necessidade de calcular a proporção de vantagens e desvantagens ou gerar conclusões sobre qual lado da discussão "venceu". É suficiente explicitar os pensamentos dos pacientes e gerar ainda mais pensamentos, para aumentar sua consciência a respeito das consequências de seus comportamentos dependentes. Como mencionado, a AVD tem o benefício adicional de destacar os processos de raciocínio do paciente, assim trazendo à tona algumas de suas crenças problemáticas que podem ser reavaliadas (p. ex., o paciente escrever que uma desvantagem de não usar drogas é que "vou ficar cada vez mais deprimido se não conseguir ficar chapado").

A Figura 7.1 ilustra uma AVD na qual Julie e seu terapeuta avaliaram seu uso de tabaco. Podemos ver que uma das preocupações associadas de Julie é o ganho de peso; ela pensa que o fumo tem como vantagem controlar o peso. A análise das vantagens e desvantagens ajuda o terapeuta a entender que as dificuldades de Julie vão muito além de fissuras por nicotina. Os quatro quadrantes abrem caminho para um conjunto mais completo de pontos focais de terapia (p. ex., melhor nutrição, aumento do exercício, regulação emocional). Além disso, as *desvantagens de não fumar* apontadas por Julie mostram a seu terapeuta que ela tem medo dos efeitos da abstinência, incluindo aumento da irritabilidade, raiva, depressão, desespero e consumo alimentar. Essas informações ajudam o terapeuta a ser ainda mais empático e capaz de abordar problemas clínicos importantes.

Outra maneira de usar a AVD é pedir ao paciente que faça uma lista das vantagens e desvantagens de seus comportamentos dependentes *que afetam seus entes queridos*. Isso pode ser especialmente útil quando os pacientes afirmam não se importar consigo mesmos e, portanto, não se abalam com as evidências de que esse tipo de comportamento é prejudicial. Ao refletirem sobre o impacto de suas dependências na vida de pessoas próximas, os pacientes podem encontrar razões mais convincentes para mudar. Por exemplo, muitas vezes os pacientes não conseguem pensar nas vantagens de seus comportamentos dependentes relacionadas a seus entes queridos da maneira como pensam em vantagens para

	Vantagens	Desvantagens
Usar tabaco	1. "Fumar diminui meu apetite e ajuda a manter o meu peso" 2. "Fumar me relaxa"	1. "Um pouco de tosse incômoda" 2. "Problemas de saúde mais graves" 3. "As pessoas me veem de uma forma estereotipada" 4. "Minhas roupas e meu carro têm cheiro de fumaça"
Não usar tabaco	1. "Vou economizar dinheiro" 2. "Vou respirar melhor" 3. "Talvez eu comece a me exercitar" 4. "Talvez mais homens se interessem por mim" 5. "Deixará minha mãe feliz"	1. "Sintomas de abstinência" 2. "Irritabilidade, raiva" 3. "Depressão, desespero" 4. "Propensão a comer mais, ganhar peso"

FIGURA 7.1 Matriz de análise de vantagens e desvantagens de Julie.

si. Da mesma forma, focar nas desvantagens em relação a pessoas importantes em sua vida pode encorajá-los a prestar atenção aos inconvenientes que anteriormente vinham minimizando ou ignorando.

A AVD é mais apropriada para pessoas interessadas em controlar ou abster-se de comportamentos dependentes. Esses indivíduos podem ser categorizados como estando na fase de contemplação ou preparação para a mudança. Terapeutas que tentam introduzir a AVD a pessoas que não acham que têm problemas de dependência correm o risco de serem percebidos como agressivos ou fora de sintonia com as necessidades dos pacientes.

Conforme ilustrado no caso de Julie, um benefício adicional da AVD é que ela às vezes revela problemas que podem até então ser desconhecidos pelo terapeuta (ou mesmo pelo paciente). Isso é especialmente visível quando a cessação de um comportamento dependente precipita um problema de saúde mental coexistente. No exemplo, quando Julie conversa sobre as desvantagens de não fumar, fica claro que ela fuma para evitar sintomas de depressão maior. Portanto, a AVD pode efetivamente servir como uma técnica terapêutica e um meio de coletar dados para a conceitualização de caso. Ao trabalhar com pacientes que não acham que são dependentes, é importante explicar que a AVD é frequentemente utilizada para *compreender* comportamentos e não implica, necessariamente, que eles têm dependências.

HIERARQUIA DE VALORES

Valores são crenças nucleares profundamente enraizadas (p. ex., princípios, padrões, moral, ética) que orientam idealmente os comportamentos desejados. Quando indagadas sobre seus valores, a maioria das pessoas cita os relacionamentos com a família, os amigos e a comunidade como altamente valorizados, além de virtudes como confiabilidade, honestidade, comprometimento, consistência, sabedoria, gentileza e compaixão. Como os seres humanos são falíveis e imperfeitos por natureza, a maioria não vive de acordo com todos os seus valores ou padrões. E quando os indivíduos desenvolvem dependências, seu foco excessivo nesses comportamentos torna ainda mais difícil viver à altura de seus valores. Isso causa uma grande lacuna que cria o potencial para que as pessoas dependentes percam de vista seus valores mais profundos. Esse problema pode ser entendido como resultado do foco excessivo na aquisição, no envolvimento e na recuperação de dependências e pode ser sentido como levar uma vida desequilibrada.

A *hierarquia de valores* (HdV) está entre as técnicas oferecidas no programa de ajuda mútua SMART Recovery (SMART Recovery, 2021). Na técnica HdV, pede-se aos indivíduos que listem os valores que eles consideram mais importantes. Depois de listarem tantos valores quanto forem capazes de imaginar, pede-se a eles que reduzam essa lista a seus cinco valores principais. Para aqueles que possam achar esse exercício difícil, vários exemplos são fornecidos (p. ex., relacionamentos íntimos, saúde física, bem-estar financeiro, integridade pessoal). Após a conclusão dessa lista, os terapeutas revisam os resultados com os pacientes. Na maioria dos casos, não há menção de comportamentos dependentes. Os pacientes são ajudados a entender que esses comportamentos provavelmente entram em conflito ou até prejudicam seus valores mais estimados. Portanto, um objetivo central da HdV é ajudar pessoas com dependências a redescobrir os princípios e padrões que mais valorizam e então ajudá-las a considerar comportamentos mais condizentes com seus valores.

A HdV pode ser útil para pacientes que estão cogitando ou se preparando para mudar seus comportamentos dependentes, mas também pode ser usada com um indivíduo no estágio de pré-contemplação da mudança. Por exemplo, trabalhamos com pessoas encaminhadas ao tratamento compulsório para dependências, os quais ao menos acham essa atividade interessante. Quando oferecida sem julgamento, essa técnica tem o potencial de auxiliar os pacientes na mudança do estágio da pré-contemplação para a contemplação. Os terapeutas que realizam a HdV devem estar cientes de que quaisquer esforços óbvios para induzir mudanças por meio da técnica tendem a sufocar uma resposta honesta. Simplificando, os pacientes que se sentem pressionados a mudar de acordo com seus valores podem se fechar e ser menos honestos com os terapeutas. Ou pior, podem se desligar completamente da terapia.

MONITORAMENTO E AGENDAMENTO DE ATIVIDADES

As dependências têm um grande impacto em como as pessoas passam seu tempo. Quando estão no auge dos comportamentos dependentes, os pacientes tendem a passar quantidades desproporcionais de tempo obtendo, usando e se recuperando do uso de substâncias ou de outras consequências geradas pelas dependências comportamentais. Eles também tendem a abrir mão ou reduzir atividades sociais, ocupacionais ou recreativas importantes por conta desses comportamentos. Além disso, podem constatar que seus ciclos de sono-vigília são significativamente perturbados, o que prejudica ainda mais sua capacidade de levar uma vida saudável. O *monitoramento e agendamento de atividades* é uma técnica útil para descobrir e abordar déficits no autocuidado, delinear padrões de comportamento dependentes e identificar novas oportunidades existentes e potenciais para atividades saudáveis.

Ao introduzir o monitoramento e agendamento de atividades, os terapeutas geralmente declaram: "Isso nos ajudará a determinar como você passa seu tempo a cada dia", explicando que os comportamentos dependentes crescem e se expandem, acabando por ocupar cada vez mais um tempo valioso que poderia ser mais bem aproveitado fazendo coisas que tornam a vida mais gratificante. Ao coletar dados sobre as atividades dos pacientes, terapeutas e pacientes podem avaliar o impacto desses comportamentos, ao mesmo tempo identificando pontos fortes e recursos na vida dos pacientes que podem ser reforçados. Uma das maneiras mais fáceis de monitorar e programar atividades é usar uma grade em branco (ver Formulário 7.2 no fim do capítulo) chamada de *cronograma de atividades diárias* (CAD; Clark & Beck, 2010; Beck et al., 1979; consulte a Figura 7.2 para um CAD parcialmente concluído). A grade compreende os sete dias da semana divididos em blocos de 5 horas, nos quais os pacientes são instruídos a registrar suas atividades nesses horários. Além disso, eles são solicitados a avaliar cada atividade em uma escala de 0 (nenhum) a 10 (completo), de acordo com o grau de domínio ou realização que derivaram desse uso de seu tempo (designado pela letra *D*), bem como quanto prazer ou satisfação sentiram (designado pela letra *P*). Domínio e prazer, quando registrados dessa forma, fornecem uma indicação dos níveis de gratificação ou satisfação dos pacientes em várias atividades. Os pacientes também são solicitados a indicar quanto tempo dormem e em quais intervalos de tempo se envolvem em comportamentos dependentes. (Observe que o tamanho dos quadrantes no CAD deve ser ajustado pelos pacientes para que reflitam seus níveis de atividade em um determinado horário.) A Figura 7.2 mostra um CAD para Julie.

Quando os pacientes hesitam em documentar comportamentos dependentes por medo de que outras pessoas os descubram, os terapeutas podem encorajar o uso de palavras codificadas, para que outras pessoas não sejam capazes de determinar seu significado. Os terapeutas também explicam que lacunas no CAD serão exploradas na sessão, pois podem representar áreas em que os pacientes perderam a noção do tempo – já configurando um sinal de alerta para a ocorrência do comportamento problemático – ou simplesmente sentiram vergonha de escrever qualquer coisa. Nenhum item dos blocos deve ser preenchido com *nada*, ou ficar em branco, pois sempre se está fazendo *alguma coisa*.

Além dos benefícios potenciais listados anteriormente, o CAD é usado para pelo menos três propósitos específicos. Em primeiro lugar, serve como um diário das atividades atuais dos pacientes e oferece uma compreensão básica de

140 Beck & Liese

	Segunda	Terça	Quarta	Quinta	Sexta	Sábado	Domingo
Início da manhã 5h às 9h	Acordei às 6h, tomei banho, tomei café da manhã, passeei com o cachorro rapidamente (D = 0; P = 5) Assisti ao noticiário, me vesti, dirigi até o trabalho (D = 2; P = 2)	Acordei atrasada (7h15min), me vesti, não tive tempo de tomar café da manhã, passeei rapidamente com o cachorro, dirigi até o trabalho (D = 0; P = 0)	Acordei na hora certa e consegui fazer todas as coisas normais, como tomar banho, tomar café da manhã, assistir à TV – e sem fumar por mais uma semana! (D = 10; P = 10)				
Manhã 9h às 13h	No trabalho, concluí um projeto atrasado (D = 6; P = 2)	No trabalho, participei de uma reunião de equipe, discuti novos projetos, comecei a trabalhar em um novo projeto, às 12h almocei sozinha (D = 0; P = 2)					
Tarde 13h às 17h	Sentei-me à minha mesa de trabalho, naveguei na internet, conferi redes sociais (D = 0; P = 4) Troquei mensagens de texto com amigos (D = 2; P = 8)	Voltei à minha mesa, começando a curtir este novo projeto, continuei trabalhando nele até o fim do dia, dirigi para casa (D = 5; P = 6)					

FIGURA 7.2 Cronograma de atividades diárias de Julie.

(Continua)

	Segunda	Terça	Quarta	Quinta	Sexta	Sábado	Domingo
Noite 17h às 21h	Dirigi até o consultório do terapeuta para minha consulta às 18h, fiquei presa no trânsito (D = 0; P = 0) Vim para casa, assisti à TV durante 2 horas (D = 0; P = 6)	17h30min – fiz o jantar e comi enquanto assistia à TV, li um pouco, me preparei para deitar cedo – não queria dormir demais de novo (D = 4; P = 6)					
Fim da noite 21h à 1h	Me preparei para deitar, assisti à TV por mais algum tempo, fui para a cama às 23h (D = 0; P = 4)	Me deitei às 22h, dormi até às 6h					
Madrugada 1h às 5h	Dormindo (D = 0; P = 8)	Dormindo (D = 0; P = 8)					

FIGURA 7.2 Cronograma de atividades diárias de Julie (*continuação*).

como usam seu tempo. Em segundo lugar, o CAD serve como um guia prospectivo para o planejamento de atividades futuras, como aquelas que são menos propícias ou incompatíveis com comportamentos dependentes. Em terceiro lugar, o CAD é usado para avaliar até que ponto os pacientes seguiram os horários propostos com sucesso. Frequentemente, o insucesso no cumprimento das atividades planejadas resulta do envolvimento em comportamentos dependentes ou funcionamento prejudicado associado. Quando este for o caso, é importante que os terapeutas permaneçam esperançosos, ajudando os pacientes a entender que informações úteis foram obtidas e que ainda é possível atingir metas apesar dos reveses. Essas ocorrências servem como um lembrete sobre os planos e experiências perdidas como resultado de comportamentos dependentes. Por outro lado, quando os pacientes começam a planejar e concluir atividades produtivas e livres de dependências, que lhes dão satisfação e constroem autoeficácia, eles começam a ver a si mesmos como menos desamparados e desesperançosos, com mais controle de si mesmos e de sua vida e menos dependentes de comportamentos ou substâncias.

A técnica de monitoramento e agendamento de atividades é apropriada para pacientes que expressaram o desejo de manter o controle ou abster-se de comportamentos dependentes e estão se esforçando para isso. Esses indivíduos podem ser categorizados como estando nos estágios de preparação ou efetuação da mudança. Contudo, o monitoramento e agendamento de atividades também tem potencial para ajudar os indivíduos a lidar com outros problemas de saúde mental (p. ex., ansiedade, depressão, procrastinação crônica, etc.). O processo de monitoramento e agendamento de atividades será abordado a seguir ao discutirmos a ativação comportamental.

ATIVAÇÃO COMPORTAMENTAL

Ativação comportamental (Dimidjian et al., 2006; Lejuez, Hopko, Acierno, Daughters, & Pagoto, 2011; Lejuez, Hopko, & Hopko, 2001) é uma abordagem baseada em evidências para tratamento da depressão que também se mostrou eficaz para ajudar pessoas com dependências. A ativação comportamental é mais bem compreendida como uma abordagem para melhorar a qualidade de vida de um indivíduo, aumentando comportamentos positivos coerentes com seus valores. A ativação comportamental decorre naturalmente do monitoramento e agendamento de atividades, em que os comportamentos iniciados se sucedem diretamente do processo de monitoramento e agendamento de atividades e conclusão da HdV, para que os comportamentos escolhidos sejam coerentes com os valores mais profundos de um indivíduo.

Lejeuz e colaboradores (2011) forneceram um resumo útil e conveniente de sua abordagem de ativação comportamental breve para depressão (BATD, do inglês *brief behavioral activation treatment for depression*). Eles listaram vários elementos-chave do programa, incluindo: 1) monitoramento diário; 2) identificação de áreas importantes da vida (p. ex., relacionamentos, educação, carreira, recreação, espiritualidade, responsabilidades diárias); 3) revisão de valores; e 4) planejamento de atividades. Sugeriram que o processo de ativação comportamental pode ser aprimorado pela busca de ajuda de outras pessoas que possam estar dispostas a auxiliar ou até mesmo responsabilizar os pacientes por seus comportamentos. Descobrimos que o trabalho deles na depressão está intimamente alinhado com nosso trabalho em comportamentos dependentes, por isso certamente é válido mencioná-lo aqui. Também achamos útil apresentar um exemplo de caso que ilustra como a ativação comportamental pode ser empregada.

Martha começou a fazer terapia há três meses, depois de anos lutando contra a depressão. Em suas primeiras sessões, ficou claro que a depressão de Martha foi exacerbada por seu uso diário de maconha. Ela estava disposta a reduzir seu uso e, mais adiante, optou por abster-se completamente da substância. Durante seu tempo juntos, Martha e o terapeuta concordaram que ela completasse duas semanas de monitoramento de atividades diárias. Eles também passaram uma sessão inteira focando na HdV. O que se segue é uma conversa entre Martha e seu terapeuta, enquanto revisam os planos dela para o futuro:

Terapeuta: Martha, vamos revisar sua compreensão da ativação comportamental e seus planos para o programa sobre o qual temos conversado.

Martha: Certo. Foi surpreendente fazer aquele monitoramento diário que você me indicou. Ele me fez perceber o quanto minha vida era consumida pelo uso de maconha. Eu ficava chapada de manhã antes do trabalho, dava algumas tragadas durante o almoço, vinha direto para casa depois do trabalho e fumava um baseado enquanto assistia à televisão por horas. Eu ia para a cama, acordava e fazia tudo de novo, todos os dias. Toda a minha vida girava em torno de erva, sono, televisão e trabalho.

Terapeuta: Nós também completamos juntos a hierarquia de valores e você parecia surpresa com o quanto havia se desviado dos seus valores mais importantes.

Martha: Sim, eu parei de falar com minha família, estava deprimida demais para sair com os amigos, deixei de ter prazer com meu trabalho e parei totalmente de me exercitar. Minha vida se tornou um círculo vicioso de fumar maconha, afastar-me de tudo e de todos, ficar deprimida, fumar mais maconha, evitar a vida, fumar mais maconha, e assim por diante. Não é de admirar que eu estivesse deprimida.

Terapeuta: Então, qual é o plano daqui para a frente?

Martha: Entendo que não posso esperar que as coisas melhorem só porque parei de fumar maconha. Eu preciso voltar à vida e começar a viver de novo. Não posso esperar que essas atividades tornem tudo melhor imediatamente.

Terapeuta: Exatamente. Então, você se propôs a começar devagar e aos poucos aumentar as atividades que dão sentido à sua vida.

Martha: Sim, me comprometi a programar pelo menos duas atividades por dia para começar. Em vez de ficar chapada antes do trabalho pela manhã, vou fazer uma caminhada de pelo menos 20 minutos. E depois do trabalho vou fazer contato com alguns amigos... não fumantes, é claro! E se eu não tiver planos com amigos, vou ler ou procurar alguma aula para assistir – ou algo que não seja assistir à televisão a noite inteira.

Terapeuta: Isso parece ótimo, Martha.

Esse exemplo deve mostrar que a ativação comportamental é um processo gradual e cumulativo. Na verdade, ela consiste em vários outros processos (no mínimo), que incluem identificação de valores, monitoramento de atividades e programação de atividades. Deve ficar imediatamente evidente que a ativação comportamental está entre as muitas técnicas de TCC que abordam simultaneamente diversos problemas (p. ex., depressão e transtorno por uso de substâncias).

REGISTROS DE PENSAMENTOS AUTOMÁTICOS

Os *registros de pensamentos automáticos* (RPAs) são fundamentais para ajudar os pacientes a compreender as relações entre seus pensamentos automáticos, crenças, emoções e comportamentos. A Figura 7.3 (uma versão em branco está disponível no fim do capítulo como Formulário 7.3) ilustra um RPA completo, incluindo: 1) data, hora e local; 2) situações; 3) pensamentos automáticos ou crenças relacionadas; 4) emoções; 5) crenças ou respostas alternativas; e 6) resultados.

Esse RPA ilustra o caso de Billy, que manteve persistentemente o pensamento de que poderia limitar o uso de substâncias a "apenas uma vez por semana, nas noites de sábado". Ele insistia que poderia fazê-lo sem consequências negativas, parecendo frustrado e até irritado por qualquer ideia contrária. Ele expressava a crença de que merecia "divertir-se pelo menos uma vez por semana". Contu-

Terapia cognitivo-comportamental para transtornos por uso de substâncias... **145**

Data, hora, local	Situações	Pensamentos automáticos ou crenças relacionadas (0-100% de confiança)	Emoções (intensidade de 0-100)	Crenças ou respostas alternativas (0-100% de confiança)	Resultados
Quarta-feira, 3 de junho, 13h15min, consultório do terapeuta	Discutindo o uso de drogas só nas noites de sábado, para aproveitar o fim de semana e ter tempo de me recuperar para o trabalho	"Eu sei que consigo usar só uma vez por semana." (100%) "Eu mereço me divertir pelo menos uma vez por semana." (100%)	Frustração com terapeuta (50) Irritado porque não posso festejar como todo mundo (75)	"Este terapeuta realmente não me conhece." (90%) "Eu sei o que é melhor para mim." (85%)	Fazer planos com os amigos para ficar chapado no sábado à noite
Sábado, 6 de junho, 11h, em casa na cama com uma ressaca feia	Não esperei até o sábado à noite Festejei demais ontem à noite Ressaca ruim Sentindo-me muito mal	"Eu prometi aos meus amigos que festejaria com eles esta noite." (100%) "Eu estarei bem até lá." (75%)	Com raiva de mim mesmo por sair sexta e não esperar (80) Chateado porque tenho este problema (90)	"Talvez eu me dê outra chance." (85%) "Vou festejar menos esta noite." (85%) "Vou chegar em casa mais cedo." (50%)	Manter planos para sair sábado à noite Parar de se preocupar com a noite passada Sair e festejar de novo
Quarta-feira, 10 de junho, 13h10min, consultório do terapeuta	Sentindo-me deprimido, derrotado, com vergonha Admitindo ao terapeuta que saí e fiquei chapado tanto na noite de sexta como na de sábado	"Eu sou um fracasso total." (75%) "Eu realmente estraguei tudo." (100%) "Nunca vou conseguir fazer a coisa certa." (85%)	Decepcionado e deprimido (70) Com raiva de mim mesmo (85) Desanimado (90)	"Pelo menos estou aqui." (100%) "A vida poderia ser pior." (60%) "Estou mal e cansado de estar mal e cansado." (100%)	Aliviado por estar recebendo ajuda Colocando as coisas em perspectiva Resignado a fazer maiores mudanças na minha vida

FIGURA 7.3 Registros de pensamentos automáticos de Billy.

do, depois de várias semanas sem conseguir usar apenas nas noites de sábado, ele estava disposto a repensar. É importante notar que o RPA inclui uma classificação do grau em que os pacientes acreditam no que pensam, bem como uma classificação da intensidade de suas emoções, em uma escala de 0 a 100. As respostas alternativas (e o resultado relacionado) de Billy indicam que ele sente contínua dificuldade para abandonar o uso de substâncias, além de enfrentar as incômodas consequências físicas causadas pelo consumo.

O terapeuta de Billy responde dando-lhe um retorno positivo por completar o RPA, discutindo como as respostas alternativas podem afetar futuras decisões, reconhecendo empaticamente que Billy pode precisar encontrar novas maneiras de se divertir, e talvez iniciando um processo de resolução de problemas. Respostas alternativas bem-construídas no RPA servem para reforçar processos positivos e saudáveis e identificar áreas de potencial mudança. RPAs concluídos com sucesso, como o da Figura 7.3, são apenas o início de um processo de ajudar os pacientes a fazer mudanças cognitivas e comportamentais significativas. Muitas repetições são necessárias (como tarefas de casa) ao longo de um período antes que os pacientes se tornem especialistas em detectar, avaliar e mudar seu pensamento no que se refere aos seus comportamentos dependentes.

Os RPAs foram introduzidos décadas atrás, para ajudar os pacientes a entender e abordar pensamentos, sentimentos e comportamentos problemáticos associados à depressão (Beck et al., 1979) e à ansiedade (Beck et al., 1985). Portanto, são apropriados para todos os pacientes em terapia, independentemente da prontidão para mudar comportamentos dependentes. Os RPAs habilitam os pacientes a identificar e, por fim, otimizar os pensamentos, sentimentos e comportamentos que lhes são importantes. Quando os pacientes estão ativamente envolvidos na mudança de comportamentos que mantêm o ciclo de dependência, os RPAs permitem que gerenciem emoções e comportamentos que desencadeiam pensamentos e crenças relacionados a esses transtornos. Quando os pacientes não estão dispostos, não são capazes ou não estão interessados em mudar comportamentos dependentes, os RPAs podem ser úteis na regulação emocional e na autorregulação comportamental. Assim como o processo de monitoramento de atividades, os RPAs podem ser usados tanto para facilitar a mudança quanto para conceituar os problemas e processos dos pacientes.

ACEITAÇÃO E COMPROMISSO

No início dos anos 1940, os Alcoólicos Anônimos (AA) adotaram a seguinte prece de serenidade:

Concedei-nos, Senhor, a serenidade necessária para aceitar as coisas que não podemos modificar,
Coragem para modificar aquelas que podemos,
E sabedoria para distinguir umas das outras.*

Essa oração, originalmente escrita por Reinhold Niebuhr e depois adotada como pedra angular dos AA (Shapiro, 2014), fornece uma excelente base para o modelo de TCC para tratamento e recuperação de dependência, com fundamentação tanto nos processos cognitivos como nos processos comportamentais. Ela afirma o que talvez devesse ser óbvio: é importante distinguir *cognitivamente* entre o que pode e o que não pode ser mudado e fazer mudanças *comportamentais* pessoais a fim de manter a saúde e a vitalidade mental.

Achamos útil focar na aceitação e no compromisso como aspectos cognitivos e processos comportamentais. Na verdade, focamos nesses processos desde a primeira formulação de terapia cognitiva para dependências (Beck et al., 1993). Ainda antes, ao formular a terapia cognitiva para depressão, Beck e colaboradores (1979) focavam nos pensamentos e nos comportamentos que *podem* ser mudados e encorajavam a aceitação daqueles que provavelmente não podem (ou até mesmo não devem) ser mudados.

Pelo menos uma abordagem da TCC concentrou-se principalmente nos conceitos de aceitação e compromisso e até mesmo identificou sua abordagem de acordo: a *terapia de aceitação e compromisso* (ACT, do inglês *acceptance and commitment therapy*; Hayes et al., 2012). Como a maioria dos outros integrantes da família da TCC, a ACT tem sido efetivamente aplicada a uma variedade de problemas de saúde mental, incluindo transtornos por uso de substâncias (TUS) e dependências comportamentais. De acordo com o modelo da ACT, pelo menos quatro processos contribuem para problemas de saúde mental, incluindo: 1) *fusão cognitiva*; 2) *esquiva experiencial*; 3) *valores maldefinidos*; e 4) *falta de compromisso com comportamentos que deem sustentação a valores bem-definidos*. Como o título indica, os principais objetivos da ACT são ajudar os pacientes a aceitar com flexibilidade o que não podem mudar e comprometer-se a mudar o que podem, de acordo com seus valores mais profundos. Quando aplicada a pessoas dependentes, um exemplo de fusão cognitiva é a ideia de que "Estou aprisionado em minha dependência e não consigo escapar dela". A esquiva experiencial envolve um padrão de evasão em vez de enfrentamento de desafios, por exemplo, por envolvimento continuado em comportamentos dependentes. Como discuti-

---

* N. de T. No original: *Grant me the serenity to accept the things I cannot change,*
The courage to change the things I can,
And the wisdom to know the difference.

do anteriormente, muitas pessoas com dependências graves perderam de vista seus valores e, portanto, os comprometeram.

É apropriado focar na aceitação e compromisso quando os pacientes têm dificuldade para mudar pensamentos, crenças, sentimentos, situações, relacionamentos, circunstâncias problemáticas, e assim por diante (em outras palavras, quando estão excessivamente *apegados a* – ou fundidos com – esses processos). Esse apego pode ser ao comportamento dependente em si, mas também pode ser a crenças que ativam os próprios gatilhos. Por exemplo, muitos fumantes de cigarro estão apegados à ideia "Preciso fumar" quando sentem um impulso. Além disso, eles podem estar apegados a uma ideia como "Eu devo ser perfeito em todos os momentos", o que inevitavelmente lhes causará tensão substancial, o que pode levar a pensamentos como "Preciso de um cigarro para relaxar", e isso pode levar ao ato de fumar.

Por exemplo, Rich chega à terapia dizendo que deseja parar de fumar. Ele explica que tende a fumar quando está com raiva, o que é frequente. Depois de uma longa conversa, fica evidente que a raiva de Rich é resultado de sua tendência a ter inúmeras regras para os outros, e seu julgamento de que eles devem mudar seus comportamentos para que eles lhe convenham. Ele diz sentir raiva de seus colegas de trabalho, de motoristas lentos, de seus vizinhos e de outras pessoas. O terapeuta percebe rapidamente que Rich tem essa tendência de julgar os outros. O seguinte diálogo entre eles ilustra como o terapeuta de Rich aborda essa tendência:

> **Terapeuta:** Olá, Rich. No que você gostaria de trabalhar em nossa sessão de hoje?
>
> **Rich:** Não sei. Estou muito chateado. Eu teria chegado na hora, mas esse maldito colega de trabalho meu, o Russ, ligou dizendo que estava doente de novo e daí sobrou para mim.
>
> **Terapeuta:** Parece que você está com raiva de Russ.
>
> **Rich:** Sim, Russ é o maior preguiçoso do mundo. E ele só se preocupa consigo mesmo.
>
> **Terapeuta:** Estou me perguntando se você ganha alguma coisa sentindo tanta raiva.
>
> **Rich:** Como você se sentiria se, por exemplo... sua secretária não estivesse fazendo o trabalho dela?
>
> **Terapeuta:** Você quer dizer se ela não viesse trabalhar ou infringisse as regras? Acho que precisaria fazer uma escolha sobre mantê-la no trabalho.
>
> **Rich:** Sim, mas isso não o deixaria com raiva?

Terapeuta: Eu certamente ficaria com raiva se não pudesse aceitar que todas as pessoas são falíveis, imperfeitas e provavelmente não fazem as coisas do mesmo jeito que eu.
Rich: Parece que você vive em um mundo perfeito.
Terapeuta: Não, apenas tento pensar de maneiras que tenham menor probabilidade de me deixar chateado.

Além de aceitar o que não pode ser mudado, uma grande tarefa necessária para a recuperação é o processo de assumir compromissos para alcançar o que é valorizado. No exemplo de Rich, acabou sendo evidenciado que ele não tinha relacionamentos próximos e era muito solitário. Seu terapeuta o ajudou a entender isso sobre si mesmo e então se comprometer a aprender a cuidar e se aproximar das pessoas, em vez de julgá-las.

TREINAMENTO DE RELAXAMENTO

O comportamento dependente é muitas vezes associado à experiência de hiperexcitação. Esta é vista em indivíduos com transtorno de estresse pós-traumático (TEPT) que se sedam excessivamente com benzodiazepínicos, pessoas com raiva crônica que buscam alívio em álcool ou cigarro, indivíduos que sentem pânico e fumam maconha para reduzir a ansiedade e muitos outros. Como tal, esses comportamentos tornaram-se uma forma de automedicação em resposta à hiperexcitação.

O *treinamento de relaxamento* é uma técnica útil que fornece aos pacientes um método de reduzir a excitação e a tensão associadas a impulsos e desejos. Envolver-se em relaxamento fornece aos pacientes um intervalo de tempo após a experiência inicial de desejo, durante o qual este pode diminuir. Assim, esse método pode ser utilizado pelos pacientes como parte de sua estratégia de A&D.

O treinamento de relaxamento pode assumir muitas formas diferentes. As duas mais comuns são respiração controlada e relaxamento muscular progressivo. Nesses dois processos, o treinamento é introduzido explicando a lógica e depois ensinando as práticas de respiração controlada e relaxamento muscular progressivo. Antes de iniciar o treinamento de relaxamento, os terapeutas ensinam aos pacientes que as pessoas têm maior probabilidade de cometer erros e causar a si mesmas sérios problemas quando tomam decisões significativas e tentam realizar tarefas importantes enquanto estão hiperexcitadas. Eles explicam que existem pelo menos duas estratégias eficazes para combater a tensão: respiração controlada e relaxamento muscular progressivo. Ensina-se aos pacientes que a respiração tende a se tornar rasa e rápida e os músculos tendem a ficar tensos quando as pessoas estão chateadas ou nervosas. Por exemplo, ao serem expostos a uma oportunidade de lapso ou recaída, eles tendem a se sentir tensos. Eles podem descrever ou sentir essa tensão como estar "acelerado" ou "energizado", à qual provavelmente associarão a ímpetos para usar, desejo, lapsos e/ou recaídas. Os terapeutas explicam que esses sentimentos são incompatíveis com relaxamento e, portanto, as técnicas que produzem relaxamento aliviam a hiperexcitação e podem ajudar a evitar recaídas.

A respiração controlada é ensinada simplesmente prestando atenção a cada respiração e tornando o processo de respiração profundo, lento e rítmico. Ensina-se o relaxamento muscular progressivo (como o nome sugere) como focar em partes específicas do corpo, uma por vez, percebendo se estão tensas ou relaxadas, e progressivamente tensionando e relaxando cada parte do corpo. Alguns terapeutas preferem começar recomendando que pacientes relaxem os músculos faciais, outros começam com as mãos e outros, ainda, recomendam iniciar pelos pés. O processo se inicia com áreas específicas do corpo para ajudar os pacientes a identificar sistematicamente a tensão.

O treinamento de relaxamento pode ser apropriado para todos os pacientes que têm sintomas de hiperexcitação, independentemente de seu interesse ou motivação para mudar comportamentos dependentes. O processo permite que pacientes com os mais variados problemas de saúde mental reduzam sua excitação em uma ampla gama de situações desafiadoras. Em outras palavras, quando os pacientes não estão dispostos, não são capazes ou não estão interessados em mudar esses comportamentos, o treinamento de relaxamento pode ser útil na regulação emocional e na autorregulação comportamental. Durante o processo de conceitualização dos pacientes, é importante considerar que a hiperexcitação pode ser um problema para indivíduos de todo o espectro de problemas de saúde mental. Pacientes com histórias de trauma, diagnósticos de ansiedade, problemas de raiva, problemas de controle de impulsos, problemas de relacionamento e muito outros podem se beneficiar do treinamento de relaxamento.

É importante observar que o treinamento de relaxamento tem o potencial de fazer alguns pacientes ficarem mais ansiosos ou chateados. O processo requer que os pacientes se desvinculem de seu desejo de controle, o que exige uma certa dose de confiança. Alguns pacientes com histórias de trauma, enquanto aprendem a relaxar, são lembrados dos gatilhos que contribuíram para o trauma, o que pode resultar em uma ampla gama de problemas psicológicos e até mesmo sintomas fisiológicos (p. ex., depressão, choro, ansiedade, tremores, hiperventilação, e assim por diante). Embora não sejam ocorrências comuns, é importante que os terapeutas estejam cientes desses riscos e conversem sobre eles antes de introduzir exercícios de relaxamento. Simplificando, o treinamento de relaxamento pode ser contraindicado para alguns pacientes.

TREINAMENTO DE *MINDFULNESS* E MEDITAÇÃO

Nos últimos 25 anos, os terapeutas cognitivo-comportamentais vêm aplicando cada vez mais as habilidades de *mindfulness* e meditação para ajudar as pessoas a obter domínio sobre seus processos cognitivos. De fato, abordagens baseadas em *mindfulness* foram desenvolvidas para depressão (Segal, Williams, & Teasdale, 2013) e prevenção de recaídas (Bowen et al., 2021; Witkiewitz et al., 2005). Abordagens baseadas em *mindfulness* envolvem uma mistura de TCC e práticas e princípios meditativos que incluem atividades como respiração controlada, escaneamento corporal, alongamento, ioga e *mindfulness*.

A meditação assume várias formas e decorre de várias tradições, mas seu objetivo fundamental é cultivar *mindfulness*. A meditação pode ser praticada de várias maneiras (p. ex., sentado, em pé, andando) e em vários ambientes (p. ex., ao ar livre ou em ambiente fechado). Um dos principais objetivos do treinamento de *mindfulness* e meditação é encorajar os indivíduos a estarem cientes de suas experiências *presentes* e *de cada momento* de maneiras conscientes e receptivas. Anteriormente, neste capítulo, discutimos o papel da aceitação na TCC para dependências. *Mindfulness* e meditação são técnicas destinadas a ajudar as pessoas a observar sensações (p. ex., tensão, ansiedade, tristeza, impulsos, desejo) e aceitá-las com a compreensão de que todos os estados são impermanentes (isto é, temporários).

Está bem estabelecido que *mindfulness* e meditação são habilidades de vida importantes. Os terapeutas cognitivo-comportamentais interessados em ensinar essas habilidades devem buscar treinamento especializado. Contudo, os terapeutas que desejam introduzir os pacientes nessas abordagens podem recomendar que os pacientes realizem pesquisas para aprender sobre recursos potenciais (p. ex., aulas de meditação ou ioga presenciais ou *on-line*). Além disso, os terapeutas que ensinam aos pacientes relaxamento muscular progressivo e técnicas de respiração controlada podem explicar que essas atividades ajudam a preparar as pessoas para *mindfulness* e meditação.

MANEJO DE CONTINGÊNCIAS

Anteriormente, discutimos a análise de vantagens e desvantagens. Ali refletimos sobre o fato de que as pessoas se envolvem em comportamentos dependentes para atingir certos resultados desejados. Alguns se envolvem nesses comportamentos em busca de gratificações desejadas, enquanto outros procuram evitar a punição. Está bem estabelecido que o *manejo de contingências*, que envolve o processo de recompensar mudanças positivas, é eficaz no tratamento de transtornos por uso de substâncias (Higgins, Silverman, & Heil, 2007; Prendergast, Podus, Finney, Greenwell, & Roll, 2006).

Embora os programas de manejo de contingências sejam, em sua maioria, oferecidos por provedores de serviços de dependência (p. ex., serviços de saúde), os indivíduos podem criar suas próprias estratégias de manejo de contingências recompensando-se com recursos de outra forma gastos em substâncias e atividades geradoras de dependências (dependendo de seu êxito na mudança). Exemplos dessas recompensas podem incluir dinheiro economizado como resultado da cessação do tabagismo, bem como a compra de roupas novas como recompensa pela perda de peso após a cessação da compulsão alimentar. Está claro que fazer essas mudanças deve ser intrinsecamente gratificante, mas também é preciso considerar que essas gratificações podem ser menos imediatas ou perceptíveis.

Formular uma conceitualização de caso precisa para um manejo de contingências eficaz é essencial. A conceitualização de caso deve incluir a determinação de incentivos apropriados para alcançar os objetivos escolhidos, mas também a magnitude do incentivo (ou seja, quanto), sua frequência (ou seja, quantas vezes) e seu momento (ou seja, quando e por quanto tempo o incentivo deve durar). Por exemplo, a recompensa pela perda de peso deveria ser roupas novas? Em qual meta de peso? Quantas peças de roupa? E com que frequência roupas novas devem ser compradas? Essas escolhas não são fáceis de fazer. Mais uma vez, elas requerem uma conceitualização de caso cuidadosa e precisa para serem eficazes. Mas, novamente, quando o manejo de contingências é bem feito, ele tende a ser útil e efetiva.

ROLE-PLAY

O *role-play* é uma técnica potencialmente poderosa que certamente é subutilizada em terapia. Ela é mais bem descrita como uma interação entre indivíduos na qual um, ou ambos, agem como um personagem diferente de si mesmos, a fim de facilitar um processo de aprendizagem. Por exemplo, um terapeuta pode atuar como um conhecido que oferece ao paciente uma bebida em uma festa para que o paciente possa praticar dizendo: "Não, obrigado, prefiro não beber esta noite". Ou um paciente pode agir como um cônjuge zangado, então o terapeuta pode demonstrar estratégias eficazes de diminuição do conflito. O *role-play* pode ser usado para ensinar uma variedade de habilidades, incluindo escuta ativa, assertividade, empatia, regulação emocional e outras. Quando bem executado, permite que os pacientes pratiquem habilidades interpessoais sem as consequências adversas que poderiam ocorrer em situações reais.

Por exemplo, Nora esperava que suas tentativas de interromper o uso de metanfetamina fossem contestadas por alguns conhecidos com quem ela anteriormente usava. Quando seu terapeuta perguntou qual tipo de situações futuras ela imaginava, Nora disse que seria "manipulada e culpada" por uma determinada pessoa que olharia para a abstinência de Nora como quem diz: "Agora eu sou superior a você". O terapeuta, tendo um relacionamento positivo confortável e bem-estabelecido com Nora, sugeriu que eles interpretassem papéis, conforme refletido no seguinte diálogo:

> **Terapeuta:** Então, você supõe que essa pessoa vai tentar convencê-la a usar novamente dizendo coisas para lhe provocar. Talvez dizendo coisas como "Você vai nos encontrar mais tarde para se divertir, certo? Você não vai nos decepcionar, não é?". Como você responderia a isso?
> **Nora:** Eu poderia dizer: "Não, vocês podem ir em frente e se divertir sem mim. Eu vou ficar bem".
> **Terapeuta:** [*Continuando o* role-play.] "Você vai ficar *bem*, hein. Você vai ficar *bem*. Você vai ficar bem se não esquecer quem são seus amigos! Você não está pensando em nos abandonar, está?"
> **Nora:** "Não fique atribuindo sentido ao que estou dizendo agora. Estou em liberdade condicional, estou em tratamento e preciso me cuidar. Só isso. Sem desrespeito a você."
> **Terapeuta:** "Ah, entendi. Agora você é boa demais para seus velhos amigos. Entendi. Tudo bem, se é assim que você quer ser... Toda arrogante. Sim, entendo muito bem."
> **Nora:** "Não tenho certeza se você entendeu. Eu me sinto desconfortável quando você me zoa por tentar cuidar de mim mesma."
> **Terapeuta:** "Escute, Nora, ainda podemos nos divertir juntas. Não usamos o tempo todo."
> **Nora:** "Sinceramente, não posso ficar perto de drogas *nem por um instante*. Espero que você entenda isso."
> **Terapeuta:** [*O* role-play *termina.*] Nora, como você se sente agora?
> **Nora:** Irritada!
> **Terapeuta:** Ih... Irritada? Você está chateada por termos feito essa encenação?
> **Nora:** Não, quero dizer que estou chateada com essa situação. Isso é o que provavelmente vai acontecer, e eu não preciso desse tipo de agravamento.

Terapeuta: Como você acha que lidou com a situação? Eu achei você forte, assertiva e direta.
Nora: [*Sorri.*] Bem, fico feliz que você pense assim, mas é difícil manter isso. Eles vão continuar vindo atrás de mim.
Terapeuta: Vamos continuar trabalhando no que você vai dizer a eles, e a você mesma, para que possa continuar no caminho certo. Enquanto isso, espero que possamos focar sua atenção nas pessoas em sua vida que compartilham seus objetivos e valores, para que você não se sinta isolada.

Em outro *role-play*, o terapeuta assumiu o papel de "advogado do diabo", atuando como uma caricatura das crenças e dos pensamentos automáticos da paciente, considerando que ela recebeu o desafio de refutar os comentários problemáticos do terapeuta com suas novas respostas adaptativas. A encenação foi configurada para que ambas as partes usassem a primeira pessoa do singular "eu" para indicar que esse diálogo era entre Nora e ela mesma (ou seja, os pensamentos e as crenças disfuncionais que ela mantinha até então e as respostas adaptativas recém-geradas):

Terapeuta: [*Como advogado do diabo.*] "Não vou nem tentar ficar limpa, pois é uma batalha perdida, então de que adianta tentar?"
Nora: "Eu não vou me deixar levar por esse tipo de pensamento. Isso é ser derrotista, e eu estou cansada de toda essa coisa derrotista."
Terapeuta: [*Continuando como advogado do diabo.*] "Eu não tenho controle sobre meus sentimentos, então quem estou enganando? As coisas não funcionam para mim, e a única coisa divertida na minha vida é festejar com os amigos. Ficar limpa significa que vou ficar sozinha e mais cedo ou mais tarde ter uma recaída."
Nora: "Isso não é verdade. Estou aprendendo a fazer coisas que vão me ajudar a me sentir melhor que não envolvem ficar drogada, e já estou me sentindo melhor a meu respeito porque estou limpa há algum tempo. E isso está me ajudando mais a superar minha depressão do que qualquer coisa que eu tenha tentado antes."
Terapeuta: "Tenho certeza de que a fissura vai acabar me pegando, vou sofrer um grande colapso e então todas as minhas esperanças vão virar fumaça."
Nora: "Tentar melhorar minha vida é o melhor caminho a seguir. Estou disposta a aceitar o risco de ter alguns deslizes pelo caminho. Eu aceito que não sou perfeita. Não aceito estar aprisionada em uma vida de dependência. Mesmo que eu escorregue, vou continuar trabalhando no programa."

Após esse *role-play*, o terapeuta ajudou Nora a processar a experiência e destacar o que ela aprendeu com ele. Assim como muitos pacientes suficientemente qualificados para participar desse tipo de dramatização, Nora sentiu-se fortalecida ao encenar respostas adaptativas enquanto estava sob a mira de cognições negativas que normalmente a desmoralizariam e reduziriam sua determinação de permanecer abstinente. Ela se sentiu preparada para a possibilidade de ter esses pensamentos de advogado do diabo e anotou uma série de coisas construtivas que disse na dramatização, para assegurar que iria praticá-las e lembrar-se delas para uso posterior.

Como os RPAs e o monitoramento e agendamento de atividades, o *role-play* é apropriado para todos os pacientes em terapia, independentemente da prontidão para mudar comportamentos dependentes. A técnica permite que os pacientes imaginem e pratiquem interações importantes com os outros. Quando os pacientes estão ativamente empenhados em mudar esses comportamentos, o *role-play* os ajuda a aprimorar habilidades de empatia e responder efetivamente aos outros de maneiras que minimizem o fato de serem desencadeados por interações negativas. Quando eles não estão dispostos, não são capazes ou não estão interessados em mudar comportamentos dependentes, o *role-play* pode ser geralmente útil para desenvolver habilidades interpessoais e responder a pensamentos e crenças que provocam depressão ou ansiedade.

ENTENDENDO O IMPACTO DAS TÉCNICAS PADRONIZADAS E A INTERAÇÃO ENTRE ELAS

É vital que os terapeutas reconheçam que as mudanças positivas dos pacientes podem ser acompanhadas por substancial desconforto que não diminui totalmente apenas porque os pacientes mudam seus pensamentos e comportamentos. Espera-se que mudanças positivas aumentem a satisfação, a autoempatia, a compaixão, a perspicácia e o autorrespeito dos pacientes, além de sua esperança de que um esforço honesto, comprometido e coordenado acabará por levar a uma vida melhor.

É tentador organizar técnicas padronizadas em categorias cognitivas e categorias comportamentais. Contudo, na realidade, a maioria das técnicas contém componentes cognitivos e comportamentais. Por exemplo, identificar e desafiar crenças é mais eficaz quando os pacientes fazem mudanças comportamentais que reforçam novas crenças mais adaptativas. E as técnicas de mudança de comportamento são mais eficazes quando mudam a visão dos pacientes sobre sua vida pessoal.

Embora as técnicas neste capítulo sejam descritas como entidades separadas, na realidade, há uma substancial sobreposição entre elas. Por exemplo, alguns componentes do treinamento de relaxamento são essenciais para o treinamento de *mindfulness* e meditação. O monitoramento e agendamento de atividades é fundamental para a ativação comportamental. O controle de estímulos é vital para as técnicas de A&D. A análise de vantagens e desvantagens muitas vezes revela pensamentos e crenças problemáticas gerais que são efetivamente abordadas com RPAs. Apresentamos um conjunto não exaustivo de técnicas de TCC. Para uma coleção mais completa de técnicas de TCC, recomendamos *Técnicas de terapia cognitiva: manual do terapeuta* (Leahy, 2019).

TREINANDO HABILIDADES QUE MELHORAM A VIDA

Os profissionais que atendem pessoas dependentes compreendem que a recuperação envolve mais do que se abster de comportamentos dependentes. Trata-se também de efetuar mudanças positivas no estilo de vida que promovem o bem-estar geral, as quais, por sua vez, reforçam a confiança de que a vida pode continuar sem dependências. Assim, a TCC para dependências intrinsecamente inclui técnicas para cultivar habilidades que melhoram a vida dos pacientes (p. ex., comunicação, resolução de problemas, gerenciamento do tempo, viver uma vida equilibrada).

Habilidades de comunicação

A comunicação eficaz é sua própria recompensa. Por outro lado, problemas de comunicação podem ser bastante punitivos. Tanto habilidades de comunicação expressivas (falar) quanto receptivas (escutar) podem ser abordadas diretamente nas sessões de TCC. O *role-play* é uma excelente maneira de praticar essas habilidades, e tarefas de casa podem ser programadas para reforçá-las. Os padrões de comunicação entre terapeuta e paciente na sessão podem ser usados como um microcosmo para entender como os pacientes funcionam fora da terapia. Os terapeutas tendem a relutar em comentar sobre a comunicação dos pacientes durante a sessão, pois muitos acreditam que não é "educado" ou é muito confrontador fazê-lo. Contudo, quando enquadrado de forma eficaz, esse *feedback* na sessão pode ser extremamente valioso para pacientes que desejam desenvolver e manter relacionamentos próximos.

Habilidades de resolução de problemas

Habilidades de resolução de problemas podem faltar em pacientes que aprenderam ao longo do tempo a seguir seus impulsos, em vez de refletir e tomar decisões cuidadosas sobre suas ações. Para piorar a situação, muitas pessoas com dependências evitam cada vez mais a resolução de problemas, enquanto seus problemas crescem e se tornam mais complicados. Além disso, os comportamentos dependentes tendem a causar suas próprias complicações, resultando em um acúmulo de problemas que podem se tornar insolúveis. Pacientes com histórias de comportamentos dependentes graves (talvez desde a infância ou adolescência), tendem a ter pouca experiência em reconhecer e resolver problemas vitais de maneira construtiva. Correndo o risco de simplificar um processo complexo, as seguintes seis etapas compreendem a sequência básica de procedimentos de resolução de problemas (Nezu, Nezu, & Perri, 1989):

1. Definir o problema em termos claros e específicos
2. Fazer uma lista de várias soluções hipotéticas
3. Examinar os prós e contras de cada solução hipotética (para o paciente e para os entes queridos do paciente, agora e no futuro)
4. Escolher uma solução que seja bem apoiada pelos "prós", mesmo que seja difícil
5. Implementar a solução após planejamento, preparação e prática (talvez em sessão)
6. Avaliar os resultados e avaliar outras soluções necessárias

A aquisição de habilidades de resolução de problemas requer um processo longo e tedioso que exige paciência e resistência. Os terapeutas são aconselhados a manter o apoio e o incentivo enquanto os pacientes treinam para adquirir essas habilidades.

Viver uma vida equilibrada

A maioria das pessoas entende que viver uma vida equilibrada é importante, embora a maioria provavelmente diga que não está fazendo isso. É comum ouvir as pessoas dizerem coisas como: "O dia nunca tem horas suficientes" e "Se ao menos eu tivesse tempo para _____". O programa SMART Recovery (www.smartrecovery.org), baseado em princípios e práticas de TCC, tem quatro pontos focais:

1. Desenvolver e manter a motivação
2. Lidar com impulsos e desejos
3. Gerenciar pensamentos, sentimentos e comportamentos
4. Viver uma vida equilibrada

Não é por acaso que *viver uma vida equilibrada* é o último desta lista. Como mencionado anteriormente, pessoas dependentes gastam tempo desproporcional obtendo, usando e se recuperando de seus comportamentos orientados para a manutenção da dependência. Por isso, a perda de equilíbrio em sua vida parece ser inevitável. Os três primeiros pontos listados são essenciais para a recuperação dos transtornos. O processo inicia com a motivação para mudar. A própria mudança requer lidar com impulsos e desejos. E as habilidades necessárias para manter uma vida livre de dependências incluem o gerenciamento de pensamentos, sentimentos e comportamentos. À medida que essas habilidades básicas são adquiridas, uma pessoa em recuperação pode começar a buscar significado e realização vivendo uma vida equilibrada.

O grau em que uma pessoa está vivendo uma vida equilibrada pode ser determinado pelo quanto ela está vivendo de acordo com seus valores mais profundos. Refletindo novamente sobre o exercício da hierarquia de valores, um dos objetivos é listar pelo menos cinco valores centrais na vida de uma pessoa. Depois de gerar essa lista, os pacientes são solicitados a verificar se seus valores e comportamentos se alinham. Em uma vida bem-equilibrada, valores e comportamentos estão bem alinhados. Por exemplo, pessoas que dizem valorizar o casamento, a paternidade, a saúde física, a segurança financeira e os relacionamentos comunitários estão vivendo de maneira equilibrada se seus comportamentos reais forem proporcionais a esses valores. Há um gerenciamento verdadeiramente eficaz do tempo quando as pessoas preenchem seu tempo com uma série de atividades que lhes são significativas. Estes são indivíduos que são fiéis aos seus valores mas também sabem que devem aceitar que nunca serão capazes de realizar todas as metas relacionadas a valores.

A TAREFA DE CASA COMO FORMA DE PRATICAR E GENERALIZAR HABILIDADES

Os terapeutas cognitivo-comportamentais ajudam os pacientes a se ajudarem. As técnicas apresentadas neste capítulo devem ser praticadas tanto na sessão como na tarefa de casa, com o intuito de fornecer habilidades para mudar comportamentos dependentes e criar vivências mais ricas e plenas. Na sessão, os terapeutas ensinam os pacientes a definir com precisão e eficácia seus problemas, facilitar o desenvolvimento de habilidades para resolver esses problemas e incentivar os pacientes a terem uma vida saudável e adaptativa. Ao fim de cada sessão, os terapeutas passam uma tarefa de casa para ajudar os pacientes a praticar e generalizar as habilidades aprendidas naquela sessão. Quando praticam habilidades terapêuticas recém-adquiridas como tarefa de casa, os pacientes mantêm ganhos terapêuticos por muito tempo após a conclusão das sessões formais (Burns & Spangler, 2000; Kazantzis, Whittington, & Dattilio, 2010; Rees, McEvoy, & Nathan, 2005). As técnicas praticadas na sessão devem levar a tarefas de casa entre sessões (p. ex., pensar em diversas soluções para problemas; responder racionalmente a pensamentos e crenças desadaptativas). Tarefas adicionais podem exigir que os pacientes peguem o que aprendem no "laboratório" (consultório do terapeuta) e apliquem no "campo" (cotidiano do paciente), como a técnica de A&D, ou o controle de estímulos para reduzir a exposição a situações de alto risco.

As tarefas de casa devem resultar do trabalho feito nas sessões, para que os pacientes entendam sua relevância. É essencial que os terapeutas forneçam uma justificativa para a realização das tarefas, com todas as instruções necessárias. Todas as tarefas de casa devem ser escolhidas de forma colaborativa por terapeutas e pacientes. Sempre que possível, terapeutas e pacientes devem *iniciar as tarefas de casa no consultório do terapeuta* como forma de gerar impulso para a conclusão das tarefas. Por exemplo, se os RPAs forem passados como tarefa de casa, terapeutas e pacientes devem sempre começar a trabalhar neles juntos na sessão.

RESUMO

O processo de escolha de uma técnica de TCC deve ser deliberado e intencional. Deve ser baseado em uma conceitualização precisa de cada paciente, dando-se cuidadosa consideração a seus problemas, pontos fortes, limitações, recursos, crenças, valores, medos, esperanças e objetivos. Simplificando, a escolha de uma determinada técnica depende do paciente, e não do terapeuta. Seja qual for a técnica escolhida, o processo deve sempre ser coerente com os princípios da descoberta guiada e da entrevista motivacional (p. ex., escuta ativa/reflexiva, empatia precisa, respostas compassivas, e assim por diante). Por fim, todas as técnicas aprendidas na sessão devem ser seguidas de tarefas de casa entre as sessões, para garantir que elas se tornem habilidades generalizáveis para o mundo real.

FORMULÁRIO 7.1 Análise de vantagens e desvantagens

Instruções: nos quadrantes a seguir, liste as **vantagens** e as **desvantagens** de **usar** (continuar) *versus* **não usar** (suspender) o uso de determinada substância ou uma dependência comportamental. Por exemplo, você pode listar uma vantagem de usar maconha como "relaxante" e uma desvantagem, como "tornar-se dependente". Liste o máximo possível de respostas em cada espaço.

Comportamento preocupante (p. ex., álcool, maconha, opioides, uso de tabaco): ___

_____

	Vantagens	Desvantagens
Usar		
Não usar		

De *Terapia-cognitivo comportamental para transtornos por uso de substâncias e dependências comportamentais*, por Aaron T. Beck e Bruce S. Liese. Copyright © 2024 Artmed. A permissão para fotocopiar este formulário é concedida aos compradores deste livro para uso pessoal ou uso com pacientes. Uma versão para *download* está disponível no material complementar do livro em loja.grupoa.com.br.

FORMULÁRIO 7.2 Exemplo de cronograma de atividades diárias

Instruções: usando a grade a seguir, liste suas atividades durante o período do dia em que ocorreram, junto a uma classificação (0-10) para indicar quanto domínio (*D*) e prazer (*P*) você sentiu durante a atividade. O domínio está relacionado ao *desenvolvimento de habilidades* e o prazer está relacionado à *satisfação* (ver exemplos fornecidos). Você pode listar horários específicos quando uma atividade começa ou termina em um novo período do dia ou no meio de um período.

	Exemplos	Segunda	Terça	Quarta	Quinta	Sexta	Sábado	Domingo
Início da manhã 5h às 9h	Acordei às 6h, tomei banho, tomei café da manhã, passeei com o cachorro (D = 0; P = 5) Assisti ao noticiário, me vesti, dirigi até o trabalho (D = 2; P = 2)							
Manhã 9h às 13h	No trabalho, completei um projeto atrasado até às 15h (D = 6; P = 2)							

(Continua)

FORMULÁRIO 7.2 Exemplo de cronograma de atividades diárias *(continuação)*

	Exemplos	Segunda	Terça	Quarta	Quinta	Sexta	Sábado	Domingo
Tarde 13h às 17h	15h – peguei um café, sentei à mesa de trabalho, naveguei na internet, conferi redes sociais (D = 0; P = 4) Troquei mensagens com amigos (D = 2; P = 8)							
Noite 17h às 21h	Dirigi até o consultório do terapeuta para minha consulta às 18h, fiquei presa no trânsito (D = 0; P = 0) Voltei para casa, assisti à TV durante 2 horas (D = 0; P = 6)							

(Continua)

FORMULÁRIO 7.2 Exemplo de cronograma de atividades diárias (*continuação*)

Exemplos	Segunda	Terça	Quarta	Quinta	Sexta	Sábado	Domingo
Fim da noite 21h à 1h Me preparei para deitar, assisti mais um pouco de TV, me deitei às 23h (D = 0; P = 4)							
Madrugada 1h às 5h Dormi até às 6h (D = 0; P = 8)							

De *Terapia-cognitivo comportamental para transtornos por uso de substâncias e dependências comportamentais*, por Aaron T. Beck e Bruce S. Liese. Copyright © 2024 Artmed. A permissão para fotocopiar este formulário é concedida aos compradores deste livro para uso pessoal ou uso com pacientes. Uma versão para *download* está disponível no material complementar do livro em loja.grupoa.com.br.

FORMULÁRIO 7.3 Registro de pensamentos automáticos

Instruções: a seguir, insira a data, hora, local, situação, pensamentos ou crenças, emoções, crenças alternativas e resultados (como nos exemplos fornecidos). Certifique-se de avaliar sua confiança em seu pensamento e a intensidade de sua emoção em uma escala de 0 a 100. Essa informação deve ser registrada cada vez que você sente um impulso ou vontade de se envolver com TUS ou dependência comportamental, usando uma linha inteira para cada entrada.

Data, hora, local	Situação	Pensamentos automáticos ou crenças relacionadas (0-100% de confiança)	Emoções (intensidade de 0-100)	Crenças ou respostas alternativas (0-100% de confiança)	Resultados
Sábado às 19h, sozinho em casa	Decidi: não comparecer a um evento social em que servem bebidas alcoólicas porque estou tentando parar de beber	"Detesto ficar em casa nos sábados à noite." (75%) "Não é justo que todos os outros possam beber." (65%)	Tenso (90) Irritado (95) Louco por uma cerveja (65) Preocupado com o risco de beber (90)	"O álcool está arruinando a minha vida." (90%) "Vou me sentir muito melhor amanhã se eu não beber." (85%)	Decido ficar em casa e assistir a um filme Planejo o próximo fim de semana com amigos sóbrios

De *Terapia-cognitivo comportamental para transtornos por uso de substâncias e dependências comportamentais*, por Aaron T. Beck e Bruce S. Liese. Copyright © 2024 Artmed. A permissão para fotocopiar este formulário é concedida aos compradores deste livro para uso pessoal ou uso com pacientes. Uma versão para *download* está disponível no material complementar do livro em loja.grupoa.com.br.

8
Estabelecendo objetivos

Nas palavras do célebre jogador de beisebol Yogi Berra, "Se você não sabe para onde está indo... você pode não chegar lá". Essa afirmação é especialmente verdadeira quando se trabalha com pacientes que enfrentam dependências. Objetivos ajudam terapeutas e pacientes a definirem para onde estão indo – ou, pelo menos, para onde desejam ir com a terapia. Conforme observado no Capítulo 3, o estabelecimento de objetivos está entre os componentes essenciais da conceitualização de caso. E como o estabelecimento de objetivos está associado à prontidão para mudar, os objetivos dos pacientes podem mudar a cada momento. Essa é a razão pela qual os terapeutas precisam estar profundamente conscientes dos objetivos dos pacientes a cada momento e a cada sessão. Por exemplo, alguns pacientes iniciam a terapia em crise, proclamando um compromisso total com a abstinência de álcool, e então, uma semana depois, anunciam que beber moderadamente é seu objetivo preferencial. É concebível que esse mesmo paciente possa mudar de objetivo (p. ex., de beber moderadamente para abstinência e vice-versa) várias vezes *durante uma única sessão*.

Quando definidos de forma colaborativa, os objetivos refletem um entendimento mútuo entre pacientes e terapeutas. Em geral, os pacientes iniciam a terapia querendo se sentir melhor. A maioria deseja aliviar sentimentos de preocupação, frustração, desespero, solidão, inquietação ou outros estados emocionais negativos. Muitos estão dispostos a fazer mudanças comportamentais substanciais, mas impõem limites ao que estão dispostos a mudar. Depois de estabelecerem objetivos juntos, pacientes e terapeutas estão em posição de considerar as habilidades cognitivas e comportamentais necessárias para alcançar esses objetivos.

Na ausência de objetivos claramente definidos, existe o risco de terapeuta e paciente trabalharem em conflito um com o outro. Por exemplo, considere um paciente com grave transtorno por uso de cocaína que afirma: "Eu quero me sentir melhor". Na ausência de um processo colaborativo aberto e ativo, esse paciente pode planejar sentir-se melhor usando *menos* cocaína, enquanto ao mesmo tempo o terapeuta presume que o objetivo do paciente é *nenhuma* cocaína. Somente questionando cuidadosamente e ouvindo ativamente um ao outro é que terapeuta e paciente podem estabelecer objetivos mútuos. Posteriormente, o terapeuta pode ajudar o paciente a ver que a cocaína está interferindo em se sentir melhor, mas primeiro precisa compreender e aceitar que o paciente ainda não está pronto para parar de usar a substância. Em casos como esse, metas de redução de danos podem ser mais práticas do que metas de abstinência.

REDUÇÃO DE DANOS COMO META TERAPÊUTICA

Sandra foi uma paciente que se beneficiou das metas de redução de danos. Ela estava gravemente deprimida quando começou a terapia, e atribuía sua depressão ao fato de que "perdeu tudo" por causa de seu transtorno do jogo, incluindo sua casa, economias, família e amigos. Sandra conseguiu superar o transtorno por uso de várias substâncias no passado, mas estava convencida de que nunca conseguiria parar de jogar. Ela descreveu jogatinas em que gastava todo o seu salário apostando em máquinas caça-níqueis e depois pedia dinheiro emprestado a familiares e amigos para pagar as contas mensais. Quando sua terapeuta lhe perguntou se ela ao menos cogitaria abster-se de jogar, o máximo que ela ofereceu foi: "Vou tentar reduzir".

A terapeuta de Sandra foi paciente e passou várias sessões aprendendo sobre os seus gatilhos, pensamentos, sentimentos e comportamentos relacionados ao jogo. Percebendo que Sandra está despreparada para abster-se totalmente, ela apresenta a Sandra as metas de redução de danos. A conversa é produtiva:

> **Terapeuta:** Sandra, com base no que sei sobre seus atuais pensamentos e crenças sobre jogos de azar, está claro que desistir não é seu objetivo agora...
> **Sandra:** [*Interrompe.*] Você acertou.
> **Terapeuta:** ...apesar do fato de que sua situação é terrível, e você continua perdendo dinheiro, família e amigos.
> **Sandra:** Nem sempre perco dinheiro. É exatamente isso. Há momentos em que ganho centenas de dólares em um dia. Se ao menos eu pudesse manter essa recuperação...

Terapeuta: Sim, essa é exatamente a crença que a leva de volta ao cassino: que você mais cedo ou mais tarde terá uma onda de boa sorte ou ganhará uma bolada e poderá resolver todos os seus problemas.
Sandra: Exatamente.
Terapeuta: Você me disse que aposta sempre que tem algum dinheiro extra disponível, certo?
Sandra: Certo. Às vezes, entro em pânico quando recebo um aviso de desligamento de uma empresa de serviços públicos, ou uma carta de cobrança. É aí que eu deveria pagar uma conta. Mas, na maioria das vezes, eu acho que tenho dinheiro extra, mesmo que esteja devendo muito.
Terapeuta: Quais são seus dias de pagamento, quando você recebe um contracheque?
Sandra: Nos dias 1º e 15 de cada mês.
Terapeuta: E quando é mais provável que você jogue?
Sandra: Nos dias 1º e 15 de cada mês.
Terapeuta: Então, sempre que você recebe um contracheque.
Sandra: Sim, isso mesmo.
Terapeuta: Você estaria disposta a pagar suas contas essenciais todos os meses antes de jogar?
Sandra: É o que tento fazer, mas não consigo.
Terapeuta: Você já ouviu falar em débito automático?
Sandra: É quando o seu banco paga suas contas?
Terapeuta: [Ri.] Eles pagam suas contas com o *seu* dinheiro.
Sandra: Então você acha que eu devo colocar as contas em débito automático?
Terapeuta: Esse me parece um objetivo razoável.
Sandra: Sim, acho que faz sentido: pagar algumas contas e depois jogar um pouco.

Nessa conversa, a terapeuta entendeu que o reforço intermitente de ganhar ocasionalmente faz Sandra voltar a apostar, apesar das perdas que sofreu. Sandra acredita claramente que mais cedo ou mais tarde ganhará muito e recuperará suas perdas. Assim, a terapeuta sugeriu uma meta de redução de danos que não requer abstinência de jogos de azar: pagar algumas contas antes de jogar. Essa estratégia faz sentido sempre que os terapeutas encontram pacientes que não aceitam a abstinência como solução para seus comportamentos dependentes. Simplificando, quando os pacientes não estão interessados no "Plano A" (abstinência), é hora de apoiar com entusiasmo o "Plano B" (redução de danos). Discutimos as abordagens de redução de danos mais detalhadamente no Capítulo 13.

ALGUNS TERAPEUTAS PRECISAM MUDAR SUAS ATITUDES RELACIONADAS AOS OBJETIVOS

A maioria das pessoas com dependências experimenta esforços de mudança malsucedidos, lapsos e recaídas. Alguns terapeutas ficam frustrados, desapontados ou até mesmo irritados quando os pacientes não conseguem atingir seus objetivos relacionados à dependência. Em geral, esses sentimentos negativos em relação aos pacientes são contraproducentes e, evidentemente, resultam em pensamentos negativos. A seguir está uma lista dos pensamentos que podem ocorrer quando os objetivos dos terapeutas para os pacientes não são alcançados:

> "É terrível quando os pacientes estabelecem objetivos e não conseguem alcançá-los."
> "Eles deveriam ter mais juízo."
> "Eles deveriam fazer o que dizem que vão fazer."
> "Se fosse eu, teria mantido meu compromisso com a mudança."
> "Eles estão perdendo um tempo precioso de terapia ao não atingir seus próprios objetivos."
> "É horrível quando os pacientes não fazem o que é certo para si mesmos."
> "Não suporto quando meus pacientes recaem."
> "Nada de bom resulta de uma recaída."
> "Não quero encorajar meus pacientes dizendo que não há problema em ter uma recaída."
> "O uso contínuo de substâncias por meus pacientes reflete uma falta de compromisso com a terapia."

Pensamentos como esses inevitavelmente levam a emoções negativas no terapeuta (p. ex., irritação, frustração, aborrecimento, repulsa). *E os pacientes percebem quando os terapeutas têm sentimentos negativos em relação a eles.* Portanto, os terapeutas são encorajados a se automonitorar para identificar pensamentos e sentimentos negativos quando os pacientes estabelecem objetivos e não conseguem alcançá-los. Quando identificados, esses pensamentos e sentimentos negativos devem ser modificados, para permitir que os terapeutas voltem a focar na aprendizagem, na resolução de problemas e no estabelecimento de objetivos de forma colaborativa. A seguir, há uma lista de pensamentos alternativos que se contrapõem aos pensamentos listados anteriormente. Pensamentos como estes tendem a preparar os terapeutas para a definição de metas colaborativas:

"É perfeitamente normal que as pessoas estabeleçam metas e não consigam alcançá-las."
"Às vezes as pessoas desconsideram o que é melhor para elas."
"Toda pessoa, em algum momento, percebe que não fez o que disse que faria."
"Se eu estivesse no lugar dele, poderia fazer as mesmas escolhas e cometer os mesmos erros."
"Cada minuto gasto em terapia tem o potencial de ser valioso."
"Os seres humanos nem sempre fazem o que mais os beneficia."
"Quero ajudar meus pacientes quando souber que eles tiveram uma recaída."
"As recaídas oferecem oportunidades de aprendizado."
"Incentivar os pacientes a aprender com as recaídas é uma boa prática."
"O uso contínuo de substâncias por meus pacientes reflete a importância de estarem em terapia."

Pensamentos como esses provavelmente levarão a sentimentos mais positivos e a um espírito mais colaborativo por parte do terapeuta. Além disso, esses pensamentos tendem a reduzir ou até eliminar o risco de os pacientes se sentirem estigmatizados pelos terapeutas.

FORMULANDO OBJETIVOS REALISTAS E EVITANDO O DESVIO DAS METAS DA TERAPIA

Assim como os terapeutas podem ter expectativas irrealistas de seus pacientes, as expectativas dos pacientes em relação à terapia podem ser irrealistas. Gina compareceu à sua primeira consulta descrevendo seu objetivo como: "Recuperar a guarda de meus filhos depois que eles foram afastados pelo tribunal". Alguns meses antes, Gina deixou seus três filhos sozinhos em casa enquanto foi ao apartamento do traficante para comprar metanfetamina. Enquanto estava lá, a filha de Gina, de 4 anos, foi até o apartamento de um vizinho e perguntou se poderia morar com ele. As autoridades estaduais foram chamadas e os filhos de Gina foram levados pela justiça. Na sequência, o tribunal ordenou que ela fizesse tratamento e se abstivesse totalmente de drogas e álcool antes que o tribunal ao menos cogitasse devolver-lhe a guarda de seus filhos.

Quando chegou ao consultório do terapeuta, Gina esperava que ele interviesse para trazer seus filhos de volta. É claro que esse era um objetivo irreal. O terapeuta foi caloroso e atencioso, mas explicou a Gina que recuperar a guarda de seus filhos seria necessariamente um objetivo futuro da terapia. Ele sugeriu que metas de curto prazo mais realistas poderiam ser a abstinência e melhorar sua capacidade de cuidar dos filhos. Ao ouvir isso, Gina ficou visivelmente chateada, mas acabou admitindo: "Eu sabia que você diria isso. Eu odeio que você não possa trazer meus filhos de volta para mim".

A formulação de metas ajuda a explicitar o que os pacientes podem esperar da terapia. Ao conversar inicialmente sobre os resultados desejados da terapia e defini-los em termos concretos, os pacientes sabem para onde a terapia está indo e começam a entender como seus objetivos podem ser alcançados. Em outras palavras, a terapia é mais focada quando pacientes e seus terapeutas sabem para onde estão indo e como vão chegar lá.

Concentrar-se em metas de resultados *realistas* também ajuda os pacientes a se sentirem esperançosos sobre possíveis mudanças. Metas bem-definidas podem direcionar a atenção do paciente para possibilidades além da abstinência. Durante a primeira sessão de terapia de Jack, ele admitiu o consumo diário de álcool, dizendo que não conseguia imaginar ficar abstinente para sempre, embora tenha recentemente concluído um programa de desintoxicação de álcool e alcançado a abstinência há várias semanas. Parecia-lhe difícil manter o foco na possibilidade de abstinência em longo prazo e imaginar-se abstinente de novo. Posteriormente, a terapia foi bem sucedida porque o terapeuta facilitou metas graduais que Jack podia aceitar. Por exemplo, Jack prontamente concordou em não beber antes de dirigir e em evitar o consumo pesado de álcool, definido como mais de 4 doses padrão por dia, ou mais de 14 doses padrão por semana. Na verdade, foi só depois que não conseguiu atingir essas metas que Jack concordou que precisava revisar seu objetivo de total abstinência – e parou de beber. Depois de estar "limpo e sóbrio" [palavras dele] há vários meses, Jack percebeu que sua dificuldade em manter um emprego era uma consequência de beber demais. Com a ajuda de seu terapeuta, Jack estabeleceu a meta de encontrar e manter um emprego, e em seis meses ele alcançou esse objetivo, em parte por melhorar habilidades de relacionamento interpessoal e de autorregulação que ele havia negligenciado enquanto bebia.

Definir metas também ajuda a evitar desvios na terapia. Muitas pessoas dependentes iniciam terapia depois de enfrentar problemas graves, como problemas de trabalho, de família, legais e de saúde. Esses problemas contribuem para o sofrimento emocional dos pacientes, o que com frequência os leva a buscar terapia. Com tantas preocupações, é fácil mudar aleatoriamente de um tópico para outro *dentro de uma mesma sessão e entre as sessões*. Estabelecer metas específicas de longo e curto prazo para a terapia e determinar a ordem em que elas precisam ser alcançadas ajuda a evitar esse tipo de desvio. Terapeutas e pacientes podem concentrar-se durante as sessões em um ou dois dos objetivos mais imediatos e urgentes, porém sem deixar de perceber plenamente que existem objetivos adicionais que serão abordados à medida que a terapia progredir.

As metas podem funcionar como pontos em uma bússola e, assim, tornar mais evidente quando a terapia está na direção certa ou não. Bill estava em terapia para transtorno por uso de opioides. Ele começou a tomar oxicodona para dores nas costas após uma lesão no trabalho. Quando seu médico reduziu a medicação, Bill ficou cada vez mais ansioso em relação a viver sem opioides. O objetivo inicial da terapia era ajudar Bill a desenvolver estratégias para viver sem opioides; entretanto, tornou-se evidente após várias sessões (quando Bill ficou um pouco menos ansioso com a redução de sua medicação) que ele também estava passando por graves desavenças conjugais. Ele revelou que sua esposa também vinha tomando a medicação dele, e isso estava causando muitos conflitos entre eles. Embora plenamente conscientes do objetivo original da terapia, que era ajudar Bill a lidar com sua dependência, Bill e seu terapeuta foram capazes de adicionar o objetivo de melhorar seu casamento. Teria sido fácil começar a trabalhar sem rumo nos problemas conjugais de Bill em detrimento de trabalhar em sua dependência. Em vez disso, Bill e seu terapeuta colocaram ambos os temas na agenda e reconheceram a forte ligação entre eles. Eles alocaram tempo para ambos e exploraram os problemas muito mais complexos entre a dependência de Bill e os problemas de sua esposa. (Para complicar as coisas, a esposa de Bill inicialmente insistiu que ele não falasse sobre ela na terapia.)

Estabelecer metas mutuamente reforça a aliança terapêutica e o espírito de colaboração entre paciente e terapeuta, além de dar ao paciente um senso de responsabilidade pelo resultado da terapia. Isso é especialmente importante para pacientes que veem sua vida em desordem e se sentem fora de controle e à mercê de sua dependência. O estabelecimento colaborativo de metas ajuda a promover o senso de autoeficácia e confiança do paciente para superar dependências e outros problemas. Por exemplo, um paciente afirmou o seguinte depois de atingir vários pequenos objetivos de terapia: "Pela primeira vez desde que tentei parar por conta própria, tenho uma sensação de controle sobre minha vida. Não tenho dúvidas sobre o que eu quero da terapia. Quero aprender a lidar com meus impulsos, mas também quero aprender melhores maneiras de viver. Sinto que eu e meu terapeuta somos uma equipe, e que a terapia não está sendo feita apenas *para mim*".

Revisar os objetivos é uma parte essencial de cada sessão de terapia cognitivo-comportamental (TCC). À medida que os pacientes listam itens da agenda, os terapeutas podem relacionar cada item com os objetivos estabelecidos, ou podem determinar que um novo item da agenda exige um novo objetivo. Por exemplo, objetivos associados à prevenção de lapsos ou recaídas serão inevitavelmente incluídos ao lado de outros objetivos relacionados à abstinência de comportamentos dependentes. Raiva anteriormente não revelada, por outro lado, pode exigir um novo objetivo em relação ao controle da raiva. Assim, a definição e a revisão de objetivos podem ocorrer durante a etapa de definição da agenda de uma sessão, mas também podem ocorrer durante a transição de sessões anteriores, ou até mesmo durante o processo de priorizar ou discutir itens da agenda.

Os terapeutas precisam ser flexíveis na definição e na revisão de objetivos. Os pacientes muitas vezes tornam-se desencorajados por conta do progresso lento, reveses, lapsos e recaídas. Isso, por sua vez, pode resultar em um pensamento do tipo tudo ou nada em relação à terapia (p. ex., "A terapia não tem valor"). Revisar e restabelecer os objetivos da terapia diminui potencialmente a desesperança do paciente em relação à mudança. Por exemplo, Richard e seu terapeuta concordaram em dois objetivos principais no início da terapia: 1) abster-se de cocaína e 2) obter e manter um emprego estável. Durante um período de seis meses, Richard conseguiu abster-se de cocaína, mas não conseguiu encontrar um emprego. Ele ficou frustrado e começou a fazer comentários negativos sobre a terapia: "Estou travado. Isso simplesmente não está mais funcionando para mim". O terapeuta de Richard apontou que sua atitude em relação à vida e seu humor melhoraram significativamente desde o início da terapia, e que ele tinha um sentimento de orgulho por abster-se da cocaína, apesar de sua dificuldade em encontrar um emprego. O terapeuta sugeriu que eles revisassem seu objetivo original de encontrar um emprego de tempo integral e estabelecessem metas de curto prazo, como melhorar suas estratégias de procura de emprego e habilidades de entrevista. Eles também concordaram que Richard precisava criar um currículo. Depois de obter ganhos nessas áreas, Richard restabeleceu seus pensamentos positivos sobre a terapia e se sentiu mais esperançoso e motivado para continuar trabalhando com seu terapeuta. E, um mês depois de parecer tão desanimado, ele encontrou um emprego gratificante, que ainda mantém.

O caso de Richard oferece uma oportunidade para enfatizar um ponto importante – isto é, que os objetivos da terapia não implicam exclusivamente a abstinência de comportamentos dependentes. Os critérios para o sucesso na terapia devem ser avaliados em uma série de domínios importantes da vida, incluindo relacionamentos pessoais, saúde física, regulação das emoções e desenvolvimento vocacional, para citar apenas alguns. Existem inúmeros problemas que podem ser discutidos na terapia. Com metas para cada problema, terapeutas e pacientes podem fazer uso otimizado do tempo de terapia e resolver problemas de uma forma organizada e sistemática.

ESTRATÉGIAS PARA DEFINIR OBJETIVOS

Quando iniciam a terapia, os pacientes com frequência são ambivalentes em relação à abstinência. Assim, os terapeutas certamente não devem insistir na abstinência como requisito para estar na TCC. Devem, em vez disso, explorar as vantagens e desvantagens dos comportamentos dependentes. Isso pode ser feito simplesmente perguntando: "Quais foram os benefícios de manter comportamentos que favoreçam a dependência e quais foram as desvantagens?". Quando os pacientes descrevem vantagens que lhes parecem vitais (p. ex., melhora da dor física), os objetivos da terapia podem incluir a aquisição de habilidades que realizem as mesmas vantagens (p. ex., controle psicológico da dor). Com efeito, existem alguns comportamentos que impedem a abstinência. Por exemplo, terapeutas que tratam de alimentação excessiva e compulsão alimentar entendem muito bem que os pacientes não podem se abster de comer. Quando a abstinência não é uma opção, é especialmente importante determinar as vantagens do comportamento (p. ex., redução da ansiedade) e estabelecer metas (p. ex., melhor manejo da ansiedade) que permitem aos pacientes obter vantagens semelhantes, embora mais saudáveis, sem se envolver em seus comportamentos problemáticos.

Ao estabelecer metas, os terapeutas podem destacar a relação recíproca entre abstinência e melhora da qualidade de vida. Por exemplo, os terapeutas podem reconhecer que a abstinência pode contribuir para melhorar os relacionamentos – e melhorar relacionamentos pode contribuir para a abstinência. Entretanto, também podem enfatizar que a abstinência por si só não resolverá outros problemas; apenas tornará o êxito mais provável. Martha entrou na TCC com o propósito expresso de parar de usar metanfetamina. Ela disse que a abstinência lhe permitiria economizar dinheiro, pagar suas contas e motivá-la a ir trabalhar todos os dias. Ao ouvir isso, o terapeuta de Martha respondeu: "Então, livrar-se das drogas é apenas um de seus objetivos. Seus outros objetivos incluem economizar dinheiro, pagar suas contas e manter seu emprego. Você parece entender que a abstinência por si só não garante o sucesso nesses outros objetivos. Ela certamente irá ajudá-la a estar em uma melhor posição para aprender a alcançar suas metas nessas outras áreas de sua vida. Podemos trabalhar em outras habilidades também? Quero ajudá-la a ter êxito em todos os seus objetivos".

As metas são mais bem expressas em termos concretos, específicos e mensuráveis. No início da terapia, muitos pacientes apresentam objetivos abstratos e inespecíficos, como: "Quero colocar minha vida em ordem", "Quero voltar a ser quem eu era antes" ou "Quero que essa ansiedade vá embora". Os terapeutas ajudam os pacientes a definir os objetivos da terapia em termos comportamentais mais mensuráveis, como evitar pessoas, lugares e coisas específicas associadas ao uso de substâncias; escolher atividades específicas saudáveis e gratificantes que não envolvam comportamentos dependentes; ou restabelecer relacionamentos importantes. Por exemplo, Joe inicia a TCC com grave transtorno por uso de opioides. Ele diz que quer que seu mundo "pare de se despedaçar". A fim de encorajar objetivos mais concretos, o terapeuta de Joe pergunta o que ele gostaria de mudar em sua vida. Joe responde: "Estou separado da minha esposa agora e ela não permite que eu veja as crianças. Gostaria de ver meus filhos com mais frequência. Acho que preciso parar de usar drogas. Quero voltar a me envolver com a igreja. Eu gostava muito disso. Eu queria ter um emprego regular. Estou cansado de fazer bicos. Quero mais emoção na minha vida. Sinto-me entediado a maior parte do tempo, exceto quando uso drogas". O terapeuta facilita esse processo perguntando periodicamente: "O que mais você gostaria de mudar na sua vida?". Como resultado, os objetivos de Joe se transformam de declarações vagas em eventos muito mais concretos e mensuráveis. O terapeuta os resumiu da seguinte forma:

- Parar completamente de usar opioides.
- Ver as crianças pelo menos uma vez por semana.
- Encontrar e manter um emprego em tempo integral.
- Encontrar uma igreja e frequentá-la semanalmente.
- Encontrar ao menos uma atividade livre de substâncias que seja empolgante.

Ao definirem objetivos concretos de maneira colaborativa, os terapeutas podem ajudar os pacientes a considerar estratégias para alcançá-los, bem como critérios para avaliar o resultado da terapia. Além da abstinência de opioides, um exemplo do cumprimento de metas foi Joe encontrar um emprego permanente em uma construtora. Outro objetivo foi alcançado quando, depois de conseguir um emprego, sua esposa permitiu que ele visse os filhos nos fins de semana. Essas realizações solidificaram o comprometimento de Joe de abster-se de opioides. Por fim, Joe e seu terapeuta trabalharam no desenvolvimento de fontes não medicamentosas de reforço positivo, como passatempos e atividades físicas.

Ter esses objetivos específicos em primeiro plano ajudou a impedir que Joe e seu terapeuta ficassem à deriva em cada sessão de terapia. Além disso, ter esses objetivos escritos no início do tratamento provou ser um poderoso motivador para Joe, pois ele foi capaz de comparar sua situação no início da terapia com seu funcionamento em estágios posteriores e, assim, reconhecer seu progresso.

Dois objetivos comuns da TCC para dependências são: 1) reduzir ou abster-se de comportamentos dependentes; e 2) cultivar estratégias eficazes para lidar com os desafios da vida. Como mencionamos, quando pessoas dependentes iniciam a terapia, em geral elas são ambivalentes quanto a interromper seus comportamentos problemáticos. Aumentar sua motivação para mudar tende a ser um ponto focal importante no início da terapia. Como observado anteriormente, uma abordagem para avaliar e potencialmente aumentar a motivação é focar nas vantagens e desvantagens do envolvimento *versus* não envolvimento em comportamentos dependentes. O que se segue é uma conversa entre Roger e seu terapeuta sobre as vantagens e desvantagens do uso de cocaína:

> **Terapeuta:** Roger, você estaria disposto a conversar sobre as vantagens e desvantagens de usar cocaína?
> **Roger:** Claro.
> **Terapeuta:** Quais são as vantagens ou benefícios que você obtém ao usar cocaína? O que a torna atraente para você?
> **Roger:** Não é bom, mas me faz sentir bem.
> **Terapeuta:** Certo. Ela faz você se sentir bem.
> **Roger:** Sim, essa é uma vantagem de usar. Ela me faz sentir bem por um tempo.
> **Terapeuta:** Há alguma outra vantagem?
> **Roger:** Não sei, meus amigos ficam doidões e é isso que fazemos juntos.
> **Terapeuta:** Então, você está dizendo que isso o ajuda a se relacionar com os amigos?
> **Roger:** Sim, isso me ajuda a me encaixar. É o que fazemos. Se eu tivesse escolha, provavelmente teria amigos diferentes.
> **Terapeuta:** Parece que você está quase dizendo que eles não são amigos de verdade. Talvez esta seja realmente uma *desvantagem* de usar: você acaba com amigos que você na verdade não quer.
> **Roger:** Sim, parece que eles são meus amigos, mas não são. Passar o tempo com eles e usar andam juntos.
> **Terapeuta:** Certo. Agora vamos nos concentrar em certas vantagens de *não* usar. Qual seria um benefício de não usar cocaína?
> **Roger:** Você quer dizer se eu parar? Eu economizaria dinheiro.
> **Terapeuta:** Você economizaria dinheiro.
> **Roger:** Eu poderia pensar com mais clareza. Isso mexe com o meu cérebro. Eu provavelmente me sairia melhor no trabalho.

Terapeuta: Algumas pessoas dizem que podem funcionar melhor no trabalho quando estão sob o efeito de cocaína. O que você acha disso?

Roger: Ah, eu não funciono melhor. Ela me faz querer tirar dias de folga. Eu não tenho vontade de trabalhar.

Terapeuta: Então, outra vantagem de não usar é que você pode sentir vontade de ir trabalhar?

Roger: Sim, talvez eu queira ir trabalhar. Então eu seria capaz de pagar minhas contas. É, pois quando eu estava usando cocaína, eu tirava dias de folga. Você simplesmente não tem motivação para fazer nada além de usar.

Terapeuta: Algumas vantagens de não usar é que você pode economizar dinheiro, pensar com mais clareza, ter vontade de ir trabalhar e pagar suas contas.

Roger: Sim, e daí posso me sentir melhor comigo mesmo.

Terapeuta: Você está dizendo que, às vezes, quando não usa cocaína você se sente melhor sobre si mesmo? Em outras palavras, você se sente orgulhoso de si mesmo quando não usa?

Roger: Sim, é desse sentimento que estou falando. E, quando uso, depois me sinto deprimido e culpado por ter cedido.

Terapeuta: Muito bem, vamos deixar de lado sua dependência por um momento e pensar sobre alguns objetivos possíveis. Se você concorda, eu vou anotá-los.

Roger: Tudo bem.

Terapeuta: Primeiro, você gostaria de pensar com clareza. Em segundo lugar, gostaria de ter pensamentos mais positivos sobre si mesmo. Em terceiro lugar, gostaria de ser responsável em seu trabalho – e manter o seu emprego. Em quarto lugar, gostaria de economizar. Eu escrevi essas metas junto ao seu objetivo de ficar abstinente de cocaína. Eu entendi direito?

Roger: Sim, essa é uma tarefa difícil.

Terapeuta: Fico feliz que você mencionou isso. É uma tarefa difícil, mas que parece factível. Nenhuma dessas coisas vai acontecer da noite para o dia, então vamos trabalhar na direção delas em cada sessão, e decidir juntos se seus pensamentos e comportamentos são coerentes com esses objetivos específicos.

Roger: Isso faz sentido. É menos intimidante pensar sobre isso dessa maneira.

Nesse exemplo, rever as vantagens e desvantagens permitiu que o terapeuta descobrisse objetivos potenciais para a terapia, incluindo: ter mais dinheiro, ser capaz de pensar com mais clareza, poder pagar contas, e assim por diante. Entretanto, há outro conjunto de objetivos que foi destacado como resultado da conversa sobre as vantagens do uso; isto é, o paciente via a cocaína como algo que o fazia sentir-se bem e ter mais amigos. Um conjunto de objetivos pode ser derivado dessas declarações, com o terapeuta dizendo: "Se pudéssemos trabalhar para ajudá-lo a sentir-se bem, poder se encaixar e ter amigos, mas *sem* usar cocaína, esses seriam objetivos importantes para tentarmos alcançar na terapia?". Ao usar essa estratégia, o terapeuta foca nos aspectos positivos de abster-se de cocaína e apresenta os objetivos de forma positiva, sem deixar de sentir empatia com o desejo do paciente pela substância. Isso é importante porque muitos dos pacientes veem a abstinência como uma forma de privação (ou seja, algo que todos podem ter, exceto eles). O terapeuta colaborativamente ajuda o paciente a reformular o objetivo de uma forma mais positiva. Portanto, o paciente pode trabalhar para atingir os aspectos positivos percebidos de usar cocaína, mas sem incorrer nas desvantagens envolvidas em realmente usar a substância.

Lidando com a ambivalência dos pacientes em relação aos objetivos

Conforme observado, a maioria dos pacientes é ambivalente quanto a estar em terapia e abandonar comportamentos dependentes estabelecidos. A ambivalência pode ser abordada como parte do processo inicial de estabelecer metas terapêuticas, como na conversa a seguir entre Pam e seu terapeuta:

> **Terapeuta:** Pam, bem-vinda à sua segunda sessão. Na primeira sessão você disse que quer parar de fumar maconha e que esse era seu objetivo básico. Você gostaria de continuar conversando sobre isso comigo?
>
> **Pam:** É por isso que estou aqui. Se eu testar positivo para maconha, perco meu emprego. É o melhor emprego que já tive e não posso me dar ao luxo de perdê-lo. Já estou tendo problemas financeiros e não quero ser um mau exemplo para meu filho.
>
> **Terapeuta:** Mesmo que você diga que quer parar de fumar maconha, eu senti certa hesitação.
>
> **Pam:** Quando sou honesta comigo mesma, não quero realmente parar. Às vezes parece que parar é a coisa mais importante da minha vida. Mas depois eu acho que seria bom fumar de vez em quando. Você sabe o que quero dizer? Controlar, como era quando eu comecei a fumar. Estou pensando, se eu só fumasse nas noites de sexta-feira, estaria fora da minha corrente sanguínea na segunda-feira, quando eu voltar ao trabalho.

Terapeuta: Então, você é ambivalente: por um lado você quer parar e por outro, não. Em outras palavras, você tem dois conjuntos concorrentes de objetivos que avançam e recuam.

Pam: Sim, sou eu: ambivalente.

Terapeuta: Como seria parar completamente?

Pam: Não tenho certeza. Todos os meus amigos fumam, e essa é a primeira coisa que fazemos quando saímos do trabalho às sextas-feiras.

Terapeuta: Seria difícil parar quando você está cercada por amigos que fumam. Há algum benefício em parar além de segurança no emprego, finanças e ser um bom exemplo?

Pam: Talvez eu estivesse em um lugar melhor na minha vida.

Terapeuta: O que você quer dizer com "lugar melhor"?

Pam: Este ano está difícil. Na verdade, tentei parar algumas vezes, mas em todas elas eu falhei. Eu sei que se eu parasse, teria mais dinheiro. Eu me preocuparia menos com a possibilidade de meu filho encontrar a minha erva, e certamente não teria que me preocupar com exames de urina aleatórios no trabalho.

Terapeuta: Esses certamente seriam benefícios. Talvez este seja um bom momento para considerar cuidadosamente seus objetivos ao fazer terapia. Isso parece bom?

Pam: Sim, tudo bem.

Terapeuta: Você pensou que se parasse seria uma mãe melhor, certo?

Pam: Sim, acho que meu filho não percebe quando estou chapada, mas ele está chegando à idade em que consegue perceber.

Terapeuta: Eu me lembro que, em nossa primeira sessão, você também pensou que estaria em melhor forma física se parasse de fumar maconha.

Pam: Eu definitivamente não ficaria com larica e não comeria tanta porcaria, e provavelmente levantaria minha bunda do sofá.

Terapeuta: Você estaria interessada em estabelecer algumas metas relacionadas à criação dos filhos e à obtenção de uma melhor forma física?

Pam: Sabe, esses são ótimos objetivos, mas eu acho que a melhor solução é parar de fumar maconha. Suas perguntas estão me ajudando a ver isso. Vamos voltar à ideia de que preciso parar de usar.

Essa conversa é semelhante a inúmeros diálogos entre pacientes ambivalentes e seus terapeutas. Pam claramente não estava pronta para estabelecer o objetivo de abstinência, tampouco estava pronta para abandoná-lo. Essa conversa ilustra como os pacientes podem oscilar entre os objetivos a cada momento. A lição a ser aprendida aqui é que os terapeutas devem estar sempre prontos para novos objetivos ou mudanças em objetivos anteriores e aceitar que os pacientes só estabelecerão objetivos claros quando estiverem prontos para isso.

Reenquadrando as crenças dos pacientes sobre sua capacidade para atingir certos objetivos

Os pacientes ficam sobrecarregados durante o estabelecimento de objetivos quando amplificam suas fraquezas e minimizam suas qualidades pessoais. Esse pensamento pode levar à crença de que a mudança é impossível e que é melhor abandonar os objetivos. Em resposta, os terapeutas podem ajudar os pacientes a reformular os problemas de uma maneira mais esperançosa. Reenquadrar envolve: 1) fazer o paciente coletar dados objetivos sobre as situações; 2) gerar formas alternativas de considerar as situações; e 3) debater novos objetivos. O processo de reformulação de objetivos para superar a desesperança dos pacientes é ilustrado na seguinte conversa entre Chris e seu terapeuta:

> **Terapeuta:** Vamos discutir esse problema de sua namorada ligar para você quando está bêbada, já que você colocou isso no topo da agenda de hoje.
> **Chris:** Não adianta falar sobre isso. Não há nada que eu possa fazer. Ela é mãe do meu filho e sempre foi assim.
> **Terapeuta:** Você acredita que não há nada que possa fazer a respeito. Você acha que é algo incorrigível.
> **Chris:** Isso.
> **Terapeuta:** Você pode me contar mais sobre o que acontece?
> **Chris:** Ela sai e fica bêbada. Aí, quando está caindo de bêbada, ela me liga chorando e reclamando. Ela quer que eu vá até ela e é isso que costumo fazer. E a próxima parte é previsível.
> **Terapeuta:** O que acontece?
> **Chris:** Eu obviamente vou e tento acalmá-la.
> **Terapeuta:** E é aí que você corre o risco de recaída.
> **Chris:** Sim.
> **Terapeuta:** Como você acaba se sentindo quando isso acontece?
> **Chris:** Muito mal. Primeiro fico com raiva dela. Depois sinto pena dela. Então, penso: "Lá vamos nós de novo. Estou cansado disso". E antes que eu me dê conta, estou bebendo com ela.
> **Terapeuta:** Você disse antes que não há mais nada que possa fazer a respeito das ligações dela. O que você *gostaria* que acontecesse?
> **Chris:** Que ela parasse de me ligar quando está bêbada.

Terapeuta: Vamos pensar sobre isso por alguns minutos. As ligações dela estão, na maior parte, fora do seu controle. Eu queria saber, há coisas que ainda estão sob seu controle?
Chris: Não preciso falar com ela. Eu não tenho que ir.
Terapeuta: Verdade. Mas, o que significaria se você não falasse com ela e não fosse até ela?
Chris: Ela é a mãe do meu filho. Significaria que não a estou ajudando.
Terapeuta: Então você acredita, neste ponto, que falando com ela e indo encontrá-la você a está ajudando? Isso é realmente verdade?
Chris: Na verdade, não. Eu continuo fazendo a mesma coisa repetidamente. Mesmo assim ela não para e não recebe nenhuma ajuda.
Terapeuta: Então, talvez uma maneira alternativa de ver isso seja que é melhor você decidir ficar longe dela quando ela estiver bebendo. Você acredita que a está ajudando ao falar com ela e ir até a casa dela. Mas, quando olha para trás, você não está realmente ajudando, e está motivando uma recaída.
Chris: Isso mesmo.
Terapeuta: Não falar com ela e não ir à casa dela não faria parte da solução para isso?
Chris: Mais fácil falar do que fazer.
Terapeuta: Quando ela telefona, essa crença dentro de você é ativada, inflamada, e você se comporta como se fosse verdade. A crença é que você deve ir e ajudar ou, de alguma forma, você falhou.
Chris: Isso mesmo. É só depois que vejo que não estou ajudando de verdade e é sempre a mesma coisa.
Terapeuta: Acho que isso nos dá algo em que trabalhar para ajudá-lo a resolver esse problema. A primeira coisa que faremos é ajudá-lo a lidar com os telefonemas dela e a segunda é explorar *outras* coisas que você pode fazer para ajudá-la. Talvez possamos produzir algumas novas metas que abordem esse problema.

Nesse cenário, os problemas do paciente tinham menos a ver com seus comportamentos dependentes e mais com resolução de problemas e de conflitos. Mesmo que esse paciente esteja envolvido nesse tipo de comportamento, pode ser mais importante focar em seu relacionamento. Ao fazer isso, ele aprende a enfrentar os problemas em vez de fugir deles, aborda uma importante fonte de frustração e o terapeuta demonstra a disposição de focar no que é mais importante para o paciente.

RESUMO

Este capítulo se concentrou no valor de estabelecer e revisar objetivos para os pacientes que recebem TCC para dependências. Os objetivos do paciente têm maior probabilidade de ser alcançados quando são:

- Determinados de forma deliberada e intencional e revisados regularmente.
- Definidos de forma colaborativa, com pacientes e terapeutas compartilhando sua formulação.
- Significativos para o paciente.
- Realistas (ou seja, baseados nas habilidades e nos recursos dos pacientes).
- Usados como guias em cada sessão para que as discussões não se desviem de um tópico para outro.
- Operacionalizados em termos comportamentais positivos.
- Flexíveis, já que a maioria dos pacientes dependentes tende a ser ambivalente em relação à mudança.

Quando essas diretrizes são seguidas, é mais provável que a TCC seja gratificante tanto para os pacientes quanto para os terapeutas. Uma vez que terapeutas cognitivo-comportamentais experientes aceitam a inevitabilidade de lapsos e recaídas no tratamento de pessoas com dependências, eles pacientemente estabelecem e restabelecem objetivos com pacientes que têm dificuldades para alcançar metas. E, além disso, garantem aos pacientes que muito pode ser aprendido com o fracasso em alcançar objetivos.

9

Psicoeducação

A psicoeducação envolve a transmissão de conhecimentos ou habilidades, seja diretamente ou por modelagem. Pacientes com dependências repetidamente aprenderam padrões cognitivos e comportamentais que perpetuam seus comportamentos dependentes. Portanto, um objetivo principal da terapia cognitivo-comportamental (TCC) é ajudá-los a aprender padrões cognitivos e comportamentais alternativos que lhes permitam modificar esses comportamentos.

O número de tópicos psicoeducacionais potenciais a serem abordados pelos terapeutas é vasto. Nas seções a seguir, discutimos alguns dos tópicos mais importantes (ou seja, *o quê*) e depois discutimos o processo (ou seja, o *como*) da psicoeducação.

TÓPICOS POTENCIAIS DE PSICOEDUCAÇÃO

Consideramos útil dividir os possíveis tópicos de psicoeducação em quatro categorias: 1) a ciência da dependência; 2) a ciência da recuperação; 3) o modelo de dependências da TCC; e 4) o processo da TCC.

A ciência da dependência

Ao longo da TCC, é comum que os pacientes façam perguntas como:

"O que exatamente é uma dependência?"
"Como sei se estou dependente?"
"Por que não posso beber como todo mundo?"
"Maconha vicia?"
"Posso realmente ficar viciado em amor? Ou em sexo? Ou em chocolate?"

Alguns pacientes farão perguntas específicas como essas e alguns expressarão interesse geral na natureza das dependências. Independentemente disso, os terapeutas têm oportunidades para abordar essas questões sempre que os pacientes revelam equívocos sobre o assunto. Por exemplo, um paciente pode dizer: "A maconha é natural, então acho que não pode ser tão ruim para mim" ou "Não posso ter problemas com álcool contanto que beba apenas cerveja ou vinho". Declarações como essas oferecem oportunidades de compartilhar conhecimentos e fatos baseados na ciência da dependência.

A 5ª edição do *Manual diagnóstico e estatístico de transtornos mentais* (DSM-5; American Psychiatric Association, 2013) fornece informações úteis para psicoeducação. Por exemplo, muitos pacientes consideram úteis os critérios diagnósticos do DSM-5. Além de fornecer normas para classificar diversos transtornos por uso de substâncias (TUS), o DSM-5 apresenta uma estimativa de gravidade (p. ex., 2-3 sintomas para TUS leve; 4-5 sintomas para TUS moderado; 6 ou mais sintomas para TUS grave). A conversa a seguir reflete como um terapeuta fornece psicoeducação a um paciente (Jim), que está perguntando se é "alcoólatra". Essa é a segunda consulta de TCC de Jim, e seu terapeuta acaba de saber que Jim bebe "três ou quatro cervejas todas as noites".

Jim: Você pareceu surpreso quando eu disse que bebo cerveja todos os dias.
Terapeuta: Foi quando percebi que precisava aprender mais sobre seu padrão de consumo de bebida.
Jim: Beber todos os dias faz de mim um alcoólatra?
Terapeuta: Não necessariamente. E, na verdade, o termo *alcoólatra* não é mais usado por profissionais da saúde para descrever problemas relacionados ao álcool.
Jim: O que você quer dizer?
Terapeuta: Atualmente, entende-se que uma pessoa com problemas com a bebida tem um *transtorno por uso de álcool* (TUA), que pode ser leve, moderado ou grave.
Jim: Qual é a diferença entre leve, moderado e grave?
Terapeuta: A gravidade é determinada pelo número de sintomas que uma pessoa tem. Por exemplo, uma pessoa com dois ou três sintomas pode ter um TUA leve. Uma pessoa com TUA moderado pode ter quatro ou cinco sintomas. Uma pessoa com TUA grave pode ter seis ou mais sintomas.
Jim: Então, como isso se relaciona comigo?
Terapeuta: Para responder a essa pergunta, preciso de mais informações. Você me disse que bebe três ou quatro cervejas por dia. Eu ainda não sei

como a sua bebida o afeta. Por exemplo, você já tentou reduzir ou parar de beber, mas não teve sucesso?

Jim: Todo mundo não diminui a bebida às vezes?

Terapeuta: Muitas pessoas às vezes tentam reduzir o consumo de álcool. E você?

Jim: Bem, na verdade eu tentei diminuir, mas sempre voltei ao normal.

Terapeuta: O que você considera "normal"?

Jim: Como eu disse, três ou quatro cervejas por dia.

Terapeuta: Há períodos em que você bebe mais do que isso?

Jim: Sim, foi quando tentei reduzir.

Terapeuta: E você tentou diminuir porque a bebida causava problemas?

Jim: Não mais do que você esperaria. Todo mundo fica de ressaca, certo?

Terapeuta: Você teve alguma ressaca grave?

Jim: Sim, mas na maior parte do tempo sempre fui capaz de funcionar no dia seguinte.

Terapeuta: "Na maior parte"?

Jim: Verdade seja dita, perdi mais do que alguns dias de trabalho porque não consegui me levantar da cama.

Terapeuta: Com uma ressaca?

Jim: Sim.

Terapeuta: E quanto aos seus relacionamentos? Alguém mais já reclamou sobre sua bebida?

Jim: Minha esposa fica chateada comigo quando não consigo lembrar o que fiz na noite anterior.

Terapeuta: Você teve apagões?

Jim: Não, eu nunca desmaiei.

Terapeuta: Na verdade, um apagão é quando você não consegue se lembrar de coisas que fez enquanto bebia.

Jim: Ah, eu não sabia disso. Acho que já tive alguns apagões.

Terapeuta: Qual foi o maior período que passou sem beber recentemente?

Jim: Parei quando quis perder peso, talvez por algumas semanas. Na verdade, me ajudou a perder peso. E quando voltei a beber, precisava de muito pouco para ficar embriagado. Dá para dizer que eu ficava "alto" gastando pouco [*risos*].

Terapeuta: Você se sentiu fisicamente desconfortável quando parou?

Jim: Não, na verdade me senti mais descansado durante o dia. Mas senti falta de beber e fiquei feliz quando voltei a beber.

Terapeuta: O que você quer dizer quando diz que "sentiu falta de beber"?

Jim: Eu só sentia que queria uma bebida.

Terapeuta: Como um desejo?
Jim: Sim.
Terapeuta: Jim, você perguntou se é alcoólatra. Novamente, o termo que eu prefiro usar é *transtorno por uso de álcool*. Parece que você tem um transtorno moderado por uso de álcool, com base em pelo menos cinco sintomas relacionados ao seu hábito de beber.
Jim: Quais são os cinco sintomas?
Terapeuta: Você bebe todos os dias, o que é um consumo de álcool mais frequente do que o da maioria das pessoas. Às vezes você bebe mais do que pensa que deveria. É difícil para você reduzir a bebida e, quando reduz, sente desejo de beber. Sua esposa tem se preocupado com sua bebida. Você teve alguns apagões e já faltou ao trabalho por causa da ressaca.
Jim: Você está me dizendo que tenho um transtorno alcoólico?
Terapeuta: Você perguntou se eu achava que você era alcoólatra e eu expliquei que você pode ter um TUA moderado. Vamos falar sobre o que isso significa.

Nesse diálogo, o terapeuta de Jim forneceu psicoeducação de várias maneiras. Primeiro, ele explicou que o termo *alcoolismo* havia sido substituído pelo termo TUA. Em segundo lugar, ele explicou que existe um procedimento padrão para diagnosticar TUA e estimar sua gravidade (via DSM-5). Em terceiro lugar, definiu o termo *apagão*. Em quarto lugar, listou sintomas específicos de TUA e confirmou que Jim tinha esses sintomas. E, finalmente, ele compartilhou sua impressão de que Jim tinha TUA moderado. Tudo isso visava transmitir conhecimento, então Jim entendeu melhor como seu padrão de consumo de bebida era problemático.

Felizmente, muitos anos e milhões de dólares foram aplicados no estudo científico das dependências. Grande parte da literatura, incluindo muitas centenas de artigos publicados, capítulos e *sites* públicos, está disponível ao público. Os *sites* a seguir (em inglês) são considerados recursos confiáveis para terapeutas e pacientes que buscam respostas para perguntas sobre a natureza das dependências:

- National Institute on Drug Abuse (NIDA):
  www.drugabuse.gov
- National Institute on Alcohol Abuse and Alcoholism (NIAAA):
  www.niaaa.nih.gov
- Substance Abuse and Mental Health Services Administration (SAMHSA):
  www.samhsa.gov

- Office of the Surgeon General: *www.hhs.gov/surgeongeneral/reports-and-
-publications/addiction-and-substance-misuse/index.html*
- Addiction Technology Transfer Center (ATTC) Network: *www.attcnetwork.org*

Esses *sites* abordam muitas das questões relacionadas à ciência da dependência. Por exemplo, cada *site* define *dependência* e delineia o uso problemático de substâncias psicoativas. O *site* do NIDA aborda diretamente questões relacionadas a maconha, substâncias ilícitas, uso de tabaco, cigarros eletrônicos e muitas outras, enquanto o *site* do NIAAA fornece informações abrangentes sobre os efeitos do consumo de álcool e diretrizes para limites seguros de consumo.

Além dos muitos *fatos* sobre dependência, existem muitas *teorias* diferentes sobre o desenvolvimento e a manutenção de comportamentos dependentes, com base em estudos científicos. Por exemplo, uma teoria popular é o modelo de doença cerebral (p. ex., Volkow & Koob, 2015). Outra teoria tem sido chamada de teoria da aprendizagem social cognitiva (p. ex., Niaura, 2000). E mais uma teoria é o modelo sindrômico da dependência (Shaffer, 2012), descrito nos Capítulos 1 e 2. É comum que os pacientes perguntem aos terapeutas se eles veem a dependência como uma enfermidade médica ou doença. Em resposta a essa pergunta, os terapeutas devem reconhecer que os comportamentos dependentes têm raízes neuroquímicas e psicossociais. Deve-se dar atenção ao papel potencial da genética nas dependências. Especificamente, os terapeutas devem perguntar se os pacientes têm histórico familiar de dependência, e depois dar seguimento explicando que um histórico familiar de *qualquer* dependência coloca os indivíduos em maior risco para *todas* elas. Um terapeuta também pode enfatizar que os comportamentos que geram dependência são adquiridos e que a TCC se concentra em mudar os pensamentos, as crenças e os padrões de comportamento subjacentes às dependências. Nossa abordagem de ensino do modelo da TCC é discutida em detalhes mais adiante neste capítulo.

A ciência da recuperação

Assim como existem inúmeras teorias sobre a dependência, existem inúmeras abordagens potenciais de recuperação. No decorrer da TCC, é comum que os pacientes façam perguntas como:

"Qual é o melhor caminho para a recuperação?"
"Existe algum remédio que eu possa tomar para minha dependência?"

"Devo ir para o Alcoólicos Anônimos (AA)?"
"Ainda posso fazer uso recreativo?"
"Preciso de internação?"

As respostas a essas perguntas dependem muito das diferenças individuais, incluindo comportamentos dependentes específicos, gravidade, transtornos comórbidos, recursos financeiros, sistemas de apoio, circunstâncias sociais, valores pessoais e prontidão para mudar. Alguns indivíduos são mais propensos a se beneficiar das abordagens de tratamento baseadas em abstinência. Outros são mais propensos a se beneficiar da substituição de substâncias mais perigosas (p. ex., heroína vendida na rua) por substâncias menos perigosas (p. ex., metadona ou buprenorfina prescritas por um médico). E outros, ainda, são mais propensos a se beneficiar da redução da quantidade e da frequência de seus comportamentos que geram dependência. O seguinte diálogo entre Jim e seu terapeuta é a continuação de sua conversa anterior.

Jim: Então, agora que tenho TUA, o que devo fazer em relação a isso?
Terapeuta: Isso depende de muitas variáveis. Para começar, você está interessado em abster-se completamente de álcool?
Jim: Não se eu não precisar. Até agora, você não me convenceu de que devo.
Terapeuta: Não pretendo convencê-lo a fazer nenhuma escolha em particular. Estou mais interessado em discutir opções. Eu posso explicar que existem limites seguros para o consumo de álcool para pessoas que querem ter certeza de que estão bebendo com segurança.
Jim: Quais são esses limites seguros?
Terapeuta: Para começar, é importante saber como medir uma dose padrão. Já que você bebe cerveja, uma dose padrão de cerveja normal é 355 ml. Se você bebesse vinho, a dose padrão seria 150 ml, e se bebesse bebidas fortes, como vodca ou uísque, a dose padrão seria de 45 ml, mais qualquer mistura. E falando de modo geral, os homens não devem beber mais de sete doses por semana, e nunca mais do que cinco doses em um período de duas horas.
Jim: Como vou me lembrar de tudo isso?
Terapeuta: Na verdade, vou anotar o endereço de um *site* útil conhecido como Alcohol Treatment Navigator. [*Escreve* www.alcoholtreatment.niaaa.nih.gov *em um pedaço de papel e o entrega a Jim.*]
Jim: Você disse que cinco doses em duas horas não tem problema?
Terapeuta: Não, na verdade, mais do que cinco doses é considerado consumo excessivo de álcool, e quatro drinques é considerado consumo pesa-

do. Mais uma vez, beber com segurança seria menos de sete doses padrão por semana para os homens, e menos do que quatro doses padrão em qualquer ocasião.

Jim: Isso não parece muito difícil.

Terapeuta: Será uma grande mudança de quatro a cinco cervejas todas as noites.

Jim: Sim, acho que sim.

Terapeuta: O *site* do Treatment Navigator deve fornecer algumas ideias adicionais se você decidir que os limites seguros de consumo são muito difíceis de manter.

Jim: Eles oferecem abordagens mais fáceis?

Terapeuta: Não. Na verdade, passar de beber muito para beber com segurança, como você deseja fazer, pode ser mais difícil do que se abster completamente. Então, é bom ter opções.

Jim: Acho que sim.

Terapeuta: Pode ser útil considerar algumas possíveis tarefas de casa: 1) observe os limites de consumo seguro sobre os quais acabamos de conversar; 2) reserve pelo menos 30 minutos para ler o site do Treatment Navigator; e 3) volte com pelo menos duas perguntas com base em sua leitura. O que você acha dessa tarefa de casa?

Jim: Posso tentar essas coisas. Eu ainda estou tentando entender todo esse negócio de TUA.

Terapeuta: O objetivo da tarefa de casa é ajudá-lo a fazer exatamente isso.

Jim: Acho que vou tentar.

Outra questão comum levantada na terapia é se um paciente deve considerar um grupo de ajuda mútua como parte do processo de recuperação. Grupos de ajuda mútua incluem o AA (*www.aa.org.br*), os Narcóticos Anônimos (NA; *www.na.org.br*) e outras opções de 12 passos, bem como o *Self-Management and Recovery Training* (SMART Recovery; www.smartrecovery.org). Assim como alguns pacientes se beneficiam de abordagens baseadas na abstinência e outros se beneficiam das abordagens da redução de danos, alguns indivíduos se beneficiam do AA, enquanto outros se beneficiam do SMART Recovery. Ambos têm suas vantagens e desvantagens, e alguns consumidores experientes participam e recebem benefícios de ambas as abordagens. Os programas de ajuda mútua estão disponíveis em todo o mundo e, consequentemente, os pacientes tendem a ter dúvidas e (claro) equívocos sobre eles. A seguinte conversa entre Jim e seu terapeuta ocorre em uma consulta posterior.

Jim: Você acha que preciso ir ao AA? Eu nem tenho certeza do que é o AA. Só sei que é para alcoólatras.
Terapeuta: Muitas pessoas se beneficiam participando do AA e outros grupos de ajuda mútua.
Jim: O que é um grupo de ajuda mútua?
Terapeuta: É onde as pessoas se reúnem para ajudar umas às outras com um problema, como um comportamento dependente. Além do AA, outro grupo de mútua ajuda é o SMART Recovery. Ambos podem ser úteis, mas algumas pessoas preferem um ao outro.
Jim: Acho que você está me dizendo para dar uma olhada.
Terapeuta: Eu recomendaria que você conferisse os dois. Você pode começar lendo sobre eles na internet, e depois assistir a algumas reuniões de cada um.
Jim: Você pode me dizer alguma coisa sobre eles?
Terapeuta: Claro. O AA foca em 12 passos, incluindo a admissão de impotência diante do álcool; acreditar em um poder maior do que si mesmo; entregar sua vida a Deus; fazer um minucioso e destemido inventário moral; e fazer as pazes com os outros. O SMART Recovery foca em construir e manter a motivação para mudar; lidar com o impulso de usar; gerenciar pensamentos, sentimentos e comportamentos; e viver uma vida equilibrada. O AA é conhecido por focar mais em questões espirituais, enquanto o SMART Recovery dá mais ênfase às ciências da dependência e da recuperação. O SMART Recovery baseia-se nos princípios da TCC e aquisição de habilidades, enquanto o AA é mais focado em assuntos espirituais e interpessoais.
Jim: Não sei se preciso de algum deles.
Terapeuta: Recomendo que você pelo menos aprenda mais sobre ambos. Você estaria disposto a verificá-los na internet como tarefa de casa e talvez até considerar participar de uma reunião de cada um antes de nossa próxima consulta?

É importante que os terapeutas se familiarizem com as opções de recuperação de dependência disponíveis. Deveria ser óbvio que nenhuma das abordagens é necessariamente melhor do que as outras. Além disso, é difícil prever quais serviços servirão melhor para pacientes específicos. Portanto, é importante oferecer diversas opções aos pacientes, para que eles possam escolher aquelas que melhor atendem às suas necessidades. Na verdade, muitos pacientes experimentam várias opções antes de encontrar um recurso que atenda às suas necessidades. E muitas pessoas com dependências empregam vários serviços simultaneamente (p. ex., tratamento ambulatorial e reuniões do AA, ou mesmo reuniões do AA e reuniões do SMART Recovery).

Como mencionado anteriormente, há muitos tópicos que podem ser abordados como parte da psicoeducação em TCC. Até agora discutimos apenas alguns deles. Informações sobre a maioria das áreas temáticas e respostas para a maioria das perguntas podem ser encontradas na literatura impressa e na internet. Encorajamos os terapeutas a se informar sobre os recursos mais confiáveis e compartilhá-los com os pacientes. Em alguns casos, sessões inteiras podem ser dedicadas à discussão de áreas temáticas específicas. Nas duas seções a seguir, voltamos nossa atenção para o ensino dos pacientes sobre o modelo de TCC e o que podem esperar do processo da TCC.

O modelo de dependências da terapia cognitivo-comportamental

O modelo de dependências da TCC foi apresentado no Capítulo 2. Ao conversar com pacientes, muitas vezes nos referimos ao modelo da TCC como "O modelo ABC", explicando que *A* representa *a*ntecedentes ou gatilhos, *B* representa crenças (em inglês, b*eliefs*) ou pensamentos e *C* representa as *c*onsequências comportamentais e emocionais dos pensamentos (ver Figura 9.1; originalmente apresentada neste livro como Figura 2.2). A maioria dos nossos pacientes considera esse modelo útil, por isso recomendamos que os terapeutas orientem os pacientes a esse modelo desde o início da terapia e o apliquem regularmente ao falar sobre as escolhas do paciente. Talvez o modelo ABC seja o mais importante de todos os tópicos de psicoeducação, pois o utilizamos para explicar como comportamentos dependentes são mantidos e potencialmente alterados. Os pacientes acham útil entender as ligações entre suas crenças e pensamentos e as consequências comportamentais e emocionais dessas crenças e pensamentos.

Antecedentes
Gatilhos, sinais, situações, circunstâncias ou estímulos internos ou externos

→

Crenças (**B**eliefs) e pensamentos
Ativados, estimulados ou desencadeados por antecedentes

→

Consequências
Emoções, comportamentos e respostas fisiológicas para pensamentos e crenças

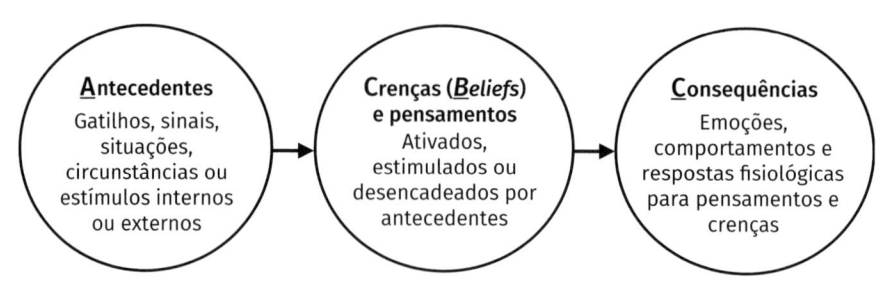

FIGURA 9.1 O modelo ABC.

Nós explicamos que as pessoas com dependências têm inúmeras crenças e pensamentos sobre comportamentos dependentes (p. ex., "Eu realmente gostaria de beber/fumar/jogar agora") que são estranhos para pessoas que não têm dependências. Ressaltamos que gatilhos internos e externos tendem a ativar esses pensamentos e é importante identificá-los e evitar ou lidar efetivamente com eles.

Para ilustrar as relações entre gatilhos, crenças (ou pensamentos) e consequências, encorajamos os terapeutas a usar *mapas conceituais* (Liese & Esterline, 2015) sempre que possível. Um mapa conceitual é simplesmente um fluxograma que ilustra essas relações (p. ex., Figura 9.1). A maioria dos terapeutas cognitivo-comportamentais tem esse modelo indelevelmente fixado em sua mente; portanto, mapas conceituais impressos não são necessários. Contudo, especialmente para aqueles que são novos na TCC, os modelos ABC impressos podem ser úteis. Na conversa a seguir, o terapeuta de Jim explica o modelo ABC de comportamento dependente:

> **Terapeuta:** Jim, você fez algumas boas perguntas sobre o uso de álcool. Você estaria interessado em discutir por que você bebe?
> **Jim:** Já sei por que bebo: eu gosto de beber.
> **Terapeuta:** Esse é claramente o caso, mas você está interessado em considerar mais meticulosamente a dinâmica subjacente ao seu hábito de beber?
> **Jim:** Tudo bem, se você acha que vai ajudar.
> **Terapeuta:** Bom. Vamos começar com esse pedaço de papel em branco. Como você pode ver, estou desenhando três círculos com duas setas entre eles e colocando um *A*, *B* e *C* nos círculos [como na Figura 9.2]. Vamos começar com o último círculo, rotulado *C*. A letra *C* representa a palavra *consequências*, que pode ser uma consequência emocional, comportamental ou fisiológica. Ao pensarmos na sua situação, vamos imaginar que suas consequências comportamentais incluem ir ao bar e beber. Agora vamos considerar os círculos *A* e *B*. Você consegue se lembrar do que pensa antes de beber?
> **Jim:** Sim, claro. Meu pensamento é "Quero uma bebida". Isso é realmente importante?
> **Terapeuta:** Bem, na verdade, pode ser importante se você quiser adquirir controle sobre seu hábito de beber.
> **Jim:** Não estou entendendo.
> **Terapeuta:** É o *pensamento* "Quero uma bebida" que o leva a beber. Se você pensasse algo radicalmente diferente, você provavelmente não iria querer uma bebida.

Jim: O que você quer dizer com "radicalmente diferente"?
Terapeuta: Quero dizer que outros pensamentos podem levar a comportamentos que não sejam beber.
Jim: Você vai ter que me explicar isso.
Terapeuta: Certo, mas primeiro preciso fazer mais perguntas. Quando você toma a sua primeira bebida do dia?
Jim: Depende do dia da semana.
Terapeuta: E quanto aos dias úteis?
Jim: [*Depois de uma longa pausa.*] Eu nunca disse isso à minha esposa, mas quando tenho um dia estressante, saio cedo do trabalho, paro em um bar e tomo algumas doses antes de ir para casa.
Terapeuta: Obrigado por ser honesto comigo. Você se importa se eu fizer mais perguntas sobre isso?
Jim: Acho que não.
Terapeuta: Ótimo. Você mencionou um dia estressante no trabalho. O que faz um dia no trabalho ser estressante?
Jim: Tenho um colega de trabalho que não faz sua parte, então o resto de nós assume as responsabilidades dele. Isso realmente irrita a todos nós.
Terapeuta: Então, um gatilho para você é a pressão adicional no trabalho, mas também sua raiva.
Jim: Eu disse que estava com raiva?
Terapeuta: Você disse "Isso realmente nos irrita".
Jim: Acho que fico com raiva antes de ir ao bar, mas não fico com raiva depois de algumas doses.
Terapeuta: Então talvez seu pensamento seja "Não quero ir para casa me sentindo nervoso".
Jim: Com certeza.
Terapeuta: E antes disso você disse "Não fico com raiva depois de algumas doses", então você deve pensar que "Algumas doses vão ajudar".

Antecedentes
Gatilhos externos: dia estressante relacionado a um colega de trabalho
Gatilhos internos: raiva, frustração, irritação

→

Crenças (*Beliefs*) e pensamentos
"Quero uma bebida."
"Não quero ir para casa sentindo raiva."
"Algumas doses vão ajudar."

→

Consequências
Emoções: alívio, pela expectativa de beber
Comportamentos: ir ao bar e beber
Fisiológica: excitação

FIGURA 9.2 O modelo ABC aplicado a Jim.

Jim: Eu não apenas penso – eu sei disso.
Terapeuta: Vou desenhar tudo isso. [*Desenha o mapa conceitual da Figura 9.2 e explica como ele decide o que escrever em cada círculo.*]
Jim: Quando você desenha assim, faz mais sentido.
Terapeuta: Bom. O próximo passo pode ser considerar formas alternativas de lidar com seu estresse, raiva, frustração e irritação.
Jim: De que forma, por exemplo?
Terapeuta: Vamos conversar sobre isso. Além da bebida, o que mais ajuda a reduzir seu estresse?

Esse é apenas um exemplo de psicoeducação em relação ao modelo da TCC, mas existem muitos outros conceitos relacionados que podem ser ensinados. Por exemplo, pode-se ensinar aos pacientes que certos pensamentos automáticos (p. ex., "Odeio quando as pessoas são burras") levam a certas emoções (p. ex., irritação, raiva), que podem funcionar como gatilhos para comportamentos dependentes. Os pacientes também podem ser ensinados que as distorções cognitivas (p. ex., pensamento tudo ou nada, supergeneralização, afirmações do tipo poderia e deveria, rotulação, e assim por diante) podem levar a ansiedade, depressão, raiva, tensão, inquietação, tédio ou outras emoções que podem desencadear pensamentos automáticos relacionados à dependência. Os pacientes também podem se beneficiar ao aprender sobre suas *crenças condicionais* e *pressupostos* que induzem comportamentos dependentes – por exemplo, "*Se* eu beber, *então* não ficarei ansioso" e "Beber é a única maneira de lidar com meus sentimentos".

Aplicando o modelo da terapia cognitivo-comportamental às experiências de fissura dos pacientes

Os terapeutas também podem ensinar os pacientes sobre as relações entre gatilhos, pensamentos e desejos diagramando um *cenário de fissura*. Em um cenário de fissura, o modelo ABC é aplicado à experiência cognitiva, comportamental e emocional. Enquanto trabalhava com seu terapeuta, Jim finalmente decidiu parar de beber. Entretanto, durante sua nona sessão, Jim diz a seu terapeuta: "Escapei por um triz na semana passada". Em resposta, o terapeuta discute a situação de Jim e mapeia seu cenário de fissura (ver Figura 9.3), que destaca a sequência de eventos e pensamentos que colocaram Jim em alto risco de recaída:

Terapeuta: Olá, Jim. Vamos definir uma agenda. No que você quer trabalhar?
Jim: Escapei por um triz na semana passada.
Terapeuta: O que você quer dizer com "por um triz"?
Jim: Quase voltei ao bar.
Terapeuta: Conte-me mais.
Jim: Era sexta-feira à tarde. Eu tinha acabado de chegar do trabalho e estava ansioso para relaxar. Foi uma semana difícil e eu estava aliviado por não ter nada programado. Finalmente eu tinha algum tempo livre para relaxar.
Terapeuta: E então, o que aconteceu?
Jim: Minha esposa me encontrou na entrada e, em vez de um abraço e um beijo, ela me entregou uma lista de tarefas. Eu fiquei chateado.
Terapeuta: E o que aconteceu depois?
Jim: Entrei em casa. Estava uma bagunça danada. As crianças estavam gritando sem parar. Eu não estava aguentando aquilo!
Terapeuta: E daí, o que aconteceu?
Jim: Imediatamente pensei: "Tenho que sair daqui". E, depois disso, comecei a sentir uma fissura intensa.
Terapeuta: Você consegue se lembrar se houve algum outro pensamento antes da fissura começar?
Jim: A fissura realmente começou quando imaginei uma bebida forte. Eu só conseguia pensar em beber. Pensei: "Preciso de uma bebida!".
Terapeuta: E foi aí que você começou a desejar.
Jim: Sim, intensamente.
Terapeuta: [*Apontando para seu mapa conceitual na Figura 9.3.*] Este desenho reflete com precisão o que aconteceu naquele dia, levando à sua intensa fissura?
Jim: Sim, exatamente.

A seguir, o terapeuta usou esse mapa conceitual para revisar as relações entre os gatilhos, pensamentos e sentimentos de Jim (o modelo ABC). E uma vez que Jim havia optado por não ir ao bar e beber, eles conversaram sobre os pensamentos que o impediram de fazer isso. O terapeuta de Jim enfatizou que muito pode ser aprendido dos *quase acidentes* como o que Jim havia passado. Isso foi particularmente verdade nesse caso, pois o terapeuta usou essa situação para fornecer psicoeducação oportuna e apropriada.

EVENTOS DESENCADEADORES

- Ansioso para relaxar neste fim de semana
- A esposa entrega uma lista de tarefas; sentimentos de raiva
- A casa estava uma bagunça; as crianças estavam gritando

↓

Pensamento "Eu não aguento isso!"

↓

Pensamento "Eu tenho que sair!"

↓

Pensamento "Eu preciso de uma bebida!"

↓

Sentimento Fissura intensa

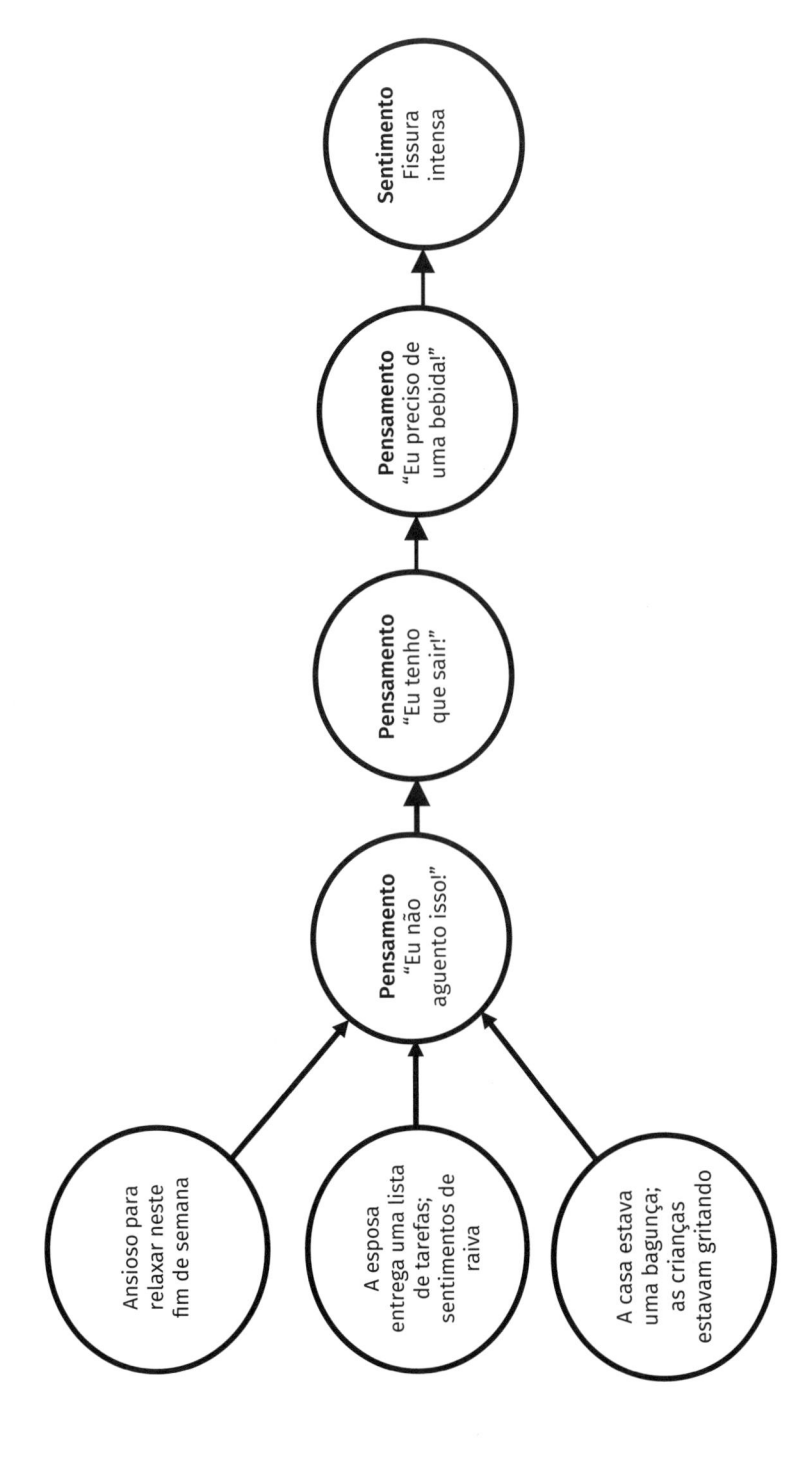

FIGURA 9.3 O cenário de fissura de Jim.

Usando o modelo da terapia cognitivo-comportamental para descrever o desenvolvimento de comportamentos dependentes

Como parte do processo de psicoeducação, muitas vezes ajudamos os pacientes a compreender as origens de seus comportamentos que geram dependência. Explicamos que as primeiras experiências da vida (ou seja, os antecedentes distais) tendem a influenciar os pensamentos, sentimentos e comportamentos posteriores na vida – inclusive os comportamentos dependentes. Como mencionado anteriormente, perguntamos regularmente aos pacientes sobre alguma história familiar relacionada às dependências. Também explicamos que muitas pessoas que enfrentam dependências são geneticamente predispostas a se tornarem dependentes de álcool, tabaco, opioides, anfetaminas, jogos de azar, jogos *on-line*, e assim por diante. Esclarecemos que o processo de se tornar dependente é complexo e envolve múltiplos aspectos, incluindo fatores genéticos, psicossociais e ambientais. Muitas vezes nos encontramos desenhando um mapa conceitual para representar esse processo de desenvolvimento (ver Figura 9.4).

A versão genérica desse modelo foi apresentada no Capítulo 2 (ver Figura 2.5), enquanto o mapa conceitual na Figura 9.4 é baseado em uma conversa entre Jim e seu terapeuta. Nesse relato, Jim quer entender melhor as origens de seu TUA.

> **Jim:** Estou fazendo de tudo para não beber, mas ainda me pergunto "Por que eu? Por que estou tendo todos esses problemas? Por que não posso beber como todo mundo?".
> **Terapeuta:** Posso compartilhar minhas ideias sobre como você desenvolveu seus problemas com álcool, se você quiser.
> **Jim:** Estou ouvindo.
> *[À medida que compartilha seus pensamentos, o terapeuta também desenha o mapa conceitual da Figura 9.4.]*
> **Terapeuta:** Em sessões anteriores, você disse que vem de uma família em que as pessoas bebem muito e têm problemas com álcool. O álcool o cercava por todos os lados. Sempre havia álcool em sua casa e pessoas em sua comunidade dispostas a compartilhar suas bebidas. Isso está certo, até aqui?
> **Jim:** Sim.
> **Terapeuta:** Você me disse que seu pai era zangado e intimidador durante conflitos frequentes em casa. Você disse que não quer se tornar o homem raivoso que seu pai era.
> **Jim:** Sim, com certeza.
> **Terapeuta:** Embora você tenha pensado que nunca seria como seu pai, pode ter herdado dele a predisposição genética para problemas com álcool.

Quando você era jovem e bebia apenas nos fins de semana, achava que os efeitos do álcool eram confiavelmente gratificantes, mas isso foi antes de passar para um consumo mais pesado de bebidas. Em algum momento você deixou de beber para fins recreativos e passou a se automedicar com álcool. Quanto mais bebia, mais passou a acreditar que beber era a melhor, ou talvez a única, maneira de reduzir seu estresse, até que não conseguisse mais imaginar a vida sem álcool.

Jim: Concordo com o que você está dizendo. Tudo faz sentido.

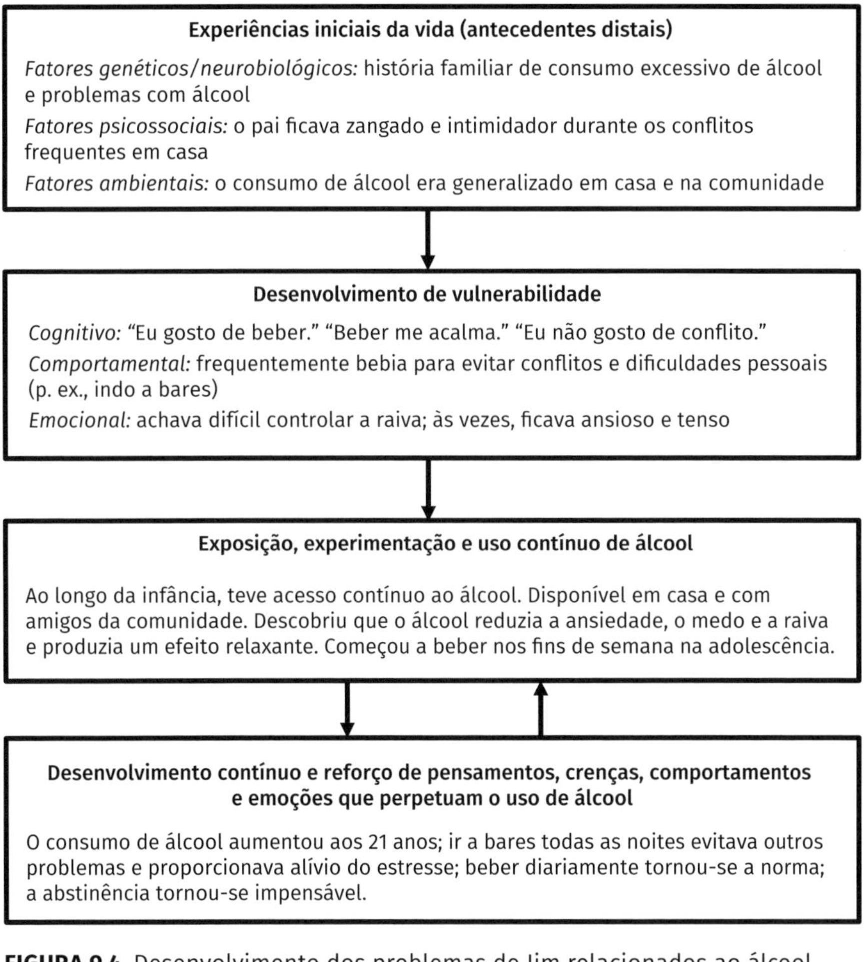

Experiências iniciais da vida (antecedentes distais)

Fatores genéticos/neurobiológicos: história familiar de consumo excessivo de álcool e problemas com álcool

Fatores psicossociais: o pai ficava zangado e intimidador durante os conflitos frequentes em casa

Fatores ambientais: o consumo de álcool era generalizado em casa e na comunidade

↓

Desenvolvimento de vulnerabilidade

Cognitivo: "Eu gosto de beber." "Beber me acalma." "Eu não gosto de conflito."

Comportamental: frequentemente bebia para evitar conflitos e dificuldades pessoais (p. ex., indo a bares)

Emocional: achava difícil controlar a raiva; às vezes, ficava ansioso e tenso

↓

Exposição, experimentação e uso contínuo de álcool

Ao longo da infância, teve acesso contínuo ao álcool. Disponível em casa e com amigos da comunidade. Descobriu que o álcool reduzia a ansiedade, o medo e a raiva e produzia um efeito relaxante. Começou a beber nos fins de semana na adolescência.

↕

Desenvolvimento contínuo e reforço de pensamentos, crenças, comportamentos e emoções que perpetuam o uso de álcool

O consumo de álcool aumentou aos 21 anos; ir a bares todas as noites evitava outros problemas e proporcionava alívio do estresse; beber diariamente tornou-se a norma; a abstinência tornou-se impensável.

FIGURA 9.4 Desenvolvimento dos problemas de Jim relacionados ao álcool.

Essa conversa, facilitada pelo mapa conceitual da Figura 9.4, ajudou Jim a entender (talvez pela primeira vez) que vários fatores provavelmente contribuíram para seu problema com o álcool, começando cedo em sua vida e se desenvolvendo ao longo de décadas. Esse relato de terapia entre Jim e seu terapeuta fornece um excelente exemplo de psicoeducação. Nesse caso, o terapeuta ligou o passado de Jim ao seu comportamento atual. Para muitos pacientes, este é um verdadeiro momento de "Aha!".

Auxiliando os pacientes a identificar pensamentos, crenças e sentimentos

Muitos pacientes inicialmente acham difícil identificar seus pensamentos, crenças e sentimentos. Eles podem dizer coisas como: "Eu não tenho nenhum pensamento" ou "Eu não estava pensando em nada". Para resolver esse problema, os terapeutas podem esperar que os pacientes sintam mudanças emocionais nas sessões e então perguntar: "O que está passando pela sua cabeça nesse momento?". Quando indagados no momento certo, os pacientes provavelmente terão acesso aos seus pensamentos. Eles também podem ser questionados: "Se você não consegue identificar nenhum pensamento, pode descrever o que está sentindo?". Em resposta, eles podem, na verdade, relatar seus pensamentos, por exemplo, "Sinto que não quero estar aqui hoje". Os terapeutas podem optar por aceitar essas respostas como sentimentos, mas, posteriormente, educar os pacientes a fazer uma distinção entre pensamentos (p. ex., "Não estou com vontade de estar aqui hoje") e sentimentos (p. ex., ansiedade, raiva, tristeza, vergonha, culpa, frustração, e assim por diante).

Alguns pacientes são inexperientes e, portanto, incapazes de rotular emoções. Dizem coisas como: "Sinto-me um lixo" ou "Sinto-me péssimo". Um método de ajudá-los a rotular os sentimentos é incentivá-los a usar os termos mais simples que eles encontrarem para descrever seus sentimentos – por exemplo, louco, triste, irritado, zangado, frustrado, magoado, envergonhado, desapontado ou preocupado. Além disso, quando os pacientes dizem "Estou chateado", os terapeutas podem perguntar "*Onde em seu corpo* você experimenta essa sensação de estar chateado?". Então eles podem relatar algum indicador fisiológico, como aperto no estômago, aperto no peito, torcicolo, entre outros. Os pacientes podem ser ensinados a usar essas indicações de sensações corporais para fazer a pergunta importante: "O que está se passando pela minha cabeça agora?". Com a repetição, mais cedo ou mais tarde, os pacientes passam a entender como perceber e modificar seus pensamentos e crenças, o que provavelmente lhes dá um melhor controle sobre suas emoções e comportamentos.

O processo da terapia cognitivo-comportamental

Conforme descrito, a TCC é uma abordagem ativa, estruturada, colaborativa e orientada a objetivos para ajudar as pessoas a resolver problemas e desenvolver habilidades de autorregulação. Os pacientes apreciam quando os terapeutas explicam de forma eficaz *como se faz a TCC*. Portanto, acreditamos fortemente no valor de orientá-los para o processo da TCC. Começamos fazendo perguntas para determinar o quanto eles já conhecem sobre TCC, especialmente por experiências anteriores, amigos, familiares, internet e até pelas mídias sociais. Muitas vezes fomos surpreendidos tanto *pelo quanto* alguns pacientes sabem como *pelo pouco* que outros pacientes sabem sobre TCC. Por exemplo, alguns participaram de várias sessões de TCC durante o tratamento anterior e a consideraram útil. Outros nunca ouviram falar de TCC nem receberam qualquer tipo de terapia. A seguir, há uma lista de possíveis perguntas para determinar o quanto os pacientes já sabem sobre o processo da TCC:

"Qual ajuda ou terapia você recebeu para tratar sua dependência no passado?"
"Qual ajuda ou terapia você recebeu para qualquer outro problema de saúde mental anterior?"
"O que você achou útil ou inútil em qualquer terapia que você já recebeu?"
"Quão familiarizado você está com a terapia cognitivo-comportamental (às vezes chamada de TCC)?"
"O que você sabe sobre a TCC?"
"Quais dúvidas ou preocupações você tem sobre a TCC?"
"Como você se sente sobre a prática de habilidades entre as sessões, especialmente se eu me referir a essa prática como *tarefa de casa*?"
"Com base no que discutimos sobre TCC até agora, quais são seus objetivos para a terapia?"
"Com base no que discutimos até agora, quais são suas ressalvas, se houver, em relação à TCC?"
"Antes de começarmos, você tem alguma pergunta geral sobre nosso trabalho juntos?"

Dependendo das respostas a essas perguntas, os terapeutas cognitivo-comportamentais orientam os pacientes explicando o processo da TCC. Em sua maioria, os pacientes que aprenderam sobre TCC com experiências passadas podem exigir pouca psicoeducação em relação ao processo da TCC, enquanto aqueles que sabem pouco podem se beneficiar de mais informações sobre o processo. Também encontramos pessoas que foram informadas no passado de que estavam recebendo TCC, mas cujas descrições das intervenções não eram compatíveis com o processo ou conteúdo da TCC. Por exemplo, tivemos pacientes dizendo coisas como "Já estive em TCC antes, e tudo o que fizemos foi preencher registros de pensamentos" ou "Já estive em TCC antes e parecia que eu estava de novo na escola ouvindo aulas chatas".

Existem muitos tópicos e técnicas possíveis à disposição dos terapeutas que aplicam TCC. Por exemplo, os terapeutas podem focar em distorções cognitivas, vantagens e desvantagens de comportamentos dependentes, conceitualizações de casos individuais, cenário da fissura, regulação emocional, entre outros. Mas os terapeutas cognitivo-comportamentais também diferem em suas personalidades e, portanto, na maneira como aplicam a TCC. Assim, é importante determinar quando os pacientes têm uma compreensão precisa da TCC e quando não têm. Produzimos uma amostra de possíveis declarações que podem ser fornecidas aos pacientes, em relação ao processo da TCC. Algumas delas podem ser pertinentes ou úteis para alguns pacientes, enquanto outras podem ser pertinentes ou úteis para outros:

"A terapia cognitivo-comportamental, ou TCC, é uma abordagem terapêutica estruturada e focada."

"Vamos focar em suas preocupações em todas as sessões, por isso pedirei que você se encarregue de trazer essas preocupações, na forma de itens da agenda, para cada sessão."

"Eu faço as mesmas perguntas no início de cada sessão: *No que você quer trabalhar?* ou *O que você quer colocar na pauta?*"

"Nossas sessões são colaborativas e objetivas. Trabalhamos em equipe para abordar os problemas que você deseja resolver."

"Até o ponto em que você achar útil, vamos focar especificamente em seus comportamentos dependentes."

"Às vezes também podemos falar sobre problemas que impactam ou resultam de seus comportamentos dependentes."

"Para manter o foco, posso precisar redirecionar nossas conversas. Espero que você não considere isso desrespeitoso."

"Muitas vezes vou focar em habilidades e técnicas que ajudaram outras pessoas com problemas semelhantes, mas às vezes vou simplesmente estar interessado em conhecer seus pensamentos, sentimentos e comportamentos."

"Muitas vezes peço um *feedback* durante as sessões, para ter certeza de que estamos no caminho certo e atingindo seus objetivos."

"Meu objetivo é ajudá-lo a adquirir conhecimentos e habilidades úteis em cada sessão, para que você sempre saia pensando que fizemos bom proveito do tempo."

Até agora, apresentamos quatro categorias de tópicos potenciais de psicoeducação: 1) a ciência da dependência; 2) a ciência da recuperação; 3) o modelo de dependências da TCC; e 4) o processo da TCC. Novamente, esses tópicos refletem *o que* pode ser ensinado em TCC. Na seção a seguir, discutimos o *processo* de psicoeducação e enfatizamos *como* se conduz a psicoeducação.

O PROCESSO DE PSICOEDUCAÇÃO

Os terapeutas geralmente se concentram *no que* os pacientes precisam saber e fazer para viver uma vida saudável, eficaz e gratificante. Infelizmente, muitos terapeutas não atentam para os *processos* subjacentes à entrega da TCC – e especialmente à entrega da psicoeducação. Nesta seção, focamos nos processos que fundamentam a psicoeducação. Especificamente, discutimos a importância do estilo, das habilidades de escuta e do senso de oportunidade do terapeuta. Também focamos na prontidão para mudar, na flexibilidade cognitiva e na mentalidade psicológica do paciente, pois estas se relacionam com o processo de psicoeducação.

Fatores do terapeuta que afetam o processo de psicoeducação

Alguns terapeutas são predominantemente diretos ou assertivos ao compartilhar seus pensamentos com os pacientes; outros são indiretos ou cautelosos. Alguns profissionais usam o humor regularmente durante a terapia; outros são mais sérios. Alguns são mais didáticos; outros são mais falantes. Nenhum estilo é melhor do que outro, e nenhum estilo em particular funciona melhor para todas as pessoas. Portanto, os terapeutas são fortemente aconselhados a reconhecer seus próprios estilos, especialmente no que se refere ao processo de psicoeducação. Terapeutas diretos ou assertivos parecem mandões ou autoritários para alguns pacientes, enquanto esses mesmos terapeutas parecem conhecedores ou perspicazes para outros. Os terapeutas cautelosos parecem indiferentes ou distantes para alguns pacientes, enquanto esses mesmos terapeutas parecem ponderados ou reflexivos para outros.

O segredo para ministrar psicoeducação (e TCC, em geral) eficaz é a consciência do terapeuta a respeito dos estilos de seus pacientes e do seu próprio estilo – e a capacidade de se adaptar às necessidades de diversos grupos e estilos de pacientes. Quando Jim começou a terapia, era evidente que ele queria aprender o máximo possível sobre si mesmo e sua dependência. Quando seu terapeuta se oferecia para apresentar ou explicar um conceito, Jim sempre parecia ansioso para aprender o máximo possível. Assim, o terapeuta de Jim se sentiu confortável para fornecer informações e orientações regularmente. Em contrapartida, ele também tinha pacientes que pareciam não ter interesse em novas informações ou conselhos, preferindo tirar suas próprias conclusões sobre os problemas e as soluções.

Em suma, cada terapeuta cognitivo-comportamental tem um estilo pessoal único, e os pacientes que procuram ajuda para dependências variam muito em seus estilos pessoais e preferências por estilos de terapeuta. Portanto, uma habilidade vital do terapeuta é a capacidade de variar de estilo de acordo com as necessidades de cada paciente, compreendendo que alguns respondem melhor a alguns estilos e nem tanto a outros.

Habilidades de escuta do terapeuta

Nunca é demais enfatizar a importância das habilidades de escuta. Ao refletirmos sobre o processo da psicoeducação, é especialmente importante salientar a importância de escutar. Simplificando, a psicoeducação só é eficaz quando os terapeutas ouvem bem os seus pacientes e sabem quais informações terapêuticas devem oferecer, e quando e como fornecê-las. Quando os terapeutas escutam bem os pacientes, é provável que saibam o que eles querem, precisam ou estão prontos para aprender. Escutar bem capacita os terapeutas a prever o método e o momento ideais da psicoeducação. Além disso, as pessoas têm uma capacidade inata para determinar quando os outros as estão escutando (ou não). Quando os pacientes observam que os terapeutas não ouviram suas preocupações, os esforços do terapeuta para educar os pacientes provavelmente serão em vão.

A escuta eficaz requer atenção aos sinais verbais e não verbais do paciente. Quando um paciente não está interessado no que um terapeuta está tentando ensinar, os primeiros sinais de alerta provavelmente serão sutis. Podem envolver alterações no contato visual, inquietação, suspiro, entre outros. A decisão de oferecer psicoeducação sobre qualquer tópico deve corresponder à atenção a esses sinais. Por exemplo, quando o terapeuta pergunta "Você gostaria de aprender sobre o modelo ABC?", uma resposta morna (p. ex., "Acho que sim") deve indicar entusiasmo abaixo do ideal por parte do paciente. Nessas circunstâncias, seria sábio por parte do terapeuta perguntar se uma via alternativa poderia ser preferível.

Há momentos em que os pacientes provavelmente se beneficiarão de informações ou psicoeducação sobre tópicos específicos, mas somente depois de resolverem (ou pelo menos discutirem) outras preocupações. Como exemplo, Jim falou sobre fortes sentimentos em relação a seu pai em uma sessão. Seu terapeuta estava prestes a apresentar um mapa conceitual para diagramar pensamentos e sentimentos, mas Jim não parecia interessado. Percebendo a falta de interesse, seu terapeuta parou e disse: "Jim, você tem fortes sentimentos em relação ao seu pai". Jim ficou com os olhos marejados quando exclamou: "Meu pai nunca pareceu se importar comigo". O terapeuta o encorajou a continuar falando e, enfim, Jim disse: "Eu nunca disse essas palavras em voz alta. Agradeço por me ouvir". Pouco tempo depois, Jim mostrou-se receptivo ao desenho de um mapa conceitual.

É importante que os terapeutas obtenham *feedback* após os esforços de psicoeducação, especialmente porque em geral ela envolve o fornecimento de novas informações. Terapeutas que escutam bem sabem como e quando pedir um retorno dos pacientes. Simplificando, depois de explicar novos conceitos ou habilidades aos pacientes, os terapeutas devem prosseguir com perguntas simples como:

"Quais são seus pensamentos sobre as ideias/habilidades que discutimos?"
"Como essas ideias/habilidades podem ser úteis para você?"
"Em que circunstâncias você usará essas ideias/habilidades?"
"Como você vai praticar essas ideias/habilidades?"

As respostas a essas perguntas fornecem aos terapeutas uma orientação valiosa para avançar. Em outras palavras, elas permitem determinar se seus esforços na psicoeducação foram úteis e, assim, como podem prosseguir.

Timing *do terapeuta*

Para que a psicoeducação seja eficaz, ela precisa ser oportuna. Pacientes que estão enfrentando problemas de saúde, dores físicas, relacionamentos instáveis, problemas financeiros, situações de vida difíceis, e assim por diante, são menos propensos a se interessar por conversar sobre comportamentos dependentes do que aqueles que têm circunstâncias mais estáveis. É importante lembrar que comportamentos dependentes são frequentemente usados para reduzir o sofrimento emocional. Em geral, os pacientes precisam resolver problemas básicos da vida antes de estarem prontos para abandonar comportamentos dependentes que reduzem ou os distraem do sofrimento emocional associado a esses problemas.

Recentemente, testemunhamos um problema de *timing* durante uma sessão de supervisão de terapia. Em um segmento de vídeo escolhido pelo terapeuta, ele ajudava um paciente a completar uma análise de vantagens e desvantagens. O supervisor parou o vídeo e perguntou ao terapeuta sobre um comentário anterior feito pelo paciente, que havia afirmado que sua esposa recentemente o havia deixado por outro homem. O terapeuta respondeu "Sim, ele estava realmente chateado com isso". O supervisor apontou que o paciente não parecia muito envolvido na análise de vantagens e desvantagens, e o terapeuta concordou. Isso deu ao supervisor a oportunidade de lembrar ao terapeuta que as técnicas de TCC funcionam melhor quando são aplicadas em um momento oportuno. O terapeuta imediatamente entendeu que seus esforços em psicoeducação teriam mais sucesso se ele primeiro tivesse ajudado seu paciente a enfrentar sua dificuldade com o problema de relacionamento.

Fatores do paciente que afetam o processo de psicoeducação

Conforme discutido em capítulos anteriores, é importante prestar atenção à motivação do paciente, ou sua prontidão para mudar, ao longo do processo terapêutico (Norcross et al., 2011; Prochaska et al., 1992; Prochaska & Norcross, 2001). Os terapeutas devem-se perguntar se os pacientes estão pensando em mudar, preparando-se para mudar, apenas começando a fazer mudanças, ou já estão em plena mudança. Um paciente que nem sequer está contemplando uma mudança fará pouco uso de psicoeducação sobre prevenção de recaídas, a qual é mais apropriada para quem já fez mudanças. Além disso, alguém que manteve abstinência por anos provavelmente não se beneficiará da realização de uma análise de vantagens e desvantagens.

Sabe-se que os terapeutas, entusiasmados em ajudar, correm o risco de fornecer psicoeducação a pacientes que não estão prontos para receber informações sobre como fazer mudanças substanciais. Enquanto as técnicas relacionadas ao "surfe na fissura" e controle de estímulos fazem sentido para aqueles que estão ativamente fazendo mudanças, é improvável que essas técnicas prendam a atenção de indivíduos no estágio de pré-contemplação da mudança.

Flexibilidade cognitiva do paciente

Alguns pacientes têm padrões cognitivos e comportamentais mais flexíveis, enquanto outros têm padrões mais rígidos. De acordo com Diamond (2014), a *flexibilidade cognitiva* envolve "ser capaz de se ajustar a demandas ou prioridades alteradas; aproveitar oportunidades repentinas e inesperadas; superar problemas repentinos e inesperados; ou até admitir que estava errado ao obter novas informações" (p. 8). Em contrapartida, a *rigidez cognitiva e comportamental* envolve "a tendência de um indivíduo a *não* mudar" (Schultz & Searleman, 2002, p. 166). A psicoeducação tem mais chances de sucesso quando os pacientes são cognitiva e comportamentalmente flexíveis. Por isso, é importante atentar para essa dinâmica ao apresentar aos pacientes novas formas de pensar e se comportar.

Um processo relacionado à inflexibilidade cognitiva e comportamental é a *superaprendizagem*. Esse fenômeno ocorre quando os indivíduos repetem pensamentos e comportamentos além do ponto de maximização, até que sejam totalmente retidos e automáticos (Driskill, Willis, & Copper, 1992). Já foi dito que a superaprendizagem "hiperestabiliza" um comportamento (Shibata et al., 2017). Pensamentos ou comportamentos superaprendidos são difíceis de mudar (ver Capítulo 10, sobre o pensamento do Sistema 1). É importante distinguir inflexibilidade de superaprendizagem e ser capaz de explicar esses processos aos pacientes. Observamos que a maioria dos problemas de saúde mental está associada a padrões ou hábitos cognitivos e comportamentais superaprendidos. Por exemplo, pessoas com depressão tendem a ter crenças que sempre foram confirmadas acerca de sua inadequação e de serem indignas de serem amadas, enquanto pessoas com ansiedade tendem a ter essas mesmas características acerca de sua vulnerabilidade (a dano, falha, doença, sofrimento, etc.). Tanto pessoas deprimidas quanto ansiosas tendem a evitar automaticamente situações e circunstâncias que elas temem que validem essas crenças superaprendidas, até que a própria esquiva também se torne superaprendida. Na mesma linha, pessoas com dependências tendem a ter crenças superaprendidas acerca de seus comportamentos dependentes e, especialmente, crenças de que esses comportamentos diminuem estados negativos e aumentam estados positivos.

Um dos principais objetivos da psicoeducação da TCC é facilitar a aquisição de novas crenças e comportamentos que posteriormente se tornem mais salientes do que as crenças e os comportamentos dependentes originais superaprendidos. Por exemplo, Jim desenvolveu crenças e comportamentos associados ao consumo de álcool para controlar o estresse. Ele se envolveu no consumo de álcool com tanta frequência que nem mesmo pensava conscientemente sobre ir a um bar depois de um dia estressante de trabalho; ele só entrava em seu carro no estacionamento e a próxima coisa que percebia era que estava na hora de sair do bar e ir para casa jantar. Na terapia, Jim foi capaz de aprender e praticar crenças e comportamentos alternativos em resposta ao estresse que acabaram se tornando superaprendidos. Ele foi capaz de mudar seus hábitos anteriores de resposta ao estresse porque era cognitiva e comportamentalmente flexível. Infelizmente, muitas pessoas são menos flexíveis do que Jim. Esses indivíduos podem ter argumentado que "Beber é minha única maneira de reduzir o estresse. Eu tentei de tudo e nada funciona".

Ao trabalhar com pacientes que superaprenderam pensamentos e crenças, é importante entender que alguns deles são relativamente rígidos ou inflexíveis. Quando a psicoeducação seguramente não beneficia um paciente, pode ser útil determinar se a falta de benefício pode dever-se a um maior padrão de inflexibilidade cognitiva e comportamental. Quando este for o caso, é importante abordar a inflexibilidade antes de focar em mudar os próprios pensamentos e comportamentos que foram repetidamente aprendidos. Por exemplo, um terapeuta pode dizer a um paciente: "Percebi que você tem dificuldade para ver utilidade em minhas explicações e recomendações. Talvez devêssemos discutir se geralmente você tem dificuldade para adotar novas ideias ou comportamentos".

Mentalidade psicológica do paciente

A maioria dos construtos psicológicos são abstratos, como as relações entre pensamentos, sentimentos e comportamentos. Os pacientes variam muito quanto a seus níveis de pensamento abstrato *versus* pensamento concreto, e especialmente quanto a seus níveis de mentalidade psicológica. *Mentalidade psicológica* é o "interesse e capacidade de estar em contato e refletir sobre os próprios estados e processos psicológicos" (Nyklicek & Denollet, 2009, p. 32). A capacidade de compreender conceitos de natureza psicológica é bastante útil na TCC. Contudo, ao trabalhar com pessoas que não têm mentalidade psicológica, às vezes é sensato buscar intervenções mais comportamentais. Jim, o paciente discutido ao longo deste capítulo, tem o benefício de ser psicologicamente consciente e cognitivamente flexível. Por consequência, ele é capaz de compreender conceitos e considerar comportamentos que são diferentes de seus comportamentos dependentes. Em contrapartida, trabalhamos com pacientes que não são psicologicamente conscientes nem cognitivamente flexíveis. Na verdade, muitos desenvolveram esses déficits como resultado de seus comportamentos dependentes. Ao trabalhar com esses pacientes, consideramos benéfico focar inicialmente no controle de estímulos e na ativação comportamental. Em especial, recomendamos que evitem gatilhos e se envolvam em comportamentos gratificantes isentos de substâncias (ver Capítulo 7 para mais detalhes).

Os pacientes que não têm uma mentalidade psicológica podem não parecer interessados em todos ou na maioria dos esforços psicoeducativos do terapeuta. Quando esse é o caso, os terapeutas são encorajados a "encontrar os pacientes onde eles estão" e explorar tópicos que sejam relevantes e interessantes para eles. Dessa forma, o terapeuta provavelmente descobrirá oportunidades inesperadas de relacionar os interesses dos pacientes aos princípios e às práticas da TCC.

RESUMO

Um componente importante da TCC é a psicoeducação, definida como a facilitação do aprendizado de fatos, princípios, comportamentos e habilidades para melhorar as habilidades psicológicas e o funcionamento comportamental. É importante que os terapeutas façam ao menos duas perguntas a si mesmos enquanto praticam a TCC e fornecem psicoeducação: *O que* posso ensinar ao meu paciente para facilitar a recuperação? e *Como* posso ensinar o meu paciente para que ele ouça o que tenho a dizer e aprenda com meus esforços? Os terapeutas podem educar os pacientes sobre as ciências da dependência e da recuperação, o modelo cognitivo da dependência e o processo da TCC. Contudo, talvez o mais fundamental para a psicoeducação sejam as conexões entre experiências de vida, gatilhos, pensamentos, crenças, emoções e comportamentos dependentes – todas transmitidas de maneira oportuna e colaborativa.

10

Pensamentos e crenças

Kristen é uma mãe solteira de 31 anos que inicialmente procurou terapia para depressão. Após oito semanas de terapia cognitivo-comportamental (TCC), sentindo-se menos deprimida, ela agora quer parar de fumar cigarros. Nas últimas duas semanas, Kristen tentou parar por conta própria, mas descobriu que isso era extremamente difícil. Em uma sessão recente, ela disse à sua terapeuta que tem cinco razões para parar: economizar dinheiro, ser mais saudável, proteger sua filha de 2 anos do fumo passivo, ser um bom exemplo para sua filha e parar de sentir "uma profunda sensação de autoaversão" toda vez que acende um cigarro. Nesta sessão, ela se sente particularmente exasperada:

Terapeuta: Kristen, no que você gostaria de trabalhar hoje?
Kristen: Quero descobrir por que tenho tanta dificuldade para parar de fumar.
Terapeuta: Bom item da agenda. Você quer entender melhor por que não consegue simplesmente parar.
Kristen: Sim.
Terapeuta: Mais alguma coisa que você queira colocar na pauta?
Kristen: Sim, eu gostaria de saber o segredo para parar. Milhões de pessoas já pararam de fumar, mas eu não consigo. Tem que haver algum *segredo*.
Terapeuta: Outro bom item da agenda: você quer aprender como parar. Eu gostaria de ajudá-la com esses dois itens da agenda.
Kristen: Ótimo, porque não estou me saindo bem sozinha.

Durante essa conversa, Kristen fez duas perguntas fundamentais relacionadas a comportamentos dependentes: *Por que* não consigo parar? e *Como* posso parar? Quando os pacientes fazem essas perguntas, os terapeutas têm uma excelente oportunidade de oferecer apoio, psicoeducação e habilidades de autogerenciamento. Recomendamos responder a perguntas como essas focando primeiro no papel essencial de pensamentos e crenças nos comportamentos dependentes. Conforme observado no Capítulo 2, pensamentos são ideias e imagens breves e espontâneas que se originam de crenças mais duradouras desenvolvidas ao longo do tempo. Na seção a seguir, explicamos como certos pensamentos e crenças específicos estão associados a comportamentos dependentes e, em uma seção posterior, discutimos os processos cognitivos associados a eles.

PENSAMENTOS E CRENÇAS ASSOCIADOS AOS COMPORTAMENTOS DEPENDENTES

Ao longo dos anos, aprendemos que certos pensamentos e crenças são comuns nos transtornos por uso de substâncias (TUS) e nas dependências comportamentais. Por exemplo, a maioria das pessoas que enfrenta dependências gostaria de ser mais capaz de controlar seus comportamentos dependentes. A maioria acredita que seus comportamentos dependentes desempenham um papel importante na regulação de suas emoções e tem pensamentos ambivalentes sobre continuar com esses comportamentos. Muitos acreditam que o sofrimento associado à redução ou à interrupção de seus comportamentos dependentes é praticamente intolerável. Muitos acreditam que seus comportamentos dependentes são estigmatizados pelos outros e, por isso, acreditam que é melhor mantê-los em segredo.

A conversa de Kristen com sua terapeuta é retomada aqui. Nessa conversa, alguns dos pensamentos e crenças mais salientes relacionados à dependência dela tornam-se evidentes:

Terapeuta: Kristen, você parece frustrada.
Kristen: Estou muito frustrada. Achei que seria muito mais fácil parar de fumar agora que não estou deprimida, mas definitivamente não é o caso.
Terapeuta: Você parece estar com raiva de si mesma.
Kristen: Talvez eu esteja. Você me ensinou... [*Faz uma pausa e respira fundo.*] Quando me sinto assim, devo parar e me perguntar: "O que estou pensando?".
Terapeuta: Sim, e aí?
Kristen: Eu deveria parar de me julgar...
Terapeuta: Certo.
Kristen: ...e voltar ao problema em questão.
Terapeuta: Sim. E o problema é?

Kristen: Droga, eu quero parar de fumar. [*Ela se endireita na cadeira e adquire um olhar determinado no rosto.*]

Terapeuta: Que interessante: percebo que seu humor muda quando você para de pensar em julgar a si mesma e passa a pensar em resolver problemas. Estou impressionado com a rapidez com que você aprendeu a regular seus pensamentos e sentimentos desde que iniciou a terapia.

Kristen: Sim, eu também. Isso me surpreende.

Terapeuta: Então, considerando os seus sucessos na terapia nas últimas oito semanas, existe algum motivo para pensar que você não é capaz de vencer o hábito de fumar?

Kristen: Não sei. Na verdade, há anos, de vez em quando, eu tento e simplesmente não consigo parar.

Terapeuta: Certo, vamos discutir seus pensamentos e crenças sobre fumar.

Kristen: Como eu lhe disse antes, acho cigarros um nojo, repulsivos. Fumar é caro, faz mal à minha saúde e faz mal à saúde da Lilly estar perto da fumaça. Não quero que ela me veja fumando. Eu deveria dar o exemplo. Toda vez que acendo um cigarro, eu me odeio.

Terapeuta: Eu entendo que esses pensamentos fazem você querer parar. Mas e quanto aos pensamentos que a mantêm fumando?

Kristen: Eu não sei. Você se refere aos pensamentos que tenho antes de ceder e fumar?

Terapeuta: Exatamente.

Kristen: Bem, eu ainda acho repulsivo e nojento, mas às vezes eu fumo para acalmar meus nervos. Outras vezes, ajuda-me a ficar alerta, como quando estou acordada tarde da noite tentando fazer as tarefas domésticas. Quando tento parar, eu não suporto a vontade. Nessas horas, eu penso: "Só esse cigarro. Amanhã eu paro". Além disso, a Lilly está dormindo, então ela não pode me ver fumando. Quando estou entediada no trabalho, de repente penso que preciso de um cigarro. E como estou tentando parar e não tenho nenhum, eu penso: "Vou pegar um cigarro de um amigo".

Terapeuta: Obviamente você tem muitos pensamentos e crenças sobre fumar que não ajudam a parar. Aqui, eu comecei a fazer uma lista de seus pensamentos e crenças sobre fumar e parar de fumar. [*Mostra a Kristen a lista no Quadro 10.1* (ver Formulário 2.1 no Capítulo 2 para uma versão em branco).]

Kristen: Puxa, você tirou tudo isso do que eu acabei de dizer?

Terapeuta: Sim, esses são seus pensamentos e crenças. É importante familiarizar-se com eles. Eles são imprescindíveis para entender por que você

QUADRO 10.1 Pensamentos e crenças relacionados ao fumo *versus* pensamentos e crenças de autocontrole de Kristen

Pensamentos e crenças relacionados à dependência	Pensamentos e crenças de autocontrole
"Fumar acalma meus nervos."	"Fumar é nojento e repulsivo."
"Fumar me ajuda a ficar alerta."	"É caro."
"Eu não aguento a vontade."	"É ruim para a minha saúde."
"Só este cigarro."	"O fumo passivo é ruim para a Lilly."
"Amanhã eu paro."	"Não quero que Lilly me veja fumando."
"Lilly não vai me ver fumando."	"Eu deveria dar o exemplo para Lilly."
"Vou pegar um cigarro de um amigo."	"Eu me odeio cada vez que acendo um cigarro."

tem tanta dificuldade para parar e o que será necessário para que consiga parar.

Kristen: O que você quer dizer? Como essa lista vai ajudar?

Terapeuta: Isso é apenas o começo. Ao escrever seus pensamentos e crenças, eles se tornam mais reais e mais tangíveis. Eu os coloco no papel para que você possa vê-los. É importante lembrar que certos pensamentos e crenças a *aproximam* do fumo, enquanto outros a *distanciam* dele.

Kristen: Entendo. [*Olhando a lista.*] Os pensamentos na coluna esquerda me levam para a direção errada – e os pensamentos na coluna direita me levam para a direção certa.

Terapeuta: Sim.

Kristen: Então, por que não posso simplesmente *substituir* os pensamentos do lado esquerdo pelos pensamentos do lado direito?

Terapeuta: Prometo responder a essa pergunta em breve.

Nesse diálogo, a terapeuta de Kristen introduziu a ideia de que existem pensamentos e crenças associados a fumar e a parar de fumar. Como observado anteriormente, alguns desses pensamentos e crenças são comuns em todas as dependências. Na verdade, os terapeutas podem praticamente substituir a palavra *fumar* no Quadro 10.1 por qualquer comportamento dependente: "*Beber* acalma meus nervos", "*Fumar maconha* acalma meus nervos" ou "*Comer compulsivamente* acalma meus nervos".

Alguns pacientes acham útil organizar seus pensamentos e crenças em grupos ou categorias, como:

- Crenças e pensamentos *antecipatórios* (p. ex., "Envolver-me em meus comportamentos dependentes produzirá os resultados desejados.")
- Pensamentos e crenças *orientados ao alívio* (p. ex., "Envolver-me em meus comportamentos dependentes fará os sentimentos desagradáveis desaparecerem.")
- Pensamentos e crenças *permissivos* (p. ex., "Tenho *razões válidas* para manter meus comportamentos dependentes.")
- Pensamentos e crenças *instrumentais* (p. ex., "Para me envolver em meus comportamentos dependentes, eu preciso [ligar para o meu fornecedor, dirigir até o supermercado, comprar um maço de cigarros, etc.]")
- Pensamentos e crenças *relacionados à mudança* (p. ex., "Meus comportamentos dependentes não são funcionando mais para mim. Talvez *seja hora de algo diferente*.")
- Pensamentos e crenças *relacionados ao controle* (p. ex., "Quero *modificar* meus comportamentos dependentes sem necessariamente parar por completo.")
- Pensamentos e crenças *relacionados à abstinência* (p. ex., "Eu pretendo *parar completamente* de me envolver em meus comportamentos dependentes.")

Essas são apenas algumas das muitas categorias possíveis para organizar pensamentos e crenças associados a comportamentos dependentes. A maioria de nossos pacientes considera essas categorias úteis, mas ocasionalmente alguns preferem suas próprias categorias. Por exemplo, muitas pessoas respondem à expressão *crenças permissivas* dizendo: "Ah, você se refere a *desculpas e racionalizações?*". Algumas preferem usar a expressão *pensamento distorcido* para todos os pensamentos e crenças relacionados aos seus comportamentos dependentes. Ao refletir sobre seus pensamentos e crenças, Kristen considera essas categorias úteis. Na verdade, ela é capaz de colocar facilmente seus pensamentos nas categorias descritas por sua terapeuta:

Terapeuta: Kristen, o que você acha dessas categorias?
Kristen: Elas fazem muito sentido. A coluna da esquerda está cheia de pensamentos antecipatórios, de alívio e instrumentais e a coluna da direita está cheia de pensamentos relacionados à mudança.
Terapeuta: Então, quais desses pensamentos ou crenças são antecipatórios?
Kristen: Os dois primeiros: prevejo que fumar acalma meus nervos e me ajuda a ficar alerta.
Terapeuta: Excelente. Que tal os pensamentos orientados ao alívio, permissivos e instrumentais?

Kristen: "Eu não aguento a vontade" é orientado ao alívio, pois será um alívio fumar um cigarro. "Só este cigarro", "Amanhã eu paro" e "Lilly não vai me ver fumando" são todos permissivos, porque me dão permissão. E "Vou pegar um cigarro de um amigo" é instrumental porque é como consigo os cigarros que fumo.
Terapeuta: Excelente. E quanto aos pensamentos relacionados ao controle?
Kristen: Tudo no lado direito dessa lista envolve controle, tentar mudar e ser abstinente.
Terapeuta: Novamente, excelente.
Kristen: Pode ser excelente, mas ainda não sei *como* mudar.

Nesse momento da conversa, a terapeuta de Kristen percebe que é hora de passar do *conteúdo* dos pensamentos dela para os *processos* de pensamento associados ao hábito de fumar. Na próxima seção, explicamos como focamos nos processos cognitivos (ou seja, *como* os pacientes com dependência pensam).

PROCESSOS COGNITIVOS ASSOCIADOS A COMPORTAMENTOS DEPENDENTES

Nossa abordagem nas últimas duas décadas foi profundamente influenciada pelo trabalho de Daniel Kahneman, ganhador do Prêmio Nobel de Ciências Econômicas em 2002. Kahneman e colaboradores (p. ex., Kahneman, 2011; Kahneman, 1973; Kahneman & Frederick, 2002; Tversky & Kahneman, 1992) estudaram processos cognitivos complexos, incluindo atenção, tomada de decisão, erros e vieses cognitivos, intuição e (mais relevante para o nosso trabalho) os pensamentos do Sistema 1 e do Sistema 2 (ver Quadro 10.2). O pensamento do Sistema 1 é automático, espontâneo, sem esforço, intuitivo e impulsivo. O Sistema 1 é o que nos faz passar um dia típico sem ter que calcular todos os nossos movimentos e decisões. Ele nos permite escovar os dentes e vestir-se de manhã, cuidar de nossos afazeres durante o dia e deitar-se à noite sem pensar muito nessas atividades. Ele também nos permite tomar decisões simples, como escolher tomar sopa com uma colher em vez de um garfo e esperar até que o tráfego diminua para atravessar a rua.

A maior parte do pensamento do Sistema 1 é possível devido à superaprendizagem. Quanto mais nos envolvemos em um comportamento ou conjunto de comportamentos, mais automáticos eles se tornam. Por exemplo, aprendemos a dirigir um carro repetindo cada ação necessária várias vezes. Quando estamos aprendendo a dirigir, precisamos nos concentrar em colocar corretamente a

QUADRO 10.2 Características dos pensamentos do Sistema 1 e do Sistema 2

Pensamento do Sistema 1	Pensamento do Sistema 2
Rápido	Lento
Automático	Metódico
Espontâneo	Intencional
Sem esforço	Com esforço
Intuitivo	Deliberado
Involuntário	Consciente
Impulsivo	Atento

chave na ignição, ligar o carro, engatar a marcha, verificar o tráfego que se aproxima, afastar-se do meio-fio, usar sinais de conversão, transpor o meio-fio nas conversões à direita, e assim por diante. Mas, com o passar do tempo, todas essas funções se tornam automáticas. Na verdade, depois que se tornam automáticos, dificilmente notamos os passos necessários para realizar essas funções. Mais uma vez, a maioria de nossas atividades diárias é regida por pensamentos do Sistema 1.

Em contrapartida, o pensamento do Sistema 2 é lento, intencional, deliberado e consciente. Requer toda a nossa atenção e esforço mental substancial, sendo ativado com muito menos frequência do que o Sistema 1 ao longo de um dia. Na verdade, nós normalmente não ativamos o Sistema 2, a menos que o Sistema 1 enfrente dificuldades. O Sistema 2 é necessário quando alugamos um carro diferente do carro que normalmente dirigimos ou ao dirigir até um local completamente desconhecido. Ele requer atenção deliberada e cuidadosa. Ao estudar um tópico complexo pela primeira vez, adquirir uma nova habilidade, mudar um velho hábito ou tentar modificar um comportamento dependente, precisamos do pensamento do Sistema 2. O Sistema 1 é resiliente e capaz de suportar clamor e atividade externos (ou seja, é multitarefa), mas o Sistema 2 é facilmente interrompido. É por isso que as bibliotecas são tradicionalmente silenciosas e algumas pessoas usam fones ou tampões de ouvido quando estudam. E é por isso que é tão difícil mudar comportamentos dependentes; eles se tornam totalmente automáticos e requerem esforço deliberado e ininterrupto para mudar.

Kahneman (2003) também focou na *tomada de decisão* e nos *erros de decisão*, que é outra razão pela qual seu modelo é aplicável a comportamentos dependentes. *Optando-se* por comportamentos dependentes repetidamente, os pensamentos relacionados à dependência tornam-se *intuitivos* e *acessíveis*, ao invés de *racionais* e decorrentes de uma *consideração cuidadosa*. Por padrão, *escolhas não saudáveis* são erroneamente consideradas as *melhores escolhas*. Por exemplo, pessoas que fumam cigarros ou bebem quantidades excessivas de álcool para aliviar o estresse pegam um cigarro ou uma bebida *intuitivamente*, como se essas escolhas fossem para seu benefício. Quando isso ocorre, *erros de decisão* foram cometidos, uma vez que os efeitos de comportamentos dependentes em longo prazo são potencialmente letais. Como consequência, muitas vezes os pacientes descrevem seus comportamentos dependentes como inconscientes ou involuntários. Por exemplo, eles podem dizer "Eu não estava nem pensando em fumar ou beber e de repente eu tinha uma bebida e um cigarro na mão". Kahneman (2003, 2011) também atribuiu erros de decisão à *familiaridade* e à *apreciação* (ou seja, gratificação). Quanto mais gratificante for um comportamento, maior sua probabilidade de ser escolhido intencionalmente, até que se torne automático e involuntário. Quando comportamentos dependentes ocorrem pela primeira vez, eles são desconhecidos, deliberados e certamente não automáticos. Contudo, à medida que são cada vez mais valorizados positivamente, tornam-se também cada vez mais familiares, até que se tornem totalmente automáticos e estejam sob o comando total do Sistema 1. Além de se tornarem automáticos, não exigirem esforço e serem intuitivos, os pensamentos do Sistema 1 tornam-se reflexivamente associados a certos eventos e atividades, os quais se tornam seus gatilhos.

Essas descrições dos pensamentos dos Sistemas 1 e 2 esclarecem por que é tão difícil mudar comportamentos dependentes. Não deveria ser surpreendente que tantas pessoas cometam continuamente o erro de se envolver neles. Às vezes, são necessários anos ou mesmo décadas para que o Sistema 2 seja chamado para ajudar na mudança. E, naquele momento, a quantidade de esforço do Sistema 2 necessária para fazer mudanças é considerável. Esses processos fornecem respostas às perguntas *por que* e *como* feitas por Kristen. Então, vamos voltar para o caso dela. Sua terapeuta está prestes a explicar os pensamentos do Sistema 1 e do Sistema 2:

> **Terapeuta:** Kristen, você fez duas perguntas importantes: "*Por que* não consigo parar?" e "*Como* posso parar?". Agora que falamos sobre *o que* você pensa, vamos falar sobre *como* você pensa.
> **Kristen:** Certo. Isso é muito para assimilar. Podemos fazer mais algumas anotações?
> **Terapeuta:** Claro. [*Pega o mesmo bloco de notas onde os pensamentos de Kristen estão escritos.*] Você já notou que a maior parte do que você faz ao longo do dia é automático e sem esforço?
> **Kristen:** Eu realmente não tinha notado, mas agora que você mencionou...

Terapeuta: Exatamente. Você não tinha notado *porque* esses comportamentos se tornaram automáticos e sem esforço.

Kristen: Quando eu estava deprimida, tudo parecia um fardo enorme. Agora que não estou deprimida, minhas atividades diárias estão começando a voltar ao normal.

Terapeuta: Por exemplo?

Kristen: Como sair da cama de manhã e me vestir.

Terapeuta: Sim, esses comportamentos se tornaram automáticos porque você os realizou repetidamente, durante toda a sua vida. Quando estava deprimida, seus pensamentos e crenças negativas de desamparo e desesperança eram automáticos e predominantes – assim, você nem pensava que podia sair de cama.

Kristen: É isso mesmo. Então, para onde vamos com tudo isso?

Terapeuta: Agora posso explicar por que é tão difícil mudar comportamentos dependentes e como você pode fazer a mudança que deseja – ou seja, parar de fumar.

Kristen: Por favor, explique.

Terapeuta: Muito bem, vou explicar o que é conhecido como pensamentos do Sistema 1 e do Sistema 2. [*Enquanto conversa, a terapeuta de Kristen faz uma nova lista no bloco de anotações dela* (essa lista é muito parecida com a do Quadro 10.2).] O pensamento do Sistema 1 é o que permite que você saia da cama de manhã e se vista – sem realmente pensar muito nisso. O pensamento do Sistema 1 é rápido, automático, espontâneo e sem esforço. Ele simplesmente parece acontecer. Algumas pessoas se referem ao pensamento do Sistema 1 como pensamento intuitivo. Ele acontece quase como um reflexo. Você também pode pensar no Sistema 1 como impulsivo.

Kristen: Acho que sei onde você quer chegar com isso.

Terapeuta: Ótimo. Onde?

Kristen: É assim que fumar um cigarro é para mim. Eu nem penso mais sobre isso. Houve ocasiões em que eu estava fumando um cigarro e nem me lembrava de tê-lo acendido. Ou eu vejo um cigarro aceso em um cinzeiro e me pergunto: "Quando foi que eu acendi isso?".

Terapeuta: Esses são exemplos perfeitos do seu pensamento do Sistema 1 atuando. Seus pensamentos antecipatórios, orientados ao alívio, permissivos e instrumentais sobre fumar são executados principalmente no Sistema 1. Esses pensamentos são como vozes baixinhas em sua cabeça que você não ouve conscientemente.

Kristen: Então é isso que torna tão difícil parar de fumar?

Terapeuta: Sim.
Kristen: Então, qual é o segredo para parar?
Terapeuta: Agora falaremos sobre o pensamento do Sistema 2. Ele é muito mais lento e é ativado quando você encontra algo com que o Sistema 1 não consegue lidar, como quando quer resolver um problema complexo ou está em uma situação desconhecida. Na verdade, você provavelmente usa o Sistema 2 quando você quer fumar um cigarro mas isso é inconveniente ou proibido. Por exemplo, quando você está jantando com um grupo de não fumantes e anseia por um cigarro, pode planejar uma maneira de sair furtivamente e fumar.
Kristen: Isso acontece comigo com frequência. Como você sabia?
Terapeuta: Já vi muitos fumantes tremendo de frio na porta de restaurantes à noite, no frio, fumando cigarros enquanto seus amigos e familiares estão do lado de dentro curtindo a companhia uns dos outros. Agora vamos falar sobre o que será necessário para parar.
Kristen: Certo.
Terapeuta: Você precisará energizar o Sistema 2 e colocá-lo em alerta máximo, em vez do modo de baixo consumo de energia, para mudar seus pensamentos superaprendidos do Sistema 1 acerca de fumar. O Sistema 2 é lento, metódico, intencional, deliberado, consciente e atento, e requer esforço.
Kristen: É uma lista longa.
Terapeuta: Escrevi essas palavras aqui para você. [*Mostra a Kristen a nova lista no bloco de anotações.*] À medida que trabalhamos nisso juntas, seus pensamentos e crenças sobre fumar e parar de fumar se tornarão mais metódicos, intencionais, esforçados, deliberados, conscientes e atentos.
Kristen: Então esse é o segredo?
Terapeuta: Acho que não é mais um segredo.
Kristen: Parece o que eu fiz para superar os pensamentos e crenças que me deixavam deprimida.
Terapeuta: Exatamente.

Nesse segmento, Kristen foi apresentada aos pensamentos do Sistema 1 e do Sistema 2. Sua terapeuta os descreveu e deu a Kristen uma lista das características de cada um deles. Mas será preciso mais de uma conversa para Kristen entender plenamente e adotar um padrão de pensamento do Sistema 2 para superar seus processos de pensamento do Sistema 1. Então, a terapeuta de Kristen é paciente. Ela reconhece que a mudança pode ser lenta, especialmente considerando que o pensamento do Sistema 2 é tão facilmente posto de lado.

AJUDANDO OS PACIENTES A MUDAR PENSAMENTOS E CRENÇAS

Até agora, neste capítulo, identificamos pensamentos, crenças e processos cognitivos que promovem comportamentos dependentes e mudança de comportamento. Nesta seção, apresentamos uma estratégia sistemática para aplicar esse conhecimento com pacientes que desejam mudar comportamentos dependentes. Achamos conveniente organizar essa estratégia em cinco etapas: 1) extrair pensamentos e crenças subjacentes aos comportamentos dependentes; 2) facilitar reconhecimento e compreensão dos pacientes sobre os pensamentos e crenças relacionados à dependência; 3) desenvolver e manter pensamentos e crenças que promovam a mudança; 4) antever obstáculos à mudança de pensamentos e crenças; e 5) praticar estratégias que aumentam a saliência e a durabilidade de novos pensamentos e crenças adaptativos. Essas etapas não são realmente distintas ou ordenadas na prática. Em vez disso, cada etapa idealmente continua mesmo depois que etapas subsequentes se iniciaram.

Etapa 1: extrair pensamentos e crenças subjacentes aos comportamentos dependentes

Todo mundo tem pensamentos e crenças, mas poucas pessoas refletem cuidadosamente sobre o que ou como pensam. O primeiro passo para ajudar as pessoas a mudar comportamentos dependentes envolve aprender sobre os pensamentos e as crenças que fundamentam seus comportamentos dependentes. Esse processo de pensar sobre o pensamento, às vezes chamado de *metacognição*, não chega de maneira natural ou automática para a maioria dos pacientes ou terapeutas. Como discutido anteriormente, pensamentos e crenças (inclusive pensar sobre o pensar) devem ser repetidos várias vezes para que se tornem automáticos. Espera-se que terapeutas experientes, que conduzem TCC há muito tempo, encontrem-se fazendo perguntas como: "Quais eram seus pensamentos antes de acender aquele cigarro?" ou "O que você pensou ao entrar no bar onde sempre bebia?".

O conhecimento dos pensamentos e das crenças dos pacientes é vital para entender a base sobre a qual suas dependências são desenvolvidas e mantidas. Ao extrair pensamentos e crenças dos pacientes, os terapeutas são capazes de compreender temas essenciais e padrões subjacentes aos comportamentos dependentes deles. Por exemplo, algumas pessoas que bebem muito acreditam que não podem se socializar ou desempenhar profissionalmente sem beber (p. ex., "Não terei amigos" ou "Todos em meu ramo de negócios bebem"). Muitos fumantes de cigarros acreditam que sentirão tensão prolongada e irritabilidade se pararem de fumar (p. ex., "Sou uma pessoa infeliz sem meus cigarros" ou "Minha família não me suporta quando eu fico sem fumar"). Alguns fumantes diários de maconha acreditam que não conseguem relaxar sem fumar todos os dias (p. ex., "É assim que eu relaxo" ou "Maconha é a única coisa que mantém minha ansiedade sob controle"). Durante a etapa 1, os terapeutas têm a oportunidade de desenvolver uma compreensão mais profunda de seus pacientes, aprendendo tudo o que puderem sobre seus pensamentos e crenças íntimas.

Infelizmente, muitos clínicos que se identificam como terapeutas cognitivo-comportamentais minimizam esse primeiro passo vital no processo de terapia. Em vez de focarem em crenças e pensamentos, eles se concentram exclusivamente em comportamentos. Até certo ponto, isso ocorre porque os próprios pacientes tendem a focar em comportamentos e não em pensamentos. Por exemplo, os pacientes podem refletir exclusivamente sobre ações que levam à recaída: "Eu estava no trabalho e era hora de fazer nossa pausa para o almoço. Todos nós saímos. Mary acendeu um cigarro, assim como Amy e Chelsea. Quando Mary me ofereceu um, eu disse que sim e ela acendeu seu isqueiro. Acabei fumando todo o cigarro. Tudo aconteceu muito rápido".

Quando os pacientes dividem narrativas dessa maneira, os terapeutas têm oportunidades para reorientar os pensamentos e as crenças dos pacientes; por exemplo, fazendo perguntas como "Pouco antes de fazer sua pausa no trabalho, o que você achava de estar perto de fumantes?" ou "Ao ver todo mundo acender seus cigarros, o que passou pela sua cabeça?". Ao fazerem repetidamente essas perguntas, extraindo pensamentos e crenças dos pacientes, os terapeutas os ensinam a prestar atenção aos seus próprios pensamentos e crenças. A seguir, há uma lista de algumas perguntas abertas adicionais para extrair pensamentos e crenças sobre comportamentos dependentes:

"Quais eram seus pensamentos imediatamente antes de escolher [fumar, beber, jogar, comer compulsivamente, etc.]?"

"O que você esperava conseguir [fumando, bebendo, jogando, comendo compulsivamente, etc.]?"

"Depois que terminou de [fumar, beber, jogar, comer compulsivamente, etc.], quais pensamentos passaram por sua cabeça?"

"Como você imaginou que seria sofrer um lapso e voltar a [fumar, beber, jogar, comer compulsivamente, etc.]?"

"Agora que algum tempo se passou desde que você [fumava, bebia, jogava, comia compulsivamente, etc.], no que você acredita em relação à sua capacidade de mudar?"

À medida que os pacientes respondem a essas perguntas, os terapeutas prestam muita atenção a pensamentos e crenças que parecem mais pertinentes aos comportamentos dependentes. Para ilustrar ainda mais esse processo, voltamos à sessão de Kristen com sua terapeuta:

Terapeuta: Estou interessada em ouvir mais sobre seus pensamentos e crenças a respeito de fumar.
Kristen: O que você quer saber?
Terapeuta: Eu gostaria que você escolhesse um dia específico na semana passada, talvez quando você estava mais preocupada com o seu fumo, e eu farei algumas perguntas sobre aquele dia.
Kristen: Ah, isso é fácil. Ontem foi uma merda. Eu liquidei um maço inteiro de cigarros. Hoje acordei me sentindo um lixo. Era como uma ressaca de cigarro.
Terapeuta: Vamos revisar seus pensamentos e crenças de ontem. Quando você fumou seu primeiro cigarro e o que estava pensando antes de fumar?
Kristen: Foi por volta das 10 da manhã, que é mais tarde do que de costume. Na verdade, eu acordei pensando "É hoje que eu paro de fumar".
Terapeuta: Certo, você pensou "Vou parar hoje". Mas então você fumou um cigarro às 10 da manhã. Você deve ter tido alguns pensamentos motivadores que a levaram a fumar. Você se lembra quais foram?
Kristen: Eu estava ao telefone, conversando com meu ex-marido sobre a pensão alimentícia atrasada, e ele desligou na minha cara. Ele é tão idiota!
Terapeuta: Então essa foi obviamente uma situação muito estressante. O que você estava pensando, além de que ele é um idiota?
Kristen: Eu estava pensando que estava realmente chateada com ele. E eu não queria que Lilly me visse com tanta raiva de seu pai.
Terapeuta: Então, seus pensamentos foram...
Kristen: "Preciso me acalmar." "Preciso de um cigarro."
Terapeuta: E então quais foram seus próximos pensamentos?
Kristen: "Preciso de um cigarro *agora*."
Terapeuta: E então?
Kristen: Lembro-me de pensar "Não consigo lidar com isso sem um cigarro".
Terapeuta: Este pensamento "Não consigo lidar com isso", me lembra de pensamentos que contribuíram para sua depressão.
Kristen: Ah, sim. Você me disse que meus pensamentos eram sobre desamparo. Você disse que era um padrão ou um tema que eu precisava mudar.

Nessa conversa, Kristen e sua terapeuta começaram a determinar que seus pensamentos de desamparo sobre fumar são semelhantes aos pensamentos de desamparo que a levaram à depressão. Sua terapeuta foi encorajada, visto que Kristen foi eficaz em abordar muitos dos pensamentos de desamparo que a levaram à depressão.

O processo de extrair pensamentos e crenças deve continuar até que a terapia seja encerrada. Os pacientes obtêm benefícios substanciais ao identificarem seus pensamentos e crenças ao longo da terapia. Entretanto, o processo de extrair pensamentos e crenças é particularmente vital durante os primeiros estágios da TCC, quando os terapeutas começam a conceituar seus pacientes e os ajudam a conceituar a si mesmos de maneiras novas e adaptativas.

Etapa 2: facilitar o reconhecimento e a compreensão dos pacientes sobre pensamentos e crenças relacionados à dependência

Na etapa 1, pensamentos e crenças são extraídos, enquanto na etapa 2, pensamentos e crenças são refletidos de volta aos pacientes com ênfase em seu impacto nas emoções e nos comportamentos. Na etapa 2, os terapeutas fornecem psicoeducação considerável ensinando os pacientes a reconhecer e compreender seus pensamentos e crenças. Como mencionado anteriormente, entrar na etapa 2 não significa que os terapeutas param de extrair pensamentos e crenças. Em vez disso, significa que os pacientes são repetidamente lembrados de que muitos de seus pensamentos desempenham um papel na manutenção de seus comportamentos dependentes. Quando extrai os pensamentos e as crenças de Kristen, a terapeuta os escreve no seu bloco de notas para que Kristen possa começar a reconhecê-los e perceber seu significado.

> **Terapeuta:** Kristen, você notou que a maioria das minhas perguntas recentes é sobre seus pensamentos?
> **Kristen:** Sim, foi assim que você me ajudou com minha depressão.
> **Terapeuta:** Você aprendeu a reconhecer e compreender que sua depressão foi, em grande parte, consequência de seu pensamento negativo. Agora estou perguntando sobre pensamentos relacionados ao seu hábito de fumar porque quero ajudá-la a identificar os pensamentos que a levam a fumar. Sem pensamentos e crenças sobre fumar, você não fumaria. Fumar nunca passaria pela sua cabeça. As pessoas que nunca fumaram nunca pensam que precisam de cigarros para lidar com o estresse.

Kristen: Isso faz sentido.

Terapeuta: Todos os seus pensamentos sobre fumar que envolvem desesperança e desamparo colocam você em risco de fumar; por exemplo, "Não consigo parar", "Não sou capaz", "Eu não mereço", "Nunca faço nada direito", e assim por diante. Esses tipos de pensamentos também colocam você em risco de depressão.

Kristen: Esses *são* os mesmos tipos de pensamentos, não são?

Terapeuta: Sim. Você vê o padrão.

Esse processo de descoberta guiada (descrito em detalhes no Capítulo 6) continua ao longo da terapia. Contanto que Kristen coloque a cessação do tabagismo na agenda, sua terapeuta faz perguntas detalhadas sobre seus esforços bem-sucedidos e malsucedidos para parar de fumar. Quando ela descreve lapsos, ou ocasiões em que fumou, a terapeuta a ajuda a identificar os gatilhos. Mas, tão ou mais importante, o foco se volta para pensamentos e crenças ativados por esses gatilhos.

Quando Kristen descreve o *sucesso* em resistir aos impulsos de fumar, a terapeuta destaca os pensamentos e crenças específicos que a capacitam a resistir ao fumo. Nesses momentos, a terapeuta enfatiza que Kristen deve inicialmente ativar o pensamento do Sistema 2 para resistir ao impulso de fumar, e a lembra de que o pensamento deliberado e intencional lhe permite abster-se de acender um cigarro. Ela assegura que esse pensamento que requer esforço do Sistema 2 acabará se tornando automático por meio da repetição, à medida que evolui para pensamento do Sistema 1. Desenvolvemos esse processo na próxima seção.

Etapa 3: desenvolver e manter pensamentos e crenças que promovam a mudança

À medida que os pacientes reconhecem e compreendem o papel dos pensamentos e crenças subjacentes a seus comportamentos dependentes, eles começam a associá-los a pensamentos e crenças opostos (ou seja, relacionados à mudança). Por exemplo, ao perceberem que pensamentos como "Não tenho condições de parar neste momento" perpetuam o hábito de fumar, eles também percebem que *isso é apenas um pensamento*, e que talvez *consigam* parar agora. Um erro comum que ocorre ao ajudar pacientes com dependências é que eles são prematuramente encorajados a mudar seus pensamentos e crenças, muitas vezes por médicos bem-intencionados, sem levar em conta sua prontidão para fazer essas mudanças. Talvez um erro mais comum seja que mudanças são recomendadas sem levar em conta a poderosa influência do pensamento automático do Sistema 1.

Explicando e trabalhando a ambivalência

Ocorre *ambivalência* quando os indivíduos têm pensamentos e crenças contraditórios sobre assuntos que lhes são importantes. A maioria das pessoas experimenta ambivalência enquanto tenta mudar ou abster-se de comportamentos dependentes. Por exemplo, um indivíduo pode pensar simultaneamente "Adoro ficar chapado", ao mesmo tempo em que pensa "Isso está me matando". A ambivalência é mais comum durante o estágio de contemplação da mudança, mas também se manifesta durante o estágio de ação da mudança. Na verdade, muitas pessoas em recuperação passam da contemplação à preparação, à ação, ao entusiasmo diante da mudança, para se tornarem ambivalentes quando seus pensamentos automáticos relacionados à velha dependência se insinuam. Elas podem descobrir-se, por exemplo, acordando pela manhã pensando "Hoje é um ótimo dia para parar". Mas, ao meio-dia, podem pensar "Hoje não é um dia tão bom para parar", e à noite podem estar usando novamente.

Recomendamos que os terapeutas pensem na ambivalência como *a ponte inevitável entre a dependência e a mudança*. Os terapeutas podem validar e explicar a ambivalência (em vez de combatê-la), compreendendo e ensinando aos pacientes que a ambivalência é seu *pensamento relacionado à mudança* (Sistema 2) lutando contra seu *pensamento relacionado à dependência* (Sistema 1) por dominância.

Apenas recentemente Kristen se comprometeu a parar definitivamente de fumar, e seus lapsos refletem uma ambivalência substancial. Até pouco tempo atrás, muitos de seus pensamentos e crenças sobre fumar eram coerentes com os temas de desamparo, fraqueza e inadequação. Esses pensamentos já existiam antes de ela ficar clinicamente deprimida, e se amplificaram quando estava totalmente deprimida. Foi somente depois que começou a se recuperar da depressão que ela ficou pronta para desenvolver pensamentos e crenças mais resilientes sobre sua capacidade de fazer mudanças em sua vida. A terapeuta de Kristen começa a focar nesses pensamentos e crenças na seguinte conversa:

Terapeuta: Agora que você reconhece os pensamentos e crenças que levam ao fumo, é importante estabelecer pensamentos e crenças que promovam a mudança que você quer fazer.

Kristen: Isso é bom em teoria, mas como faço para que esses novos pensamentos derrubem os antigos?

Terapeuta: Como falamos no passado, os novos pensamentos precisam ser repetidos muitas vezes até que estejam sob o controle do pensamento do Sistema 1. Vamos começar falando sobre essa batalha entre seus velhos pensamentos e seus novos pensamentos.

Kristen: O que você quer saber?

Terapeuta: Por exemplo, você me disse que acordou certa manhã pensando "Vou parar hoje". E depois de falar com seu ex-marido você voltou a fumar. Você explicou que seus pensamentos giravam em torno de controlar suas emoções e não querer ficar com raiva na frente de Lilly.

Kristen: Isso mesmo.

Terapeuta: Logo que você acordou, o que a levou a pensar "Vou parar hoje"? Quais pensamentos anteriores a levaram a chegar a essa conclusão?

Kristen: Lembro que era um dia lindo. Eu tinha planos divertidos de levar Lilly ao parque. Eu não conseguia imaginar como fumar um cigarro faria o dia melhor. Até pensei "Como alguém pode querer fumar um cigarro imundo e sujo em um dia tão bonito?", e pensei "Eu sou capaz de fazer isso!".

Terapeuta: Você teve muitos pensamentos relacionados à mudança naquela manhã, antes das 10 da manhã. Vamos escrevê-los [*Ela dá o bloco de anotações para Kristen, que escreve enquanto a terapeuta fala*]: "Está um lindo dia", "Vou ao parque com Lilly", "Fumar um cigarro não poderia tornar este dia melhor", "Não quero fumar um cigarro imundo e sujo", "Eu sou capaz de fazer isso!".

Kristen: [*Olhando para as palavras escritas no bloco de anotações.*] Estes são pensamentos fortalecedores.

Terapeuta: Sim, mas eles ainda não venceram a batalha contra seus velhos pensamentos automáticos sobre fumar. Você ainda é ambivalente quanto a parar de fumar.

Kristen: Ambivalente?

Terapeuta: É quando você tem pensamentos sobre fumar cigarros que são tanto a favor como contra.

Kristen: Sim, acho que ainda tenho os dois.

Terapeuta: Você começou bem anotando pensamentos que promovem a mudança que deseja fazer. Queremos estabelecer plenamente esses novos pensamentos em sua mente, até que você não seja mais ambivalente.

Kristen: E se eu escrevê-los em notas adesivas e distribuí-las em todo o meu apartamento – e até no meu carro?

Terapeuta: Essa é uma ótima ideia. Queremos que eles fiquem tão bem estabelecidos que sejam primários – como no Sistema 1 – em vez de secundários – como no Sistema 2.
Kristen: Então esse é o segredo. Transferir os novos pensamentos para o Sistema 1 para que eles sejam automáticos... e mais perceptíveis o que os velhos pensamentos sobre fumar. Isso tudo faz sentido.

Descoberta guiada e psicoeducação em ação

Conforme observado, a terapeuta de Kristen usou descoberta guiada e psicoeducação para ajudá-la a entender seu recente deslize e sua ambivalência sobre fumar e parar de fumar. Elas trabalharam juntas para estabelecer pensamentos e crenças que promovam a mudança, e sua terapeuta refletiu sobre os processos cognitivos (pensamentos do Sistema 1 e do Sistema 2) que operam enquanto ela se sente ambivalente.

A técnica de descoberta guiada deve ser usada continuamente para extrair pensamentos e crenças dos pacientes relacionados à dependência e substituí-los por pensamentos e crenças mais adaptativos relacionados à mudança. Independentemente da dependência específica, a descoberta guiada estimula os pacientes a examinar seus pensamentos e crenças dependentes e começar a substituí-los por crenças relacionadas à mudança. Algumas questões específicas que introduzem novas crenças orientadas à mudança são:

"Quais são as consequências negativas do seu hábito de [comportamento dependente]?"
"De que outra forma você pode pensar sobre o seu hábito de [comportamento dependente]?"
"O que você faria se o seu hábito de [comportamento dependente] não pudesse ser viabilizado?"
"O que mais você pode fazer para obter os mesmos resultados, em vez de seu hábito de [comportamento dependente]?"

Anteriormente, observou-se que os comportamentos dependentes quase sempre envolvem erros de pensamento. A descoberta guiada também pode ser usada para ajudar os pacientes a examinar evidências a favor e contra seus comportamentos dependentes. O exame das crenças relacionadas à dependência envolve fazer perguntas investigativas que testam a validade dessas crenças. A seguir, há alguns exemplos de perguntas apropriadas para esse processo:

"Quanto você confia nesse pensamento ou crença sobre seu hábito de [comportamento dependente]?"
"Onde você aprendeu esse pensamento ou crença?"
"Como você sabe que seu pensamento ou crença é verdadeiro?"
"Qual é sua evidência para esse pensamento ou crença?"
"Quais seriam algumas outras maneiras de pensar sobre a sua situação?"

Essas perguntas são úteis para contestar pensamentos e crenças relacionados à dependência, bem como para promover pensamentos e crenças relacionados à mudança. Elas permitem que os pacientes percebam que muitos de seus pensamentos e crenças sobre a dependência são infundados, enquanto muitos de seus pensamentos sobre a mudança podem tornar-se realidade.

Exposição imagística

A prática programada em sessões, via exposição imagística, é outra ferramenta para auxiliar os pacientes a estabelecerem e manterem crenças relacionadas à mudança. Nessa prática, os pacientes são encorajados a imaginar uma situação associada a comportamentos dependentes. Como essa situação evoca desejo nos pacientes, eles são ajudados a ativar crenças relacionadas à mudança para reduzir impulsos e fissuras. O seguinte diálogo entre Kristen e sua terapeuta ilustra essa técnica:

> **Terapeuta:** Vamos experimentar uma atividade breve. Eu gostaria que você voltasse mentalmente até o momento em que seu ex-marido desligou o telefone na sua cara.
> **Kristen:** Eu tenho que fazer isso? Estou brincando, eu sei que preciso melhorar nisso.
> **Terapeuta:** Tudo bem, você consegue se recordar do que pensou e sentiu?
> **Kristen:** [*Endireita-se na cadeira.*] Como se tivesse acabado de acontecer.
> **Terapeuta:** O que você está sentindo e pensando agora, ao lembrar-se da cena?
> **Kristen:** Como eu disse antes, estou com raiva e pensando que um cigarro vai me acalmar.
> **Terapeuta:** E o que você está pensando e sentindo a seguir?
> **Kristen:** Como se eu quisesse fumar.
> **Terapeuta:** Como é isso?
> **Kristen:** É como um impulso poderoso. Como uma vontade intensa.
> **Terapeuta:** Em uma escala de 1 a 10, qual é a força do sentimento de vontade?

Kristen: Depois que eu desligo o telefone, é 4 ou 5. Estou muito chateada.
Terapeuta: E então?
Kristen: Sinto a vontade crescer. Ela fica cada vez maior.
Terapeuta: E qual é o seu tamanho, de 1 a 10?
Kristen: Quando eu finalmente decido fumar, é um 10 completo.
Terapeuta: Você sente isso agora?
Kristen: Sim, estou começando a desejar um cigarro mesmo que só esteja sentada aqui pensando sobre isso.
Terapeuta: Agora vamos tentar isto: quero que você comece a falar consigo mesma, usando a linguagem orientada à mudança que discutimos anteriormente.
Kristen: Você quer dizer os pensamentos que deveriam me impedir de fumar?
Terapeuta: Sim.
Kristen: [*Pensa um pouco.*] Certo, fumar é sujo e nojento. É ruim para mim e para Lilly. Não quero ser exemplo de fumante para minha filha. Eu sou melhor do que isso. Ela merece algo melhor. [*A paciente começa a ficar com os olhos marejados.*]
Terapeuta: O que você está pensando e sentindo agora?
Kristen: Você provavelmente acha que estou ficando triste, mas na verdade estou imaginando Lilly e pensando no quanto a amo. De certa forma, é muito bom. [*Aponta para seus olhos.*] São lágrimas de alegria.
Terapeuta: Qual é a força daquela vontade que você começou a sentir antes?
Kristen: Qual vontade? [*Risos.*]

Esse processo de exposição imagística com respostas orientadas à mudança é repetido várias vezes nas próximas sessões com Kristen. E, claro, ela é encorajada a praticar esse exercício como tarefa de casa, quer esteja sentindo vontade de fumar ou não. Em cada sessão subsequente, ela relata que fez sua tarefa de casa e que é bastante útil.

Registros de pensamentos automáticos e análises de vantagens e desvantagens

Outra estratégia para examinar e testar crenças dependentes é o registro de pensamentos automáticos (RPA; Capítulo 7). O RPA é um formulário padronizado para listar e modificar pensamentos relacionados à dependência. Independentemente da dependência, ele é útil para examinar e modificar pensamentos e crenças que podem levar a qualquer etapa do processo. Por exemplo, ele pode ser usado para perceber o risco potencial relacionado a dedicar tempo a amigos com dependências, ou pode ser usado para perceber pensamentos que interrompem comportamentos dependentes antes que eles ocorram. Especificamente, o RPA tem cinco colunas: situações; pensamentos automáticos ou crenças relacionadas; emoções; pensamentos, crenças ou respostas alternativas; e resultados (ver exemplo de RPA na Figura 7.3). Quando os pacientes sentem um impulso ou fissura, eles listam os pensamentos automáticos e as crenças que os precipitam. Então, na coluna de crenças alternativas, listam crenças orientadas à mudança. Por exemplo, se a crença de dependência for: "Não consigo suportar o estresse sem [beber, fumar, jogar, etc.]", a resposta orientada à mudança pode ser "Sim, posso suportar. Na verdade, há muitos dias nos quais me sinto melhor porque não [bebo, fumo, jogo, etc.]".

Outra estratégia para desenvolver crenças de controle é a análise de vantagens e desvantagens (AVD; Capítulo 7). O objetivo da AVD é redirecionar a atenção do paciente para as vantagens e desvantagens de se envolver em seus comportamentos dependentes. Os pacientes são ajudados a construir uma matriz de quatro quadrantes onde as vantagens e desvantagens de duas decisões alternativas são comparadas (ver Formulário 7.1). Na maioria dos casos, esse exercício permite que terapeutas e pacientes destaquem as vantagens da mudança e as desvantagens de continuar com comportamentos dependentes.

Etapa 4: antever obstáculos à mudança de pensamentos e crenças

Mudar pensamentos, crenças e, por fim, comportamentos dependentes é difícil. Em questão de segundos, a confiança pode se transformar em ambivalência, a ambivalência pode se transformar em um lapso e um lapso pode se transformar em uma recaída. Na verdade, os pacientes encontrarão inúmeros gatilhos que ativarão antigos pensamentos e crenças relacionados à dependência. Assim, obstáculos certamente podem envolver gatilhos. Mas consideramos que os pensamentos e crenças do Sistema 1 relacionados à dependência são os principais obstáculos para mudar pensamentos e crenças. Em outras palavras, consideramos os pensamentos automáticos, espontâneos, reflexivos e impulsivos relacionados à dependência como as barreiras mais prováveis à mudança.

A compreensão dos pacientes sobre os pensamentos do Sistema 1 e do Sistema 2 os ajuda a se preparar e responder aos obstáculos à mudança. Diante de situações estressantes, complexas, difíceis ou novas, eles aprendem que a batalha do seu pensamento do Sistema 2 contra antigos pensamentos relacionados à dependência é necessária para manter a abstinência de comportamentos dependentes. Por isso, discutimos continuamente esses processos de pensamento e ajudamos os pacientes a imaginar como usarão o pensamento do Sistema 2 em sua recuperação. A seguir, é descrito um trecho da terapia entre Kristen e sua terapeuta, que ocorreu logo no início de uma de suas sessões. Essa conversa começa com Kristen relatando que não fumou por uma semana inteira, mas a abstinência não foi fácil:

> **Kristen:** Tive uma semana turbulenta.
> **Terapeuta:** Explique.
> **Kristen:** Não fumei, mas não foi fácil.
> **Terapeuta:** O que dificultou?
> **Kristen:** Às vezes, a vontade é terrivelmente dolorosa.
> **Terapeuta:** Parabéns pela abstinência por uma semana inteira. O que fez a vontade ser tão dolorosa?
> **Kristen:** Não tenho certeza. Livrei-me de todos os meus cigarros, isqueiros e cinzeiros, para que fosse simplesmente impossível começar a fumar, mas eu queria muito.
> **Terapeuta:** Você consegue se lembrar de um momento particularmente difícil?
> **Kristen:** Sim, claro. Sentei-me para pagar minhas contas na noite de quarta-feira e me dei conta de que não teria dinheiro suficiente para pagá-las este mês. Eu podia sentir meu coração começando a bater forte no meu peito enquanto ficava cada vez mais preocupada, tentando decidir o que eu poderia pagar e o que teria que esperar.
> **Terapeuta:** E então?
> **Kristen:** Claro que pensei "Preciso de um cigarro".
> **Terapeuta:** Continue. Conte-me mais sobre seus pensamentos.
> **Kristen:** Eu ia e voltava. Eu pensei que queria e então disse a mim mesma que não queria. Percebi que não tinha cigarros, então comecei a pensar em como faria para conseguir um maço de cigarros. Disse a mim mesma que daria apenas algumas baforadas e jogaria fora o resto do maço. Lilly estava dormindo. Eu até pensei em dar um pulo na loja de conveniência para comprar um maço.
> **Terapeuta:** Você teve muitos pensamentos sobre fumar: orientados ao alívio, instrumentais e até pensamentos permissivos. E todos esses pensamentos estavam travando uma batalha com seus novos pensamentos sobre manter-se saudável e servir de exemplo para Lilly. Mas então, de alguma forma, os pensamentos novos venceram. Como isso aconteceu?
> **Kristen:** Primeiro, eu andei pelo meu apartamento, lendo minhas notas adesivas e lembrando do motivo pelo qual não estou mais fumando. Então

olhei para o quarto de Lilly e a vi lá, dormindo com segurança e tranquilidade, e foi aí que a coisa realmente me atingiu. De repente, parecia uma questão de vida ou morte. E eu escolhi a vida.

Terapeuta: Puxa! Em resposta à intensa ansiedade por não poder pagar suas contas, você foi inundada com pensamentos do Sistema 1 sobre fumar e usou seu melhor pensamento do Sistema 2 para vencer a batalha!

Kristen: Acho que foi isso que aconteceu.

Terapeuta: Kristen, você é a prova viva de que alguns gatilhos, como seus desafios financeiros, são inevitáveis e não podem necessariamente ser impedidos. Você está aprendendo que seus esforços para parar de fumar irão se deparar com obstáculos quando você encontra gatilhos. Mas os verdadeiros obstáculos não são os gatilhos em si; são os velhos pensamentos e crenças automáticos que ainda lhe dizem para fumar. Você exerceu muito esforço deliberado para contornar esses obstáculos e vencer essa batalha. Parabéns!

Conforme observado nesse diálogo, o real obstáculo que Kristen superou foi seu pensamento persistente do Sistema 1 relacionado à dependência. O gatilho – a ansiedade ligada a problemas financeiros – era inevitável no caso dela, então a solução precisava ser uma resposta de enfrentamento eficaz. Em uma recente sessão de terapia, ela previu que haveria obstáculos do Sistema 1 interferindo em seu pensamento novo e saudável, então se preparou para isso afixando lembretes do Sistema 2 em sua casa. Ela também ativou seu pensamento mais poderoso do Sistema 2: "Eu amo Lilly mais do que amo cigarros".

Etapa 5: praticar estratégias que aumentam a saliência e a durabilidade de novos pensamentos e crenças adaptativos

A repetição é o segredo para transferir o novo pensamento do Sistema 2 (p. ex., "Não sou mais fumante") para a posição de pensamento do Sistema 1. Portanto, é necessário praticar para aumentar a saliência e a durabilidade desses novos pensamentos e crenças adaptativos. À medida que identificam novos pensamentos e crenças, os pacientes são encorajados a escolher vários métodos para lembrá-los e consigná-los ao Sistema 1. Em um diálogo anterior, Kristen sugeriu que notas adesivas, afixadas em lugares visíveis, poderiam servir a esse propósito. Outros pacientes podem considerar a criação de cartões de frente e verso para ativar e reforçar essas crenças recém-desenvolvidas – por exemplo, eles podem escrever crenças relacionadas à dependência em um lado do cartão e crenças relacionadas à mudança no lado oposto.

A consideração mais importante na escolha das técnicas é o grau em que o paciente parece estar preparado para aderir às técnicas que acabam sendo escolhidas. Isso pode ser determinado na sessão, à medida que várias técnicas são discutidas. Deve-se perguntar aos pacientes: "Quais atividades você acha que podem ajudá-lo a se lembrar desses novos pensamentos e crenças que contribuem para a mudança?". Dependendo da resposta, os terapeutas podem sugerir técnicas (quando os pacientes dizem que não conseguem pensar em nenhuma), ou podem simplesmente reforçar as ideias oferecidas pelos pacientes. Visto que a maioria das pessoas leva consigo e usa *smartphones*, muitas técnicas para estabelecer e manter pensamentos relacionados à mudança tendem a envolver mídia eletrônica.

A tarefa de casa oferece a melhor oportunidade para ensaiar mudanças orientadas a crenças e pensamentos. Assim, os pacientes são continuamente lembrados de perceber os gatilhos em sua vida e prestar atenção às suas razões para fazer mudanças. A tarefa de casa pode envolver qualquer atividade que permita ativar crenças orientadas à mudança diante dos gatilhos tentadores de alto risco. Como mencionado anteriormente, as pessoas que enfrentam dependências não podem evitar todos os gatilhos pelo resto de sua vida. Por exemplo, é improvável que Kristen melhore suas finanças em um futuro próximo, e por isso ela é encorajada por seu terapeuta a revisar suas contas diariamente, observar sua ansiedade sem entrar em pânico e lembrar-se de que fumar não fará as contas desaparecerem. Na verdade, ela pode lembrar a si mesma que cigarros custam dinheiro, e que agora há mais dinheiro disponível para pagar suas contas. Conforme explicado no Capítulo 5, a tarefa de casa é passada no fim de cada sessão e revisada no início de cada sessão. Inicialmente, a tarefa de casa é bastante estruturada. Por exemplo, os pacientes são instruídos a completar RPAs diariamente. Mais tarde, porém, a tarefa de casa pode ser menos formal, pois o paciente desenvolve novos padrões de pensamento mais adaptativos.

RESUMO

Neste capítulo, discutimos a importância de focarmos em crenças e pensamentos específicos ao trabalhar com pessoas que enfrentam dependências. Explicamos que certos *processos* de pensamento desempenham um papel no desenvolvimento, na manutenção e na mudança de comportamentos dependentes. Mas, talvez mais importante, descrevemos dois padrões, ou *sistemas*, de pensamento que influenciam profundamente como as pessoas se tornam dependentes, permanecem dependentes e depois lutam para cessar comportamentos dependentes. Esses dois sistemas operam em todas as pessoas para realizar e regular o funcionamento humano. O Sistema 1 é responsável pelas atividades do dia a dia. Ele nos permite desenvolver hábitos, por isso não é necessário deliberar sobre cada ação que praticamos. A vida seria terrivelmente difícil se o pensamento do Sistema 1 não existisse. O pensamento do Sistema 2 está disponível em modo de espera para abordar os problemas mais complexos que o pensamento do Sistema 1 não está equipado para resolver. O Sistema 2 está pronto e esperando para ser ativado quando o Sistema 1 não atende às nossas necessidades.

Andar, falar, sentar-se, ficar de pé, acenar para um amigo, abraçar um ente querido e dar uma ajuda imediata a alguém necessitado são exemplos de ações que são possíveis graças ao pensamento do Sistema 1. Esses comportamentos, como incontáveis outros, não requerem processamento consciente e deliberado. Infelizmente, para as pessoas que enfrentam dependências, os muitos comportamentos associados residem no Sistema 1. Em algum momento de sua vida, a maioria acaba concluindo que é hora de fazer mudanças. Contudo, ao fazer isso, elas logo descobrem que seus comportamentos dependentes se tornaram tão automáticos que um esforço forte, sustentado e deliberado é necessário para superar suas dependências.

Os terapeutas que trabalham com pessoas com dependências precisam compreender esse processo para serem úteis. Eles também precisam explicar esse processo a seus pacientes, que querem saber *por que* é tão difícil mudar comportamentos dependentes e *como* eles podem fazer mudanças. Tanto os terapeutas quanto os pacientes precisam entender os pensamentos do Sistema 1 e do Sistema 2 para serem persistentes enquanto o Sistema 2 enfraquece os hábitos do Sistema 1. Existem técnicas e exercícios que facilitam o pensamento do Sistema 2. Com muita repetição, o pensamento do Sistema 2 transita para o pensamento do Sistema 1. Em vez de pensamentos relacionados à dependência estarem no comando, novos pensamentos que possibilitam a vida sem ela estão no controle. Quando isso ocorre, os terapeutas podem parabenizar seus pacientes por um trabalho bem-feito.

11

Modos e comportamentos dependentes

Phil tem 46 anos. Ele mora com sua esposa, Laura, e duas filhas, Molly e Cyndi. Muitas pessoas em sua comunidade conhecem Phil e o admiram. Ele é um empresário bem-sucedido, amplamente respeitado por seu generoso apoio a nobres causas locais. Ele faz parte do conselho de várias organizações sem fins lucrativos, incluindo o abrigo para moradores de rua e o banco comunitário de alimentos do condado. Além de ser bem-sucedido, Phil é conhecido por ser caloroso, simpático e sociável. Seus amigos o descrevem como alguém que "faz de tudo um pouco".

Mas Phil tem um segredo. Ele bebeu muito durante a maior parte de sua vida adulta, temendo desesperadamente acabar como seu pai, que morreu de cirrose. Phil já tentou parar, ou pelo menos reduzir, o consumo de álcool diversas vezes, porém sem sucesso. Ele tentou reduzir o número de dias que bebe e o número de doses que consome diariamente, mas nenhum dos esforços teve êxito. Além de se preocupar com *o quanto bebe*, Phil está preocupado com *como se comporta quando bebe*. Ele se lembra vividamente de que seu pai era "um bêbado raivoso", e Phil costuma ficar com raiva quando bebe. Às vezes, ele admite brincando: "A fruta não cai longe do pé". Phil não é o único preocupado com seu hábito de beber. Laura, Molly e Cyndi sentem-se cada vez mais frustradas com Phil por ele beber todas as noites, ficar irritado e encontrar motivos para reclamar de um ampla gama de questões.

UMA TEORIA DOS MODOS

É comum que indivíduos com dependências pensem, sintam e se comportem de maneira diferente quando estão envolvidos em comportamentos dependentes comparado com quando não estão. Recentemente, Aaron T. Beck escreveu sobre sua teoria dos modos (Beck, Finkel, & Beck, 2021), uma abordagem particularmente útil para conceitualizar as diferenças que podem ser notadas nas pessoas quando elas estão e quando não estão envolvidas em comportamentos dependentes. Beck começou a formular sua teoria dos modos anos atrás, ao observar as diferenças entre os pacientes quando estavam deprimidos ou ansiosos e quando não estavam deprimidos ou ansiosos. Inclusive, ele observou que pessoas com esquizofrenia deixavam de ser socialmente retraídas, psicóticas e agressivas e ficavam "energizadas, comunicativas, sociáveis e totalmente em contato com a realidade" (p. 393). Dr. Beck identificou os vários padrões de funcionamento no mesmo indivíduo como seus diferentes modos.

Um *modo* é um padrão, ou encadeamento, de funcionamento humano que envolve cognição, afeto, motivação, comportamento e respostas fisiológicas correspondentes. Phil, que foi recém-descrito, tem claramente dois modos de funcionamento. Quando não está bebendo, seu modo é altamente *adaptativo*. Por exemplo, quando está no trabalho, seus pensamentos são geralmente positivos. Consequentemente, seu afeto é alegre, ele é motivado a fazer o bem, seus comportamentos são envolventes e ele se sente fisicamente relaxado. Em contrapartida, quando chega em casa, vários gatilhos (p. ex., a hora do dia, o uísque no armário de bebidas, a ausência de validação social e a inquietação interna) ativam seus pensamentos sobre beber – e ele, um tanto automaticamente, começa a beber. Ao agir assim, ele retrocede a um modo *desadaptativo*, caracterizado por pensamentos negativos, sentimentos irritáveis, motivos contraproducentes, comportamentos desagradáveis e tensão física.

Beck et al. (2021) explicaram que os modos são ativados automaticamente, e, quando os indivíduos correm risco de entrar em modos desadaptativos, ocorre um *processo cognitivo superior* que impede que esses modos sejam ativados. Por exemplo, a entrada em um modo raivoso pode esbarrar em um conjunto de pensamentos de ordem superior que soam como algo do tipo: "Não vá por aí. A raiva só vai piorar as coisas". Beck e colaboradores explicaram, ainda, que esses processos superiores podem ser prejudicados pelo uso de substâncias. Recentemente, Beck afirmou explicitamente que as pessoas envolvidas em comportamentos dependentes "tomam decisões desadaptativas que desafiam a lógica ou a razão. Isso pode ser devido à incapacidade de acessar os próprios recursos cognitivos e participar de processos de pensamento reflexivo e adaptativo, bem como a um afrouxamento da inibição" (Beck et al., 2021, p. 395).

Origens e manifestações dos dois modos de Phil

Depois de uma noite particularmente difícil com sua família, Phil finalmente decidiu conversar com um profissional da saúde sobre suas preocupações com álcool. Ele consultou seu médico de família, que recomendou um terapeuta cognitivo-comportamental especializado em dependência. Em sua consulta inicial, o terapeuta perguntou sobre a história da família de Phil. Com isso, ele descobriu a preocupação de Phil em relação a tornar-se igual ao seu pai:

> **Terapeuta:** Você mencionou seu pai várias vezes. Fale mais sobre ele. Como ele era?
>
> **Phil:** Ele chegava em casa depois de um longo dia de trabalho, cumprimentava a todos rapidamente e ia para a cozinha. Eu ouvia o tilintar do gelo no copo, o armário de bebidas sendo aberto, o líquido saindo de uma garrafa de uísque e o respingo de água da torneira, e eu sabia que ele estava indo para sua cadeira favorita na sala de estar.
>
> **Terapeuta:** E então?
>
> **Phil:** No começo, ele ficava bem. Se algum de nós estivesse por perto, ele era inicialmente afável. E, então, a cada nova dose de bebida, ele ficava cada vez mais grosseiro.
>
> **Terapeuta:** Grosseiro?
>
> **Phil:** Sim, ele ficava mal-humorado. Todos nós sabíamos quando era hora de deixá-lo em paz e cuidar das nossas coisas.
>
> **Terapeuta:** Conte-me mais sobre seu pai.
>
> **Phil:** Como o quê?
>
> **Terapeuta:** Como ele era quando não estava bebendo?
>
> **Phil:** Ele era diferente. À primeira vista, ele era um cara amigável e extrovertido. Para ele, ninguém era estranho. Todo mundo era um amigo instantâneo.
>
> **Terapeuta:** Como você entende as diferentes personalidades de seu pai? Suas boas e más disposições, além do álcool?
>
> **Phil:** Ele teve uma educação difícil. Seu pai, o meu avô, era um bêbado detestável na maior parte do tempo. Papai me disse uma vez, depois de tomar alguns drinques, que meu avô tornou difícil ser criança... que até havia momentos em que meu pai ficava muito deprimido.
>
> **Terapeuta:** Então, seu pai pode ter ocasionalmente sofrido uma depressão. E ele tinha dois modos: um quando bebia e outro quando não estava bebendo.
>
> **Phil:** Sim, acho que você poderia chamá-los de modos.
>
> **Terapeuta:** Eu fico pensando se ele bebia para se automedicar. Você sabe, como uma forma de afastar a depressão.
>
> **Phil:** Isso faz sentido.

Terapeuta: Mas a bebida na verdade causava o oposto. Em vez de fazê-lo se sentir melhor, ela permitia que o outro modo se estabelecesse: aquele que era mal-humorado, ou mesmo infeliz.

Phil: Entendo onde você quer chegar com isso. Você está me descrevendo, não é?

Terapeuta: Estou pedindo que você descreva seu pai para que eu possa entender melhor o que você pode ter testemunhado e acabado aprendendo com ele.

Phil: [*Olhando para o chão.*] Você está me fazendo perceber meu maior medo.

O terapeuta está começando a entender que Phil e seu pai tinham dois modos predominantes. Um é amigável, extrovertido e sociável. O outro é infeliz, mal-humorado e distante dos outros. Na verdade, Phil e seu pai desenvolveram tanto o modo adaptativo quanto o desadaptativo ao longo do tempo. O modo adaptativo de Phil é ativado em situações sociais validantes, principalmente quando não está bebendo. Seu modo desadaptativo é ativado em situações menos validantes, e especialmente quando ele começa a beber. Sua esposa e filhas o amam, mas elas não o suprem do reconhecimento que ele recebe da comunidade. E, além do reconhecimento, Phil experimenta uma grande estimulação intelectual por meio de suas atividades comunitárias. Ele certamente não experimenta um nível semelhante de estimulação em casa, principalmente depois que começa a beber. Na verdade, ocorre o oposto. Em vez de se sentir estimulado, Phil se sente entorpecido, e até entediado, ao sentar-se sozinho na frente da televisão com seu uísque e água. À medida que continua bebendo, ele torna-se menos capaz de desativar pensamentos sobre sua própria inadequação e dirige seus pensamentos autodepreciativos à sua família. Esse padrão continua até que todos em sua casa se sintam invalidados, inclusive ele mesmo, sua esposa e suas duas filhas.

Conforme o terapeuta identifica esse padrão, ele percebe que Phil precisa ativar em casa o mesmo modo adaptativo que ativa no trabalho e em público. O terapeuta pergunta sobre seu modo adaptativo e então ajuda Phil a perceber que ele precisa ativá-lo consistentemente em casa. Ele ajuda Phil a entender que seu modo sociável contribui para os resultados positivos que ele tanto aprecia em público e no trabalho, e que ele precisa ativar o mesmo modo ativo e energético com Laura e suas filhas. Beck e colaboradores (2021) explicaram: "Na terapia, chamamos os elementos que ativam essa energia e paixão nos indivíduos de 'ponto ideal'" (p. 397). A seguinte conversa demonstra como o terapeuta de Phil o orienta para uma compreensão do *ponto ideal*:

Terapeuta: Phil, você realmente gosta de estar no trabalho e na comunidade, não é?
Phil: Sim, posso dizer que sim.
Terapeuta: O que acontece quando você chega em casa?
Phil: O que você quer dizer?
Terapeuta: De que maneira estar no trabalho é diferente de estar em casa?
Phil: Não sei. Suponho que eu acho o trabalho e os amigos interessantes e estimulantes. Estou perto de pessoas que têm muita energia. Elas se entusiasmam com o trabalho delas e com o que estamos realizando juntos.
Terapeuta: E quanto a estar em casa?
Phil: Hmm... [*Fica em silêncio por algum tempo.*] Não costumo comparar as duas coisas dessa forma. Acho que quando chego em casa entro pela porta da frente, tento relaxar, tomo alguns drinques, abro a boca e me meto em grandes enrascadas.
Terapeuta: Então, a estimulação e a validação parecem dar uma freada estridente quando você chega em casa, então começa a pensar: "Hora de um uísque".
Phil: Bastante.
Terapeuta: Phil, parece-me que você fica energético e apaixonado quando está envolvido em atividades estimulantes nas quais as pessoas o apreciam.
Phil: Isso mesmo. É quando o tempo parece voar.
Terapeuta: Isso pode soar como um termo engraçado, mas esse é o seu *ponto ideal*. É quando todos os elementos que ativam a sua melhor versão estão presentes e o seu modo é mais adaptativo: normalmente, quando você está envolvido em atividades estimulantes e as pessoas o apreciam.
Phil: Talvez eu não devesse mais voltar para casa... estou brincando. [*Ri nervosamente.*]
Terapeuta: Tenho outra ideia. E se você chegasse em casa e agisse com sua família da mesma forma energética e apaixonada como você age no trabalho e com outras pessoas?
Phil: Minha família provavelmente pensaria que estou sendo controlado por alienígenas! [*Ri novamente, mas depois faz uma pausa para considerar mais seriamente o que o terapeuta acaba de sugerir.*] Pode haver algum mérito nessa ideia. Mas como eu faria isso?
Terapeuta: É isso que precisamos descobrir juntos.

Nesse trecho do diálogo da terapia, Phil e seu terapeuta começaram a imaginar um modo mais adaptativo quando Phil chega em casa. Seu terapeuta introduziu a ideia de que pode haver algum meio de tornar seu lar um ambiente mais estimulante. Ele começou a ajudar Phil a ampliar esse modo mais positivo, envolvendo-se em casa nos mesmos pensamentos e comportamentos adaptativos em que se envolve em outros lugares. À medida que continuam, o terapeuta evita confrontar Phil sobre seu hábito de beber. Em vez disso, orienta Phil para perceber que será difícil ativar seu modo mais adaptativo quando estiver sob a influência de álcool:

> **Terapeuta:** Phil, você parece concordar com a ideia de mudar sua forma de se relacionar com sua família quando você chega em casa.
> **Phil:** Está ficando mais óbvio que sou o melhor de mim quando estou totalmente envolvido com as pessoas, fazendo as coisas que gosto de fazer e fazendo-as bem.
> **Terapeuta:** Como isso pode acontecer em casa?
> **Phil:** Você quer dizer, o que eu vou mudar?
> **Terapeuta:** Sim, quando você chega em casa.
> **Phil:** Bem, minha esposa Laura sempre pergunta como foi meu dia, e acho que poderia conversar com ela sobre isso, embora eu não saiba se faria isso com energia e paixão.
> **Terapeuta:** Isso parece um bom passo – conversar com Laura sobre seu trabalho. Quando foi a última vez que você fez algo divertido com ela? Ou com Molly? Ou Cyndi?
> **Phil:** Já faz um tempo. [*Para e pensa.*] Elas adoram sair para tomar sorvete.
> **Terapeuta:** E você?
> **Phil:** Quem não adora sorvete?
> **Terapeuta:** Quando foi a última vez que você fez isso?
> **Phil:** Nem me lembro. Talvez eu devesse colocar no calendário.
> **Terapeuta:** No calendário?
> **Phil:** Ok, talvez esta semana.
> **Terapeuta:** Você gostou de ir tomar sorvete com elas no passado? E de estar na companhia delas?
> **Phil:** Sim. [*Faz uma pausa e olha para o chão.*] Eu realmente sou péssimo como marido e como pai.
> **Terapeuta:** Parece que você apenas perdeu a prática. Percebi que você não disse qualquer coisa sobre beber.
> **Phil:** O que você quer dizer?
> **Terapeuta:** Quero dizer, você está pensando em sair com sua família para tomar sorvete depois do trabalho esta semana, certo?
> **Phil:** Sim.

Terapeuta: Você vai beber antes de ir?
Phil: [*Parece surpreso com a pergunta.*] Definitivamente, não. Eu nunca bebo e dirijo.
Terapeuta: Existem outras razões para evitar o álcool antes de sair para tomar sorvete?
Phil: Entendo onde você quer chegar com isso. Eu estive em um ciclo vicioso, onde eu chego em casa, começo a me sentir infeliz, bebo para me sentir melhor, me sinto pior, trato minha família muito mal, faço com que me odeiem e depois bebo quando chego em casa para evitar o quanto me odeiam.
Terapeuta: Nunca tive a sensação de que sua família o odeia. Na verdade, aposto que elas sentem sua falta. Vamos ver o que acontece em sua aventura do sorvete, sem álcool, e ver se elas agem como se o odiassem. Isso pode até levar a um modo diferente.
Phil: Você quer dizer, como um *novo* modo?
Terapeuta: Não, na verdade, quero dizer o modo que você tanto gosta fora de casa, só que com a sua família.
Phil: Isso seria ótimo.

O terapeuta de Phil apenas começou a lhe explicar os modos. Ele ainda não forneceu detalhes sobre a dinâmica dos modos: o fato de serem padrões de pensamentos, sentimentos, comportamentos e respostas fisiológicas que podem ser controlados ao monitorar uma variedade de processos. Na seção a seguir, fornecemos mais estratégias para trabalhar com modos.

TRABALHANDO COM OS MODOS

O termo *modo* é útil na terapia como abreviatura de certos encadeamentos e padrões de pensamentos, sentimentos e comportamentos. Por exemplo, em vez de explicar a um paciente, "Quando você encontra certos estímulos, eles tendem a ativar vários pensamentos, crenças e esquemas, que levam a várias respostas fisiológicas, emoções e comportamentos", os terapeutas podem protelar essas descrições complexas e simplesmente dizer: "Parece que você entrou em um modo de raiva" ou "Parece que você entrou em um modo de desamparo". Uma explicação mais detalhada desses modos pode então ocorrer à medida que os pacientes aprendem a identificar e rotular seus próprios pensamentos, sentimentos, comportamentos e respostas fisiológicas.

Comportamentos que geram dependências são muitas vezes desencadeados, ou iniciados, por indivíduos que tentam alcançar os modos desejados (p. ex., modos amigável, brincalhão, relaxado ou corajoso). Ou seja, as pessoas optam por começar a beber, fumar, jogar, comer compulsivamente, e assim por diante, quando pensam que um desses comportamentos as fará sentir e agir de acordo com maneiras padronizadas que são gratificantes, ou ao menos satisfatórias. Por exemplo, os adolescentes podem começar a fumar ou beber para entrar em um modo *popular*. Estudantes universitários podem começar a usar anfetaminas para entrar em um modo *estudioso* ou em um modo *festeiro*. Algumas pessoas podem ingerir compulsivamente alimentos hiperpalatáveis para entrar em um modo de *conforto*. Alguns podem começar a jogar a fim de entrar em um modo *vencedor*. Algumas pessoas podem usar certas substâncias (p. ex., opioides, benzodiazepínicos) ou até mesmo jogos *on-line* para entrar em um modo de *fuga*. Outras podem começar a usar certas drogas (p. ex., metanfetamina, cocaína) para entrar em um modo de *energia* ou em um modo *produtivo*.

Os problemas surgem quando as pessoas continuam a se envolver nesses comportamentos a despeito das consequências negativas: por exemplo, quando o uso pesado de álcool não resulta mais em popularidade, o jogo não resulta mais em ganhos líquidos e as substâncias não proporcionam mais fuga. Em vez de resultar em um modo desejado, o envolvimento resulta em um modo altamente indesejado (p. ex., um estado deprimido, ansioso, zangado ou outro modo desconfortável). Uma das razões pelas quais isso ocorre é que a maioria das pessoas se torna *tolerante* aos comportamentos dependentes, necessitando de quantidades cada vez maiores para obter o mesmo efeito, até que seu modo originalmente desejado não seja mais alcançável. Muitos se referem a isso como "perseguir o êxtase".* No diálogo a seguir, Phil e seu terapeuta conversam sobre como esse processo ocorreu quando Phil desenvolveu seu transtorno por uso de álcool:

Terapeuta: Phil, quantos anos você tinha quando começou a beber?
Phil: Eu tinha cerca de 16 anos. Foi durante o verão entre meu primeiro e segundo ano do ensino médio. Alguns de nós iam para a praia e a gente se revezava para levar o álcool, tipo alguns fardos ou uma garrafa de alguma coisa. E alguém sempre trazia um maço de cigarros. Quase me lembro do gosto da bebida naquela época. Todos ficávamos bêbados e fumávamos cigarros, lá na praia. A bebida era sempre barata e da pior qualidade. E me lembro que os cigarros eram realmente repugnantes. Ainda bem que nunca desenvolvi esse hábito desagradável.

---

* N. de T.: No original em inglês, *chasing the high*.

Terapeuta: Se a bebida e os cigarros eram repugnantes, por que você participava disso?

Phil: Ah, qual é, você sabe a resposta para essa pergunta: era a coisa legal a fazer.

Terapeuta: Como você se sentiria se não bebesse ou fumasse com seus amigos?

Phil: Eu teria me sentido uma aberração... como um alienígena.

Terapeuta: Então, naquela época, você queria evitar o modo *alienígena* e entrar no modo *adolescente legal*.

Phil: Sim, exatamente. Todo adolescente não quer ser legal?

Terapeuta: Quanto tempo durou o modo de *adolescente legal*? E como isso se transformou no modo *raivoso*?

Phil: Não consigo identificar uma data ou hora específica, mas me lembro de que, quando tinha idade suficiente para entrar em bares, até mesmo o menor ato de desrespeito por um estranho me deixava furioso. Não gosto de admitir, mas me envolvi em muitas brigas de bar.

Terapeuta: Como você acha que o álcool o colocou em um modo raivoso?

Phil: Pode ter algo a ver com o quanto eu estava bebendo. Quando comecei a beber, uma pequena quantidade já me deixava ligeiramente embriagado e eu me divertia. À medida que envelheci, fui bebendo cada vez mais. Foi como se eu tivesse perdido o controle.

Terapeuta: Parece que você desenvolveu tolerância ao álcool e enfim começou a beber tanto que não conseguia mais inibir ou esconder sua infelicidade.

Phil: Por que eu estaria infeliz naquela época?

Terapeuta: Você me disse que seu pai era um "bêbado desagradável" que descontava a raiva dele na família, inclusive em você. Você mencionou que a depressão é comum em sua família. É muito possível que seu hábito precoce de beber inibia seus sentimentos de depressão e raiva. Ele contribuiu para um modo *adolescente legal* feliz. Mais tarde, quantidades crescentes de álcool tiveram o efeito oposto; o álcool o deixava em um modo *raivoso* e talvez até *deprimido*. Você sabe, o álcool age como depressor em muitas pessoas.

Phil: Isso faz sentido. Agora que você mencionou, acho que consigo inibir muita raiva quando *não* estou bebendo.

Terapeuta: O que você quer dizer?

Phil: Todos na minha comunidade parecem pensar que sou o cara mais despreocupado do planeta. Eles não sabem que existem muitas coisas pequenas que me irritam.

Terapeuta: Como o quê?
Phil: Como pessoas que se atrasam. Ou pessoas que prometem fazer coisas, mas não cumprem.
Terapeuta: É quando você inibe sua raiva?
Phil: Sim. Digo a mim mesmo que está tudo bem... que não é grande coisa... que o mundo não vai acabar.
Terapeuta: E é assim que você fica em um modo bom e adaptativo. Quando não está bebendo, você é bom em se acalmar em vez de ficar com raiva. Então, vamos voltar a como seu modo *raivoso* começou. Quando você bebia, pequenas coisas desencadeavam pensamentos raivosos e agressivos. Na época você bebia demais, e o modo *bom moço* certamente não prevalecia.
Phil: Deve ter sido aí que comecei a me tornar meu pai. Naquela época, às vezes eu estava sentado no sofá lá em casa e minha esposa ou minhas filhas faziam algo realmente pequeno e insignificante. Eu me sentia irritado e pensava "Isso foi estúpido", e ficava com um *humor* raivoso. Ou, como você chama, entrava em um *modo* raivoso. E às vezes eu posso beber mais em casa, pensando que com assim vou me sentir melhor, mais alegre, mas isso nunca acontece.
Terapeuta: Então, você não consegue manter o modo *bom moço* quando começa a beber. E você tem muitos pensamentos negativos em relação à sua família.
Phil: Em relação à minha família e a quase tudo: religião, política, injustiça social, alterações climáticas. Qualquer coisa é capaz de me incomodar.

Durante essa conversa, enfatizou-se a motivação original de Phil para beber, a de fugir de sentimentos de ansiedade e depressão. O terapeuta o ajudou a entender que beber funcionou para isso em um momento anterior de sua vida, até que ele precisava beber tanto (isto é, tornou-se tão tolerante ao álcool) que a bebida não funcionava mais para ele.

Os benefícios de focar nos modos na terapia cognitivo-comportamental (TCC) são múltiplos. Por exemplo, a maioria dos pacientes entende prontamente o significado do termo *modo*. Esse termo fornece aos pacientes uma maneira conveniente de identificar e rotular padrões (ou *encadeamentos*) de pensamentos, sentimentos e comportamentos. Eles podem ser usados para ajudar os pacientes a entender que suas primeiras experiências com comportamentos dependentes foram, em grande parte, destinadas a alcançar modos que não são mais alcançáveis em seu atual relacionamento com esse tipo de comportamento. Além disso, as pessoas com dependências podem aprender que os modos adaptativos podem ser ativados de maneiras que não requerem envolvimento em comportamentos dependentes. Em vez de buscar conforto, poder, popularidade ou modos de fuga por meio de comportamentos, os pacientes podem alcançar modos mais saudáveis e adaptativos desenvolvendo habilidades de enfrentamento, estilos de vida saudáveis e relacionamentos positivos. Na trecho a seguir, o terapeuta de Phil pergunta sobre a tarefa de casa da sessão anterior (ativar seu modo adaptativo durante um passeio em família em que foram tomar sorvete):

> **Terapeuta:** Phil, você se lembra de alguma tarefa de casa da nossa última sessão?
> **Phil:** Eu deveria levar minha família para tomar sorvete, e levei. Foi muito melhor do que eu pensava.
> **Terapeuta:** Conte-me mais.
> **Phil:** Cheguei em casa e todas estavam lá. Sugeri que saíssemos para tomar sorvete depois do jantar, e, assim como eu previa, elas me olharam como se eu fosse um alienígena, mas é claro que disseram que sim. Foi nesse momento que percebi que não poderia beber por algumas horas, já que precisávamos jantar antes de ir tomar sorvete, e todos concordaram em ir.
> **Terapeuta:** Quero saber como foi.
> **Phil:** Fiquei surpreso com o quanto o jantar foi agradável. Pensei que seria bem difícil, sem tomar sequer um gole, mas não foi tão ruim assim. Ninguém agiu como se tivesse notado que eu não estava bebendo, mas tenho certeza que sim.
> **Terapeuta:** Ninguém nunca tocou no assunto da bebida?
> **Phil:** Não, eu deveria?
> **Terapeuta:** Não necessariamente. Então, o que aconteceu no jantar e depois?
> **Phil:** Conversamos sobre um monte de coisas no jantar, houve algumas risadas, e quando vi estávamos saindo para tomar sorvete.
> **Terapeuta:** Phil, você está ficando com os olhos marejados.
> **Phil:** Estou começando a perceber o quanto tenho perdido.
> **Terapeuta:** O que você tem perdido?
> **Phil:** Quase esqueci como minhas meninas são lindas. E a Laura também. [*Começa a soluçar, pega um lenço e assoa o nariz.*]
> **Terapeuta:** [*Recomeça depois que Phil parou de chorar e é capaz de se concentrar novamente.*] Parece que você pode ter aprendido uma lição valiosa.
> **Phil:** Sim, tenho sido um péssimo pai.
> **Terapeuta:** Vamos tentar olhar para isso de maneira um pouco diferente. Que tal ver essa experiência como o começo de trazer um novo modo para casa?

Phil: E qual seria esse modo?
Terapeuta: Vamos chamá-lo de modo *Pai Sóbrio Incrível*.
Phil: Isso me parece muito bom.

RESUMO

Modos são padrões de funcionamento (p. ex., pensamentos, sentimentos, comportamentos e fisiologia) que se manifestam em indivíduos em vários pontos no tempo, geralmente em resposta a certos contextos ambientais (ou seja, uma variedade de estímulos semelhantes). Por exemplo, indivíduos podem entrar em um modo *adaptativo* quando recebem validação social e entrar em um modo *desadaptativo* quando não recebem validação ou estão sozinhos. Pessoas com dependências muitas vezes adotam comportamentos dependentes para atingir certos modos (p. ex., sociável, entorpecido, produtivo), mas com o tempo os problemas associados a esses comportamentos tornam esses modos inatingíveis. Na verdade, os modos desadaptativos tornam-se a norma para a maioria das pessoas com dependências, especialmente quando estão envolvidas em comportamentos dependentes.

É provável que terapeutas e pacientes se beneficiem da identificação de modos adaptativos e desadaptativos. Esse reconhecimento de padrões ajuda ambos a verem o quadro geral em relação aos comportamentos dependentes. E conforme os terapeutas explicam os modos e como eles operam, os pacientes podem começar a estabelecer metas para mudar os padrões de pensamento, sentimento e comportamento, a fim de alcançar modos adaptativos sem depender de comportamentos dependentes.

12

Terapia cognitivo-comportamental em grupo para transtornos por uso de substâncias e dependências comportamentais

Seis pacientes entram em uma sala de reuniões e sentam-se em silêncio ao redor de uma mesa, evitando contato visual enquanto esperam o início de sua primeira sessão de terapia cognitivo-comportamental (TCC) em grupo para dependências. A terceira vez que Tom foi pego dirigindo alcoolizado o convenceu de que ele precisa finalmente parar de beber. Rick recentemente violou a liberdade condicional ao testar positivo para maconha, então seu advogado aconselhou-o a "entrar na reabilitação". A médica de Mary diz que não vai mais receitar analgésicos, a menos que ela consulte um terapeuta. Sarah luta contra a compulsão alimentar. A esposa de Bill está ameaçando se divorciar depois de descobrir que ele esgotou o fundo universitário de seus filhos em jogos de azar. E Kristen quer parar de fumar pelo bem de sua filha de 2 anos. Todos os olhos se voltam para Lois, a terapeuta, quando ela entra na sala, senta-se e dá as boas-vindas a todos para sua primeira sessão.

A terapia de grupo é fundamental para o tratamento de dependências, e a maioria dos programas de tratamento considera os grupos de terapia essenciais para seus esforços. Na verdade, centenas, senão milhares, de grupos de terapia e grupos de ajuda mútua (p. ex., SMART Recovery, abordagens de 12 passos, gerenciamento de moderação, Women for Sobriety) se reúnem em todo o mundo todos os dias para ajudar pessoas que enfrentam dependências.

A terapia de grupo é eficaz para a maioria das condições psiquiátricas, incluindo transtornos por uso de substâncias (TUS) (Burlingame, Strauss, & Joyce, 2013), e a TCC em grupo é considerada tão eficaz quanto a TCC individual para o tratamento de transtornos por uso de álcool e por uso de substâncias (Magill & Ray, 2009; Weiss, Jaffee, de Menil, & Cogley, 2004). O Center for Substance Abuse Treatment (CSAT; 2005) descreve os benefícios potenciais da terapia de grupo da seguinte forma:

> Os grupos podem apoiar os membros individualmente em momentos de dor e dificuldade, podendo ajudar as pessoas a crescer de forma saudável e criativa. Os grupos de terapia formal podem ser uma fonte convincente de persuasão, estabilização e apoio. Nas mãos de um líder de grupo habilidoso e bem-treinado, os potenciais poderes de cura inerentes a um grupo podem ser aproveitados e direcionados para promover vínculos saudáveis, fornecer reforço positivo entre pares, atuar como um fórum para autoexpressão e ensinar novas habilidades sociais. Em suma, a terapia de grupo pode fornecer uma ampla gama de serviços terapêuticos, comparáveis, em eficácia, aos prestados em terapia individual. (p. xv)

O CSAT (2005) lista cinco modelos eficazes de terapia de grupo: 1) grupos psicoeducacionais; 2) grupos de desenvolvimento de habilidades; 3) grupos cognitivo-comportamentais ou de resolução de problemas; 4) grupos de apoio; e 5) grupos interpessoais. Eles reconhecem que os grupos de terapia genuínos do mundo real baseiam-se em cada um desses modelos. Ao longo deste livro e em outras publicações (p. ex., Liese, 1994; Liese, 2014; Liese & Beck, 1998; Liese & Franz, 1996; Liese & Tripp, 2018), enfatizamos a importância de cinco componentes da TCC: estrutura, conceituação de caso, colaboração, psicoeducação e técnicas padronizadas. Quando efetivamente combinados, esses cinco componentes da TCC produzem grupos de TCC que oferecem conhecimento, habilidades de resolução de problemas, apoio emocional e processamento interpessoal – de acordo com as recomendações do CSAT. Idealmente, os membros do grupo que frequentam sessões de TCC bem-administradas desenvolvem as seguintes crenças:

"Estou adquirindo uma compreensão de meus pensamentos, sentimentos e comportamentos."
"Estou adquirindo habilidades importantes."
"Estou aprendendo a resolver os problemas em vez de evitá-los."
"Sinto-me valorizado e apoiado no grupo."
"Estou me dando conta de que posso cuidar, conviver e me relacionar com as pessoas."

ORGANIZANDO GRUPOS DE TERAPIA COGNITIVO--COMPORTAMENTAL PARA DEPENDÊNCIAS E CADASTRANDO NOVOS PACIENTES

Temos desenvolvido, examinado e revisado nosso *TCC em grupo para dependências* (TCCGD; Liese et al., 2002; Wenzel et al., 2012) há mais de 20 anos. Idealmente, os TCCGDs têm entre 5 e 8 membros e as sessões levam 90 minutos. Alguns grupos tiveram até 12 membros e, obviamente, grupos maiores requerem mais tempo por sessão. As sessões de grupo em geral ocorrem semanalmente, embora, à medida que a demanda cresce, alguns facilitadores ofereçam sessões com mais frequência. Os integrantes do grupo com TUS e dependências comportamentais são encaminhados por agências e médicos da comunidade familiarizados com o valor e os benefícios dos TCCGDs. E, claro, muitos integrantes procuram a terapia de grupo por si próprios ou são indicados por membros que se beneficiaram. Os terapeutas também podem indicar seus próprios pacientes de terapia para grupos dos quais eles são facilitadores. Muitos desses terapeutas trabalham com pacientes em terapia de grupo *e* em terapia individual, descobrindo que as sessões individuais e em grupo potencializam-se mutuamente. Especificamente, as sessões individuais fornecem uma oportunidade para processar o que ocorreu nas sessões de grupo, e as sessões de grupo fornecem uma oportunidade para praticar as habilidades aprendidas durante as sessões individuais de TCC.

Incentivamos os facilitadores a oferecer grupos de *inscrição aberta*, para que os membros possam entrar e sair quando quiserem. Descobrimos que as pessoas que procuram ajuda para dependências se beneficiam mais de serviços prontamente acessíveis do que daqueles que impõem um período de espera (Liese & Monley, 2021). Também descobrimos que alguns integrantes saem do grupo quando mais precisam (p. ex., durante recaídas e outras crises). A inscrição aberta permite que eles retornem quando estiverem prontos para receber a ajuda de que precisam. Quando começamos a oferecer inscrições abertas, receávamos que as sessões de grupo não teriam continuidade. Felizmente, estávamos errados. Aprendemos, desde então, que os atuais membros do grupo sempre acolhem os novatos e os que estão voltando e apreciam as oportunidades de rever os princípios e as habilidades básicas da TCC junto com os novos membros.

Critérios de inclusão, critérios de exclusão e triagem

Por muitos anos, consideramos cuidadosamente os critérios de inclusão e exclusão de grupos. Conforme observado anteriormente, os membros incluem indivíduos com TUS e dependências comportamentais, e é comum que pessoas com outros comportamentos habituais problemáticos (p. ex., compulsão alimentar e comportamentos sexuais problemáticos) unam-se aos TCCGDs. Os membros também tendem a ter problemas de saúde mental comórbidos (p. ex., depressão, ansiedade, transtorno de estresse pós-traumático [TEPT], transtornos da personalidade, transtorno bipolar [TB]). Consequentemente, os integrantes dos TCCGDs tendem a ser bastante diversos.

Como discutiremos em detalhes posteriormente, é provável que os membros tenham uma variedade de razões para frequentar os grupos. Alguns desejam sinceramente mudar seus comportamentos dependentes. Outros inicialmente se sentem ambivalentes em relação a mudar esse tipo de comportamento e estar no grupo. Outros, ainda, afirmam diretamente que não desejam mudar e estão no grupo apenas para cumprir alguma ordem. *O principal critério de inclusão para um TCCGD é a vontade de ser um participante engajado.* Por engajado, queremos dizer ao menos *disposto a falar de suas preocupações e apoiar os demais.* Embora muitos participantes involuntários (ou seja, cuja participação é compulsória) inicialmente resistam à terapia de grupo, um facilitador eficaz e integrantes solidários podem envolver até mesmo aqueles mais relutantes.

É raro um paciente ser excluído ou dispensado de um TCCGD. *O único critério de exclusão é que um membro seja, ou tenha o potencial de ser, perturbador no grupo.* Exemplos de comportamentos potencialmente perturbadores incluem intimidação ou agressão contra outros membros, quebrar repetidamente as regras do grupo (p. ex., constantemente dar conselhos, ser defensivo, exteriorizar questões pessoais) e recusar-se a participar de processos em grupo. Oferecemos TCCGD há mais de 20 anos e poucas pessoas se tornaram perturbadoras o suficiente para precisarem ser transferidas.

Todos os membros são selecionados pelo facilitador antes de entrar no grupo. Em geral, isso ocorre pessoalmente, embora às vezes novos integrantes sejam triados por telefone ou por videoconferência. Uma triagem criteriosa é vital para o bem-estar do grupo. Ela oferece uma oportunidade para que membros potenciais aprendam sobre as normas, os processos, as atividades, as expectativas e as regras do grupo. Uma responsabilidade principal do facilitador é proteger os integrantes de possíveis danos psicológicos que possam ocorrer em decorrência de estar em um grupo de terapia que não atende às necessidades de seus membros. A triagem é o primeiro passo para oferecer essa proteção. Considere esta conversa entre Lois e Rick (do grupo apresentado no início deste capítulo), enquanto ela o avalia para seu ingresso no grupo:

Lois: Rick, entendo que você está interessado em participar do nosso grupo de terapia. Conte-me sobre você e, particularmente, sobre seu interesse para que possamos ter certeza de que é uma boa opção para você.

Rick: Não há muito o que contar. Tive problemas no ano passado por porte de cocaína, acabou em liberdade condicional e depois tive um teste de urina positivo para substâncias. Meu advogado disse que eu deveria entrar na reabilitação, mesmo que fosse apenas maconha.

Lois: Rick, oferecemos um grupo de TCC aqui, em vez de um programa de reabilitação. É isso que você está procurando?

Rick: É tudo a mesma coisa para mim. Eu só preciso começar alguma coisa.

Lois: Você não parece muito entusiasmado em receber ajuda.

Rick: Eu deveria estar?

Lois: Vou falar sobre o grupo e você pode decidir por si mesmo. Eu ofereço TCC em grupo há anos porque a considero um recurso extraordinário para os pacientes. Os membros do grupo vêm para aprender sobre seus comportamentos dependentes e mudá-los, mas eles também se tornam fontes de apoio e encorajamento entre si. A cada encontro, as pessoas falam da atual situação de suas dependências, de seus objetivos e de preocupações relacionadas. Enquanto ouço, particularmente seus objetivos, decido quais habilidades podem ser mais relevantes em cada sessão. É como em uma terapia individual, só que eu me concentro em habilidades que beneficiem *todos* os integrantes, e não apenas um indivíduo. No seu caso, pode ser útil focar em habilidades que evitem que você se meta nos problemas em que se tem metido.

Rick: Quais tipos de habilidades? Nunca fiz nenhum tipo de terapia.

Lois: Eu não o conheço bem o suficiente para dizer com certeza, mas focar em habilidades como tomada de decisão, controle de impulsos ou resolução de problemas pode ajudar.

Rick: Tudo bem. Apenas me diga como entrar no seu grupo.

Lois: A primeira coisa que você precisa fazer é decidir se deseja ser *um participante engajado*.

Rick: O que isso significa?

Lois: Significa que você comparece toda semana, ou sempre que pode, e é um membro ativo. Fala honestamente sobre suas dificuldades e escuta bem os outros, mesmo que você ache que não se identifica com os problemas deles.

Rick: Já que cheguei até aqui, então posso tentar.

Lois: Isso significa que você está empenhado em ser *um participante engajado*?

Rick: [*Suspira.*] Farei o melhor possível para ser um participante engajado.

Após esse diálogo, Lois pergunta mais sobre a história de Rick e determina que ele provavelmente seria apropriado para o grupo. Então, ela explica as regras (descritas na próxima seção) e diz a Rick que todos os integrantes do grupo se comprometem com as regras antes de participar dos encontros.

DIRETRIZES E ESTRUTURA DE GRUPOS DE TERAPIA COGNITIVO-COMPORTAMENTAL PARA DEPENDÊNCIAS

Entre as responsabilidades mais importantes do facilitador estão a segurança, a privacidade e a produtividade do grupo. Os grupos são seguros, privativos e produtivos quando os membros compreendem e seguem plenamente as diretrizes e as regras do grupo. Ao longo dos anos, temos nos empenhado consideravelmente para decidir quais regras são necessárias e importantes e quais não são. Antes de entrar como membros do grupo, os potenciais participantes devem concordar que:

1. Protegerão a privacidade e o sigilo uns dos outros, nunca falando fora do grupo sobre os outros integrantes.
2. Não darão conselhos a outros integrantes, embora possam falar sobre o que funcionou para si no passado, desde que identifiquem isso como sua própria estratégia.
3. Serão receptivos ao *feedback*, inclusive às percepções de outros integrantes sobre eles (ou seja, não ficarão na defensiva).
4. Não confrontarão nem serão agressivos com os outros membros.
5. Discutirão apenas seus próprios pensamentos, sentimentos, circunstâncias e comportamentos, em vez de filosofar, politizar, intelectualizar, e assim por diante.
6. Não formarão subgrupos ou "panelinhas" fora do grupo, pois isso provavelmente fará os outros integrantes se sentirem excluídos.

Os facilitadores de grupo variam quanto à sua forma de revisar e aplicar essas regras durante sessões reais, embora todos devam descrevê-las integralmente como parte do processo de consentimento. Alguns facilitadores optam por compartilhá-las fornecendo cópias impressas em cada reunião do grupo. Alguns as escrevem em um quadro na sala. A maioria gentilmente lembra os membros do grupo sobre as regras quando elas são violadas.

Primeira sessão

Durante a primeira sessão do TCCGD, é especialmente importante dedicar tempo à reiteração das diretrizes, dos objetivos, da estrutura e das regras. No grupo apresentado anteriormente, todos os membros são novos e se beneficiarão dessa apresentação. Lois, a facilitadora, começa se apresentando:

> **Lois:** Sejam todos bem-vindos, meu nome é Lois, sou facilitadora de TCC em grupo e vou ser a facilitadora deste grupo. Como já falei com cada um de vocês antes de se inscreverem neste grupo, vocês entendem como funcionamos e as regras básicas. Mas, só para revisar, este grupo é para pessoas com alguma dependência. Alguns de vocês enfrentam a bebida; alguns lutam contra o tabagismo; alguns contra medicamentos controlados ou outras substâncias; alguns contra comida; e alguns contra certos comportamentos dependentes, como jogos de azar. Podemos nos reunir em um único grupo de terapia porque os processos que regem as dependências são comuns. Se o seu problema é beber, fumar, comer, jogar ou algum outro comportamento, você provavelmente já tentou fazer mudanças e achou muito difícil efetuá-las. Você provavelmente já sentiu remorso por coisas que fez, ocultou certos comportamentos dos outros e desejou ser como as outras pessoas (sem alguma dependência) no que se refere ao seu comportamento dependente.
>
> **Rick:** Eu tenho uma pergunta. Quanto tempo duram esses grupos? Por exemplo, que horas terminam essas sessões? Desculpe interromper, mas prometi à minha namorada que mandaria uma mensagem para ela, para avisá-la sobre que horas eu chegaria em sua casa.
>
> **Lois:** Nossas sessões duram 90 minutos, então trabalharemos juntos até as 18h30min. Sua pergunta me lembra de falar sobre logística. Como acabei de dizer, nos encontramos todas as semanas por 90 minutos, das 17h às 18h30min. Você todos estão aqui voluntariamente, então podem participar de quantas sessões quiserem, mas peço a todos que deem o seu melhor para virem o mais regularmente possível, para que possam se conhecer e outros possam conhecê-los e ajudá-los. Se possível, peço que sejam pontuais, com foram hoje. Se precisarem usar o telefone celular para chamadas ou mensagens de texto, façam isso no saguão. E para aqueles que são novos em nossas instalações, os banheiros estão localizados ao final do corredor. Alguma dúvida até aqui?
>
> **Rick:** Obrigado. Vou mandar uma mensagem para ela mais tarde. Desculpe por interromper.

Lois: Tudo bem. Vou falar mais algumas coisas sobre o grupo, e depois o restante de nossa sessão será baseado em suas apresentações. Cada um de vocês vai se apresentar pelo primeiro nome e depois nos dizer qual dependência deseja mudar, sua situação atual, seus objetivos para abordá-la e os outros problemas que desempenham um papel nela, como problemas pessoais, familiares, legais, habitacionais, sociais ou financeiros. Vocês podem revelar muito ou pouco sobre essas coisas, como quiserem, mas quanto mais abertos e honestos forem, maiores são suas chances de se beneficiarem deste grupo. Às vezes, depois da apresentação, imediatamente passamos para a próxima pessoa. Em outras, paro e pergunto se os outros membros do grupo já tiveram pensamentos, sentimentos ou experiências semelhantes. Normalmente faço isso quando acho útil relacionar suas experiências às de todos os outros integrantes. Vocês logo verão que seus pensamentos e sentimentos são bastante semelhantes. Mais importante, farei o máximo para ajudá-los a entender princípios e habilidades cognitivo-comportamentais que devem ajudá-los a alcançar seus objetivos. Alguma pergunta?

Durante essa sessão introdutória, Lois apresenta os elementos mais básicos do grupo. Caso ela continuasse a descrever todas as regras, princípios da TCC, tópicos típicos discutidos e outros detalhes, provavelmente sua apresentação levaria muito tempo e os membros ficariam distraídos, entediados e inquietos. Por isso, ela para aqui e pergunta se há dúvidas. À medida que as pessoas começam a participar, as regras são explicadas conforme tornam-se pertinentes. Por exemplo, Rick pode perguntar se sua participação no grupo será relatada ao seu oficial de condicional. Em resposta, Lois pode dizer: "Este seria um bom momento para falar sobre privacidade e sigilo do grupo. A regra mais importante deste grupo é que não compartilhamos informações sobre qualquer outro integrante. Rick, estou sujeita às mesmas regras que os membros. Não vou revelar nada sobre você ou qualquer outra pessoa sem o seu consentimento. E enquanto estamos no tópico de regras, gostaria de repassar algumas outras regras com todos vocês".

Estrutura

A estrutura é vital para manter o grupo produtivo e no rumo certo. O excesso de estrutura pode fazer o grupo parecer rígido e impessoal, enquanto uma estrutura insuficiente pode resultar em um quase caos. Os membros do grupo são encorajados a interagir uns com os outros ao longo cada sessão fazendo perguntas e compartilhando suas próprias experiências relevantes uns com os outros.

E, claro, enquanto o modelo da TCC é repassado, ou as habilidades estão sendo ensinadas, eles são incentivados a fazer perguntas e compartilhar pensamentos e experiências pessoais. Com frequência, é durante essas trocas que os membros se conhecem e se preocupam uns com os outros e o grupo se torna coeso. Contudo, o facilitador é constantemente responsável por redirecionar as conversas de volta aos conceitos que estão sendo discutidos ou às habilidades que estão sendo ensinadas.

As interações entre os integrantes também fornecem oportunidades para aprender e praticar habilidades de comunicação interpessoal. Os indivíduos naturalmente desejam ajudar uns aos outros, e a maioria fica inclinada a dar conselhos e recomendar suas próprias estratégias de resolução de problemas. Quando isso ocorre, os facilitadores intervêm e os orientam a se comunicarem com eficácia (p. ex., fazendo perguntas abertas, ouvindo reflexivamente e expressando empatia). Ao mesmo tempo, o facilitador é encarregado de manter a estrutura básica do grupo e manter o foco na agenda.

Em cada reunião, o facilitador segue a mesma estrutura básica. Entretanto, dependendo dos problemas, das questões e das preocupações levantadas pelos membros do grupo, mais ou menos tempo pode ser dedicado a algum desses elementos:

- apresentações do facilitador;
- apresentações dos membros;
- apresentação e revisão do modelo da TCC para comportamentos dependentes;
- apresentação de habilidades cognitivas, comportamentais e interpessoais relevantes;
- *feedback* dos integrantes;
- resumo e revisão.

Cada um desses elementos é descrito em detalhes nas seções a seguir.

Apresentações do facilitador

A quantidade de tempo necessária para um apanhado geral dos objetivos, das diretrizes e das regras do grupo depende de diversas variáveis, incluindo a presença de novos membros e há quanto tempo o grupo vem se reunindo. No exemplo anterior, Lois faz uma apresentação extensa porque é a primeira reunião dessa coorte. À medida que os membros do grupo vão se conhecendo e entendendo os processos, as apresentações do facilitador levam menos tempo.

Ocasionalmente, ocorre um incidente que pode precisar ser revisto na sessão seguinte. Por exemplo, após uma de nossas reuniões de inverno, um membro do grupo escorregou no gelo ao sair da reunião e caiu na frente de nossas instalações. Diversas pessoas o ajudaram a se levantar e determinaram que ele não estava gravemente ferido. Um membro do grupo entrou em contato com o facilitador logo depois e relatou o evento. Durante a apresentação do facilitador na sessão seguinte, agradeceu-se aos integrantes por terem ajudado o colega, o qual teve a oportunidade de agradecer a quem o ajudou, e o grupo seguiu em frente. Em outra ocasião, uma mulher ficou extremamente chateada no meio da sessão e exclamou (enquanto chorava): "Por favor, me desculpem, eu simplesmente não consigo fazer isso hoje". Então se levantou e saiu. Posteriormente, ela informou ao facilitador que sua mãe recentemente tinha ficado muito doente e ela estava muito perturbada com a situação. Ela disse que voltaria ao grupo em algum momento no futuro e pediu ao facilitador que explicasse sua situação aos demais. Com o consentimento formal da paciente para fazê-lo, o facilitador explicou a situação aos membros do grupo durante sua apresentação na sessão seguinte.

Apresentações dos membros

Em todas as sessões de TCCGD, os membros do grupo se apresentam declarando seus nomes, dependência(s), situação atual, objetivos e quaisquer questões relevantes ou importantes em sua vida. A maioria dos facilitadores de grupos acha útil fazer anotações em uma ficha de acompanhamento do grupo, como a da Figura 12.1.

O seguinte trecho da primeira sessão de grupo de Lois fornece um exemplo distinto de apresentações dos membros:

> **Lois:** Quem gostaria de se apresentar primeiro? Mais uma vez, diga-nos: o seu nome, sua dependência (ou dependências), o estado atual dela(s), seus objetivos, especialmente em relação a comportamentos dependentes, e outros problemas pertinentes. E todos, por favor, sintam-se à vontade para fazer perguntas ou compartilhar pensamentos relacionados a qualquer coisa que eu ou os outros disseram.
>
> **Tom:** Eu vou primeiro e termino com isso. Meu nome é Tom. Tenho 43 anos. Minha dependência é o álcool, tomei minha última dose há três semanas e meu objetivo é ficar abstinente. [*Vira-se para Lois.*] Qual era a última coisa da sua lista?
>
> **Lois:** Conte-nos sobre outros problemas pertinentes ao seu uso de álcool.

Nome (idade)	Dependência(s)	Situação atual	Metas de mudança	Outros problemas/contexto
Tom (43 anos)	Álcool	Parou de beber há 3 semanas	Abstinência	Casado; vive com esposa; possui uma pequena oficina mecânica; decidiu parar após prisão por terceiro episódio de dirigir sob influência de álcool
Rick (29 anos)	Maconha, cocaína	Maconha – ocasionalmente Cocaína – abstinente há 6 meses	Abster-se enquanto estiver em liberdade condicional; diz "Veremos"	Solteiro; vive com amigos; problemas legais (advogado, liberdade condicional) motivaram abstinência e participação em grupo
Mary (50 anos)	Opioides (analgésicos)	"Demais todos os dias." Toma a quantidade que a médica prescreve	Hora de reduzir – não sabe dizer o quanto agora	Casada; dor crônica; mora com marido que fuma cigarros e bebe muito/diariamente
Sarah (34 anos)	Compulsão alimentar	Último episódio de exagero na noite de sexta-feira	Abstinência de compulsão alimentar	Solteira; obesa; mora sozinha; solitária; deprimida
Bill (59 anos)	Jogos de azar	Perdeu $800 na última vez em que jogou (1 mês atrás)	Abstinência de jogos de azar; admite ambivalência; diz "Eu acho que posso controlar"	Separado da esposa; gerente noturno em um restaurante; vive com pais idosos
Kristen (31 anos)	Tabagismo	Atualmente fuma 1/2 maço por dia; está constantemente tentando parar	Abstinência de tabagismo	Solteira; mora com a filha de 2 anos (Lilly): luta contra a depressão

FIGURA 12.1 Ficha de acompanhamento do grupo de terapia cognitivo-comportamental para dependências preenchida.

Tom: Não sei se é isso que você quer dizer com outros problemas, mas recentemente fui indiciado por dirigir sob influência de álcool pela terceira vez e isso estragou a minha vida de várias maneiras. Eu não quero entrar em detalhes sobre isso hoje, mas estou determinado a nunca mais beber.

Rick: Três vezes. Puxa, isso é péssimo. Por que você continuou bebendo depois das duas primeiras vezes?

Tom: Quando eu tinha mais ou menos a sua idade, parei por um ano depois da primeira vez que fui pego dirigindo sob influência de álcool. Eu estava em um programa de reabilitação e concordei em assistir a algumas aulas e parar de beber. Depois que a reabilitação acabou, voltei a beber, e foi então que aconteceu pela segunda vez. Você tem razão, foi uma merda. Perdi minha habilitação, paguei uma multa alta, passei alguns fins de semana na prisão, instalaram um dispositivo de bloqueio no meu carro e eu parei de beber por anos.

Sarah: O que é um dispositivo de bloqueio?

Tom: É um negócio que você sopra e ele registra se você andou bebendo antes de ligar o carro. Ele não permite que você ligue o carro se houver algum álcool no hálito.

Rick: Então, como foi a terceira vez?

Tom: Eu tenho uma pequena oficina mecânica. No final do dia, eu deixava meus funcionários abrirem umas cervejas e, como era de se esperar, comecei a beber com eles. Então, apenas três semanas atrás, estava voltando para casa depois do trabalho e fui pego pela terceira vez dirigindo sob influência de álcool. Desta vez, parei definitivamente de beber. Meu advogado diz que provavelmente vou passar algum tempo na cadeia.

Sarah: Puxa, lamento saber de tudo isso.

Tom: Sim, eu também.

Rick: [*Depois de algum silêncio.*] Agora sou eu. Meu nome é Rick. Eu realmente não acho que preciso estar aqui. Eu apenas fumo maconha e bebo ocasionalmente, e nunca fiquei em apuros por nenhuma das duas coisas. Minha situação é complicada. Eu costumava usar muita cocaína, mas parei quando fui preso por posse. O problema é que violei minha liberdade condicional fumando maconha no dia anterior a um exame toxicológico de urina aleatório. Aí fui preso e agora meu advogado diz que tenho que frequentar esses grupos.

Sarah: Sei que devo parecer idiota para todos vocês, mas o que é um exame toxicológico de urina aleatório?

Mary: Ah, posso lhe dizer o que significa. Eu os recebo o tempo todo. É uma triagem de drogas na urina. É como eles sabem se você está usando drogas.

Lois: Sarah, você não parece idiota. Eu realmente aprecio quando algum de vocês intervém com perguntas. Espero que todos façam perguntas e compartilhem seus pensamentos. Essa é uma maneira importante de vocês se conhecerem e perceberem o quanto têm em comum.

Sarah: Certo, obrigada.

Lois: Rick, você estava dizendo que achava que seu lugar não é aqui. Estou feliz por você estar aqui. Os membros do grupo geralmente variam em relação ao quanto acreditam que têm dependência. Se isso ajudar, quando chegar a hora de declarar sua dependência, sinta-se à vontade para dizer que já usou cocaína no passado e foi um usuário de maconha e que não tem certeza se a maconha está lhe causando problemas.

Rick: Posso fazer isso agora. Meu nome é Rick. Já usei cocaína no passado e fumei muita maconha, mas não tenho certeza se isso é um problema. Minha situação é que parei porque não quero ir para a cadeia. E por enquanto, não pretendo recomeçar. Assim como o Tom, tenho que resolver alguns pequenos problemas legais. Moro com alguns amigos que fumam maconha, mas eles não fumam perto de mim, pois sabem que agora não posso festejar com eles.

Mary: [*Depois de uma pausa.*] Agora é minha vez, já que quebrei o gelo com o negócio do exame toxicológico de urina aleatório. Meu nome é Mary, meu vício são as *oxys*. [*Vira-se para Sarah e sorri.*] Oxys são comprimidos de oxicodona para minha dor. Eles são considerados narcóticos e causadores de dependência. Minha médica diz que tomo demais todos os dias. Então essa é minha situação atual: ao que parece, eu tomo comprimidos demais todos os dias. E eu não posso parar definitivamente pois preciso deles para dor crônica. Eu só preciso mantê-los sob melhor controle e frequentar esse grupo. Pelo menos é o que minha médica diz. Meus outros problemas... [*Pausa.*] Moro com meu marido, que fuma cigarros o dia inteiro e bebe demais. Às vezes eu acho que tomo remédio para lidar com ele. Um amigo meu disse que eu provavelmente tomo *oxys* tanto para meu sofrimento mental quanto para minha dor física, e provavelmente é verdade. [*Pausa novamente.*] Isso é tudo que tenho a dizer, por enquanto.

Sarah: Ok, agora sou eu. Meu nome é Sarah. Meu vício é comer compulsivamente. Soube desse grupo por uma amiga que parou de beber com a ajuda de um desses grupos. Ela me disse que esse grupo é para qualquer pessoa com uma dependência, e eu como compulsivamente como se fosse algum tipo de viciada. Eu nunca usei drogas, nem bebi muito, mas sempre me lembro dessa cena em um filme em que havia um cara usando cocaína. [*Olha para Rick.*] Foi como assistir a um dos meus próprios frenesis de alimentação. Eu como até ficar mal, e depois fico vários dias me sentindo péssima. É como uma ressaca alimentar – agravada pelo inchaço, repulsa e vergonha que sinto pelo que fiz. Meu último episódio de exagero foi na noite de sexta-feira. E meus outros problemas? Sou solteira, moro sozinha, sinto-me solitária e deprimida na maior parte do tempo, e estou cansada da maneira como estou vivendo.

Mary: Sarah, posso me identificar com seus sentimentos. Sinto-me sozinha mesmo sendo casada. Muitas vezes gostaria de estar solteira, mas sei que isso não tornaria as coisas melhores. Se meu marido morresse, eu ainda estaria infeliz. Sempre fui.

Lois: [*Depois de um silêncio.*] Espero que esteja ficando óbvio que todos vocês têm algumas coisas importantes em comum. Por exemplo, todos vocês têm sofrido por causa de comportamentos que inicialmente lhes trouxeram prazer ou alívio.

Mary: Com certeza.

Lois: Ainda tem duas pessoas que não se apresentaram. Quem quer ser o próximo?

Bill: Eu vou. Meu nome é Bill. Eu não bebo, não uso drogas nem tenho compulsão alimentar. Meu problema é jogo de azar. Minha esposa me expulsou de casa por causa do meu jogo. Minha atual situação é que joguei há um mês e perdi 800 dólares. Minha esposa descobriu que eu estava pegado dinheiro do fundo universitário das crianças e disse que estava farta de mim. Meu objetivo é me reerguer; espero manter meu casamento e endireitar a minha vida. Quando tudo estava desabando ao meu redor, pensei em parar definitivamente de jogar. Mas agora algum tempo se passou e estou pensando que algum dia talvez eu consiga me controlar. Estou na expectativa de poder voltar ao cassino com 20 ou 30 dólares e sair quando o dinheiro acabar. Mas, por enquanto, não estou jogando. Não me sobrou dinheiro algum, moro com meus pais idosos e administro um restaurante de *fast food*.

Tom: Você acha que pode vir a controlar seu jogo?

Bill: Sim. Agora que parei de jogar, percebo que posso parar a qualquer momento que quiser. Sabe como é, no futuro, antes que as coisas saiam do controle de novo.

Tom: Isso é o que eu pensava antes de ser pego pela segunda e terceira vezes por dirigir sob a influência de álcool: "Eu consigo controlar isso". Cara, como eu estava errado.

Lois: Bill e Tom, estou contente por estarmos falando sobre seus pensamentos e crenças. Depois que Kristen se apresentar, falaremos sobre o papel dos pensamentos e crenças nos comportamentos dependentes. [*Vira-se para Kristen.*]

Kristen: Acho que é a minha vez. Meu nome é Kristen. Meu vício é fumar cigarro. Tenho fumado meio maço por dia e quero parar definitivamente. Sou solteira e moro com minha filha de 2 anos, a Lilly. Como alguns de vocês, sofri uma depressão, mas estou melhor em relação a isso. Meu terapeuta me falou sobre esse grupo e disse que achava que eu me beneficiaria muito dele. Já posso dizer que sim.

No final das apresentações, Lois tinha preenchido sua ficha de acompanhamento de grupo (ver Figura 12.1; uma versão em branco dessa ficha de acompanhamento está disponível no Formulário 12.1, no final deste capítulo, para uso com pacientes). Essa ficha a ajuda a manter-se atenta aos problemas e às necessidades de cada membro do grupo.

Como observamos anteriormente, as apresentações fornecem uma espécie de roteiro pelo resto da sessão. Lois sabe que precisa apresentar os princípios básicos da TCC para o grupo, e está ciente de que os integrantes são mais propensos a entender e fazer uso desses princípios se puderem aplicá-los em sua própria vida. Enquanto os membros se apresentavam, Lois prestou especial atenção aos pensamentos e às crenças comuns a todos os integrantes. Por exemplo, todos expressaram pensamentos sobre as consequências negativas de seus comportamentos dependentes e mencionaram pensamentos sobre sua motivação para mudar.

Apresentação e revisão do modelo da terapia cognitivo-comportamental para comportamentos dependentes

O modelo da TCC é apresentado e discutido em cada sessão, com ênfase nos pensamentos, nas crenças, nas emoções e nos comportamentos associados à dependência e à recuperação. Conforme explicado em detalhes no Capítulo 2, o modelo da TCC sugere que emoções, comportamentos e respostas fisiológicas são bastante influenciados por pensamentos e crenças (ver Figura 12.2, repetida da Figura 2.2). O repasse e a aplicação do modelo da TCC ocorrem de alguma forma durante cada sessão de grupo e, às vezes, várias vezes durante uma única sessão. Embora o modelo da TCC seja muitas vezes introduzido ou revisto no final das apresentações dos membros, também pode ser revisto a qualquer momento em que seja relevante para uma discussão em grupo.

Após as apresentações dos membros, Lois apresenta o modelo da TCC, da seguinte forma:

```
┌─────────────────┐     ┌─────────────────┐     ┌─────────────────┐
│  Antecedentes   │     │ Crenças (Beliefs)│     │  Consequências  │
│  Gatilhos, sinais,│──▶│  e pensamentos  │──▶│    Emoções,     │
│    situações,   │     │    Ativados,    │     │ comportamentos e│
│  circunstâncias ou│   │  estimulados ou │     │respostas fisiológicas│
│ estímulos internos│   │ desencadeados por│    │ para pensamentos e│
│    ou externos  │     │   antecedentes  │     │     crenças     │
└─────────────────┘     └─────────────────┘     └─────────────────┘
```

FIGURA 12.2 O modelo ABC.

Lois: Eu gostaria de explicar a abordagem, ou o modelo, que usamos neste grupo para entender algumas dinâmicas, ou processos, subjacentes aos seus comportamentos dependentes. Vamos começar com o nome deste grupo. Nós o chamamos de grupo de terapia cognitivo-comportamental, ou grupo de TCC, para abreviar, porque focamos nos processos cognitivos e comportamentais para entender as dependências. *Cognitivo* é apenas uma palavra sofisticada para designar pensamentos, crenças e outros processos mentais semelhantes. Enfatizamos que uma compreensão de seus pensamentos e crenças é essencial para entender e mudar seus comportamentos dependentes. Damos ênfase aos pensamentos e às crenças porque é possível mudá-los, mas muitas vezes é impossível mudar muitas coisas no mundo à nossa volta. Conforme você muda seus pensamentos e crenças, suas emoções e comportamentos irão mudar. E à medida que suas emoções e comportamentos mudarem, seus pensamentos e crenças também mudarão.

Lois começa com essa explicação muito básica da TCC porque essa é a primeira vez que esse grupo está se reunindo. Ela provavelmente repetirá essa explicação novamente quando novos membros entrarem no grupo.

Em seguida, Lois se levanta e vai até um quadro branco na frente da sala. Ela desenha os círculos contendo as letras *A*, *B* e *C*, e as setas que os conectam, como na Figura 12.2. Então, pede aos membros do grupo que definam a palavra *gatilho* no que se refere a comportamentos dependentes e recaídas. À medida que as pessoas oferecem definições, ela as escreve no quadro no círculo "A". Depois, ela passa para o círculo "C" e explica que C representa *consequências*, e escreve as palavras emoções, comportamentos e respostas fisiológicas nesse círculo. Ela explica que a maioria das pessoas atribui seus sentimentos, comportamentos e respostas fisiológicas (p. ex., impulsos e desejos) a gatilhos, eventos, situações ou circunstâncias fora de seu controle. Ela torna essa discussão mais relevante usando o exemplo de Tom voltar a beber após um período de abstinência, como uma consequência do fato de seus empregados beberem ao final da jornada de trabalho. Em seguida, ela introduz o círculo "B", explicando que os pensamentos de Tom sobre beber desempenharam um papel em seu beber, bem como o gatilho (ver seus funcionários beberem). O seguinte diálogo entre Lois e os membros do grupo ilustra como ela explica o modelo ABC:

Lois: Vejam que eu desenhei três círculos com letras e duas setas entre eles. Vou desenhar esses círculos repetidamente para ajudá-los a entender o processo ABC.

Kristen: Eu conheço esse negócio do ABC, porque é isso que meu terapeuta individual me ensinou. Ajudou com minha depressão e ele diz que isso vai me ajudar a parar de fumar.

Lois: Obrigado por compartilhar isso, Kristen. Aposto que você terá muito mais para compartilhar enquanto discutirmos o modelo ABC. Então, quero fazer uma pergunta a todos vocês. Quais são as circunstâncias que desencadeiam seus comportamentos dependentes? O que acontece internamente – dentro de vocês – ou externamente – ao seu redor – que os leva a beber, fumar, comer ou usar substâncias? Vou escrever seus gatilhos aqui no quadro.

Tom: Como eu disse antes, eu deixo meus funcionários beberem na minha oficina depois do trabalho, e isso me levou a beber.

Lois: [*Escreve no quadro: "Outras pessoas bebendo".*] Obrigada, Tom. Alguém mais?

Kristen: Quero fumar um cigarro sempre que me sinto tensa ou quando estou cansada e preciso fazer as tarefas domésticas, principalmente à noite. O pior é quando eu sinto essa necessidade física.

Lois: [*Escreve no quadro: "Sentir-se tensa, cansada, necessidade física, principalmente à noite".*] Obrigada por compartilhar, Kristen.

Rick: A maior parte das minhas festas é social. Todos os meus amigos ficam chapados. Enquanto eles estão festejando, estou festejando com eles. Acho que isso é normal para pessoas da minha idade.

Lois: [*Escreve no quadro: "Social, amigos ficando chapados".*] Obrigada, Rick. Alguém mais quer nos contar sobre seus gatilhos?

Sarah: Para mim é minha depressão, que ocorre na maior parte do tempo.

Lois: [*Escreve no quadro: "Depressão, na maior parte do tempo".*] Obrigada, Sarah. Agora vamos passar para o círculo "B". Mais uma vez, B significa crenças [em inglês, *beliefs*], pensamentos, ideias, valores, regras, padrões ou quaisquer outros processos mentais. A maioria das pessoas acha mais difícil identificar seus pensamentos e crenças do que identificar gatilhos externos.

Kristen: Posso lhe dizer o que estou pensando porque já conversei sobre isso com meu terapeuta um milhão de vezes: "Quero um cigarro", "Preciso de um cigarro", "Vou me sentir melhor se fumar" e muitos outros pensamentos desse tipo.

Lois: Excelente, Kristen, obrigada por compartilhar esses pensamentos. [*Ela escreve esses pensamentos no quadro, mas deixa um espaço em branco onde Kristen usou a palavra cigarro.*] Notem que deixei um espaço em branco onde Kristen disse a palavra *cigarro*. Alguém sabe por que fiz isso?

Sarah: Eu posso adivinhar. É aí que cada um de nós precisa preencher o espaço em branco com a nossa própria dependência? Para mim seria comida?

Lois: Exatamente! E quanto ao resto de vocês?

Rick: Bem, isso é óbvio. É aqui que devo dizer maconha. Mas eu nunca sinto que *preciso* fumar maconha, ou que me *sentiria melhor* se fumasse maconha. Eu acho que penso: "Eu *quero* fumar maconha".

Lois: Obrigada, Rick. Parece certo. O *seu* pensamento seria: "Eu *quero* fumar maconha".

Lois continua a discussão e ajuda todos os membros do grupo a identificarem os gatilhos, os pensamentos, as crenças, as emoções, os comportamentos e as respostas fisiológicas associados aos seus comportamentos dependentes. Ela lhes pede que citem todos os gatilhos e pensamentos que puderem. Depois disso, os conduz a uma discussão sobre estratégias para ganhar mais controle em sua vida, examinando até que ponto eles evitaram ou modificaram com sucesso os gatilhos e os pensamentos que levaram a comportamentos dependentes no passado.

As discussões sobre o modelo ABC permitem que os membros do grupo vejam o quanto eles são semelhantes entre si. Eles começam a entender que gatilhos e pensamentos são comparáveis entre as dependências. Por exemplo, ouvindo uns aos outros, eles aprendem que situações e emoções semelhantes (p. ex., tédio, inquietação, impulsos, desejos, eventos sociais, excitação) desencadeiam pensamentos semelhantes sobre comportamentos dependentes ("Eu quero..." ou "Eu preciso..."). Com o tempo, eles aprendem que as estratégias, ou habilidades, para lidar com esse tipo de comportamento também são semelhantes.

Apresentação de habilidades cognitivas, comportamentais e interpessoais relevantes

A *apresentação das habilidades de TCC* já começou com a apresentação do modelo ABC (descrito anteriormente). A aplicação do modelo da TCC para comportamentos dependentes é uma habilidade criativa que requer repetição substancial para se desenvolver. A escolha de outras habilidades a serem aprendidas baseia-se nas preocupações dos membros compartilhadas durante as apresentações e subsequentes discussões durante a sessão. Por exemplo, se ficar claro que vários membros do grupo estão com dificuldades nos relacionamentos, o facilitador pode focar em habilidades interpessoais (p. ex., comunicação, empatia, resolução de conflitos). Se os membros do grupo estão lutando contra impulsos e desejos, o facilitador pode se concentrar nas vantagens e desvantagens de usar, ou nas habilidades de adiar gratificação e distração.

Enquanto ouve as preocupações dos membros do grupo, Lois considera as habilidades mais relevantes para os seus problemas. Ao apresentar o modelo de TCC, ela enfatiza que todas as habilidades envolvem uma mudança de pensamento de "Eu quero me envolver em [comportamento dependente]" para "Eu quero usar novas habilidades para resolver meus problemas". Existem inúmeras habilidades que têm potencial para ajudar pessoas com dependências. Algumas delas incluem:

- **Habilidades de recusa**, que permitem aos membros do grupo dizerem "não" às oportunidades de uso, geralmente em meio a impulsos e desejos.
- **Habilidades de regulação emocional**, que permitem que os membros do grupo transformem estados emocionais (p. ex., ansiedade, depressão, raiva) em estados neutros ou positivos (p. ex., calmo, relaxado, satisfeito) sem o uso de comportamentos dependentes familiares.
- **Habilidades de controle de impulsos**, que permitem que os membros do grupo se detenham quando suas antigas respostas automáticas aos gatilhos não lhes beneficiam.
- **Habilidades interpessoais**, que permitem que os membros do grupo interajam uns com os outros de maneiras que são eficazes e alcançam os resultados desejados.
- **Habilidades de resolução de problemas**, que permitem que os membros do grupo gerem múltiplas opções para resolver problemas, escolham a melhor opção e, então, a executem.

- **Habilidades de atenção plena (*mindfulness*)**, que permitem que os membros do grupo descentralizem seus pensamentos e atentem deliberadamente para questões que realmente importam para eles, com menos distrações.
- **Habilidades de aceitação e compromisso**, que permitem que os membros do grupo aceitem o que não podem mudar, comprometam-se a mudar o que podem e intencionalmente diferenciem uma coisa da outra.
- **Habilidades de ativação comportamental**, que permitem aos membros do grupo identificar e organizar seus valores e transformá-los em planos de ação diários que sejam condizentes com esses valores.

Dadas essas múltiplas opções, uma questão importante se apresenta: "Como um terapeuta de TCCGD escolhe a habilidade mais apropriada a ensinar?". A resposta é que *a habilidade escolhida deve ser a mais relevante para o maior número de pessoas do grupo no momento*. Na realidade, um facilitador eficaz consegue fazer cada uma dessas habilidades ser relevante para a maioria dos membros do grupo.

Depois de ensinar sobre o modelo ABC e ouvir suas preocupações, Lois escolhe discutir a regulação emocional como a primeira habilidade a ser focada. Ela ajuda os membros a entenderem que todos sentem alguma tensão antes de se envolverem em seus comportamentos dependentes. Isso é fácil para Mary, Sarah e Kristen, as quais imediatamente identificam estados emocionais negativos (p. ex., depressão, ansiedade, raiva) como gatilhos. Lois ajuda Tom, Rick e Bill a perceber que sentem uma certa urgência em começar a beber, fumar maconha e jogar, pouco antes de se envolverem nesses comportamentos. Então, Lois aponta que todos eles têm algum grau de ambivalência antes de se envolverem em seus comportamentos dependentes, e explica que a ambivalência é, por natureza, uma forma de tensão.

Em sessões de grupo posteriores, Lois ensina ao grupo sobre ativação comportamental. Ela faz isso ajudando os integrantes a reconhecerem que todos carecem de certas atividades prazerosas em sua vida que se alinhem com seus valores. Ela usa novamente o quadro branco e pede que os membros do grupo listem os valores que são mais importantes para eles. A lista resultante inclui família, amizades, carreira, integridade, saúde física, ajudar os outros e outros ideais comuns. Por fim, ela os ajuda a se comprometerem com a programação e a realização de atividades na semana seguinte que correspondam aos seus valores.

Feedback *dos integrantes*

A facilitadora solicita um *feedback* dos membros do grupo em vários momentos durante cada sessão, e alguns deles podem até oferecer algum *feedback* espontaneamente. Por exemplo, podem afirmar: "Esta [nova habilidade ou discussão em grupo] é útil para mim porque...". Contudo, na maioria das vezes, a facilitadora pergunta: "O que vocês estão aprendendo agora?". Há vários benefícios em fazer esse questionamento. O mais óbvio é que ele ajuda a facilitadora a determinar até que ponto a sessão está ajudando os participantes. Uma razão menos óbvia para fazer essa pergunta é que ela ajuda alguns indivíduos a articular o que estão aprendendo pela primeira vez. Supõe-se que eles são mais propensos a se comprometer com as novas ideias que forem capazes de articular.

Há momentos em que a pergunta "O que você está aprendendo?" torna-se particularmente proeminente. Por exemplo, é sempre apropriado fazer essa pergunta no final de uma sessão de grupo, perto do encerramento. Na verdade, a maioria dos facilitadores reserva ao menos 5 minutos no final das sessões para fazer essa pergunta. A resposta mais comum é a reiteração de uma habilidade que foi discutida durante a sessão. Por exemplo, no final de uma sessão em que a aceitação e compromisso foram abordados, uma pessoa pode responder: "Aprendi que preciso aceitar que minha mãe é controladora, ou me comprometer a aprender e praticar habilidades de comunicação para ser mais direto com minha mãe".

Outra resposta comum à pergunta "O que você está aprendendo?" é mencionar algo que outro membro do grupo disse. Por exemplo, alguém poderia responder: "Depois de ouvir Bill, reconheço que sou mais propenso à recaída quando me permito fazer 'só um pouquinho' do meu velho comportamento dependente". Outra resposta típica é "Não tenho certeza" ou "O que [outro membro do grupo] disse". Quando a sessão está quase acabando e o tempo se esgotou, o facilitador anota as perguntas que podem precisar ser abordadas em futuras sessões.

Outro momento para perguntar "O que vocês estão aprendendo?" é durante uma transição de um tópico ou habilidade para outro. Por exemplo, se alguém está tendo dificuldades com impulsos e desejos, o grupo pode revisar estratégias para controlá-los. Essa discussão pode ocorrer durante as apresentações dos membros e não durar mais de 15 minutos. A facilitadora pode fazer a transição nesse ponto para o próximo participante ou tópico resumindo o que foi dito e perguntando o que eles aprenderam com sua breve discussão sobre impulsos e desejos.

Resumo e revisão

Fazer um *resumo e revisão* no final da sessão é mais eficaz quando combinado com a pergunta "O que vocês aprenderam?". Conforme os membros do grupo respondem a essa pergunta, a facilitadora reitera importantes temas comuns do grupo e relaciona-os ao maior número possível de membros. O que se segue é um diálogo entre Lois e os integrantes ao encerrar a primeira sessão do grupo:

> **Lois:** Estamos chegando ao fim de nossa sessão, então gostaria de ouvir o que vocês aprenderam durante nosso primeiro encontro. Eu aprecio sua participação em nossa discussão sobre o modelo ABC, especialmente que todos vocês o aplicaram a si próprios quando falamos sobre controlar impulsos e desejos. Gostaria de ouvir qualquer opinião que vocês desejem compartilhar sobre essas atividades ou sobre toda esta sessão do grupo.
>
> **Tom:** Para ser honesto, estou surpreso que tenhamos tanto em comum – mesmo com dependências diferentes. Sempre imaginei que os grupos de recuperação consistissem em um bando de velhos bêbados. Gostei de saber que meus problemas não são tão diferentes dos problemas das pessoas que comem demais, ou jogam... ou fumam a maconha maluca.* [*Todos os membros do grupo riem.*] É como se fôssemos todos diferentes, mas somos todos iguais em alguns aspectos.
>
> **Rick:** Estou surpreso com a suavidade desse grupo. Eu pensei que estaríamos recebendo palestras de uma hora e meia sobre os males de fumar maconha e usar drogas.
>
> **Lois:** Obrigada, Rick. Fico feliz que não tenha sido tão terrível quanto você esperava. Você pode citar algo que foi particularmente útil para você?
>
> **Rick:** Sim, assim como Tom, estou surpreso por termos tanto em comum. Aquele modelo ABC explicou tudo.
>
> **Kristen:** Isso foi exatamente como meu terapeuta disse que seria. Ele me disse que aprenderíamos sobre o modelo ABC, mas mais focado no meu hábito de fumar do que na minha depressão. Ele também disse que eu iria gostar da forma como o grupo é conduzido, e realmente gostei.
>
> **Sarah:** [*Depois de um breve silêncio.*] Vou tentar reconhecer o que estou dizendo para mim mesma antes de comprar *junk food* ou comer coisas que não deveria comer. Enquanto faço compras, preciso começar a me perguntar: "Eu realmente preciso comer isso?". Ou, ainda melhor, posso começar a

---

* N. de R.T.: No original, *wacky weed*, em referência à animação *The Wacky Weed* (1946) – por isso a risada dos participantes.

me perguntar: "Como vou me sentir amanhã se comer todos esses salgadinhos essa noite?".

Mary: Isso me fez pensar em algumas coisas. Minha dor me assusta, mas eu sei que preciso fazer algumas mudanças para não ter que tomar tanto analgésico. Gostei da nossa discussão, mas preciso pensar muito mais sobre isso. Sou uma pessoa que não pensa tão rápido quanto as outras.

Lois: Obrigada por ser tão honesta, Mary. Com certeza você está no caminho certo. Continue pensando nessas coisas, pois falaremos muito mais sobre elas na semana que vem e em todas as futuras reuniões. Bill, e você? O que tirou da nossa reunião hoje?

Bill: Eu não sei... Nada pessoal... Eu gosto de todos vocês, mas não tenho certeza se esse grupo vai me ajudar. Eu não sei se meu jogo é parecido com qualquer um dos problemas de vocês. Para mim, é como qualquer outra forma de entretenimento, mas também me dá uma chance de recuperar minhas perdas. Vou continuar vindo porque eu preciso, mas não estou *sentindo isso* como todo mundo está. Como a Mary acabou de dizer, eu vou ter que pensar um pouco mais.

Lois: Bill, como eu disse a Mary, obrigada por ser tão honesto. Agradeço que você vai pensar mais sobre isso, e estou especialmente contente de saber que pretende voltar na semana que vem. [*Vira-se para o grupo.*] São 18h30min, pessoal, então vamos terminar por aqui. Espero ver todos vocês na próxima semana.

DEFININDO OBJETIVOS

O principal objetivo do TCCGD é ajudar as pessoas a se absterem de comportamentos dependentes e a gerenciarem sua vida de maneira eficaz sem eles. Ainda assim, *cada membro do grupo define seus próprios objetivos, e os objetivos individuais variam desde a abstinência total até o envolvimento contínuo em comportamentos dependentes.*

Muitos fatores influenciam os objetivos relacionados à dependência. Por exemplo, alguns optam pela abstinência, prevendo que o uso continuado levará a sérios problemas legais ou familiares. Outros optam pela abstinência depois de saber que sua saúde está em grave perigo. Alguns escolhem a abstinência porque não querem mais ter TUS ou dependências comportamentais. No outro extremo do *continuum* da motivação estão aqueles que insistem que a abstinência não é para eles. Alguns são obrigados a fazer tratamento contra a sua vontade. Alguns acreditam que estão presos em um sistema ou relacionamento opressivo, forçando-os injustamente a parar. A maioria desses indivíduos não deseja que a meta de abstinência lhes seja imposta por familiares, por membros de grupos, pelo sistema judiciário, por facilitadores de grupo ou por qualquer outra pessoa. Contudo, nossa experiência tem mostrado que muitos desses indivíduos se beneficiam da terapia de grupo quando descobrem que os facilitadores e os outros participantes visam ajudá-los e apoiá-los, e não julgar sua escolha específica de objetivos.

É importante enfatizar que não se espera que os terapeutas de TCCGD estejam – nem devem estar – em uma posição na qual *eles* escolham ou reforçam os objetivos dos pacientes. Quando os pacientes frequentam grupos e dizem que pretendem continuar com seus comportamentos dependentes, não é função do terapeuta dizer-lhes para fazerem o contrário. De fato, muitos indivíduos que frequentam os TCCGDs se inspiram a modificar seus objetivos em decorrência da participação e do aprendizado com o grupo. Existe uma dinâmica interessante quando os membros do grupo dizem que não têm planos de parar e o resto do grupo é da opinião de que eles deveriam parar. Uma vez que uma regra essencial do grupo é que *os membros do grupo não dão conselhos*, eles aprendem a fazer perguntas, expressar preocupação e revelar suas próprias dificuldades para parar. Na discussão em grupo a seguir, os membros do grupo compartilham seus pensamentos sobre a relutância de Rick em largar a maconha:

Rick: Ainda não vejo como a maconha me causa problemas.
Kristen: Você não disse que poderia ser preso por continuar usando maconha?
Rick: Eu quase fui preso por causa da cocaína. E mesmo com a cocaína, eu não acho que tinha um problema real. A maconha é diferente. As pessoas não ficam viciadas em maconha. E seu uso não é proibido na maior parte dos Estados Unidos.
Sarah: Como você saberia se tivesse um problema com a maconha?
Rick: Eu não seria capaz de parar.
Sarah: Mas você não parou, e você disse que é por isso que pode ir para a cadeia.
Lois: Rick, parece que os membros do grupo estão tentando entender sua crença de que você não tem um problema com a maconha. Eu aprecio que você responda às perguntas deles. Como você se sente sobre essas perguntas?
Rick: Eu sinto como se estivesse sendo pego.
Louis: O que você quer dizer com isso?
Rick: É desconfortável. Parece pressão.
Lois: Tudo bem que os outros questionem seus objetivos?

Rick: Tenho que aceitar, certo? Eu tenho escolha?

Lois: Rick, você é o único aqui que pode definir seus objetivos. Todos estamos aqui para adquirir conhecimentos e habilidades, estabelecer objetivos e ajudar uns aos outros a alcançá-los. Mas o grupo também está aqui para dar apoio, então eu quero que você se sinta apoiado ao ouvir essas perguntas. Eu também quero lembrar a todos que vocês podem definir seus próprios objetivos. Nenhum de nós irá julgá-lo ou manipulá-lo para adotar os objetivos dos outros.

Rick: Acho que é para isso que estou aqui. Eu me inscrevi para isso.

Pelo que vimos, esse foi um ponto de virada na atitude de Rick em relação ao grupo. A partir de então, Rick parecia mais receptivo às perguntas feitas por Lois e pelos demais. Ele até começou a perguntar aos outros sobre seus objetivos e motivos em relação a comportamentos dependentes e ofereceu apoio. Em nossa experiência, essas mudanças estão entre as grandes recompensas associadas à facilitação de TCCGDs.

É comum que os objetivos dos membros do grupo *pareçam* não relacionados aos seus comportamentos dependentes, quando, na verdade, podem estar diretamente relacionados a recuperar-se da dependência. Por exemplo, muitas pessoas frequentam a terapia de grupo em parte para se sentirem menos solitárias. Quando conseguem fazer mudanças positivas, geralmente atribuem seu sucesso ao fato de *os outros membros do grupo se importarem com elas*. Além de sentirem que os outros se importam, os objetivos dos integrantes para iniciar e continuar na TCC em grupo podem incluir:

- querer estar com outras pessoas que passaram por problemas semelhantes;
- saber como os outros resolvem seus problemas;
- encontrar significado em sua vida;
- aumentar o controle sobre seus pensamentos e sentimentos;
- aperfeiçoar suas habilidades sociais ou interpessoais;
- aperfeiçoar suas habilidades de enfrentamento;
- ajudar os outros.

É importante enfatizar aqui que os objetivos dos membros do grupo tendem a evoluir à medida que testemunham outros alcançando objetivos como os recém-listados. Por exemplo, o único objetivo de Tom ao entrar no grupo era parar de beber. Depois de participar de apenas três sessões, ele anunciou: "Tenho um novo objetivo. Comecei a perceber que estava bebendo com meus funcionários depois do trabalho porque estou entediado em casa. Além de parar de beber, meu novo objetivo é descobrir o que posso fazer com minha esposa depois do trabalho que seria mais divertido, ou pelo menos interessante".

ESCOLHENDO TÓPICOS E TÉCNICAS DE GRUPO

Ao longo dos anos, muitas pessoas perguntaram: "Como escolher tópicos e técnicas enquanto uma sessão de terapia de grupo está em andamento?". A resposta é relativamente simples: não é muito diferente de escolher tópicos e técnicas durante uma sessão de terapia individual. *Os tópicos e técnicas escolhidos para cada sessão de grupo dependem dos problemas, das necessidades e dos objetivos dos membros do grupo.* Por exemplo, pode tornar-se evidente em uma sessão de terapia individual que um paciente deprimido precisa aprender habilidades de regulação emocional. Em resposta, o terapeuta pode decidir se concentrar em modificar os pensamentos e as crenças do indivíduo, aumentar as atividades prazerosas, aceitar o que não pode ser mudado ou comprometer-se com mudanças que irão melhorar sua vida. A diferença na TCC em grupo é que a escolha de um ponto focal (p. ex., controlar a vontade de usar, regular as emoções, melhorar os relacionamentos, controlar impulsos) depende das necessidades da maioria dos participantes, e não das necessidades de apenas um indivíduo.

Mencionamos várias áreas de conteúdo em potencial para sessões de grupo. A organização de ajuda mútua SMART Recovery (www.smartrecovery.org) identificou quatro pontos focais potenciais para seus grupos de ajuda mútua baseados em TCC: 1) construir e manter a motivação; 2) lidar com fissuras; 3) gerenciar pensamentos, sentimentos e comportamentos; e 4) viver uma vida equilibrada. O SMART (do inglês *Self-Management and Recovery Training* [Treinamento de Autogerenciamento e Recuperação]) é um programa de base científica, fundamentado na TCC e oferecido em todo o mundo. O programa SMART Recovery fornece inúmeras "ferramentas" para atingir metas nessas quatro áreas.

Outros fatores que influenciam a escolha dos tópicos do grupo incluem os interesses, o treinamento, as habilidades e as experiências dos facilitadores do TCCGD. Por exemplo, alguns facilitadores identificam-se principalmente como terapeutas cognitivos, alguns como terapeutas racionais-emotivos comportamentais, outros como terapeutas de aceitação e compromisso, e outros como terapeutas comportamentais dialéticos. Essas identidades são provavelmente influenciadas pelo treinamento, experiência e prática, mas também tendem a ser influenciadas por interesses e preferências pessoais. Dito de outra forma, a maioria dos terapeutas cognitivo-comportamentais se sente mais em casa com certas abordagens do que com outras, e isso certamente influenciará sua escolha das habilidades a serem ensinadas em qualquer sessão de grupo.

No Capítulo 7, apresentamos técnicas padronizadas para ajudar as pessoas tanto em TCC individual como em grupo para dependências. Desenvolvemos essas técnicas há mais de 30 anos e continuamos a implementá-las, conforme nossos pacientes nos dizem que elas são pertinentes e úteis. Entre as mais versáteis estão a análise de vantagens e desvantagens (AVD), o registro de pensamentos automáticos (RPA) e o cronograma de atividades diárias (CAD). Na conversa que se segue, Lois apresenta a AVD e a implementa com seu grupo:

Lois: Vários de vocês expressaram ambivalência sobre mudar seus comportamentos. Rick, você disse em várias ocasiões que não acha que a maconha ou a cocaína lhe causam problemas. Bill, você disse que futuramente poderia voltar a jogar porque gostaria de recuperar suas perdas e acredita que pode parar de jogar a qualquer momento. E Mary, você mencionou que sua médica, mais do que você, quer que você reduza o uso de oxicodona.

Mary: Entendo por que minha médica quer que eu tome menos analgésicos; ela não quer que eu tenha uma *overdose* e morra. Não sei se sou ambivalente ou apenas tenho medo da dor que sentirei quando cortar meus remédios.

Rick: Não sou contra largar a cocaína. Só não acho que maconha seja um problema.

Lois: Obrigada, Mary e Rick, por esclarecerem essas coisas.

Bill: Não sou ambivalente. Eu sei que quero voltar a jogar.

Lois: Obrigada, Bill. Com base no que todos vocês disseram, gostaria de apresentar um exercício conhecido como análise de vantagens e desvantagens. Eis como funciona... [*Desenha a figura, com base no Formulário 7.1, em um quadro na frente da sala.*] Eu desenhei um quadrado e o dividi em quatro quadrantes, ou seções. Vocês podem ver que escrevi as palavras *vantagens* e *desvantagens* junto ao eixo horizontal, e *usar* e *não usar* junto ao eixo vertical. Vamos preencher esses quatro quadrantes com as vantagens e desvantagens de usar e não usar os comportamentos escolhidos. E vamos ver se notamos padrões nos comportamentos sobre os quais cada um de vocês falaram no grupo até agora. Vamos começar com as vantagens de usar maconha, analgésicos, álcool, jogos de azar ou qualquer outro comportamento que possa gerar dependência para algumas pessoas.

Tom: Você está perguntando sobre as vantagens de beber para mim, ou por que eu gostava de beber?

Lois: Exatamente.

Tom: Isso é fácil, eu gosto de como a bebida faz eu me sentir.

Lois: Como a bebida fazia você se sentir?

Tom: Descontraído, tranquilo e confortável me divertindo com meus colegas de trabalho e funcionários. É uma coisa social.

Lois: [*Escreve "Eu gosto de como o álcool faz eu me sentir" e "É uma coisa social" no quadrante apropriado.*] Quem mais quer falar das vantagens de continuar seu comportamento? [*Conforme os membros do grupo respondem, ela continua escrevendo suas respostas; veja a Figura 12.3.*]

Mary: Para mim, ela tira a dor, como se eu estivesse cuidando de mim.

Bill: É minha única forma de entretenimento. E é minha chance de recuperar pelo menos parte do dinheiro que perdi. [*Lois continua escrevendo.*]

Lois: Como já preenchemos a maior parte desse quadrante, vamos passar para outro. Quem quer escolher o próximo quadrante?

Kristen: Quero falar sobre as desvantagens de continuar fumando. Posso começar?

Lois: Claro.

Kristen: Fumar definitivamente está me causando problemas de saúde. Ainda não estou doente, mas não consigo caminhar tanto ou subir escadas sem ficar sem fôlego. E Lilly, minha filha, já quase tem idade para entender o quanto fumar faz mal e vai se preocupar comigo. Ou pior ainda, ela pode tornar-se fumante como eu. [*Fica com os olhos marejados.*] Tenho vergonha de admitir essas coisas.

Bill: Na verdade, Kristen, o que você disse mexeu comigo. Posso não acreditar que o jogo é um problema, mas a família significa muito para mim. É por isso que estou aqui. Não quero perder minha família. É muito bom que você esteja pensando nos sentimentos de sua filha. Eu provavelmente deveria ter pensado sobre os sentimentos dos meus filhos antes de começar a gastar o dinheiro do fundo universitário deles. Se eu tivesse pensado nessas coisas quando eles eram jovens, como sua filha, talvez não tivesse jogado tanto.

Lois: Puxa, Kristen e Bill, que troca significativa. Obrigado a ambos por serem tão abertos. Além de focar nas vantagens e desvantagens de seus comportamentos, discussões como essas contribuem para uma maravilhosa coesão, ou um senso de união, do grupo.

	Vantagens	Desvantagens
Usar (continuar)	Eu gosto de como a bebida faz eu me sentir É uma coisa social Tira a dor Parece que estou cuidando de mim É meu único entretenimento É uma chance de recuperar o que perdi	Problemas de saúde Impacto na filha e em outros membros da família Culpa, vergonha, desespero Problemas de relacionamento Problemas legais Cansado de ser dependente
Não usar (parar)	Não ter mais problemas legais Economizar algum dinheiro Conviver melhor com certas pessoas Sentir mais liberdade Ser mais saudável Ter melhor autoestima	Sem chance de recuperar perdas Não poder sair com os amigos Não ter como relaxar Não há nada igual a isso Passar pela abstinência Lidar com impulsos e desejos Sentir-se privado

FIGURA 12.3 Análise de vantagens e desvantagens concluída.

Como Lois reconheceu, as técnicas estruturadas de grupo podem não apenas facilitar o *insight*, mas também levar a uma maior coesão do grupo. À medida que os membros do grupo se abrem e expressam sentimentos de vulnerabilidade, os outros começam a se importar com eles. E conforme compartilham esses sentimentos, os integrantes também servem como modelos para os demais, que são mais propensos a retribuir e mostrar-se vulneráveis.

Lois continua facilitando a conclusão da AVD e os membros do grupo continuam citando as vantagens e desvantagens de usar e não usar. À medida que o fazem, eles ficam cada vez mais surpresos com as semelhanças entre seus comportamentos dependentes. No final desse exercício, todos aprenderam muito uns sobre os outros e sobre si mesmos, e o grupo se sente ainda mais coeso e solidário.

PROCESSOS E PROBLEMAS DE GRUPO

Quando facilitados de maneira eficaz, os grupos de TCC são calorosos, solidários e interpessoalmente seguros, bem como educativos, estimulantes e pragmáticos. Talvez a melhor maneira de descrever os processos de TCC e outras abordagens de grupo seja explicar como certos *fatores terapêuticos* contribuem para os resultados positivos. Os primeiros estudiosos dos fatores terapêuticos foram Corsini e Rosenberg (1955). Eles revisaram aproximadamente 300 artigos sobre psicoterapia de grupo e extraíram termos que basicamente refletiram 10 categorias. Yalom (1975) focou nos mais proeminentes desses fatores e os expandiu. Segundo Yalom e Leszcz (2005), os 11 fatores terapêuticos da terapia de grupo incluem:

- **Instilação de esperança** – quando os membros do grupo ganham inspiração ou tornam-se mais otimistas ao observar os êxitos dos outros.
- **Universalidade** – quando os membros do grupo descobrem que não estão sozinhos em seus pensamentos, sentimentos, padrões de comportamento e (talvez o mais importante) seus problemas.
- **Transmitir informações** – quando os membros do grupo percebem os benefícios associados à aprendizagem no grupo.
- **Altruísmo** – quando os membros do grupo descobrem a experiência positiva de fornecer apoio, encorajamento, conhecimento, habilidades e afins aos outros.
- **Recapitulação corretiva do grupo familiar primário** – quando os membros do grupo recebem a proteção, o carinho, o apoio e a compreensão que não receberam em suas próprias famílias.
- **Desenvolvimento de técnicas de socialização** – quando os membros do grupo adquirem habilidades sociais e interpessoais valiosas.
- **Comportamento imitativo** – quando os membros do grupo aprendem com os outros integrantes que têm conhecimentos ou habilidades valiosas.
- **Aprendizagem interpessoal** – quando os membros do grupo aprendem como são percebidos aos olhos dos demais.
- **Coesão do grupo** – quando os membros do grupo sentem apoio, confiança e senso de pertencimento.
- **Catarse** – quando os membros do grupo expressam fortes emoções de vulnerabilidade sem se sentirem envergonhados, julgados ou criticados.
- **Fatores existenciais** – quando os membros do grupo se concentram em assuntos importantes fora de (e "maiores que") si mesmos.

Constatamos consistentemente que esses processos terapêuticos são essenciais para todos os TCCGDs. Facilitadores habilidosos de TCCGD compreendem plenamente a importância desses fatores terapêuticos e deliberadamente a enfatizam. Por exemplo, eles ressaltam que os membros do grupo: não estão sozinhos em suas lutas (universalidade), beneficiam-se da ajuda mútua (altruísmo), têm capacidade de aprender e crescer (instilação de esperança), aprendem uns com os outros (comportamento imitativo) e tornam-se mais próximos enquanto coletivo (coesão de grupo).

Embora a maioria dos terapeutas de grupo concorde que os fatores terapêuticos são essenciais, esses fatores nem sempre são operacionais. Em vez disso, há momentos em que vários problemas impedem esses processos. Em alguns casos, os problemas podem estar ligados a pessoas que não desejam estar no grupo. Em outros casos, eles podem ser vinculados a indivíduos que carecem de recursos para funcionar cooperativamente no grupo. Compilamos uma lista de problemas comuns que observamos nos TCCGDs. Esses problemas são, na maioria das vezes, desencadeados por integrantes que:

- ficam em silêncio ou alheios ao grupo;
- chegam sempre atrasados ou faltam às sessões de grupo;
- monopolizam as conversas em grupo;
- dão conselhos diretos a outros membros, apesar de serem lembrados de que conselhos não são úteis ou produtivos no ambiente de grupo;
- estão sempre na defensiva;
- tornam-se emocionalmente ativados de maneiras que consistentemente distraem ou perturbam os outros membros.

Anteriormente, descrevemos critérios de inclusão, critérios de exclusão e regras de grupo estabelecidas ao longo dos anos. A maioria deles foi desenvolvida em resposta a padrões problemáticos que testemunhamos. Por exemplo, quando soubemos que membros do grupo foram distraídos por pessoas que se mantêm em silêncio, decidimos selecionar novos integrantes segundo sua disposição em participar de sessões de grupo, compartilhar suas preocupações pessoais e ser solidário. Quando descobrimos que mesmo os membros gravemente comprometidos poderiam ser ajudados pelo grupo, decidimos incluir pessoas com doenças mentais graves.

Durante um período de quase 30 anos, pedimos apenas a alguns membros dos grupos que passassem do nosso grupo de TCC para outras modalidades terapêuticas. Em um caso, um homem sempre culpava a esposa por todos os seus problemas e constantemente ficava na defensiva quando solicitado a considerar as mudanças que poderia fazer, então nós o aconselhamos a fazer terapia conjugal antes de retornar ao grupo. Em outro caso, um paciente estava extremamente paranoico, acusando os membros do grupo de conspirações para prejudicá-lo. E, em um terceiro caso, uma paciente com transtorno da personalidade *borderline* ficava furiosa em resposta a todos os esforços para ajudá-la, exclamando ironicamente: "Nenhum de vocês se preocupa comigo ou entende como é ser eu". Quando essas pessoas foram solicitadas a considerar serviços alternativos, as discussões ocorreram de maneira privativa, após as sessões. Em cada caso, o membro do grupo ficou surpreso e insatisfeito com a recomendação, então o terapeuta fez questão de fornecer-lhes encaminhamentos, apoio e orientação apropriados, até que a pessoa entendesse que esse processo era do interesse de todos e que ela acabaria se beneficiando da mudança para outra modalidade.

Estabelecemos regras como "Sem ficar na defensiva", "Personalizar tudo" e "Não dar conselhos", pois aprendemos que elas diminuem a probabilidade de haver problemas interpessoais no grupo. Além disso, ao explicarmos essas regras antes do ingresso no grupo, os membros precisam apenas de lembretes quando estão filosofando, ficando na defensiva ou dando conselhos aos outros. Como um breve exemplo desse lembrete, considere o diálogo a seguir. Sarah acabou de ouvir sobre os esforços bem-sucedidos de dois outros membros do grupo:

> **Sarah:** Vocês fazem sua recuperação parecer tão fácil. Eu fico tão deprimida que eu nem penso em fazer as coisas positivas que tornam sua recuperação possível.
>
> **Kristen:** Sarah, o modelo ABC é uma ótima maneira de mudar seus pensamentos se você quer mudar seus sentimentos. Você deve trabalhar para mudar os pensamentos que fazem você se sentir deprimida.
>
> **Sarah:** É mais fácil falar do que fazer.
>
> **Lois:** Kristen, eu aprecio o quanto você valoriza o modelo ABC. E estou vendo que você está sinceramente tentando ajudar Sarah.
>
> **Kristen:** Ah não, eu fiz algo errado? Desculpe!
>
> **Lois:** Não é que você tenha feito algo errado. É que existem certas regras para ajudar os membros do grupo a serem mais eficazes em ajudar uns aos outros. Por exemplo, você se ouviu dizer: "O modelo ABC é uma ótima maneira de mudar seus pensamentos se você quer mudar seus sentimentos"?
>
> **Kristen:** Ah sim, eu deveria ter personalizado isso. Algo como "Sarah, usar o modelo ABC realmente *me* ajuda quando eu começo a me sentir deprimida".
>
> **Lois:** Excelente, obrigada! E você se ouviu dizer a Sarah: "Você deve..."?
>
> **Kristen:** Já sei o que fiz de errado aí. Eu não deveria estar dizendo *você deve* para outro membro do grupo. Quer dizer, eu não deveria dar conselhos.
>
> **Lois:** O que você poderia ter dito em vez disso?
>
> **Kristen:** Eu poderia ter dito que isso me ajuda a mudar meus pensamentos... Sarah, me desculpe!
>
> **Lois:** Kristen, acho que ao se desculpar você quer dizer que se importa com Sarah.
>
> **Kristen:** [*Para Sarah.*] Sim, é exatamente o que quero dizer. Eu me importo com você e quero que você receba o tipo de ajuda que eu recebi.

Sarah: [*Começa a chorar.*] Obrigada, Kristen. Isso significa muito para mim.
Lois: [*Para Sarah.*] Quão útil foi o conselho que Kristen estava dando antes?
Sarah: Para ser sincera, eu sempre ignoro quando as pessoas me dizem o que fazer. Durante toda a minha vida me disseram o que fazer.
Lois: Quão útil foi quando Kristen personalizou os pensamentos dela, revelando o que funcionou para ela, e principalmente que ela se importa com você?
Sarah: Foi muito útil. Obrigado novamente, Kristen.

Esse exemplo entre Kristen, Sarah e Lois, é, na verdade, bastante comum em um grupo de TCC bem-administrado. Ao longo de sua vida, muitos membros do grupo aprendem a distanciar-se de seus sentimentos, a fim de evitar vulnerabilidade. Eles tiveram sentimentos de mágoa quando outras pessoas descartaram sua tristeza, decepção, solidão, ansiedade, frustração, desespero ou preocupação. Eles também se arrependeram depois de tentar ajudar os outros compartilhando sua própria dor. No grupo, os membros são incentivados a compartilhar pensamentos e sentimentos íntimos e a apoiar outras pessoas que também fazem isso. As regras descritas anteriormente servem para aumentar a probabilidade de que as conversas como a de Kristen e Sarah sejam gratificantes e recompensadoras.

RESUMO

A terapia de grupo pode ser profundamente desafiadora e gratificante tanto para os integrantes como para os facilitadores. Quando as sessões de grupo são bem facilitadas, pacientes e terapeutas desenvolvem e praticam habilidades vitais. Os pacientes são especialmente propensos a se beneficiar dos fatores terapêuticos de grupo descritos por Yalom e Leszcz (2005). Por exemplo, alguns membros do grupo aprendem pela primeira vez que não estão sozinhos em seu sofrimento. Alguns têm sua primeira experiência ajudando outros que estão em dificuldades. Alguns recebem um *feedback* construtivo cuidadoso, como nunca receberam antes. E alguns experimentam como é fazer parte de uma "família" carinhosa pela primeira vez em sua vida.

Muitos clínicos acreditam que a terapia de grupo é muito mais difícil de facilitar do que a terapia individual. Isso pode ser verdade ou não, mas as recompensas de conduzir um grupo de TCC eficaz valem o esforço. Os terapeutas cognitivo-comportamentais que praticam TCC individual com eficácia são encorajados a estender suas habilidades ao ambiente de grupo, onde aprenderão diretamente os benefícios profissionais e pessoais desse processo.

FORMULÁRIO 12.1 Ficha de acompanhamento do grupo de terapia cognitivo-comportamental para dependências

Instruções: Este formulário é preenchido pelos facilitadores do grupo em cada sessão. O principal objetivo é rastrear a frequência e o progresso dos participantes de sessão para sessão. Em cada sessão, os pacientes são solicitados a se apresentar, informando seu nome, idade (opcional), dependência(s), situação atual, metas de mudança e outros problemas relacionados (p. ex., o contexto em que vivem). Um objetivo secundário é ajudar os facilitadores a manterem o foco em cada sessão.

Nome (idade)	Dependência(s)	Situação atual	Objetivos de mudança	Outros problemas/contexto

De *Terapia-cognitivo comportamental para transtornos por uso de substâncias e dependências comportamentais*, por Aaron T. Beck e Bruce S. Liese. Copyright © 2024 Artmed. A permissão para fotocopiar este formulário é concedida aos compradores deste livro para uso pessoal ou uso com pacientes. Uma versão para *download* está disponível no material complementar do livro em loja.grupoa.com.br.

13

Prevenção de recaídas e redução de danos

Bárbara, 65 anos, trabalha como cozinheira em uma casa de repouso há 20 anos. Durante a maior parte desse tempo, ela desejou se aposentar, mas agora admite que é improvável que esse sonho se realize. Ela tem sérios problemas financeiros, tudo devido a perdas em jogos de azar. Ela estourou todos os seus cartões de crédito e gastou todas as suas economias de aposentadoria em jogos de azar. Depois de tentar e não conseguir parar inúmeras vezes, ela admite, já desgastada pela situação: "Provavelmente sempre voltarei ao jogo".

Larry, 48 anos, acaba de ser informado por seu médico de família que tem câncer de pulmão. Como fumante, essa é a notícia que ele temeu durante toda a sua vida adulta. Larry e sua esposa têm duas filhas no ensino médio. Pelo que ele é capaz de se lembrar, elas sempre imploraram para que ele parasse de fumar, o que tentou fazer diversas vezes. Agora Larry sente uma tremenda culpa e vergonha. Ele não tem certeza do que é mais assustador: encarar sua morte prematura ou encarar suas filhas com essa notícia. Relembrando as muitas vezes que tentou parar e falhou, Larry se odeia por não ter parado antes.

Lynn, 39 anos, pesa quase 160 quilos. Ela precisa de uma *scooter* elétrica para se locomover porque não consegue andar mais do que alguns metros sem parar para descansar. Lynn descreve sofrer com o "efeito sanfona", fazendo dietas restritivas e lutando contra a compulsão alimentar a vida inteira. Houve momentos em que ela perdeu até 45 quilos, mas depois ganhou tudo de volta. Muitas vezes ela pensa: "Meus hábitos alimentares destruíram minha vida", mas não consegue imaginar sua vida sem comidas afetivas.

Jim, 46 anos, acaba de recobrar a consciência na unidade de terapia intensiva do hospital local. Ele olha para cima, reconhece o rosto de sua esposa, vê as lágrimas em seus olhos e ouve sua voz sofrida dizer: "Você quase morreu com aquele maldito analgésico. Como você pôde fazer isso?". À medida que seus pensamentos começam a clarear, ele se lembra das muitas vezes que tentou e não conseguiu reduzir a quantidade de remédios que toma. Ele já se perguntou centenas de vezes: "Por que estou fazendo isso comigo mesmo?".

Bárbara, Larry, Lynn e Jim têm várias coisas em comum: todos lutaram contra comportamentos dependentes; todos tentaram, sem êxito, mudar esses comportamentos; todos sofreram numerosos lapsos e recaídas; e todos podem se beneficiar de abordagens terapêuticas que foquem na prevenção de recaídas e na redução de danos.

O que significam os termos *lapso, recaída, prevenção de recaída* e *redução de danos*? Um *lapso*, ou *deslize*, é definido como envolvimento inicial em um comportamento (p. ex., jogos de azar, tabagismo, compulsão alimentar, uso indevido de opioides) após o comprometimento de abster-se daquele comportamento. Já uma *recaída* é um retorno total a um comportamento dependente. Geralmente considera-se *prevenção de recaída* qualquer intervenção terapêutica destinada a reduzir a probabilidade de recaída. E a *redução de danos* envolve esforços para diminuir os malefícios ou danos associados a comportamentos dependentes.*

Ninguém quer ser uma pessoa com dependência. Enquanto muitas pessoas com dependências desejam continuar seus comportamentos sem sofrer danos, a maioria não quer se sentir compelida a usar ou ser dependente de seus comportamentos. As quatro pessoas descritas gostariam de poder continuar com seus comportamentos sem danos. Bárbara gostaria de poder "simplesmente gostar de jogar como outras pessoas gostam de seus *hobbies*". Larry gostaria de poder "só fumar um cigarro de vez em quando", Lynn gostaria de poder "comer como todo mundo". E Jim gostaria de poder "tomar apenas a medicação necessária para aliviar a dor". Por isso, muitos pacientes sentem-se frustrados quando não conseguem reduzir ou parar comportamentos dependentes. Infelizmente, não são apenas os pacientes que se sentem frustrados com suas recaídas. Amigos, familiares, colegas e até mesmo terapeutas podem sentir-se desanimados ao cuidar daqueles que enfrentam dependências.

---

* Deve-se assinalar que o trabalho seminal na prevenção de recaída e na redução de danos foi realizado por Alan Marlatt e colegas (Hendershot, Witkiewitz, George, & Marlatt, 2011; Logan & Marlatt, 2010; Marlatt, 1996; Marlatt & Gordon, 1985; Marlatt & Tapert, 1993; Marlatt & Witkiewitz, 2005). Alan Marlatt foi descrito por colegas como um visionário e luminar (White, Larimer, Sher, & Witkiewitz, 2011), e nós concordamos. Na verdade, este capítulo é dedicado à memória de Alan Marlatt, falecido em 2011.

Este capítulo tem foco na prevenção de recaídas e a redução de danos. Somos guiados por cinco princípios básicos:

1. A recaída é intrínseca ao processo de recuperação.
2. Os episódios de recaída oferecem oportunidades de aprendizado.
3. Práticas de prevenção de recaídas facilitam o aprendizado.
4. Quando a recaída é persistente, estratégias de redução de danos devem ser consideradas.
5. As estratégias de prevenção de recaída e redução de danos *encontram as pessoas onde elas estão* e, portanto, melhoram as relações terapêuticas e o sucesso em longo prazo.

É relativamente fácil para as pessoas interromperem momentaneamente comportamentos indesejados; manter a mudança de comportamento é muito mais difícil. Como dito anteriormente, a maioria das pessoas com dependências tem reveses (ou seja, lapsos e recaídas). Portanto, um dos principais objetivos da terapia cognitivo-comportamental (TCC) para os *pacientes* é aprender com esses *reveses*, enquanto um dos principais objetivos para os *terapeutas* é ser paciente, colaborativo e estratégico quando os pacientes sofrem *reveses*. Espera-se que as lições aprendidas com as práticas de prevenção de recaídas e redução de danos acabem aumentando o conhecimento, a habilidade e a tenacidade dos terapeutas e dos pacientes.

Neste capítulo, discutimos as abordagens da TCC para a prevenção de recaídas, mas, mais importante, ressaltamos que a recaída é um aspecto inevitável do processo de mudança. Os pacientes são encorajados a rotular uma recaída como tal (em vez de se autoestigmatizar), revisar habilidades para evitar futuras recaídas e praticar essas habilidades no futuro. Além disso, pedimos aos pacientes e terapeutas que encarem a recaída como uma parte natural da recuperação e uma oportunidade de aprendizado e crescimento pessoal. Enfatizamos aos terapeutas que as pessoas com dependências fazem mudanças respeitando seu próprio tempo, e não no tempo que seus terapeutas desejam. E ressaltamos que os pacientes que não estão prontos para se abster de comportamentos dependentes devem ser ajudados a reduzir os danos associados a esses comportamentos.

A maioria das estratégias de prevenção de recaídas emprega os componentes básicos da TCC: estrutura, colaboração, conceitualização de caso, psicoeducação e técnicas estruturadas. Muitas técnicas específicas de prevenção de recaídas já foram descritas nos capítulos anteriores (p. ex., ver Capítulo 7).

PREVENÇÃO DE RECAÍDAS E REDUÇÃO DE DANOS SOB A PERSPECTIVA DA TERAPIA COGNITIVO-COMPORTAMENTAL

Como discutimos, as dependências envolvem processos cognitivos, comportamentais, fisiológicos e afetivos automáticos superaprendidos que são ativados quando os indivíduos encontram gatilhos relacionados à dependência. Esses gatilhos podem ser internos (p. ex., emoções positivas, ânsias, desejos, fome, exaustão, dor física) ou externos (p. ex., pessoas, lugares, coisas associadas a comportamentos dependentes). As consequências iniciais desse tipo de comportamento são predominantemente positivas ou pelo menos desejadas, mas com o tempo tornam-se associadas a resultados indesejados. De fato, Bárbara, Larry, Lynn e Jim gostavam de seus comportamentos dependentes – até não gostarem mais.

À medida que as vantagens desses comportamentos diminuem e as desvantagens aumentam, a maioria dos indivíduos tenta exercer controle sobre eles. Ao fazer isso, familiarizam-se intimamente com a dinâmica da recaída. Na verdade, os indivíduos que procuram tratamento, em sua maioria, tentaram fazer mudanças por conta própria, mas depois de não conseguirem e se cansarem das recaídas, decidem buscar ajuda profissional. Quando chegam ao consultório do terapeuta, sentem-se ambivalentes em relação a seus comportamentos dependentes. Eles podem dizer algo como: "Eu realmente não quero abandonar meu hábito de [comportamento dependente], mas estou em um ponto em que preciso fazer isso".

Larry, Lynn, Bárbara e Jim chegaram ao ponto em que a balança se inclinou de *"posso* viver com minha dependência" para *"não consigo* viver com minha dependência". Bárbara está preocupada com as finanças, Larry está apavorado com o diagnóstico de câncer e com o que isso pode significar para sua família, Lynn quer circular sozinha e não ser dependente de sua *scooter*, e Jim quer viver mais plenamente, como fazia antes de ficar dependente de analgésicos narcóticos.

Prevenção de recaídas sob a perspectiva da terapia cognitivo-comportamental

A prevenção de recaídas envolve a identificação de gatilhos, pensamentos, sentimentos, comportamentos e consequências associados às recaídas e o desenvolvimento de habilidades que permitam que os pacientes resistam a elas. Alguns pacientes correm maior risco de recaída quando sentem emoções positivas, alguns quando sentem emoções negativas, alguns quando são expostos a eventos externos associados a comportamentos dependentes e, claro, muitos correm risco em todas essas circunstâncias. Assim, algumas estratégias de prevenção de recaídas envolvem evitar gatilhos, algumas envolvem aprender habilidades cognitivas e habilidades comportamentais para lidar com gatilhos, e algumas envolvem dominar atividades que tornam os próprios comportamentos dependentes menos sedutores.

Redução de danos sob a perspectiva da terapia cognitivo-comportamental

Os terapeutas cognitivo-comportamentais devem sempre considerar estratégias de redução de danos quando os pacientes não estão comprometidos com a abstinência. Por exemplo, pessoas com transtorno por uso de álcool podem ser ajudadas aprendendo limites seguros de consumo e evitando atividades potencialmente perigosas (p. ex., dirigir ou operar equipamentos potencialmente perigosos) enquanto estiverem sob a influência de álcool. Pessoas que fumam cigarros podem considerar o uso de produtos de reposição de nicotina, pessoas com transtorno por uso de opioides podem considerar medicamentos para tratar esse transtorno, e pessoas que comem compulsivamente podem concordar em evitar alimentos de alto risco ou comer lanches pequenos e saudáveis entre as refeições para sentir menos fome na hora das refeições.

Focar na redução de danos pode parecer um caminho perigoso, principalmente quando os pacientes estão se envolvendo em comportamentos ilegais ou até potencialmente fatais e conversando com terapeutas sobre apenas reduzi--los. A maioria dos terapeutas preferiria que os pacientes nunca se envolvessem nesses comportamentos, alguns desejando que seus pacientes nem sequer revelem essas condutas. O caminho começa a ficar perigoso quando os pacientes dizem coisas como: "Vou tentar usar cocaína apenas nos finais de semana" ou "Vou beber menos antes de dirigir". Ao ouvir declarações como essas, os terapeutas são aconselhados a identificar os passos positivos que estão sendo dados e discutir estratégias para realizar esses passos. Os terapeutas que praticam redução de danos percebem que respostas críticas como as seguintes podem ser ineficazes ou mesmo contraproducentes:

"Você deve parar seu hábito de [comportamento dependente] imediatamente."
"Você não percebe que seu hábito de [comportamento dependente] não é saudável e/ou ilegal?"

"Seu hábito de [comportamento dependente] provavelmente o colocará em muitos problemas."

"Existem coisas melhores para fazer com o seu tempo além de ter o hábito de [comportamento dependente]."

"Não parece que você realmente quer mudar."

Em contrapartida, as respostas efetivas dos terapeutas reforçam até mesmo pequenos passos na direção da redução de danos, por exemplo:

"Eu entendo que você quer fazer mudanças."
"Isso parece um bom começo."
"Isso seria uma grande mudança para você."
"Vamos conversar sobre como você fará isso acontecer."
"Estou ansioso para saber no que isso vai resultar."

Além de fazer declarações de reforço como essas, os terapeutas são encorajados a fazer perguntas e iniciar discussões sobre como esses novos comportamentos podem ser realizados. Para ter sucesso nas estratégias de redução de danos, os terapeutas devem mudar seu pensamento de "Aprenda essas habilidades e mude agora" para "Vamos elaborar um plano de mudança que funcione melhor para você". Reiterando, as pessoas com dependências mudam comportamentos em seu próprio tempo, e não no tempo de seus terapeutas.

ORIENTANDO OS PACIENTES PARA REDUÇÃO DE DANOS E PREVENÇÃO DE RECAÍDAS

Recomendamos que os terapeutas considerem a introdução da prevenção de recaídas e redução de danos no início do processo de TCC (p. ex., ao orientar os pacientes para a TCC). A seguinte conversa entre Bárbara e seu terapeuta, durante seu primeiro encontro, fornece um exemplo de como isso pode ocorrer:

Terapeuta: Bem-vinda, Bárbara. Estou feliz em conhecê-la.
Bárbara: Obrigada, estou feliz por estar aqui.
Terapeuta: No que você gostaria que trabalhássemos juntos?
Bárbara: Minha médica me disse para vir falar com você. Ela acha que estou deprimida. Tenho 65 anos e me sinto exausta o tempo todo. Trabalho como cozinheira em uma casa de repouso para idosos. Estou velha demais para isso. Olhe as minhas mãos. [*Estende as mãos para o terapeuta ver.*] Já perdi a conta de quantas vezes cortei e queimei essas mãos. Achei que

a essa altura já estaria desacelerando, mas estou muito estressada com o dinheiro.

Terapeuta: O que você quer dizer quando diz que pensou que "a essa altura já estaria desacelerando"?

Bárbara: Tenho 65 anos. Pensei que agora já estaria me aposentando.

Terapeuta: Você também disse que está estressada com o dinheiro...

Bárbara: [*Interrompe.*] Ok, antes de me acovardar, preciso apenas dizer isso... [*Faz uma pausa e respira fundo.*] Eu teria dinheiro para a aposentadoria se não tivesse gastado tudo no jogo.

Terapeuta: [*Depois de outra pausa.*] Por favor, explique.

Bárbara: Não é algo de que me orgulhe. Para começar, moro sozinha. Alguns anos atrás eu tinha amigos que me levavam para jogar. A princípio eu não gostei, mas depois comecei a ficar viciada. O jogo propriamente dito era apenas uma parte disso. Quando não estava jogando, eu me via ansiosa pelos sons, as luzes piscando, as pessoas ao redor, as máquinas caça-níqueis e tudo mais que se encontra em um cassino. Um dia, de repente, a ficha caiu e pensei: "Eu não me sinto sozinha quando estou aqui".

Terapeuta: Então, jogar, ou pelo menos estar em um cassino, atendeu a certas necessidades que não estavam sendo atendidas em sua vida.

Bárbara: Exatamente. Até que começou a causar problemas.

Terapeuta: O que você quer dizer?

Bárbara: Na verdade, eu não admiti isso para mim mesma imediatamente. Foi só quando as compras no meu cartão de crédito começaram a ser negadas que percebi que tinha ido longe demais.

Terapeuta: Longe demais?

Bárbara: Sim, demorou alguns anos, mas meu jogo de alguma forma corroeu minhas contas de poupança e de aposentadoria. Foi então que vi que tinha chegado no meu limite – isto é, financeiramente.

Terapeuta: Você deve ter ficado chocada com essa percepção.

Bárbara: Chocada? Eu fiquei apavorada.

Terapeuta: Quais esforços você fez para manter suas finanças sob controle?

Bárbara: Eu sabia que precisava parar de jogar. Eu tentei de tudo. Prometi a mim mesma que gastaria até certo limite jogando. Eu só levaria pequenas quantias para o cassino, como 20 ou 30 dólares. Deixaria meus cartões de crédito em casa. Prometi limitar meu tempo no cassino. Tudo falhou. Eu quebrei todas as promessas que fiz para mim mesma.

Terapeuta: Então você estabeleceu todas essas metas e depois recaiu várias vezes. E agora você se encontra aqui comigo. Estou correto em supor que você está procurando ajuda para sua dependência de jogo?

Bárbara: Parece que não tenho escolha.

Terapeuta: Eu gostaria de ajudar. Como você sofreu várias recaídas, eu gostaria de discutir a prevenção de recaídas.

Bárbara: Prevenção de recaídas. Isso existe?

Terapeuta: A prevenção de recaídas envolve trabalharmos juntos para examinar suas recaídas cuidadosamente, como sob um microscópio, para entender melhor todos os elementos que a levam à recaída.

Bárbara: Elementos?

Terapeuta: Sim. Passaremos um tempo discutindo o que você vem pensando, sentindo e fazendo pouco antes de ir jogar. Procuraremos padrões. Por exemplo, tentaremos descobrir se você costuma estar em casa ou no trabalho, sentindo-se sozinha ou deprimida, entediada ou ansiosa. Falaremos sobre como você planeja suas idas ao cassino, sejam elas impulsivas ou cuidadosamente planejadas... e muito mais. O que você acha?

Bárbara: Faz sentido, mas o que fazemos depois de descobrir tudo isso?

Terapeuta: Descobriremos o que você pode mudar, para prevenir ou pelo menos reduzir a probabilidade de recaída.

Bárbara: Parece bom, mas e se eu continuar voltando? E se isso não funcionar? Estou com muito medo de ficar sem ter onde morar.

Terapeuta: Essa é uma boa pergunta. Outra coisa na qual vamos focar é a redução de danos.

Bárbara: Redução de danos?

Terapeuta: Sim. É neste âmbito que falamos sobre o que você pode considerar fazer para reduzir os danos causados pelo seu jogo.

Bárbara: Você quer dizer levar apenas pequenas quantias para o cassino e deixar meus cartões de crédito em casa? Eu já sei que isso não funciona.

Terapeuta: Isso não funcionou, então vamos tentar descobrir o porquê. Também vamos procurar outras possíveis estratégias de redução de danos.

Bárbara: Hmmm... [*Pausa.*] Já consigo pensar em algo que posso mudar.

Terapeuta: E o que é?

Bárbara: Como ganhei *status* VIP no cassino, consigo um quarto no hotel de luxo deles a um preço muito bom, por isso muitas vezes passo a noite lá. Às vezes eu até passo o fim de semana inteiro. Eu recebo um quarto lindo, perfeitamente decorado, com banheira de hidromassagem, *jacuzzi* e muito mais, mas quase não fico no quarto. Quando tento subir para o quarto e dormir um pouco, acabo ficando bem acordada, ansiando por jogar mais. Por fim, eu me levanto, desço as escadas e começo de novo. É raro eu dormir mais de 2 ou 3 horas quando estou lá. E então me sinto péssima durante vários dias depois. É como uma ressaca sem beber. Quando sou honesta comigo mesma, percebo que eu nunca deveria passar a noite em um hotel de cassino.

Terapeuta: Parece que você pode estar disposta a iniciar um plano de redução de danos parando de passar a noite no cassino. Isso está certo?

Bárbara: Sim. Faz muito tempo mesmo que eu penso em fazer isso.

Bárbara e seu novo terapeuta fizeram alguns avanços nessa breve troca. O terapeuta introduziu dois conceitos importantes – prevenção de recaídas e redução de danos – e a ajudou a refletir sobre eles. Bárbara compartilhou abertamente suas preocupações sobre jogos de azar (talvez pela primeira vez) e até expressou sua vontade de considerar mudar um padrão de comportamento. Com base nessa interação, parece que Bárbara e seu terapeuta tiveram um bom começo. Em sessões futuras, o terapeuta irá muito mais fundo, aprendendo sobre os processos contextuais, cognitivos, comportamentais, afetivos e fisiológicos envolvidos nas recaídas de Bárbara. Bárbara e seu terapeuta também irão gerar estratégias para reduzir a probabilidade de recaídas, ou ao menos os males causados pelas recaídas.

ANÁLISE FUNCIONAL NA PREVENÇÃO DE RECAÍDAS E REDUÇÃO DE DANOS

No Capítulo 6, descrevemos processos terapêuticos para lidar com comportamentos dependentes. Entre os mais importantes está a análise funcional. Na análise funcional, terapeutas e pacientes revisam e diagramam os processos contextuais, cognitivos, comportamentais, afetivos e fisiológicos associados aos comportamentos dependentes. Com isso, ambos adquirem conhecimentos valiosos sobre os fatores que influenciam a recaída e identificam possíveis alvos de mudança. Para ilustrar, compartilhamos uma conversa entre Larry e seu terapeuta durante sua primeira consulta:

Terapeuta: Larry, entendo que você foi encaminhado porque foi diagnosticado com câncer de pulmão e gostaria de receber ajuda para parar de fumar.

Larry: Na verdade, parei de fumar. Já se passaram 10 dias desde que fui diagnosticado. Como você pode imaginar, eu não fumo desde aquele dia.

Terapeuta: Parabéns por parar. Como você está lidando com o seu diagnóstico?

Larry: Estou bem. Tirei licença do trabalho para passar mais tempo com minha família, então tem sido muito fácil ficar longe dos cigarros. Eu me preocupo mais com minha família do que comigo mesmo.

Terapeuta: Fico feliz que você possa passar esse tempo com eles, já que são tão importantes para você. Considerando que você já parou, o que gostaria de trabalhar comigo?

Larry: Acho que vou superar bem a parte médica. Os médicos parecem esperançosos. Dizem que detectamos o câncer em seus estágios iniciais. Eu quero assegurar que nunca mais volte a fumar.

Terapeuta: Ótimo. Conte-me mais sobre você, sua família, seu hábito de fumar e qualquer coisa que lhe pareça relevante hoje. Como nós não nos conhecemos, eu estarei interessado em praticamente qualquer coisa que você possa me dizer sobre você.

Larry: Certo. Eu tenho 48 anos, sou casado e tenho duas lindas filhas que estão no ensino médio. Sou sócio sênior de um escritório de advocacia e, até 10 dias atrás, meu trabalho me mantinha bastante ocupado. Minha esposa, filhas e eu somos muito próximos e... [*Ele contém as lágrimas e perde a voz por quase um minuto.*] Me desculpe... é que... é isso que torna essa situação tão difícil... Eu nunca mais quero partir o coração delas desse jeito.

Terapeuta: Larry, não há necessidade de se desculpar. Você obviamente se importa profundamente com sua família. Você gostaria de falar mais sobre esses sentimentos fortes em relação a elas ou de continuar falando sobre fumar? Vou deixar você decidir.

Larry: Estou aqui para assegurar que eu nunca mais volte a fumar. É nisso que preciso de ajuda.

Terapeuta: Tudo bem. Vamos voltar ao seu hábito de fumar. Fale-me sobre seu tabagismo e seus esforços para parar.

Larry: Tenho certeza de que você conhece o velho ditado: "Parar de fumar é fácil. Já fiz isso milhares de vezes". Bem, esse é o meu caso. Eu tentei parar milhares de vezes, mas só consigo por algumas horas ou alguns dias.

Terapeuta: Então, você tentou parar diversas vezes e teve várias recaídas.

Larry: Sim, esse sou eu.

Terapeuta: Vamos examinar suas recaídas com mais cuidado. Quando você tentou parar, o que aconteceu? Tente lembrar da última vez que tentou.

Larry: Ah, isso é fácil. Marquei a consulta médica inicial, antes de ser diagnosticado, porque eu tinha uma tosse que não passava. Como era diferente da minha tosse diária de fumante, comecei a me preocupar um pouco. Depois que fiz aquela primeira consulta e me mandaram fazer todos aqueles testes e exames, eu fiz um grande esforço para parar, mas não adiantou. Eu estava tão preocupado com a tosse e com os resultados do exame que provavelmente fumei o dobro do habitual.

Terapeuta: Então, sua tosse o assustou e você decidiu consultar seu médico sobre isso. Você tentou parar antes da consulta, mas descobriu que não estava pronto.
Larry: Exatamente.
Terapeuta: Parece que seu hábito de fumar é desencadeado por estresse ou tensão.
Larry: Sim, isso mesmo. Meu trabalho é muito estressante e exigente. Se não é uma coisa, é outra. Todos os dias há um novo desafio ou problema. Por alguma razão, sou o cara a quem todos recorrem quando há um grande projeto ou problema. Parece que toda vez que tento parar de fumar, sou designado para um grande projeto. É nesse momento que penso que não é a hora certa para parar.
Terapeuta: Estou começando a entender. Você se importa se eu desenhar seu padrão no papel?
Larry: Claro que não, vá em frente.
Terapeuta: [*O terapeuta começa a desenhar os círculos e setas de uma análise funcional.*] Seus gatilhos para fumar são internos, como sentimentos de estresse ou tensão, e externos, como pressão extrema no trabalho.
Larry: Parece isso mesmo.
Terapeuta: E esses gatilhos ativam certos pensamentos, como "Preciso de um cigarro".
Larry: Isso.
Terapeuta: É quando começa sua vontade de fumar e você deseja um cigarro.
Larry: Sim.
Terapeuta: E então você pensa: "Eu parei. Não posso mais fumar".
Larry: Sim, e muitos outros pensamentos que me deixam louco.
Terapeuta: Quais outros pensamentos?
Larry: Como pensar: "Vou fumar só mais um cigarro".
Terapeuta: E daí você fuma?
Larry: É quando eu acendo e começo a fumar.
Terapeuta: Dê uma olhada no que desenhei aqui. [*Mostra para Larry a análise funcional da Figura 13.1.*]
Larry: Sim, sou eu. Ver isso no papel é útil. [*Aponta para dois dos círculos.*] Esses pensamentos me deixam louco: "Eu parei. Não posso fumar". E então, "Só mais um cigarro".
Terapeuta: Posso ver como esses pensamentos o deixavam louco. Há um termo para isso, além de *louco*.
Larry: Qual é o termo?

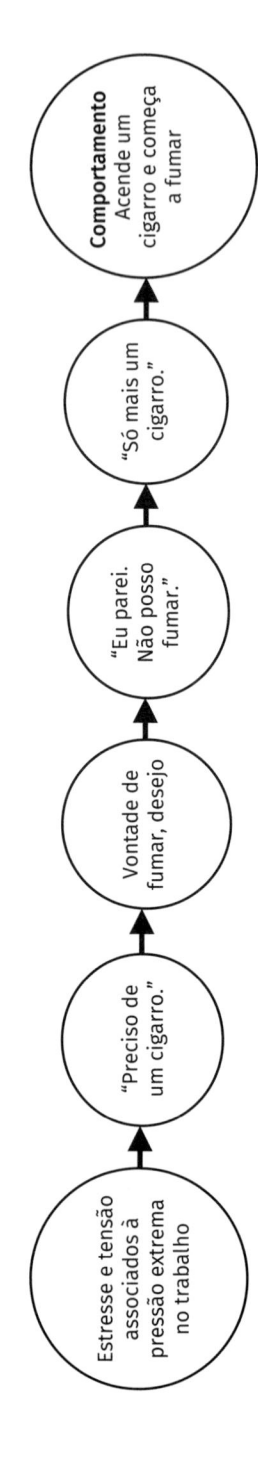

```
Estresse e tensão        "Preciso de      Vontade de       "Eu parei.        "Só mais um      Comportamento
associados à             um cigarro."     fumar, desejo    Não posso         cigarro."        Acende um
pressão extrema                                            fumar."                            cigarro e começa
no trabalho                                                                                   a fumar
```

FIGURA 13.1 Breve análise funcional de Larry.

Terapeuta: *Ambivalência.* Você se sente extremamente ambivalente em relação a parar de fumar nesses momentos.

Depois de desenhar a breve análise funcional da Figura 13.1, o terapeuta explica que essa é a primeira de muitas análises funcionais que eles irão construir juntos para representar os pensamentos, sentimentos e comportamentos de Larry. O terapeuta explica que essas análises funcionais ajudarão Larry a ficar mais atento e cauteloso ao tomar suas decisões, para que ele possa fazer escolhas mais conscientes sobre fumar ou não e como ele pode lidar com sua tensão.

Identificando e abordando pensamentos e crenças que levam a comportamentos dependentes

O terapeuta de Larry continuará ajudando-o a identificar pensamentos que aumentam seu risco de recaída, bem como pensamentos que o protegem de recaídas. Por exemplo, quando Larry está com vontade de fumar, é mais provável que ele tenha uma recaída se tiver *pensamentos permissivos*. Pensamentos permissivos (definidos no Capítulo 10) são um subconjunto de pensamentos que envolvem a permissão do paciente para usar. Os exemplos incluem:

"Só mais uma vez."
"Hoje será o último dia."
"Vou começar de novo amanhã."
"Vou manter um limite."
"Ninguém vai descobrir."
"Não estou causando mal a ninguém a não ser a mim mesmo."
"É tarde demais para apagar o dano que causei."
"Nada mais na minha vida faz eu me sentir bem."

Depois de um gatilho, do início de ânsias e desejos e da concessão de permissão, é provável que um indivíduo *deslize*. Esse deslize, ou *lapso*, torna-se então um novo gatilho para o ciclo recomeçar. Por exemplo, depois de fumar aquele cigarro, Larry pode pensar: "Eu estraguei tudo de novo". Essa crença pode ser seguida por uma cascata de pensamentos automáticos adicionais que o levam a fumar outro cigarro. Quando isso ocorre, é provável que seu desejo por cigarros se torne mais forte, e seu tabagismo aumentará novamente até que ele tenha uma *recaída* completa (ou seja, um retorno aos padrões típicos do comportamento dependente).

Idealmente, os terapeutas ajudam os pacientes a verem os lapsos e recaídas como oportunidades para praticar formas adaptativas de pensar e se comportar. O terapeuta de Larry pode ajudá-lo a entender que existem formas mais adaptativas de lidar com sua tensão no trabalho. Em vez de acreditar que é escravo dos cigarros e deve fumar, ele pode se concentrar em estratégias bem-sucedidas para lidar com a pressão do trabalho. Além disso, mesmo que decida fumar aquele único cigarro, ele não precisa pensar que falhou e não tem mais controle. Em vez disso, ele poderia praticar a recitação de pensamentos de controle que poderiam ajudá-lo a evitar uma recaída. Esses pensamentos de controle podem incluir:

"Se eu parar de fumar agora, mostro a mim mesmo que sou mais forte do que os cigarros."
"Parar de fumar é a coisa mais amorosa que posso fazer pela minha família."
"Sou uma pessoa que cumpre seus compromissos."
"Se eu resistir o suficiente, o desejo vai passar."
"Vou suportar esse mal-estar de curto prazo pelo ganho em longo prazo."

Muitos desses pensamentos de controle já são familiares àqueles que se abstêm de um comportamento dependente. Como observado anteriormente, a batalha entre os pensamentos relacionados à dependência e os pensamentos de controle é mais bem compreendida como *ambivalência*. No início do processo de recuperação, os pacientes são geralmente ambivalentes em relação às mudanças que estão fazendo. Muitos acham útil saber que essa ambivalência é causada por pensamentos que, em última análise, estão sob seu controle. Ao analisarem suas recaídas, eles aprendem a desconfiar de suas crenças relacionadas à dependência e desenvolvem e aumentam sua confiança em suas crenças relacionadas ao controle.

PREVENDO, GERENCIANDO E ENTENDENDO A RECAÍDA

Livros inteiros e centenas de artigos e capítulos foram escritos sobre o tema de prevenção de recaídas. Portanto, apenas arranhamos a superfície neste único capítulo fazendo breves recomendações para prever, entender, gerenciar e prevenir recaídas. Nas seções a seguir, discutimos a identificação e o gerenciamento de gatilhos, abordagens cognitivas da prevenção de recaídas, abordagens comportamentais da prevenção de recaídas, evitação de que um lapso se transforme em uma recaída e abordagens de apoio social para prevenção de recaídas.

Identificando e gerenciando gatilhos

Conforme descrito ao longo deste capítulo, os gatilhos incluem condições que ativam pensamentos relacionados à dependência, que por sua vez ativam comportamentos dependentes. Os gatilhos podem ser internos ou externos. São gatilhos internos comuns:

- Estados emocionais negativos (p. ex., tristeza, raiva, preocupação, solidão, frustração, desapontamento, desespero, tédio, inquietação).
- Estados emocionais positivos (p. ex., felicidade, excitação, alegria, orgulho, euforia).
- Estados físicos ou fisiológicos (p. ex., fome, dor, desejo, cansaço, exaustão, tensão).

A seguir, estão gatilhos externos comuns:

- Perda real de *algo* que se ama ou valoriza (p. ex., um animal de estimação, bens materiais, emprego).
- Perda real de *alguém* que se ama ou valoriza (p. ex., um amigo, colega, mentor, membro da família).
- Conflito interpessoal (p. ex., uma discussão recente ou uma desavença antiga).
- Outras pessoas que estão usando ou incentivando o uso (p. ex., amigos, familiares, conhecidos).
- Sucesso ou conquista significativa (p. ex., uma importante realização educacional ou profissional, conclusão de tarefa, graduação, promoção, vitória competitiva).
- Falta significativa de sucesso ou falha em alcançar algo considerado importante.

As pessoas que sofrem de dependências inevitavelmente encontram gatilhos. Isso é especialmente evidente quando se considera o fato de que todos os seres humanos sentem alguma tristeza, raiva, preocupação, solidão ou frustração (todos gatilhos internos) em algum momento. A identificação de gatilhos internos e externos é um componente extremamente importante do processo de prevenção de recaídas, pois não é incomum que pessoas com dependências não tenham consciência desses gatilhos.

Ao aumentar a consciência dos gatilhos, uma pessoa com dependência pode reduzir a probabilidade de exposição e reação automática a eles. Nas sessões, os pacientes são incentivados a rever cuidadosamente as memórias recentes e remotas de recaídas, a fim de descobrir toda a gama de gatilhos que podem levar a futuras recaídas. A seguir, está uma conversa entre Lynn e seu terapeuta, que a está ajudando a identificar gatilhos de compulsão alimentar:

> **Terapeuta:** Lynn, quais circunstâncias são mais prováveis de desencadear sua compulsão alimentar ou episódios de alimentação excessiva?
> **Lynn:** Eu não sei. Não é como se precisasse de circunstâncias especiais, eu só como.
> **Terapeuta:** Estou correto ao presumir que você nunca quer comer compulsivamente?
> **Lynn:** Claro que eu não *quero* comer demais! Já houve tantas vezes em que olhei para um saco de batatas fritas ou um pote de sorvete vazio na minha mesa da cozinha e me perguntei como pude comer tudo. Fico mal só de pensar nisso.
> **Terapeuta:** Entendo o quanto essa imagem a incomoda. Vamos trabalhar juntos para entender como isso acontece. Meu objetivo é ajudá-la a se preparar e lidar com esses momentos, determinando o que desencadeia esses lapsos.
> **Lynn:** Sim, acho que faz sentido: procurar gatilhos.
> **Terapeuta:** Podemos revisar a última vez que você comeu compulsivamente? Como começou?
> **Lynn:** O que exatamente você quer dizer com "compulsivamente"? Qual a diferença entre comer compulsivamente e comer demais?
> **Terapeuta:** Comer mais do que planejou, sentindo-se cheia quando acabou, talvez se sentindo culpada depois ou com nojo de si mesma. Todos esses são sintomas de uma compulsão.
> **Lynn:** Ah, como ontem à noite.
> **Terapeuta:** Conte-me sobre a noite passada.
> **Lynn:** Eu comi um jantar perfeitamente saudável por volta das 18h30. Fiz uma salada com molho de baixa caloria e peito de frango grelhado por cima. Estava muito bom, mas aí por volta das 21h comecei a sentir fome de novo. Fui até a cozinha e não encontrei nada saudável que me satisfizesse plenamente. Olhei nos armários e na geladeira: nada. E então olhei no congelador e vi a *pizza* congelada que comprei para o caso de ter convidados. Você sabe, uma daquelas *pizzas* congeladas grandes com a massa que cresce, coberta de carne e tudo o mais. Eu acho que eles a chamam de Deluxe ou Supreme. Eu pensei: "Isso parece bom".
> **Terapeuta:** O que aconteceu depois?

Lynn: O que aconteceu depois? Tirei do congelador, tirei da caixa, joguei no forno, e cerca de 45 minutos depois só o que restava era uma caixa de *pizza*.

Terapeuta: E então?

Lynn: Como você disse: eu comi mais do que planejei, me senti empanturrada e com nojo de mim mesma, e acordei esta manhã sentindo-me culpada e infeliz.

Terapeuta: Você disse que estava com fome às 21h. Vamos tentar descobrir quais gatilhos podem tê-la influenciado a comer uma *pizza* inteira.

Lynn: Bem, posso dizer o seguinte: quando comprei aquela *pizza*, sabia que talvez ela não durasse no congelador até eu receber convidados.

Terapeuta: Você está dizendo que a própria presença da *pizza* em seu congelador foi um gatilho para prepará-la e comê-la.

Lynn: Ah, sim. Quanto mais tempo ficava no congelador, mais eu podia ouvi-la me chamando.

Terapeuta: Chamando você?

Lynn: Sim, quando tenho algo assim em minha casa é quase como se me chamasse. Posso estar sentada no sofá, assistindo aos meus programas de TV, e é como se eu ouvisse uma voz na minha cabeça gritando: "Estou no congelador, esperando por você. Eu vou ser tão saborosa. Venha e me pegue!".

Terapeuta: Como uma voz real?

Lynn: Não, claro que não! É a minha imaginação agindo.

Terapeuta: Então, a própria existência de uma *pizza* em seu congelador é um gatilho externo. E os gatilhos internos?

Lynn: O que você quer dizer com gatilhos internos?

Terapeuta: Por exemplo, o que você sente *emocionalmente* quando sente fome depois de jantar?

Lynn: Ah, isso é fácil. Estou entediada, solitária, inquieta e com muitos outros sentimentos ruins que conheço muito bem.

Terapeuta: O que a impede de parar depois de comer *pizza* suficiente para ficar satisfeita?

Lynn: Essa é uma boa pergunta. Eu como, tipo, metade da *pizza*, e então olho para o resto ali só esperando e penso: "Eu já estraguei tudo mesmo. É melhor eu liquidá-la".

Terapeuta: Acho que você está me dizendo que a *pizza* que sobrou é outro gatilho. Você a vê na sua frente e, mesmo que esteja satisfeita, ela desencadeia pensamentos sobre terminar de comê-la.

Lynn: Exatamente.

Nesse diálogo, Lynn descreveu um cenário bastante comum. *Pessoas com dependências provavelmente serão acionadas por uma combinação de gatilhos internos e externos.* No caso de Lynn, ela foi inicialmente acionada pelo tédio, solidão e inquietação. Esses sentimentos provavelmente desencadearam mudanças fisiológicas que ela experimentou como um leve desejo de algo. Sabendo que havia uma *pizza* no congelador, o desejo de Lynn assumiu um foco específico – na *pizza*. Ela começou a visualizar o processo de preparar, comer, curtir e obter um alívio momentâneo comendo a *pizza*. E antes que ela percebesse, a *pizza* tinha acabado.

O processo de identificação de gatilhos é vital para os terapeutas. Os pacientes muitas vezes se envolvem em seus comportamentos dependentes de forma tão automática que nem percebem quando foram acionados. Quando os terapeutas e seus pacientes identificam, rotulam, listam e categorizam seus gatilhos, isso permite que os pacientes prevejam quando estarão vulneráveis à recaída. Como mencionado anteriormente, os terapeutas só podem ajudar os pacientes a evitarem ou lidarem com gatilhos depois de eles terem sido identificados.

O terapeuta de Lynn continua conversando com ela sobre seus gatilhos. Eles fazem uma lista de gatilhos internos e externos que Lynn pode prever. Ao fazer isso, Lynn percebe que seu mundo ficou "terrivelmente pequeno", com poucas recompensas, o que a coloca em grande risco de recaída. Ela também percebe que precisa evitar a exposição a alimentos hiperpalatáveis sempre que possível. Por exemplo, se ela decidir servir esses alimentos a convidados, ela não deve comprá-los até o dia da visita, e pode até pensar em comprar apenas alimentos saudáveis para os convidados. Ela também concorda em levar apenas lanches saudáveis para casa (p. ex., frutas e legumes) e deixar alimentos menos saudáveis no mercado para outra pessoa comprar.

Os gatilhos variam muito de uma pessoa para outra. Os terapeutas precisam avaliar gatilhos para cada paciente com cuidado. Um método útil para fazer isso é a tarefa de casa de automonitoramento. Especificamente, o paciente mantém um diário de desejos em relação a eventos internos e externos. Então, esse diário é revisado com o paciente sempre que for relevante fazê-lo. Também é prudente, antes do final de cada sessão, antecipar gatilhos específicos que podem ocorrer antes da próxima sessão e depois pedir aos pacientes que planejem estratégias para lidar com esses gatilhos.

Abordagens cognitivas da prevenção de recaídas

Os gatilhos são relevantes porque ativam pensamentos e crenças que aumentam a vulnerabilidade a lapsos e recaídas. Assim, uma estratégia cognitiva fundamental para prevenção de recaídas é o desenvolvimento de crenças de *controle* que reduzem a vulnerabilidade a lapsos e recaídas. A seguir, são apresentados alguns exemplos:

> "Não preciso de [comportamentos dependentes] para me sentir bem."
> "Minha vida vai melhorar sem [comportamentos dependentes]."
> "Eu posso lidar com emoções desagradáveis sem usar [comportamentos dependentes]."
> "Tenho controle sobre meus próprios comportamentos, incluindo o hábito de [comportamentos dependentes]."
> "Mesmo se eu tiver um deslize, não preciso continuar usando [comportamentos dependentes]."
> "Um lapso não precisa se tornar uma recaída."

A descoberta guiada, a mais fundamental das estratégias de TCC, é usada para ajudar os pacientes a identificarem pensamentos e crenças relacionados à dependência e substituí-los por pensamentos e crenças de autocontrole. A seguinte conversa entre Jim e seu terapeuta demonstra como isso pode ocorrer:

> **Terapeuta:** Jim, você disse que acordou no hospital e se perguntou: "Por que estou fazendo isso comigo mesmo?".
> **Jim:** Sim, só não entendo por que não consigo reduzir o analgésico.
> **Terapeuta:** Uma das razões pelas quais é difícil reduzir é que você tem muitos pensamentos e crenças que favorecem tomar sua medicação.
> **Jim:** Não tenho certeza se entendi.
> **Terapeuta:** Existem dois tipos de pensamentos e crenças que eu gostaria de discutir com você: os relacionados à dependência e os que ajudam no autocontrole. Os pensamentos relacionados à dependência levam ao seu uso excessivo de remédio e os pensamentos de autocontrole...
> **Jim:** [*Interrompe.*] Deixe-me adivinhar: me ajudam a ter um melhor autocontrole.
> **Terapeuta:** Exatamente. Você se importa se eu escrever suas perguntas relacionadas à dependência e pensamentos de autocontrole em uma folha de papel?
> **Jim:** De jeito nenhum.
> **Terapeuta:** Certo. [*Pega uma folha de papel.*] Diga-me o que está acontecendo com você imediatamente antes de tomar seu remédio.
> **Jim:** Você quer dizer pensamentos como "Preciso do meu analgésico"?

Terapeuta: Exatamente. [*Escreve "Preciso do meu analgésico" sob o título "Pensamentos e crenças de Jim relacionados à dependência."*]

Jim: Ah, eu tenho muitos pensamentos. A dor é insuportável sem o meu remédio para dor. Eu não consigo funcionar sem ele. Já tentei de tudo e é a única coisa que alivia minha dor. [*Pausa.*]

Terapeuta: Outros pensamentos?

Jim: Sim. Mesmo a menor dor me assusta e me faz tomar mais remédio. Se não, a dor vai me derrubar. Antes de ir parar no hospital, pensei que estava tomando cuidado para não ser uma dessas pessoas que sofrem *overdose*.

Terapeuta: Ok, anotei todos esses pensamentos. [*Mostra a Jim uma lista de seus pensamentos dependentes.*]

Jim: Puxa, você escreve rápido.

Terapeuta: Obrigado. Agora vamos listar alguns pensamentos que irão ajudá-lo a melhorar o controle sobre a quantidade de medicamentos que você toma.

Jim: Ok. Isso deve ser interessante. [*Pausa para pensar.*] Eu sei que não me faz bem tomar tanto remédio como eu tomo. Eu sei que isso pode me matar. E minha esposa fica apavorada por saber que eu tomo tanto analgésico. Eu sei que tem gente em toda parte morrendo por ter tomado o mesmo remédio que eu tomo. Eu sei que posso fazer melhor.

Terapeuta: Continue.

Jim: [*Pausa para pensar entre cada afirmação.*] Posso tomar meu remédio como meu médico manda... Meu medo da dor, em vez da dor em si, é uma força poderosa que impulsiona minhas escolhas de medicamentos... tenho medo de sentir a dor intensa que eu sentia antes... Os médicos sabem o que estão fazendo... Eu posso confiar que eles vão me ajudar a controlar minha dor... eu não tenho que ficar ajustando a dose por conta própria.

Terapeuta: Muito bem. Agora dê outra olhada nesses dois grupos de pensamentos. [*Mostra a Jim o Quadro 13.1, uma lista de seus pensamentos relacionados à dependência ao lado de uma lista de pensamentos relacionados ao autocontrole; uma versão em branco desse quadro está disponível no Formulário 2.1 no final do Capítulo 2.*] O primeiro grupo contém pensamentos que orientam seus comportamentos atuais de consumo de remédios, enquanto o segundo grupo pode ajudar a melhorar seu controle sobre seus comportamentos de consumo de medicamentos.

Jim: É muito interessante ver meus pensamentos escritos assim. Acho que entendi.

QUADRO 13.1 Pensamentos e crenças de Jim relacionados à dependência e de autocontrole

Pensamentos e crenças relacionados à dependência	Pensamentos e crenças de autocontrole
"Preciso do meu remédio para dor." "A dor é insuportável sem o meu analgésico." "Eu não consigo funcionar sem meu remédio para dor." "Eu já tentei de tudo e o analgésico é a única coisa que alivia a minha dor." "Mesmo o aparecimento da menor dor exige mais remédio." "Preciso tomar o analgésico assim que eu sinto dor, senão ela vai acabar comigo."	"Tomo cuidado para não ser uma dessas pessoas que tiveram overdose." "Não me faz bem tomar tanto remédio para dor como eu tomo." "Analgésico demais pode me matar." "Minha esposa fica apavorada por saber que eu tomo tanto analgésico." "Há pessoas por toda parte morrendo por tomar o mesmo remédio que eu tomo." "Eu sei que posso fazer melhor." "Eu posso tomar meu remédio como prescrito." "Meu medo da dor, não a dor em si, impulsiona minhas escolhas de medicamentos." "Tenho medo de sentir a dor intensa que senti antes." "Os médicos sabem o que estão fazendo." "Eu posso confiar que eles vão me ajudar a controlar minha dor." "Não preciso ficar ajustando a dose por conta própria."

Terapeuta: Eu gostaria de continuar trabalhando na identificação de ambos os conjuntos de pensamentos e crenças: aqueles que aumentam a probabilidade de você tomar mais remédios do que o prescrito e aqueles que aumentam a probabilidade de você tomar sua medicação tal como seus médicos prescreveram.

Jim: Posso concordar com isso, com certeza.

Nesse exemplo, Jim foi ajudado a reconhecer e listar pensamentos e crenças relacionados à dependência e de autocontrole. Com isso, ele pode se tornar mais cauteloso e consciente em suas escolhas a respeito de pensamentos e crenças.

Ao adquirirem essa habilidade, os pacientes estão preparados para obter melhor controle sobre seus comportamentos e habilidades, a fim de prevenir lapsos e recaídas. Outras abordagens cognitivas para a prevenção de recaídas incluem análises de vantagens e desvantagens, registros de pensamentos diários e muito mais. Para obter detalhes sobre essas técnicas, consulte o Capítulo 7.

Abordagens comportamentais da prevenção de recaídas

Enquanto aprendem a identificar gatilhos, reconhecer pensamentos relacionados à dependência e produzir pensamentos de autocontrole, os pacientes são simultaneamente encorajados a praticar estratégias comportamentais para lidar com os gatilhos. A escolha de uma determinada estratégia de comportamento no lugar de outra depende, em grande parte, do próprio gatilho. Gatilhos internos envolvendo sofrimento emocional podem exigir estratégias comportamentais que reduzam o sofrimento. Por exemplo, estratégias de ativação comportamental podem ser oferecidas a pacientes que iniciam comportamentos dependentes quando se sentem deprimidos. Técnicas de respiração e relaxamento profundos podem ser ensinadas a pacientes que iniciam comportamentos dependentes quando se sentem ansiosos. Gatilhos internos envolvendo dor física crônica podem levar a estratégias de prevenção de recaídas envolvendo exercícios físicos ou ioga. Gatilhos internos envolvendo impulsos ou desejos podem resultar em atividades envolvendo técnicas de distração comportamental.

Talvez a mais simples de todas as abordagens de prevenção de recaídas seja a distração. Especificamente, os pacientes são encorajados a fazer listas de atividades distrativas que podem ser usadas na presença de gatilhos. Atividades distrativas podem incluir qualquer atividade não relacionada à dependência (p. ex., exercícios, conversar com um amigo, ler, escrever, caminhadas, jardinagem). Embora as técnicas de distração sejam apenas um dispositivo de enfrentamento de curto prazo, elas têm a importante função de estabelecer um atraso entre o início dos desejos e o ato de buscar e se envolver em comportamentos dependentes. Esse ato de adiar a gratificação pode dar aos pacientes mais tempo para pensar em todos os desdobramentos negativos de seus comportamentos que geram dependência, bem como uma oportunidade de testemunhar a diminuição de desejos se nenhum comportamento desse tipo for acionado.

À medida que o terapeuta passa mais tempo com Jim, ele descobre que Jim e sua esposa têm um casamento difícil. Seus filhos cresceram e saíram de casa, e eles têm brigado quase todos os dias. Jim finalmente admite que às vezes ele toma analgésico para fugir de seus problemas conjugais. Ao saber disso, o terapeuta concentra-se em habilidades comportamentais para melhorar o casamento de Jim e reduzir a probabilidade de recaídas. Por exemplo, Jim recebe ajuda para desenvolver e praticar métodos para resolver conflitos com sua esposa. Ele é encorajado a pensar em maneiras de dar e pedir mais apoio emocional. Ao se comunicar com sua esposa de maneira eficaz, Jim está praticando o enfrentamento focado no problema (comunicação eficaz) em vez do enfrentamento esquivo (uso de analgésicos). Ao fazer isso, ele reduz a probabilidade de usar analgésicos de forma inadequada no futuro. Como ilustra o caso de Jim, a prevenção de recaídas exige que os pacientes aprendam a lidar com estressores gerais da vida (p. ex., discórdia conjugal) e o desconforto especificamente relacionado à tentação de se envolver em comportamentos dependentes.

Evitando que um lapso se torne uma recaída

Como mencionado anteriormente, os lapsos oferecem oportunidades para aplicar habilidades cognitivas e comportamentais e promover uma maior compreensão dos mecanismos envolvidos na recaída. Assim, um lapso não é necessariamente percebido como ruim; em vez disso, ele é uma oportunidade de aprender. Um tema importante da prevenção de recaídas é ajudar os pacientes a evitarem que lapsos se tornem recaídas.

Existem muitas razões pelas quais os lapsos ocorrem. Por exemplo, pessoas com dependências podem optar por ter um deslize para testar sua capacidade de controlar seu comportamento dependente. Elas podem pensar: "Vou tentar só desta vez. Isso provará que estou no controle". Como mencionamos anteriormente, algumas pessoas se expõem "acidentalmente" ou intencionalmente a gatilhos sem estarem preparadas para responder de maneira cognitiva ou comportamental a eles. Outra razão para lapsos pode ser que os indivíduos ainda acreditam que as vantagens de seus comportamentos dependentes superam suas desvantagens. Dadas as muitas razões para lapsos, um componente importante da prevenção de recaídas envolve a identificação de pontos de decisão ao longo do modelo cognitivo de recaídas. Por exemplo, o lapso ocorreu devido a uma falha em evitar gatilhos externos (p. ex., parceiros de bebida)? Ou o lapso ocorreu devido à falta de crenças de controle para resistir a gatilhos inevitáveis (p. ex., um prazo no trabalho)?

Um lapso geralmente se torna uma recaída como resultado de crenças subjacentes de tudo ou nada; por exemplo, "Um lapso significa que não tenho controle", "Este deslize prova que a terapia não está funcionando" e "Um lapso é um fracasso". Marlatt e Gordon (1985) memoravelmente chamaram esse processo de pensamento e a recaída resultante de *efeito de violação da abstinência* (EVA). Assim, uma estratégia importante para a prevenção de recaídas é desafiar esses pensamentos dicotômicos sobre lapsos para que eles não se tornem recaídas. Quando ocorre um lapso, as técnicas de imagens são úteis para reconstruir a sequência de gatilhos, crenças, pensamentos, sentimentos e comportamentos que levam ao lapso. Além disso, é importante usar o ensaio *post hoc* de técnicas em cada ponto de decisão para preparar o paciente para circunstâncias futuras semelhantes.

Abordagens de apoio social da prevenção de recaídas

Sabe-se que processos sociais e interpessoais estão associados à recaída. Por exemplo, Cummings, Gordon e Marlatt (1980) descobriram que 44% das experiências de recaída estão ligadas a conflitos interpessoais. A solidão, muitas vezes associada à ausência de apoio social positivo, também é um gatilho de alto risco por pelo menos duas razões. Primeiro, a própria solidão é uma emoção desconfortável (ou seja, um gatilho interno). Segundo, comportamentos dependentes geralmente ocorrem em situações sociais escolhidas especificamente para evitar a solidão (p. ex., bares, cassinos, casas de amigos que ainda têm dependência). Portanto, é provável que os esforços de prevenção de recaídas sejam aprimorados pela aquisição de uma rede social de apoio livre de dependências.

É importante compreender que alguns pacientes têm crenças nucleares e pensamentos automáticos sobre relacionamentos que influenciam seus comportamentos nesses relacionamentos. Por exemplo, alguns podem acreditar que "Somente outras pessoas com dependências são capazes de me entender", "Nunca serei compreendido ou aceito por pessoas que não tiverem dependência", "Pessoas que não bebem ou que não ficam chapadas são chatas", e assim por diante. Obviamente, essas crenças podem resultar em desconforto social, ou ansiedade, e um certo grau de esquiva social. Os pacientes podem ser ajudados pela compreensão do terapeuta a respeito desse processo, bem como pela modificação dessas crenças. Amigos e familiares que não enfrentam esse tipo de problema podem ser importantes fontes de apoio. Entretanto, muitas pessoas com dependências evitam os membros da família e amigos por medo de julgamento e rejeição.

Para muitos indivíduos em recuperação, os grupos de ajuda mútua fornecem uma rede de suporte social livre de dependências para prevenção de recaídas. Como já discutimos, um grupo de ajuda mútua é "um grupo de pessoas que compartilham um problema semelhante, que se reúnem regularmente para trocar informações e dar e receber apoio psicológico" (Pistrang, Barker, & Humphreys, 2008, p. 110). Exemplos de grupos de ajuda mútua incluem programas de 12 passos (Alcoólicos Anônimos [AA], Narcóticos Anônimos [NA], Comedores Compulsivos Anônimos [CCA], Jogadores Anônimos [JA], etc.), Women for

Sobriety, LifeRing Secular Recovery e SMART Recovery (*www.SMARTrecovery. org*). A pesquisa sobre grupos de ajuda mútua geralmente os considera benéficos (Grant et al., 2018; Kelly, Humphreys e Ferri, 2020; Pistrang et al., 2008; Zenmore, Kaskutas, Mericle, & Hemberg, 2017). Na verdade, Pistrang et al. (2008) descreveram dois ensaios randomizados que constataram que grupos de ajuda mútua são equivalentes a intervenções profissionais caras em termos de resultados. Grupos de ajuda mútua fornecem aos participantes ambientes privativos e pessoas que apoiam umas às outras em sua recuperação. Eles também fornecem aos participantes uma estrutura, normas baseadas em abstinência, pessoas que servem de exemplos a serem seguidos e habilidades de enfrentamento (Moos, 2008). Esses mecanismos podem operar mesmo quando a ajuda mútua é oferecida *on-line* ou por telefone (Liese & Monley, 2021).

Encorajamos os terapeutas a apresentarem grupos de ajuda mútua como parte do processo de prevenção de recaídas. A melhor forma de iniciar essas apresentações é perguntando aos pacientes o que eles já sabem sobre grupos de ajuda mútua. A maioria dos pacientes já terá ouvido falar do AA ou do SMART Recovery, e alguns já terão frequentado esses ou outros grupos. Recomenda-se que os terapeutas aprendam o máximo possível sobre sua rede local de grupos de ajuda mútua e encorajem pacientes inexperientes a experimentar cada um dos diferentes grupos disponíveis. Ao frequentar vários grupos, os pacientes podem decidir qual melhor se adapta às suas necessidades e gostos pessoais. Eles também podem descobrir que há benefícios em participar tanto do SMART Recovery como de grupos de 12 passos. Considere a seguinte conversa entre Bárbara e seu terapeuta:

Terapeuta: Bárbara, quando você jogou pela última vez?
Bárbara: Acho que já se passaram cerca de duas semanas.
Terapeuta: Parabéns. Como está indo?
Bárbara: Não sei. Tudo bem, eu acho.
Terapeuta: Você não parece muito satisfeita com seu sucesso.
Bárbara: Não parece sucesso para mim. Parece um castigo.
Terapeuta: Como assim?
Bárbara: Eu chego em casa, tendo os mesmos sentimentos ruins que sempre senti, e não há lugar que me faça sentir melhor. Eu disse a você que me sinto solitária na maior parte do tempo.
Terapeuta: Bárbara, você já ouviu falar no JA?
Bárbara: JA?
Terapeuta: Jogadores Anônimos.
Bárbara: É como o AA?

Terapeuta: Sim, é um dos programas de 12 passos.
Bárbara: Agora que você mencionou, acho que sim.
Terapeuta: Que tal o SMART Recovery?
Bárbara: Também não tenho certeza se conheço.
Terapeuta: Estes são dois dos grupos de ajuda mútua dos quais você pode participar que podem ajudar na sua recuperação do transtorno do jogo.
Bárbara: Grupos de ajuda mútua?
Terapeuta: Sim, grupos que se reúnem regularmente, não cobram para participar, não exigem hora marcada e visam ajudar pessoas com dependências. Eles não são serviços profissionais. Eles são chamados de grupos de ajuda mútua porque as pessoas que os frequentam enfrentam problemas semelhantes e compartilham o que aprenderam sobre o assunto e recuperação para ajudarem-se entre si.
Bárbara: Parece assustador.
Terapeuta: Assustador?
Bárbara: Não tenho certeza se esse tipo de coisa é para mim. Eu não acho que me sinto à vontade para falar sobre meus problemas com um bando de estranhos.
Terapeuta: Quando você coloca dessa forma, eu entendo perfeitamente. Pode ser que ajude se eu falar mais sobre esses grupos. Eles estão disponíveis em todo o mundo, em comunidades grandes e pequenas. Você pode até mesmo assisti-los *on-line*. Você só compartilha o que deseja compartilhar e pode deixar de compartilhar se quiser apenas ouvir e aprender. Eles costumam ser muito receptivos.
Bárbara: Preciso pensar sobre isso.
Terapeuta: Uma das razões pelas quais estou recomendando esses grupos é porque você disse várias vezes que a solidão é um problema para você. Esses grupos geralmente são calorosos e solidários. Meu palpite é que muitas pessoas como você os frequentam porque isso as ajuda a se sentirem menos sozinhas em sua recuperação.
Bárbara: Como eu disse, vou pensar sobre isso.
Terapeuta: Você estaria interessada em fazer mais pesquisas sobre esses grupos antes da nossa próxima visita?
Bárbara: Você quer dizer frequentá-los?
Terapeuta: Não necessariamente. Acho que seria útil para você pesquisá-los na internet. Tenho certeza de que você pode encontrar centenas ou até milhares de páginas na internet sobre JA e SMART Recovery. Você pode até encontrar outras opções semelhantes procurando por "grupos de ajuda mútua".

Bárbara: Eu provavelmente poderia fazer isso.
Terapeuta: E então, mais tarde, se você se sentir confortável em fazer isso, você pode visitar alguns desses grupos e decidir se eles podem ajudar. Você pode considerar tentar algumas visitas a diferentes grupos para decidir qual é o melhor para você.
Bárbara: Vamos dar um passo de cada vez.
Terapeuta: Isso faz sentido. Mais uma vez, acredito que esses grupos podem ajudar na prevenção de recaídas e na solidão que você sente.

Durante essa conversa, ficou óbvio que Bárbara estava relutante em se unir a um grupo de ajuda mútua. A maioria das pessoas em recuperação se sente exatamente como Bárbara, e não imagina que é fácil entrar em um grupo de estranhos e compartilhar informações tão profundamente pessoais. O terapeuta de Bárbara é sensível às suas preocupações e a encorajou a dar esse passo em um ritmo que fosse confortável para ela. Seu terapeuta também recomendou que ela primeiro pesquise essas opções e experimente mais de um tipo de grupo.

Antes de encerrar esta seção sobre apoio social, é importante enfatizar que os terapeutas eficazes provavelmente se tornarão uma parte essencial das redes sociais de apoio aos pacientes. Ao fornecer receptividade, aceitação, consistência, empatia e sabedoria aos pacientes com dependências, é provável que os terapeutas desempenhem um papel importante na prevenção de recaídas. É por meio desses relacionamentos de apoio que essas pessoas podem desenvolver estratégias e adquirir habilidades que as ajudam na transição para uma vida gratificante de abstinência de comportamentos dependentes. Em outras palavras, os terapeutas tendem a se tornar parte do elo entre a vida de dependências e recaídas dos pacientes e vidas muito mais saudáveis e livres de dependências.

ENCERRAMENTO DA TERAPIA E SESSÕES DE REFORÇO

Quando a abstinência tiver sido mantida por um longo período, os pacientes e seus terapeutas podem ficar confiantes em sua capacidade de abster-se de se envolver em comportamentos dependentes e a terapia formal pode ser encerrada. Contudo, sessões de reforço são encorajadas para alguns pacientes. Essas sessões podem incluir telefonemas, correspondência escrita ou contato pessoal. Esse contato atende diversos propósitos. Primeiro, concentra a atenção do paciente na necessidade de vigilância no combate ao processo de recaída. Em segundo lugar, o interesse contínuo do terapeuta pelo paciente fornece suporte social que motiva mais abstinência. Em terceiro lugar, o terapeuta pode continuar a fornecer orientação especializada a um paciente que pode estar em novo risco de recaída.

Ganhos substanciais podem resultar do contato prolongado com o paciente. Cada visita ou telefonema de reforço pode diminuir a probabilidade de o paciente sofrer uma recaída, ou pelo menos lembrará ao paciente que o terapeuta é um recurso potencial para lidar com gatilhos. Se um paciente realmente sofrer uma recaída após o encerramento da terapia, recomenda-se que ele seja convidado a retornar à terapia o mais rápido possível para trabalhar em suas habilidades de enfrentamento. Mais uma vez, a revisão cuidadosa de cada lapso e recaída fornece ao paciente uma maior compreensão e, em última análise, maior controle sobre o processo de recaída.

RESUMO

Neste capítulo, discutimos a prevenção de recaídas e a redução de danos. O principal objetivo da TCC para dependências é a prevenção de recaídas ou uma redução na probabilidade de os pacientes em recuperação sofrerem lapsos ou recaídas. O principal objetivo da redução de danos é minimizar o dano que pode ocorrer devido ao envolvimento em comportamentos dependentes.

Ao longo deste texto, foram apresentadas estratégias e técnicas para prever e reduzir a probabilidade de recaída. Tentamos enfatizar que a prevenção de recaídas e a redução de danos envolvem tanto as atitudes dos terapeutas quanto as técnicas. Terapeutas que são solidários e inventivos com pacientes que continuam tendo dificuldades com dependências têm maior probabilidade de ajudá-los. Esses terapeutas também são mais propensos a sentir satisfação ao trabalhar com pacientes com dependências – mesmo quando enfrentam lapsos e recaídas.

Referências

12step.org. (2018). Recovery slogans. Retrieved from *https://12step.org/references/commonly-used/recovery-slogans*.

American Psychiatric Association. (2014). *Manual diagnóstico e estatístico de transtornos mentais: DSM-5* (5. ed.). Artmed.

Beck, A. T. (1967). *Depression: Clinical, experimental, & theoretical aspects*. New York: Harper & Row.

Beck, A. T., Davis, D. D., & Freeman, A. (Eds.). (2015). *Cognitive therapy of personality disorders* (3rd ed.). New York: Guilford Press.

Beck, A. T., Emery, G., & Greenberg, R. L. (1985). *Anxiety disorders and phobias: A cognitive perspective*. New York: Basic Books

Beck, A. T., Finkel, M. R., & Beck, J. S. (2021). The theory of modes: Applications to schizophrenia and other psychological conditions. *Cognitive Therapy and Research, 45*, 391–400.

Beck, A. T., Rush, A. J., Shaw, B. F., & Emery, G. (1979). *Cognitive therapy of depression*. New York: Guilford Press.

Beck, A. T., & Steer, R. A. (1993). *Beck Anxiety Inventory manual*. San Antonio, TX: Psychological Corporation.

Beck, A. T., Steer, R. A., & Brown, G. K. (1996). *Manual for the Beck Depression Inventory—II*. San Antonio, TX: Psychological Corporation.

Beck, A. T., Steer, R. A., Kovacs, M., & Garrison, B. (1985). Hopelessness and eventual suicide: a 10-year prospective study of patients hospitalized with suicidal ideation. *American Journal of Psychiatry, 142*(5), 559–563.

Beck, A. T., Wright, F. D., Newman, C. F., & Liese, B. S. (1993). *Cognitive therapy of substance abuse*. New York: Guilford Press.

Beck, J. S. (2021). *Cognitive behavior therapy: Basics and beyond* (3rd ed.). New York: Guilford Press.

Bevilacqua, L., & Goldman, D. (2009). Genes and addictions. *Clinical Pharmacology and Therapeutics, 85*(4), 359–361.

Bickel, W. K., Johnson, M. W., Koffarnus, M. N., MacKillop, J., & Murphy, J. G. (2014). The behavioral economics of substance use disorders: reinforcement pathologies and their repair. *Annual Review of Clinical Psychology, 10*, 641–677.

Bolton, J. M., Robinson, J., & Sareen, J. (2009). Self-medication of mood disorders with alcohol and drugs in the National Epidemiologic Survey on Alcohol and Related Conditions. *Journal of Affective Disorders, 115*, 367–375.

Bowen, S., Chawla, N., Grow, J., & Marlatt, G. A. (2021). *Mindfulness-based relapse prevention for addictive behaviors: A clinician's guide* (2nd ed.). New York: Guilford Press.

Brand, M., Laier, C., & Young, K. S. (2014). Internet addiction: Coping styles, expectancies, and treatment implications. *Frontiers in Psychology, 5*, 1–14.

Bromwich, J. E. (2020). This election, a divided America stands united on one topic: All kinds of Americans have turned their back on the destructive war on drugs. Retrieved December 28, 2020, from *https://www.nytimes.com/2020/11/05/style/marijuana-legalization-usa.html*.

Brorson, H. H., Arnevik, E. A., Rand-Hendriksen, K., & Duckert, F. (2013). Drop-out from addiction treatment: A systematic review of risk factors. *Clinical Psychology Review, 33*, 1010–1024.

Buckner, J. D., Ecker, A. H., & Welch, K. D. (2013). Psychometric properties of a valuations scale for the Marijuana Effect Expectancies Questionnaire. *Addictive Behaviors, 38*(3), 1629–1634.

Budney, A. J., & Higgins, S. T. (1998). *Therapy manual for drug addiction: Manual 2: A community reinforcement plus vouchers approach: Treating cocaine addiction*. Rockville, MD: National Institute on Drug Abuse.

Burlingame, G., Strauss, B., & Joyce, A. (2013). Change mechanisms and effectiveness of small group treatments. In M. J. Lambert (Ed.), *Bergin and Garfield's handbook of psychotherapy and behavior change* (6th ed., pp. 640–689). New York: Wiley.

Burns, D., & Spangler, D. (2000). Does psychotherapy homework lead to improvements in depression in cognitive–behavioral therapy or does improvement lead to increased homework compliance? *Journal of Consulting and Clinical Psychology, 68*, 46–56.

Casteneda, R., Galanter, M., & Franco, H. (1989). Self-medication among addicts with primary psychiatric disorders. *Comprehensive Psychiatry, 30*, 80–83.

Center for Substance Abuse Treatment. (2005). *Substance abuse treatment: Group therapy* (DHHS Publication No. (SMA) 05–3991). Rockville, MD: Substance Abuse and Mental Health Services Administration.

Clark, D. A., & Beck, A. T. (2010). *Cognitive therapy of anxiety disorders: Science and practice*. New York: Guilford Press.

Connors, G., DiClemente, C., Velasquez, M., & Donovan, D. (2013). *Substance abuse treatment and the stages of change: Selecting and planning interventions*. New York: Guilford Press.

Corsini, R. J., & Rosenberg, B. (1955). Mechanisms of group psychotherapy: Processes and dynamics. *The Journal of Abnormal and Social Psychology, 51*(3), 406–411.

Cummings, C., Gordon, J., & Marlatt, G. A. (1980) Relapse: Prevention and prediction. In W. R. Miller (Ed.), *The addictive behaviors: Treatment of alcoholism, drug abuse, smoking and obesity* (pp. 291–321). Oxford, UK: Pergamon Press.

Curreri, A. J., Farchione, T. J., & Wang, M. (2019). Fostering engagement in early sessions of transdiagnostic cognitive-behavioral therapy. *Psychotherapy, 56*(1), 41–47.

Daughters, S. B., Magidson, J. F., Anand, D., Seitz-Brown, C. J., Chen, Y., & Baker, S. (2018). The effect of a behavioral activation treatment for substance use on post-treatment abstinence: A randomized controlled trial. *Addiction, 113*, 535–544.

Daughters, S. B., Magidson, J. F., Lejuez, C. W., & Chen, Y. (2016). LETS ACT: A behavioral activation treatment for substance use and depression. *Advances in Dual Diagnosis, 9*(2/3), 74–84.

Diamond, A. (2014). Understanding executive functions: What helps or hinders them and how executive functions and language development mutually support one another. *Perspectives on Language and Literacy, 40*, 7–11.

Dimidjian, S., Hollon, S. D., Dobson, K. S., Schmaling, K. B., Kohlenberg, R. J., Addis, M. E., . . . Jacobson, N. S. (2006). Randomized trial of behavioral activation, cognitive therapy, and antidepressant medication in the acute treatment of adults with major depression. *Journal of Consulting and Clinical Psychology, 74*(4), 658–670.

Driskell, J. E., Willis, R. P., & Copper, C. (1992). Effect of overlearning on retention. *Journal of Applied Psychology, 77*(5), 615–622.

Enoch, M. (2011). The role of early life stress as a predictor for alcohol and drug dependence. *Psychopharmacology, 214*(1), 17–31.

Eubanks, C. F., Burckell, L. A., & Goldfried, M. R. (2018). Clinical consensus strategies to repair ruptures in the therapeutic alliance. *Journal of Psychotherapy Integration, 28*(1), 60–76.

Eubanks, C. F., Muran, J. C., & Safran, J. D. (2018). Alliance rupture repair: A meta-analysis.*Psychotherapy, 55*(4), 508–519.

Evans, K., & Sullivan, J. M. (2001). *Dual diagnosis: Counseling the mentally ill substance abuser* (2nd ed.). New York: Guilford Press.

Fergusson, D. M., Horwood, L. J., & Woodward, L. J. (2000). The stability of child abuse reports: A longitudinal study of the reporting behaviour of young adults. *Psychological Medicine, 30*, 529–544.

Gluhoski, V. (1994). Misconceptions of cognitive therapy. *Psychotherapy, 31*(4), 594–600.

Goldman, D., Oroszi, G., & Ducci, F. (2005). The genetics of addictions: Uncovering the genes. *Nature: Genetics Reviews, 6*, 521–532.

Grant, K. M., Young, L. B., Tyler, K. A., Simpson, J. L., Pulido, R. D., & Timko, C. (2018). Intensive referral to mutual-help groups: A field trial of adaptations for rural veterans. *Patient Education and Counseling, 101*(1), 79–84.

Griffiths, M. E. (2005). A "components" model of addiction within a biopsychosocial framework. *Journal of Substance Use, 10*(4), 191–197.

Hayes, S. C., Strosahl, K. D., & Wilson, K. G. (2012). *Acceptance and commitment therapy: The process and practice of mindful change.* New York: Guilford Press.

Hendershot, C. S., Witkiewitz, K., George, W. H., & Marlatt, G. A. (2011). Relapse prevention for addictive behaviors. *Substance Abuse Treatment, Prevention, and Policy, 6*(1), 17.

Higgins, S. T., Silverman, K., & Heil, S. H. (Eds.). (2007). *Contingency management in substance abuse treatment.* New York: Guilford Press.

Ilgen, M. A., Roeder, K. M., Webster, L., Mowbray, O. P., Perron, B. E., Chermack, S. T., & Bohnert, A. S. (2011). Measuring pain medication expectancies in adults treated for substance use disorders. *Drug and Alcohol Dependence, 115*(1–2), 51–56.

Kahneman, D. (1973). *Attention and effort.* Englewood Cliffs, NJ: Prentice-Hall.

Kahneman, D. (2003). A perspective on judgment and choice: Mapping bounded rationality. *American Psychologist, 58*(9), 697–720.

Kahneman, D. (2011). *Thinking, fast and slow.* New York: Macmillan.

Kahneman, D., & Frederick, S. (2002). Representativeness revisited: Attribute substitution in intuitive judgment. In T. Gilovich, D. Griffin, & D. Kahneman (Eds.), *Heuristics and biases* (1st ed., pp. 49–81). New York: Cambridge University Press.

Kazantzis, N., Whittington, C., & Dattilio, F. (2010). Meta-analysis of homework effects in cognitive and behavioral therapy: A replication and extension: Homework assignments and therapy outcome. *Clinical Psychology: Science and Practice, 17*(2), 144–156.

Kelly, J. F., Humphreys, K., & Ferri, M. (2020). Alcoholics Anonymous and other 12-step programs for alcohol use disorder. *Cochrane Database of Systematic Reviews*, Issue 3, Art. No. CD012880.

Kelly, J. F., Wakeman, S. E., & Saitz, R. (2015). Stop talking "dirty": Clinicians, language, and quality of care for the leading cause of preventable death in the United States. *American Journal of Medicine, 128*(1), 8–9.

Keyes, K. M., Hatzenbuehler, M. L., Grant, B. F., & Hasin, D. S. (2012). Stress and alcohol: Epidemiologic evidence. *Alcohol Research, 34*(4), 391–400.

King, B. R., & Boswell, J. F. (2019). Therapeutic strategies and techniques in early cognitive-behavioral therapy. *Psychotherapy, 56*(1), 35–40.

Kosten, T. R., Rounsaville, B. J., & Kleber, H. D. (1986). A 2.5 year follow-up of depression, life events, and treatment effects on abstinence among opioid addicts. *Archives of General Psychiatry, 43*, 733–738.

Kroenke, K., Spitzer, R. L., & Williams, J. B. W. (2001). The PHQ-9: Validity of a brief depression severity measure. *Journal of General Internal Medicine, 16*(9), 606–613.

Leahy, R. L. (2019). *Técnicas de terapia cognitiva: manual do terapeuta* (2. ed.). Artmed.

Lejuez, C. W., Hopko, D. R., Acierno, R., Daughters, S. B., & Pagoto, S. L. (2011). Ten year revision of the brief behavioral activation treatment for depression: Revised treatment manual. *Behavior Modification, 35*(2), 111–161.

Lejuez, C. W., Hopko, D. R., & Hopko, S. D. (2001). A brief behavioral activation treatment for depression. *Behavior Modification, 25*(2), 255–286.

Li, H. K., & Dingle, G. A. (2012). Using the Drinking Expectancy Questionnaire (revised scoring method) in clinical practice. *Addictive Behaviors, 37*, 198–204.

Liese, B. S. (1994). Psychologic principles of substance abuse: A brief overview. *Comprehensive Therapy, 20*(2), 125–129.

Liese, B. S. (2014). Cognitive-behavioral therapy for people with addictions. In S. L. A. Straussner (Ed.), *Clinical work with substance abusing clients* (pp. 225–250). New York: Guilford Press.

Liese, B. S., & Beck, A. T. (1998). Back to basics: Fundamental cognitive therapy skills for keeping drug-dependent individuals in treatment. In L. S. Onken, J. D. Blain, & J. J. Boren (Eds.), *Beyond the therapeutic alliance: Keeping drug-dependent individuals in treatment* (pp. 210–235). Washington, DC: U.S. Government Printing Office.

Liese, B. S., Beck, A. T., & Seaton, K. (2002). The cognitive therapy addictions group. In D. W. Brook & H. I. Spitz (Eds.), *Group psychotherapy of substance abuse* (pp. 37–57). New York: Haworth Medical Press.

Liese, B. S., & Esterline, K. M. (2015). Concept mapping: A supervision strategy for introducing case conceptualization skills to novice therapists. *Psychotherapy, 52*(2), 190–194.

Liese, B. S., & Franz, R. A. (1996). Treating substance use disorders with cognitive therapy: Lessons learned and implications for the future. In P. M. Salkovskis (Ed.), *Frontiers of cognitive therapy* (pp. 470–508). New York: Guilford Press.

Liese, B. S., & Monley, C. M. (2021). Providing addiction services during a pandemic: Lessons learned from COVID-19. *Journal of Substance Abuse Treatment, 120*.

Liese, B. S., & Tripp, J. C. (2018). Advances in cognitive-behavioral therapy for substance use disorders and addictive behaviors. In R. L. Leahy (Ed.), *Science and practice in cognitive therapy: foundations, mechanisms, and applications* (pp. 298–316). New York: Guilford Press.

Linehan, M. M. (2015). *DBT skills training manual*. New York: Guilford Press.

Logan, D. E., & Marlatt, G. A. (2010). Harm reduction therapy: A practice-friendly review of research. *Journal of Clinical Psychology, 66*(2).

Magidson, J. F., Young, K. C., & Lejuez, C. W. (2014). A how-to guide for conducting a functional analysis: Behavioral principles and clinical application. *The Behavior Therapist, 37*(1).

Magill, M., & Ray, L. A. (2009). Cognitive-behavioral treatment with adult alcohol and illicit drug users: A meta-analysis of randomized controlled trials. *Journal of Studies on Alcohol and Drugs, 70*(4), 516–527.

Marlatt, G. A. (1996). Harm reduction: Come as you are. *Addictive Behaviors, 21*(6), 779–788.

Marlatt, G. A., & Gordon, J. R. (1985). *Relapse prevention: Maintenance strategies in addictive behavior change*. New York: Guilford Press.

Marlatt, G. A., & Kristeller, J. L. (1999). Mindfulness and meditation. In W. R. Miller (Ed.), *Integrating spirituality into treatment: Resources for practitioners* (pp. 67–84). Washington, DC: American Psychological Association.

Marlatt, G. A., Larimer, M. E., & Witkiewitz, K. (2012). *Harm reduction: Pragmatic strategies for managing high-risk behaviors* (2nd ed.). New York: Guilford Press.

Marlatt, G. A., & Tapert, S. F. (1993). Harm reduction: Reducing the risks of addictive behaviors. In J. S. Baer, G. A. Marlatt, & R. J. McMahon (Eds.), *Addictive behaviors across the life span: Prevention, treatment, and policy issues* (pp. 243–273). New York: Sage.

Marlatt, G. A., & Witkiewitz, K. (2005). Relapse prevention for alcohol and drug problems. In G. A. Marlatt & D. M. Donovan (Eds.) *Relapse prevention: Maintenance strategies in the treatment of addictive behaviors* (2nd ed., pp. 1–44). New York: Guilford Press.

McLellan, A. T. (2002). Have we evaluated addiction treatment correctly? Implications from a chronic care perspective. *Addiction, 97*(3), 249–252.

McLellan, A. T., Lewis, D. C., O'Brien, C. P., & Kleber, H. D. (2000). Drug dependence, a chronic mental illness: Implications for treatment, insurance, and outcomes evaluation. *Journal of the American Medical Association, 284*(13), 1689–1695.

Meyers, R. J., & Squires, D. D. (2001). *The community reinforcement approach: A guideline developed for the Behavioral Recovery Management project*. Albuquerque, NM: Univerisity of New Mexico Center on Alcoholism, Substance Abuse and Addictions.

Miller, W. R., & Rollnick, S. (2013). *Motivational interviewing: Helping people change* (3rd ed.). New York: Guilford Press.

Moos, R. H. (2008). Active ingredients of substance use-focused self-help groups. *Addiction, 103*(3), 387–396.

Moyers, T. B., Manuel, J. K., & Ernst, D. (2014). *Motivational interviewing treatment integrity coding manual 4.2.1*. Unpublished manual, Albuquerque, NM.

Moyers, T. B., & Rollnick, S. (2002), A motivational interviewing perspective on resistance in psychotherapy. *Journal of Clinical Psychology, 58*(2), 185–193.

Nace, E. P., Davis, C. W., & Gaspari, J. P. (1991). Axis-II comorbidity in substance abusers. *American Journal of Psychiatry, 148*(1), 118–120.

National Institute on Drug Abuse. (2010). *Comorbidity: Addiction and other mental illnesses*. Washington, DC: U.S. Department of Health and Human Services.

National Institute on Drug Abuse. (2018a). Comorbidity: Substance use disorders and other mental illnesses. NIDA Drug Facts. Retrieved from *https://www.drugabuse.gov/publications/drugfacts/comorbidity-substance-use-disorders-other-mental-illnesses*.

National Institute on Drug Abuse. (2018b). Marijuana: NIDA drug facts. Retrieved from *www.drugabuse.gov/publications/drugfacts/marijuana*.

Newman, C. F. (2008). Substance use disorders. In M. A. Whisman (Ed.), *Adapting cognitive therapy for depression: Managing complexity and comorbidity* (pp. 233–254). New York: Guilford Press.

Nezu, A. M., Nezu, C. M., & Perri, M. G. (1989). *Problem-solving therapy for depression: Theory, research, and clinical guidelines*. Hoboken, NJ: Wiley.

Niaura, R. (2000). Cognitive social learning and related perspectives on drug craving. *Addiction, 95*(8, Suppl. 2), 155–163.

Nicolai, J., Demmel, R., & Moshagen, M. (2010). The comprehensive alcohol expectancy questionnaire: confirmatory factor analysis, scale refinement, and further validation. *Journal of Personality Assessment, 92*(5), 400–409.

Norcross, J. C., Krebs, P. M., & Prochaska, J. O. (2011). Stages of change. *Journal of Clinical Psychology*, 67(2), 143–154.

Norcross, J. C., & Lambert, M. J. (2018). Psychotherapy relationships that work III. *Psychotherapy*, 55(4), 305–315.

Nyklíček, I., & Denollet, J. (2009). Development and evaluation of the Balanced Index of Psychological Mindedness (BIPM). *Psychological Assessment*, 21(1), 32–44.

Petry, N. M. (2012). *Contingency management for substance abuse treatment: A guide to implementing this evidence-based practice.* New York: Taylor & Francis.

Pistrang, N., Barker, C., & Humphreys, K. (2008). Mutual help groups for mental health problems: A review of effectiveness studies. *American Journal of Community Psychology*, 42(1–2), 110–121.

Posner, K., Brown, G. K., Stanley, B., Brent, D. A., Yershova, K. V., Oquendo, M. A., Mann, J. J. (2011). The Columbia–Suicide Severity Rating Scale: Initial validity and internal consistency findings from three multisite studies with adolescents and adults. *American Journal of Psychiatry*, 168(12), 1266–1277.

Prendergast, M., Podus, D., Finney, J., Greenwell, L., & Roll, J. (2006). Contingency management for treatment of substance use disorders: A meta-analysis. *Addiction*, 101(11), 1546–1560.

Prochaska, J. O., DiClemente, C. C., & Norcross, J. C. (1992). In search of how people change: Applications to addictive behaviors. *American Psychologist*, 47(9), 1102–1114.

Prochaska, J. O., & Norcross, J. C. (2001). Stages of change. *Psychotherapy: Theory, Research, Practice, Training*, 38(4), 443–448.

Ramsay, J. R., & Newman, C. F. (2000). Substance abuse. In F. M. Dattilio & A. Freeman (Eds.), *Cognitive-behavioral approaches to crisis intervention* (2nd ed., pp. 126–149). New York: Guilford Press.

Rees, C. S., McEvoy, P., & Nathan, P. R. (2005). Relationship between homework completion and outcome in cognitive behaviour therapy. *Cognitive Behaviour Therapy*, 34(4), 242–247.

Reynolds, B. (2006). A review of delay-discounting research with humans: Relations to drug use and gambling. *Behavioural Pharmacology*, 17(18), 651–667.

Safran, J. D., Crocker, P., McMain, S., & Murray, P. (1990). Therapeutic alliance rupture as a therapy event for empirical investigation. *Psychotherapy*, 27(2), 154–165.

Scholl, L., Seth, P., Kariisa, M., Wilson, N., & Baldwin, G. (2018). Drug and opioid-involved overdose deaths—United States, 2013-2017. *Morbidity and Mortality Weekly Report*, 67(5152), 1419–1427.

Schomerus, G., Lucht, M., Holzinger, A., Matschinger, H., Carta, M. G., & Angermeyer, M. C. (2011). The stigma of alcohol dependence compared with other mental disorders: A review of population studies. *Alcohol and Alcoholism*, 46(2), 105–112.

Schultz, P. W., & Searleman, A. (2002). Rigidity of thought and behavior: 100 years of research. *Genetic, Social, and General Psychology Monographs*, 128(2), 165–207.

Segal, Z. V., Williams, J. M. G., & Teasdale, J. D. (2013). *Mindfulness-based cognitive therapy for depression* (2nd ed.). New York: Guilford Press.

Shaffer, H. J. (2012). Introduction. In H. J. Shaffer (Ed.), *APA addiction syndrome handbook: Vol. 1. Foundations, influences, and expressions of addiction.* (Vol. 1, pp. xxvii–lx). Washington, DC: American Psychological Association.

Shaffer, H. J., & Hall, M. N. (2002). The natural history of gambling and drinking problems among casino employees. *Journal of Social Psychology*, 142(4), 405–424.

Shaffer, H. J., LaPlante, D. A., LaBrie, R. A., Kidman, R. C., Donato, A. N., & Stanton, M. V. (2004). Toward a syndrome model of addiction: Multiple expressions, common etiology. *Harvard Review of Psychiatry*, 12(6), 367–374.

Shapiro, F. R. (2014). Who wrote the Serenity Prayer? *The Chronicle of Higher Education*, 4. Shibata, K., Sasaki, Y., Bang, J. W., Walsh, E. G., Machizawa, M. G., Tamaki, M., . . . Watanabe, T. (2017). Overlearning hyperstabilizes a skill by rapidly making neurochemical processing inhibitory-dominant. *Nature Neuroscience, 20*(3), 470–475.

SMART Recovery (2021, September). *SMART Recovery Toolbox*. https://www.smartrecovery.org/smart-recovery-toolbox/

Sobell, L. C., Sobell, M. B., & Nirenberg, T. D. (1988). Behavioral assessment and treatment with alcohol and drug abusers: A review with emphasis on clinical application. *Clinical Psychology Review, 8*(1), 19–54.

Spencer, J., Goode, J., Penix, E. A., Trusty, W., & Swift, J. K. (2019). Developing a collaborative relationship with clients during the initial sessions of psychotherapy. *Psychotherapy, 56*(1), 7–10.

Spitzer, R. L., Kroenke, K., Williams, J. B. W., & Lowe, B. (2006). A brief measure for assessing generalized anxiety disorder: The GAD-7. *Archives of Internal Medicine, 166*, 1092–1097.

Substance Abuse and Mental Health Services Administration. (2009). *Integrated treatment for co-occurring disorders: The evidence* (DHHS Pub. No. SMA-08-4366). Rockville, MD: Center for Mental Health Services, Substance Abuse and Mental Health Services Administration, U.S. Department of Health and Human Services.

Substance Abuse and Mental Health Services Administration. (2017). *Behavioral health barometer: United States, Vol. 4: Indicators as measured through the 2015 National Survey on Drug Use and Health and National Survey of Substance Abuse Treatment Services*. Rockville, MD: Substance Abuse and Mental Health Services Administration, U.S. Department of Health and Human Services.

Substance Abuse and Mental Health Services Administration. (2020). *Key substance use and mental health indicators in the United States: Results from the 2019 National Survey on Drug Use and Health* (DHHS Publication No. PEP20-07-01-001, NSDUH Series H-55). Rockville, MD: Center for Behavioral Health Statistics and Quality, Substance Abuse and Mental Health Services Administration. Retrieved from *https://www.samhsa.gov/data*.

Tversky, A., & Kahneman, D. (1992). Advances in prospect theory: Cumulative representation of uncertainty. *Journal of Risk and Uncertainty, 5*, 297–323.

van Boekel, L. C., Brouwers, E. P. M., van Weeghel, J., & Garretsen, H. F. L. (2013). Stigma among health professionals towards patients with substance use disorders and its consequences for healthcare delivery: Systematic review. *Drug and Alcohol Dependence, 131*(1–2), 23–35.

Volkow, N. D., Baler, R. D., Compton, W. M., & Weiss, S. R. (2014). Adverse health effects of marijuana use. *New England Journal of Medicine, 370*(23), 2219–2227.

Volkow, N. D., & Koob, G. (2015). Brain disease model of addiction: Why is it so controversial? *The Lancet Psychiatry, 2*(8), 677–679.

Wampold, B. E. (2015). How important are the common factors in psychotherapy? An update. *World Psychiatry, 14*(3), 270–277.

Wampold, B. E., Baldwin, S. A., Holtforth, M. G., & Imel, Z. E. (2017). What characterizes effective therapists? In L. G. Castonguay & C. E. Hill (Eds.), *How and why are some therapists better than others? Understanding therapist effects*. (pp. 37–53). Washington, DC: American Psychological Association.

Weiss, R. D., Jaffee, W. B., de Menil, V. P., & Cogley, C. B. (2004). Group therapy for substance use disorders: What do we know? *Harvard Review of Psychiatry, 12*, 339–350.

Wenzel, A., Liese, B. S., Beck, A. T., & Friedman-Wheeler, D. G. (2012). *Group cognitive therapy of addictions*. New York: Guilford Press.

White, H. R., Larimer, M. E., Sher, K. J., & Witkiewitz, K. (2011). In memoriam: G. Alan Marlatt, 1941–2011. *Journal of Studies on Alcohol and Drugs, 72*(3), 357–360.

Wickwire, E. M., Whelan, J. P., & Meyers, A. W. (2010). Outcome expectancies and gambling behavior among urban adolescents. *Psychology of Addictive Behaviors, 24*(1), 75–88.

Witkiewitz, K., Marlatt, G. A., & Walker, D. (2005). Mindfulness-based relapse prevention for alcohol and substance use disorders. *Journal of Cognitive Psychotherapy: An International Quarterly, 19*(3), 211–228.

Witkiewitz, K., Montes, K. S., Schwebel, F. J., & Tucker, J. A. (2020). What is recovery? *Alcohol Research: Current Reviews, 40*(3), 01.

Yalom, I. D. (1975). *The theory and practice of group psychotherapy* (2nd ed.). New York: Basic Books.

Yalom, I. D., & Leszcz, M. (2005). *The theory and practice of group psychotherapy* (5th ed.). New York: Basic Books.

Young, J. E., Klosko, J. S., & Weishaar, M. E. (2003). *Schema therapy: A practitioner's guide*. New York: Guilford Press.

Zemore, S. E., Kaskutas, L. A., Mericle, A., & Hemberg, J. (2017). Comparison of 12-step groups to mutual help alternatives for AUD in a large, national study: Differences in membership characteristics and group participation, cohesion, and satisfaction. *Journal of Substance Abuse Treatment, 73*, 16–26.

Índice onomástico

12step.org, 13-14

A

Acierno, R., 142-143
American Psychiatric Association, 1, 6-7, 183-184
Arnevik, E. A., 9-10

B

Baldwin, G., 2-3
Baldwin, S. A., 10-11
Baler, R. D., 3-4
Barker, C., 301-302
Beck, A. T., 2-3, 8-11, 39, 49-50, 79-80, 97-98, 138-139, 146-147, 160-161, 164, 233-237, 246-247, 278
Beck, J. S., 18, 233
Bevilacqua, L., 29-30
Bickel, W. K., 24-25
Bolton, J. M., 31-32
Boswell, J. F., 75-76
Bowen, S., 9-10, 150-151
Brand, M., 22-23
Bromwich, J. E., 3-4
Brorson, H. H., 9-10
Brouwers, E. P. M., 62
Brown, G. K., 97-98
Buckner, J. D., 22-23
Budney, A. J., 121-122
Burckell, L. A., 81-82
Burlingame, G., 245-246
Burns, D., 158-159

C

Casteneda, R., 76-77
Center for Substance Abuse Treatment, 245-247

Chawla, N., 9-10
Chen, Y., 9-10
Clark, D. A., 18, 138-139
Cogley, C. B., 245-246
Compton, W. M., 3-4
Connors, G., 67-68
Copper, C., 204-205
Corsini, R. J., 272-273
Crocker, P., 81-82
Cummings, C., 301-302
Curreri, A. J., 75-76

D

Dattilio, F., 158-159
Daughters, S. B., 9-10, 142-143
Davis, C. W., 76-77
Davis, D. D., 79-80
de Menil, V. P., 245-246
Demmel, R., 22-23
Denollet, J., 206-207
Diamond, A., 204-205
DiClemente, C. C., 13-14, 35-36, 53-54, 67-68
Dimidjian, S., 142-143
Dingle, G. A., 22-23
Donovan, D., 67-68
Driskell, J. E., 204-205
Ducci, F., 29-30
Duckert, F., 9-10

E

Ecker, A. H., 22-23
Emery, G., 8-9
Enoch, M., 31-32
Ernst, D., 13-14
Esterline, K. M., 121-122, 190-191
Eubanks, C. F., 81-82

Evans, K., 76-77

F

Farchione, T. J., 75-76
Fergusson, D. M., 32-33
Ferri, M., 303
Finkel, M. R., 233
Finney, J., 151-152
Franco, H., 76-77
Franz, R. A., 246-247
Frederick, S., 213-214
Freeman, A., 79-80
Friedman-Wheeler, D. G., 10-11

G

Galanter, M., 76-77
Garretsen, H. F. L., 62
Garrison, B., 97-98
Gaspari, J. P., 76-77
George, W. H., 280-281
Gluhoski, V., 8-9
Goldfried, M. R., 81-82
Goldman, D., 29-30
Goode, J., 74-75
Gordon, J., 301-302
Gordon, J. R., 9-10, 21-22, 25-26, 28, 34-35, 54-55, 133-134, 280-281, 301-302
Grant, B. F., 43-44
Grant, K. M., 303
Greenwell, L., 151-152
Griffiths, M. E., 5-6, 8-9
Grow, J., 9-10

H

Hall, M. N., 4-5
Hasin, D. S., 43-44
Hatzenbuehler, M. L., 43-44
Hayes, S. C., 9-10, 146-147
Heil, S. H., 151-152
Hemberg, J., 303
Hendershot, C. S., 280-281
Higgins, S. T., 121-122, 151-152
Holtforth, M. G., 10-11
Hopko, D. R., 142-143
Hopko, S. D., 142-143
Horwood, L. J., 32-33
Humphreys, K., 301-303

I

Ilgen, M. A., 22-23

Imel, Z. E., 10-11

J

Jaffee, W. B., 245-246
Johnson, M. W., 24-25
Joyce, A., 245-246

K

Kahneman, D., 49-50, 213-215
Kariisa, M., 2-3
Kaskutas, L. A., 303
Kazantzis, N., 158-159
Kelly, J. F., 8-9, 62, 74-75, 303
Keyes, K. M., 43-44
King, B. R., 75-76
Kleber, H. D., 9-10, 76-77
Klosko, J. S., 79-80
Koffarnus, M. N., 24-25
Koob, G., 186-187
Kosten, T. R., 76-77
Kovacs, M., 97-98
Krebs, P. M., 13-14
Kristeller, J. L., 133-134
Kroenke, K., 97-98

L

Laier, C., 22-23
Lambert, M. J., 62
Larimer, M. E., 15-16, 280-281
Leahy, R. L., 156-157
Lejuez, C. W., 9-10, 121-122, 142-143
Leszcz, M., 272-273, 277
Lewis, D. C., 9-10
Li, H. K., 22-23
Liese, B. S., 9-11, 39, 121-122, 160-161, 164, 190-191, 246-248, 278, 303
Linehan, M. M., 9-10
Logan, D. E., 280-281
Lowe, B., 97-98

M

MacKillop, J., 24-25
Magidson, J. F., 9-10, 121-122
Magill, M., 245-246
Manuel, J. K., 13-14
Marlatt, G. A., 9-10, 15-16, 21-22, 25-26, 28, 34-35, 54-55, 133-134, 280-281, 301-302
McEvoy, P., 158-159
McLellan, A. T., 9-10
McMain, S., 81-82

Mericle, A., 303
Meyers, A. W., 22-23
Meyers, R. J., 9-10
Miller, W. R., 13-14, 62, 78-79, 84-85, 110-111
Monley, C. M., 247-248, 303
Moos, R. H., 303
Moshagen, M., 22-23
Moyers, T. B., 13-14
Muran, J. C., 81-82
Murphy, J. G., 24-25
Murray, P., 81-82

N

Nace, E. P., 76-77
Nathan, P. R., 158-159
National Institute on Drug Abuse, 3-4, 18, 31-32
Newman, C. F., 76-77, 120-121, 133-134
Nezu, A. M., 157-158
Nezu, C. M., 157-158
Niaura, R., 186-187
Nicolai, J., 22-23
Nirenberg, T. D., 76-77
Norcross, J. C., 13-14, 35-36, 53-54, 62, 203-204
Nyklícek, I., 206-207

O

O'Brien, C. P., 9-10
Oroszi, G., 29-30

P

Pagoto, S. L., 142-143
Penix, E. A., 74-75
Perri, M. G., 157-158
Petry, N. M., 9-10
Pistrang, N., 301-303
Podus, D., 151-152
Posner, K., 97-98
Prendergast, M., 151-152
Prochaska, J. O., 13-14, 35-36, 53-54, 203-204

R

Ramsay, J. R., 76-77
Rand-Hendriksen, K., 9-10
Ray, L. A., 245-246
Rees, C. S., 158-159
Reynolds, B., 24-25
Robinson, J., 31-32
Roll, J., 151-152
Rollnick, S., 13-14, 62, 78-79, 84-85, 110-111
Rosenberg, B., 272-273

Rounsaville, B. J., 76-77
Rush, A. J., 8-9

S

Safran, J. D., 81-82
Saitz, R., 8-9
Sareen, J., 31-32
Scholl, L., 2-3
Schomerus, G., 62
Schultz, P. W., 204-205
Searleman, A., 204-205
Seaton, K., 10-11
Segal, Z. V., 150-151
Seth, P., 2-3
Shaffer, H. J., 4-7, 186-187
Shapiro, F. R., 146-147
Shaw, B. F., 8-9
Sher, K. J., 280-281
Shibata, K., 204-205
Silverman, K., 151-152
SMART Recovery, 137-138
Sobell, L. C., 76-77
Sobell, M. B., 76-77
Spangler, D., 158-159
Spencer, J., 74-75
Spitzer, R. L., 97-98
Squires, D. D., 9-10
Steer, R. A., 97-98
Strauss, B., 245-246
Strosahl, K. D., 9-10
Substance Abuse and Mental Health Services Administration, 2-3, 119-120
Sullivan, J. M., 76-77
Swift, J. K., 74-75

T

Tapert, S. F., 280-281
Teasdale, J. D., 150-151
Tripp, J. C., 10-11, 246-247
Trusty, W., 74-75
Tversky, A., 213-214

V

van Boekel, L. C., 62
van Weeghel, J., 62
Velasquez, M., 67-68
Volkow, N. D., 3-4, 186-187

W

Wakeman, S. E., 8-9

Walker, D., 9-10
Wampold, B. E., 10-11, 62
Wang, M., 75-76
Weishaar, M. E., 79-80
Weiss, R. D., 245-246
Weiss, S. R., 3-4
Welch, K. D., 22-23
Wenzel, A., 10-11, 246-247
Whelan, J. P., 22-23
White, H. R., 280-281
Whittington, C., 158-159
Wickwire, E. M., 22-23
Williams, J. B. W., 97-98
Williams, J. M. G., 150-151
Willis, R. P., 204-205

Wilson, K. G., 9-10
Wilson, N., 2-3
Witkiewitz, K., 9-10, 14-16, 133-134, 150-151, 280-281
Woodward, L. J., 32-33

Y

Yalom, I. D., 272-273, 277
Young, J. E., 79-80
Young, K. C., 121-122
Young, K. S., 22-23

Z

Zemore, S. E., 303

Índice

A

Abordagens de apoio social, 301-306
Abstinência
  estabelecimento de objetivos e, 14-16, 172-174
  modelo da TCC e, 29f
  pensamentos e crenças relacionados à dependência e, 27-30
  psicoeducação e, 186-190
  TCC em grupo para dependências e, 267-270
  técnicas de adiar gratificação e distração (A&D) e, 131-132
Aceitação e compromisso, 145-148, 264-266
Acompanhamento, 106-107
Agenda da sessão. *Ver também* Estrutura da sessão
  definindo a agenda, 94-97, 106-107
  descoberta guiada e, 100-101
  priorizando e abordando itens da agenda, 99-104, 107-108
Alcoólicos Anônimos (AA). *Ver* Grupos de ajuda mútua
Ambivalência, 24-25
  ajudando os pacientes a mudar pensamentos e crenças e, 222-227
  estabelecimento de objetivos e, 172-174, 177-179
  pensamentos e crenças que dão permissão e, 120-122
  prevenção de recaídas e redução de danos e, 291-293
Análise da cadeia, 11-12, 21-22, 27-30, 28f, 121-128, 122f, 126f, 287-293, 290f
Análise de vantagens e desvantagens (AVD), 11-12, 24-25, 133-138, 136f
  ajudar os pacientes a mudar pensamentos e crenças e, 227-229
  estabelecimento de objetivos e, 172-178
  formulários para, 160, 227-228, 271-273, 273f
  TCC em grupo para dependências e, 271-273, 273f
Análise funcional, 11-12, 21-22, 27-30, 28f, 121-128, 122f, 125f, 287-293, 290f
Ansiedade. *Ver também* Problemas de saúde mental
  dependência e, 19-20, 20f
  desenvolvimento de comportamento dependente e, 31f
  padrões cognitivos e comportamentais superaprendidos (hábitos) e, 204-207
  tratamento duplo e, 119-120
  treinamento de relaxamento e, 150-151
Antecedentes distais na conceitualização de caso, 41-46, 57-59. *Ver também* Conceitualização de caso
Antecedentes no modelo ABC, 25-27, 26f, 29f. *Ver também* Gatilhos; Modelo ABC
Antecedentes proximais na conceitualização de caso, 41-42, 46-48, 58-59. *Ver também* Conceitualização de caso
Aprender, em demasia, 204-207, 213-214
Ativação comportamental, 9-10, 142-146, 264-265
Ativação comportamental breve para depressão (BATD), 142-144
Atividades de monitoramento, 138-143, 140f-141f, 161-163, 271-272
Autodescoberta, 101-103
Autoeficácia, 21-23, 47-51

C

Center for Substance Abuse Treatment (CSAT), 245-247

Colaboração, 10-12
    atitudes do terapeuta em relação aos
        objetivos da terapia e, 167-169
    credibilidade e, 87-88
    definindo a agenda e, 94-96
    disputas de poder e, 89-91
    estabelecimento de objetivos e, 165-167,
        170-171, 173-175, 177-178
    relações terapêuticas e, 76-77
    troca de *feedback* nas sessões e, 106-107
Columbia Suicide Severity Rating Scale (C-SSRS),
    97-98
Comportamento dependente, 8-9. *Ver também*
    Comportamentos; Consequências de
    pensamentos e comportamentos dependentes
    ajudar os pacientes a mudar pensamentos e
        crenças e, 218-231
    crenças negativas e, 19-20
    curso do, 34-39
    descoberta guiada e, 113-122
    desenvolvimento do, 27-34, 31*f*, 194-198,
        197*f*
    estabelecimento de objetivos e, 174-175
    manutenção do, 33-35, 35*f*
    modelo da TCC do, 27-30, 29*f*, 38-39
    modos do, 233-240, 243-244
    monitoramento e agendamento de
        atividades e, 138-143, 140*f*-141*f*
    pensamentos e crenças associados ao,
        209-213, 211*t*
    prevenção de recaídas e redução de danos e,
        281-285, 287-293, 290*f*
    processos cognitivos subjacentes, 17-26,
        18*t*, 20*f*, 21*t*, 213-217, 214*t*
    trabalhando com modos e, 239-244
    treinamento de relaxamento e, 147-151
Comportamentos. *Ver também* Comportamento
    dependente
    análise funcional e, 28*f*, 121-128, 122*f*, 126*f*
    conceitualização de caso e, 41-42, 52-54,
        59-60
    descoberta guiada e, 113-122
    desenvolvimento de comportamento
        dependente e, 31*f*
    disputas de poder e, 90-92
    flexibilidade comportamental, 204-207
    fronteiras e limites na terapia e, 84-87
    ligação com pensamentos e sentimentos,
        113-122
    modelo da TCC e, 26*f*, 26-30

monitoramento e programação de
    atividades e, 138-143, 140*f*-141*f*
Compromisso, 81-82, 145-148
Comunicação fora da terapia, 85-87
Conceitualização de caso, 10-12, 40-42, 60-61
    análise de vantagens e desvantagens (AVD)
        e, 135-138
    antecedentes distais, 41-46, 57-59
    antecedentes proximais, 41-42, 46-48,
        58-59
    contexto social/ambiental, 41-44, 57
    controle de estímulos e, 131-132
    elementos da, 41-56
    estabelecimento de objetivos e, 165-166
    exemplo de caso de, 55-61
    implicações do tratamento, 41-42, 55-56,
        59-60
    integração dos dados, 41-42, 54-55, 59-60
    manejo de contingências e, 151-153
    padrões comportamentais, 41-42, 52-54,
        59-60
    problemas básicos, 41-43, 57
    processos afetivos, 41-42, 50-52, 58-60
    processos cognitivos, 41-42, 47-51, 58-59
    prontidão para mudar e metas associadas,
        41-42, 53-55, 59-60
Confiabilidade, 79-82
Confiança
    construção e manutenção, 81-84
    credibilidade e, 86-88
    esquema de desconfiança e, 78-82
    relações terapêuticas e, 78-84
    treinamento de relaxamento e, 150-151
Conflito, 6-7, 156-157
Consequências de pensamentos e
    comportamentos dependentes, 5-6, 26*f*.
    Ver também Comportamento dependente;
    Comportamentos; Modelo ABC; Pensamentos;
    Pensamentos e crenças relacionados à
    dependência
    análise de vantagens e desvantagens (AVD)
        e, 133-138, 136*f*
    análise funcional e, 121-128, 122*f*, 122*f*
    estabelecimento de objetivos e, 172-174
    manejo de contingências e, 151-153
    psicoeducação sobre, 189-198, 190*f*, 192*f*,
        195*f*, 197*f*
    relações terapêuticas e, 71-74
    TCC em grupo para dependências e,
        259-265, 260*t*

trabalhando com modos e, 239-240
Contexto socioambiental na conceitualização de caso, 41-44, 57. *Ver também* Conceitualização de caso
Controle de impulsos, 131-134, 262-263
Crenças, 18-26, 18t, 20f, 21t, 26f, 208-210, 231-232
    análise funcional e, 121-128, 122f, 126f
    associadas a comportamentos dependentes, 209-213, 211t
    categorias de, 116-122
    conceitualização de caso e, 47-51
    desenvolvimento de comportamento dependente e, 31f
    estabelecimento de objetivos e, 179-181
Crenças básicas, 18-20, 18t, 48-50. *Ver também* Crenças; Esquemas
    conceitualização de caso e, 47-51
    relações terapêuticas e, 79-82
    técnica de hierarquia de valores (HdV) e, 137-138
Crenças e suposições condicionais, 49-50, 192-193. *Ver também* Crenças
Crenças negativas, 18-20, 18t. *Ver também* Crenças
Crenças nucleares, 18-20, 18t, 48-50. *Ver também* Crenças; Esquemas
    conceitualização de caso e, 47-51
    relações terapêuticas e, 79-82
    técnica de hierarquia de valores (HdV) e, 137-138
    valores, 21-22, 158-159
Crenças positivas, 18-20, 18t, 117-120. *Ver também* Crenças
Critérios de exclusão, 247-250
Critérios de inclusão, 247-250
Cronograma de atividades diárias (CAD), 138-143, 140f-141f, 161-163, 271-272
Culpa, 62, 65-67

D

Dependência, 1-5
    comparando dependências químicas e comportamentais, 4-9
    problemas de saúde mental e, 19-20, 20f
    psicoeducação sobre a ciência da, 182-187
    síndrome da dependência, 4-9
Dependências comportamentais, 1, 4-9. *Ver também* Dependência

Dependências químicas (de substâncias), 1, 4-9. *Ver também* Dependência
Depressão. *Ver também* Problemas de saúde mental
    ativação comportamental e, 142-144
    conceitualização de caso e, 42-43
    dependência e, 19-20, 20f
    desenvolvimento de comportamento dependente e, 31f
    fatores genéticos e, 29-32
    mindfulness e treinamento de meditação, 150-152
    padrões cognitivos e comportamentais superaprendidos (hábitos) e, 204-207
    tratamento duplo e, 119-120
Desamparo, 19-20, 62
Descoberta guiada, 100-103, 107-111, 127-128
    ajudando os pacientes a mudar pensamentos e crenças e, 221-223, 225-227
    entrevista motivacional (EM) e, 110-114
    para conectar pensamentos, sentimentos e comportamentos, 113-122
    prevenção de recaídas e redução de danos e, 297-300, 299t
Desconfiança, 78-82. *Ver também* Confiança
Descontar o atraso, 24-25
Desculpas. *Ver* Pensamentos e crenças permissivas
Desejos. *Ver também* Gatilhos
    abordagens comportamentais para a prevenção de recaídas e, 299-301
    antecipando obstáculos para a mudança e, 228-231
    cenário de desejo, 193-196, 195f
    modelo da TCC e, 29f
    pensamentos e crenças sobre, 27-30, 119-121
    psicoeducação e, 193-196, 195f
    técnicas de adiar gratificação e distração (A&D) e, 131-134
    treinamento de relaxamento e, 147-151
    vivendo uma vida equilibrada e, 157-159
Desesperança, 19-20, 172-173
Desespero, 62
Deslizes. *Ver* Lapso; Recaídas
Desvio da terapia, 169-173
Determinantes sociais da saúde, 42-44
Diagnóstico e tratamento duplo, 119-120
Disputas de poder, 89-92, 95-96

E

Efeito de violação de abstinência (EVA), 27-30, 54-55, 301-302
Elo com sessões anteriores, 97-99, 107-108
Emoções
  conceitualização de caso e, 50-52
  descoberta guiada e, 113-122
  desenvolvimento de comportamento dependente e, 31f
  habilidades de regulação emocional, 27-30, 262-263
  modelo da TCC e, 26f, 27-30
  registros de pensamentos automáticos (RPAs) e, 144-147, 145f, 164
  verificando o humor na sessão, 96-98, 107-108
Empatia
  construindo confiança nas relações terapêuticas e, 79-80
  crenças sobre "resistência", 84-85
  disputas de poder e, 90-91
  pressão para fazer terapia e, 63-74
Encerramento da terapia, 305-306
Encerramento e planejamento para acompanhamento, 106-107
Encerrando uma sessão, 106-107
Entrevista motivacional (EM), 13-14, 110-114
Escala de Integridade do Tratamento com Entrevista Motivacional (MITI), 13-15
Esquemas, 48-50. *Ver também* Crenças básicas
  conceitualização de caso e, 47-51
  desenvolvimento de comportamento dependente e, 31f
  relações terapêuticas e, 79-82
  trabalhando com modos e, 239-244
Esquiva, 145-148, 204-207, 301-302
Estabelecimento de objetivos, 165-167, 180-181
  atitudes do terapeuta em relação ao, 167-169
  colaboração e, 10-12
  conceitualização de caso e, 41-42, 53-55
  disputas de poder e, 89-91
  estratégias para, 172-181
  evitando o desvio da terapia e, 168-173
  grupo de TCC para dependências e, 267-270
  metas de redução de danos, 166-168
  metas realistas, 168-173
  objetivos da TCC para dependências e, 15-16
  realização de objetivos, 10-12, 89-91
Estágio de ação da mudança, 35-39, 53-55. *Ver também* Processos de mudança
Estágio de contemplação da mudança, 35-39, 53-55. *Ver também* Processos de mudança
Estágio de manutenção da mudança, 35-39, 53-55. *Ver também* Processos de mudança
Estágio de pré-contemplação da mudança, 35-39, 53-55. *Ver também* Processos de mudança
Estágio de preparação para a mudança, 35-39, 53-55. *Ver também* Processos de mudança
Estigma, 62
  disputas de poder e, 91-92
  recaída e, 281-282
  relações terapêuticas e, 68-70, 78-79
Estratégias compensatórias, 31f, 52
Estratégias de enfrentamento
  conceitualização de caso e, 52
  técnicas de adiar gratificação e distração (A&D) e, 131-134
  desenvolvimento de comportamento dependente e, 31f
  vivendo uma vida equilibrada e, 157-159
Estrutura da sessão, 91-95, 106-108
  definindo a agenda, 91-92, 94-97, 106-107
  elo com sessões anteriores, 91-92, 97-99, 107-108
  estabelecimento de objetivos, 165-166
  fechamento e planejamento para acompanhamento, 94-95, 106-107
  fornecendo resumos concisos, 94-95, 103-105, 107-108
  grupo de TCC para dependências e, 250-268, 255f, 260f
  priorizando e abordando itens da agenda, 94-95, 99-104, 107-108
  programando a tarefa de casa, 94-95, 104-108
  troca de *feedback*, 94-95, 105-108
  verificando o humor, 91-92, 96-98, 107-108
Expectativas de resultado, 22-25
  atitudes do terapeuta em relação aos objetivos da terapia e, 167-169
  conceitualização de caso e, 47-51
  formulando metas realistas e, 168-173
  pensamentos e crenças antecipatórias, 22-23, 29f, 211-212
Exposição imagística, 31f, 226-228

F

Fatores ambientais, 31-33, 31f, 42-46
Fatores culturais, 42-46
Fatores de risco, 29-34, 31f, 194-198, 197f
Fatores do terapeuta. *Ver também* Relação terapêutica
    escolha de tópicos e técnicas para TCC em grupo para dependências e, 269-272
    estabelecimento de objetivos e, 167-169
    processo de psicoeducação e, 201-207
    redução de danos e, 283-285
Fatores familiares, 29-33, 31f, 43-46, 194-198, 197f
Fatores genéticos, 29-33, 31f, 43-46
Fatores neurobiológicos, 43-46
Fatores psicossociais
    conceitualização de caso e, 43-46
    desenvolvimento de comportamento dependente e, 31-33, 31f
    relações terapêuticas e, 63-74
Fazer escolhas, 151-153, 215
Feedback do paciente. *Ver também Feedback* durante as sessões de terapia
    disputas de poder e, 90-91
    elo com sessões anteriores e, 97-99
    estrutura da sessão e, 105-108
    processo de psicoeducação e, 202-204
    TCC em grupo para dependências e, 264-266
Feedback durante as sessões de terapia, 105-108. *Ver também Feedback* do paciente
    processo de psicoeducação e, 202-204
    TCC em grupo para dependências e, 250, 264-266
Fixando metas. *Ver* Estabelecimento de objetivos
Flexibilidade cognitiva, 204-207
Formulários
    Análise de vantagens e desvantagens (Formulário 7.1), 135-136, 160, 227-229, 271-273, 273f
    Exemplo de cronograma de atividades diárias (Formulário 7.2), 99, 138-143, 140f-141f, 161-163
    Ficha de acompanhamento do grupo de TCC para dependências (Formulário 12.1), 255f, 259-260, 278
    Pensamentos e crenças relacionados à dependência e ao autocontrole (Formulário 2.1), 19-20, 39, 210-211, 298-300, 299t
    Registro de pensamentos automáticos (Formulário 7.3), 11-12, 144-147, 145f, 164, 227-228
Frequência de comportamentos dependentes
    conceitualização de caso e, 42-43
    descoberta guiada e, 100-101
    psicoeducação e, 186-190
Frustração, 62, 167-169, 172-173

G

Gatilhos. *Ver também* Antecedentes no modelo ABC; Modelo ABC
    abordagens comportamentais da prevenção de recaídas e, 299-301
    análise funcional e, 28f, 121-128, 122f, 126f
    antecipando obstáculos para a mudança e, 228-231
    conceitualização de caso e, 41-42, 46-48
    controle de estímulos e, 130-132
    descoberta guiada e, 113-122
    desenvolvimento de comportamento dependente e, 29-30
    identificando e gerenciando, 292-296
    lapsos e, 300-302
    modelo da TCC e, 25-30, 26f, 29f
    prevenção de recaídas e redução de danos e, 281-285, 292-296, 299-302
    psicoeducação sobre, 189-198, 190f, 192f, 195f, 197f
    registros de pensamentos automáticos (RPAs) e, 144-147, 145f, 164
    TCC em grupo para dependências e, 259-265, 260f
Gatilhos externos, 47-48, 121-123. *Ver também* Gatilhos
    abordagens comportamentais para a prevenção de recaídas e, 299-301
    identificando e gerenciando, 292-296
    modelo da TCC e, 29f
Gatilhos internos, 47-48, 121-123. *Ver também* Gatilhos
    abordagens comportamentais para a prevenção de recaídas e, 299-301
    identificando e gerenciando, 292-296
    modelo da TCC e, 29f
Generalized Anxiety Disorder (GAD-7), 97-98
Gratificação adiada, 24-25
Gratificação imediata/instantânea, 24-25

Grupos de ajuda mútua, 245-246, 301-303.
  Ver também Programa de ajuda mútua SMART Recovery; TCC em grupo para dependências
  abordagens de apoio social para prevenção de recaídas e, 301-306
  psicoeducação e, 188-190
Grupos de apoio, 246-247, 301-306. Ver também Grupos de ajuda mútua
Grupos de terapia. Ver Grupos de ajuda mútua; Programa de ajuda mútua SMART Recovery; TCC em grupo para dependências
Guiada, descoberta. Ver Descoberta guiada

H

Habilidades de comunicação, 156-157, 252-254
Habilidades de escuta, 202-204
Habilidades de recusa, 262-263
Habilidades de resolução de problemas, 100-102, 156-158, 264-265
Hábitos, 1, 26-27, 65-66, 204-207, 231-232
Honestidade, 71-74, 78-80, 84-85
Humores. Ver também Emoções
  conceitualização de caso e, 50-52
  modelo da TCC e, 27-30
  modificação do humor, 6-7
  verificando o humor na sessão, 96-98, 107-108

I

Implicações para o tratamento na conceitualização de caso, 41-42, 55-56, 59-60. Ver também Conceitualização de caso
Impulsos
  abordagens comportamentais para a prevenção de recaídas e, 299-301
  antecipando obstáculos para a mudança e, 228-231
  modelo da TCC e, 29f
  pensamentos e crenças relacionados à dependência e, 27-30
  pensamentos e crenças sobre, 119-121
  surfar a fissura, 34-35, 120-121, 133-134
  técnicas de adiar gratificação e distração (A&D) e, 131-134
  treinamento de relaxamento e, 147-151
  vivendo uma vida equilibrada e, 157-159
Inflexibilidade, 204-207
Integração dos dados na conceitualização de caso, 41-42, 54-55, 59-60. Ver também Conceitualização de caso

Intensidade dos problemas, 100-101
Inventário de Ansiedade de Beck (BAI), 97-98
Inventário de Depressão de Beck (BDI), 97-98

J

Julgamento
  construindo confiança nas relações terapêuticas e, 81-83
  crenças sobre "resistência", 83-85
  redução de danos e, 283-285
  relações terapêuticas e, 75-76, 78-79

L

Lapso, 280-282. Ver também Prevenção de recaídas; Recaídas
  atitudes do terapeuta em relação aos objetivos da terapia e, 167-169
  crenças permissivas e, 24-26
  curso do comportamento dependente e, 35-36
  estabelecimento de objetivos e, 172-173
  modelo da TCC e, 27-30, 29f
  prevenindo que se torne uma recaída, 300-302
Limites como terapeuta, 84-87
Linguagem, 73-75, 83-85

M

Manejo de contingências, 9-10, 151-153
Manual diagnóstico e estatístico de transtornos mentais (DSM-5), 1, 6-9, 183-187
Mapas conceituais, 194-198, 197f
Medicamentos para transtorno por uso de opioides (TUO), 15-16
Medo, 62, 75-76
Mindfulness e treinamento de meditação, 9-10, 13-14, 150-152, 264-265
Modelo ABC, 25-30, 26f, 28f. Ver também Consequências de pensamentos e comportamento dependentes; Crenças; Gatilhos; Pensamentos
  análise funcional e, 121-122, 122f
  psicoeducação sobre, 189-198, 190f, 192f, 195f, 197f
  TCC em grupo para dependências e, 259-265, 260f
Modelo da terapia cognitivo-comportamental de grupo, 246-247
Modelo da terapia de grupo interpessoal, 246-247

Modelo da terapia de grupo para resolução de problemas, 246-247
Modelo de doença, 60-61, 186-187
Modelo de doença cerebral, 186-187
Modelo de estágios de mudança, 13-14, 35-39, 41-42, 53-55. *Ver também* Processos de mudança
Modelo sindrômico da dependência, 186-187
Modelo transteórico da mudança, 13-14, 35-39, 41-42, 53-55. *Ver também* Processos de mudança
Modo adaptativo de funcionamento, 234-235, 239-244
Modo desadaptativo de funcionamento, 234-235, 239-244
Monitoramento e programação de atividades, 138-143, 140f-141f, 161-163, 271-272
Motivação para mudar, 67-69, 157-159. *Ver também* Processos de mudança

N

Narcóticos Anônimos (NA), 188-190
Notificações obrigatórias, 71-74

O

Obstáculos para a mudança, 228-231

P

Patient Health Questionnaire (PHQ-9), 97-98
Pensamento do Sistema 1 e do Sistema 2, 49-51, 213-217, 214t, 231-232
 antecipando obstáculos para a mudança e, 228-231
 praticando estratégias, 230-231
Pensamentos, 17-26, 20f, 21t, 26f, 208-210, 231-232. *Ver também* Modelo ABC; Pensamentos automáticos (PAs); Pensamentos e crenças relacionados à dependência; Processos cognitivos
 abordagens de apoio social da prevenção de recaídas e, 301-306
 ajudando os pacientes a mudar os, 218-231
 análise funcional e, 28f, 121-128, 122f, 126f
 associados a comportamentos dependentes, 209-213, 211t
 categorias de, 116-122
 conceitualização de caso e, 47-51
 desafiadores, 127-128
 descoberta guiada e, 113-122
 desenvolvimento de comportamento dependente e, 31f
 disputas de poder e, 90-92
 expectativas de resultado e, 22-25
 identificando, 197-198
 ligação com sentimentos e comportamentos, 113-122
 padrões cognitivos e comportamentais superaprendidos (hábitos) e, 204-207
 prevenção de recaídas e redução de danos e, 287-293, 290f, 296-302, 299t
 psicoeducação sobre, 189-198, 190f, 192f, 195f, 197f
 que impactam as relações terapêuticas, 63-74
 registros de pensamentos automáticos (RPAs) e, 144-147, 145f, 164
 TCC em grupo para dependências e, 259-265, 260t
 trabalhando com modos e, 239-244
Pensamentos automáticos (PAs), 17-18, 20-21-22. *Ver também* Pensamentos; Registros de pensamentos automáticos (RPAs)
 análise funcional e, 127-128
 conceitualização de caso e, 47-51
 desafiadores, 127-128
 descoberta guiada e, 113-122
 disputas de poder e, 90-92
 formulários para, 164
 modelo da TCC e, 26-27
Pensamentos e crenças antecipatórias, 22-23, 29f, 211-212
Pensamentos e crenças de autocontrole, 20-21, 21t, 209-213, 211t. *Ver também* Crenças; Pensamentos
 formulários para, 39, 298-300, 299t
 prevenção de recaídas e redução de danos e, 297-300, 299t
Pensamentos e crenças orientados ao alívio, 211-212
Pensamentos e crenças permissivas, 24-26, 120-122, 211-213
 conceitualização de caso e, 47-51
 modelo da TCC e, 29f
 pensamentos e crenças relacionados à dependência e, 27-30
 prevenção de recaídas e redução de danos e, 287-292, 290f
Pensamentos e crenças relacionados à abstinência, 212-213

Pensamentos e crenças relacionados à dependência, 19-20, 21t, 21-22, 209-213, 211f, 231-232. *Ver também* Consequências de pensamentos e comportamentos dependentes; Crenças; Pensamentos
  ajudando os pacientes a mudar, 218-231
  categorias de, 116-122
  conceitualização de caso e, 47-51
  descoberta guiada e, 113-122
  desenvolvimento de comportamento dependente e, 29-30
  modelo da TCC e, 27-30, 29f
  modos e funcionamento e, 233-240
  prevenção de recaídas e redução de danos e, 297-300, 299t
Pensamentos e crenças relacionados ao controle, 33-34, 212-213, 292-293
Perguntas, 76-77, 105-107. *Ver também* Descoberta guiada
Planejamento de tratamento, 42-43, 49-51
Pontos de decisão ou escolha, 124-125, 127-128
Preocupações de segurança, 42-44, 250
Preocupações legais, 42-44, 71-74, 79-80
Pressupostos, condicionais, 49-50, 192-193
Prevenção de recaídas, 280-282, 306. *Ver também* Recaídas; Redução de danos
  abordagens cognitivas da, 296-300, 299t
  abordagens comportamentais para, 299-301
  abordagens de apoio social para, 301-306
  análise funcional e, 287-293, 290f
  de uma perspectiva da TCC, 281-285
  encerramento e sessões de reforço e, 305-306
  evitando que os lapsos se transformem em recaídas, 300-302
  identificando e gerenciando gatilhos, 292-296
  orientando pacientes para, 284-288
  prevendo, gerenciando e entendendo recaídas e, 292-306, 299t
  treinamento de *mindfulness* e meditação, 150-152
Primeiras experiências
  conceitualização de caso e, 46
  construindo confiança nas relações terapêuticas e, 79-80
  desenvolvimento de comportamento dependente e, 31f, 32-33

esquema de desconfiança e, 81-82
psicoeducação e, 194-198, 197f
Prioridades, 94-95, 99-104, 107-108
Privacidade, 71-74, 250
Problemas básicos na conceitualização de caso, 41-43, 57. *Ver também* Conceitualização de caso
Problemas com jogos de azar, 3-5, 55-61
Problemas de saúde mental, 19-20, 20f. *Ver também* Ansiedade; Depressão
  conceitualização de caso e, 42-43
  esquema de desconfiança e, 81-82
  fatores genéticos e, 29-32
  padrões cognitivos e comportamentais superaprendidos (hábitos) e, 204-207
  terapia de grupo e, 245-246
  tratamento duplo e, 119-120
Processos afetivos na conceitualização de caso, 41-42, 50-52, 58-60. *Ver também* Conceitualização de caso
Processos cognitivos, 231-232
  ajudando os pacientes a mudar, 218-231
  associados a comportamentos dependentes, 213-217, 214t
  comportamentos dependentes e, 17-26, 18t, 20f, 21t
  conceitualização de caso e, 41-42, 47-51, 58-59
  desenvolvimento de comportamento dependente e, 31f
  modos de funcionamento e, 233-240
  prevenção de recaídas e redução de danos e, 296-300, 299t
  processo de psicoeducação e, 203-207
Processos de automedicação, 19-20, 31-32, 119-120
Processos de mudança
  ajudando os pacientes a mudar pensamentos e crenças, 218-231
  ambivalência e, 222-223
  antecipando obstáculos para, 228-231
  atitudes do terapeuta em relação aos objetivos da terapia e, 167-169
  curso de comportamento dependente e, 35-36
  estabelecimento de objetivos e, 179-181
  modelo e estágios de mudança, 13-14, 35-39, 41-42, 53-55
  pensamentos e crenças relacionados à mudança, 212-213, 222-223

reenquadrando crenças a respeito de, 179-181
relações terapêuticas e, 67-69
vivendo uma vida equilibrada e, 157-159
Processos interpessoais
abordagens de apoio social para prevenção de recaídas e, 301-306
conflito e, 6-7, 156-157
habilidades interpessoais, 262-263
Programa de ajuda mútua SMART Recovery. *Ver também* Grupos de ajuda mútua
abordagens de apoio social da prevenção de recaídas e, 303-306
escolhendo tópicos e técnicas para, 269-270
psicoeducação e, 188-190
técnica de hierarquia de valores (HdV) e, 137-138
Programação de atividades, 138-143, 140*f*-141*f*, 161-163, 271-272
Programas de 12 passos. *Ver* Grupos de ajuda mútua
Prontidão para a mudança, 13-14. *Ver também* Processos de mudança
conceitualização de caso e, 41-42, 53-55, 59-60
relações terapêuticas e, 67-69
Psicoeducação, 10-12, 102-104, 182, 206-207
ajudando os pacientes a mudar pensamentos e crenças e, 225-227
em relação ao modelo da TCC para dependências, 189-198, 190*f*, 192*f*, 195*f*, 197*f*
fatores do terapeuta e, 201-207
processo de, 201-207
sobre a ciência da dependência, 182-187
sobre a ciência da recuperação, 186-190
sobre o processo de TCC, 199-201
TCC em grupo para dependências e, 246-247, 259-265, 260*t*

Q

Quantidade de comportamentos dependentes, 42-43, 186-190

R

Racionalizações. *Ver* Pensamentos e crenças permissivas
Recaídas, 6-7, 280-281. *Ver também* Lapso; Prevenção de recaídas

atitudes do terapeuta em relação aos objetivos da terapia e, 167-169
crenças permissivas e, 24-26
curso de comportamento dependente e, 35-36
estabelecimento de objetivos e, 14-16, 172-173
evitando que lapsos se tornem, 300-302
modelo da TCC e, 27-30, 29*f*
prever, gerenciar e compreender, 292-306, 299*t*
Recuperação, ciência da, 186-190
Redução de danos, 280-282, 306. *Ver também* Prevenção de recaídas
análise funcional e, 287-293, 290*f*
como objetivo da terapia, 166-168
de uma perspectiva de TCC, 281-285
encerramento e sessões de reforço e, 305-306
objetivos da TCC para dependências e, 15-16
orientando pacientes para, 284-288
psicoeducação e, 186-190
Registros de pensamentos automáticos (RPAs), 11-12, 144-147, 145*f*. *Ver também* Pensamentos automáticos (PAs)
ajudando os pacientes a mudar pensamentos e crenças e, 227-229
formulários para, 164
TCC em grupo para dependências e, 271-272
Relação terapêutica, 62, 91-92
atitudes do terapeuta e, 83-85, 167-169
credibilidade e, 86-88
crenças sobre "resistência", 83-85
dinâmica que influencia negativamente a, 63-74
disputas e poder e, 89-92
estabelecimento de objetivos e, 165-167, 170-171
fronteiras e limites e, 84-87
linguagem e, 73-75
processo de psicoeducação e, 201-207
rupturas na, 81-84
sessões iniciais de terapia, 74-79
Relacionamentos, 42-44
abordagens de apoio social para prevenção de recaídas e, 301-306
conflito e, 6-7, 156-157
estabelecimento de objetivos e, 173-174

habilidades interpessoais, 262-263
Resposta adaptativa, 124-125, 127-128
Resumo e revisão em sessões, 265-268
Resumos concisos, 103-105, 107-108
Reveses. *Ver* Lapso; Recaídas
Revisão em sessões, 265-268
Role-play, 121-122, 152-155
Rótulos, 73-75, 197-198
Rupturas na terapia, 81-84

S

Self-Management and Recovery Training (SMART). *Ver* Programa de ajuda mútua SMART Recovery
Sensações fisiológicas
conceitualização de caso e, 50-52
identificando, 197-198
psicoeducação e, 197-198
TCC em grupo para dependências e, 259-265, 260t
Sentimentos. *Ver também* Emoções
conceitualização de caso e, 50-52
descoberta guiada e, 113-122
disputas de poder e, 90-92
identificando, 197-198
ligando a pensamentos e comportamentos, 113-122
modelo da TCC e, 27-30
trabalhando com modos e, 239-244
Sessão, estrutura. *Ver* Estrutura da sessão
Sessões de reforço, 305-306
Sessões introdutórias da TCC, 74-79, 251-253
Sigilo, 71-74, 250
Solidão, 301-306
Superando a onda de impulsos e desejos. *Ver* Surfar a fissura
Superaprendizagem, 204-207, 213-214
Surfar a fissura, 34-35, 120-121, 131-134. *Ver também* Impulsos

T

Tarefa de casa entre sessões, 107-108, 158-159
ajudando os pacientes a mudar pensamentos e crenças e, 230-231
elo com sessões anteriores e, 99
pensamentos e crenças que dão permissão e, 120-122
programação, 104-106
TCC em grupo para dependências e, 245-247, 259-265, 260t, 277. *Ver também* Modelo ABC; Pensamentos e crenças relacionados à dependência; Terapia cognitivo-comportamental em grupo para dependências (TCCGD)
abordagens de apoio social para prevenção de recaídas e, 301-306
ajudando os pacientes a mudar, 218-231
autoeficácia e, 21-23
descoberta guiada e, 113-122
diretrizes e estrutura de, 250-268, 255*f*, 260*f*
escolhendo tópicos e técnicas para, 269-273,273*f*
estabelecimento de objetivos e, 267-270
evitando que os lapsos se transformem em recaídas, 300-302
expectativas de resultado e, 22-25
formulários para, 278
identificando, 197-198
organizar e inscrever novos pacientes, 246-250
padrões cognitivos e comportamentais superaprendidos (hábitos) e, 204-207
prevenção de recaídas e redução de danos e, 287-293, 290*f*, 296-300, 299*t*
processos e problemas de grupo, 272-277
psicoeducação sobre, 189-198, 190*f*, 192*f*, 195*f*, 197*f*
que impactam as relações terapêuticas, 63-74, 79-82
técnica de hierarquia de valores (HdV) e, 137-138
trabalhando com os modos e, 239-244
Técnica de equilíbrio decisório, 24-25
Técnica de hierarquia de valores (HdV), 137-138, 158-159
Técnicas de adiar gratificação e distração (A&D), 34-35, 120-121, 131-134
Técnicas de exposição, 31*f*, 226-228
Técnicas de respiração, 132-133, 147-152, 299-300
Técnicas padronizadas, 10-14, 102-104, 110-111, 128-131, 154-157, 159. *Ver também* Análise de vantagens e desvantagens (AVD); Registros de pensamentos automáticos (RPAs); Tarefa de casa entre sessões
ativação comportamental, 9-10, 142-146, 264-265
controle de estímulos, 130-132

foco na aceitação e compromisso, 145-148, 264-265
habilidades para melhorar a vida, 156-159
manejo de contingências, 9-10, 151-153
monitoramento e agendamento de atividades, 138-143, 140*f*-141*f*, 161-163
representação, 121-122, 152-155
técnica de hierarquia de valores (HdV) e, 137-138, 158-159
técnicas de adiar gratificação e distração (A&D), 120-121, 131-134
treinamento de *mindfulness* e meditação,150-152, 264-265
treinamento de relaxamento, 147-151
Telefonemas de emergência, 85-87
Telefonemas fora das sessões, 85-87
Teoria da aprendizagem social cognitiva, 186-187
Terapia cognitivo-comportamental em grupo para dependências (TCCGD), 246-248, 277. *Ver também* TCC em grupo para dependências
diretrizes e estrutura de, 250-268, 255*f*, 260*f*
escolhendo tópicos e técnicas para, 269-273, 273*f*
estabelecimento de objetivos e, 267-270
formulários para, 278

processos e problemas de grupo, 272-277
Terapia de aceitação e compromisso (ACT), 9-10, 13-14, 145-148
Tomada de decisão, 100-102, 124-125, 125*f*, 215
Transtorno por uso de álcool (TUA), 2-3, 183-187
Transtorno por uso de opioides (TUO), 42-43
Transtorno por uso de substâncias (TUS), 3-5
conceitualização de caso e, 42-43
modelo da TCC de, 27-30, 29*f*
problemas de saúde mental e, 19-20, 20*f*
transtorno por uso de álcool (TUA), 2-3, 183-187
Transtornos da personalidade, 81-82, 119-120
Tratamento assistido por medicamentos, 15-16
Trauma, 46, 79-82. *Ver também* Primeiras experiências
Treinamento de relaxamento, 132-133, 147-152, 299-300
Triagem, 97-98, 247-250

V

Valores, 137-138, 158-159. *Ver também* Crenças nucleares
Vergonha, 62, 65-67, 75-76, 78-79
Via de administração, 42-43
Vulnerabilidade, 31-33, 31*f*, 194-198, 197*f*